■ 土器編年と集落構造：乗越遺跡

口絵A　乗越遺跡5号窯
5号窯須恵器出土状況（横須賀市教育委員会提供）

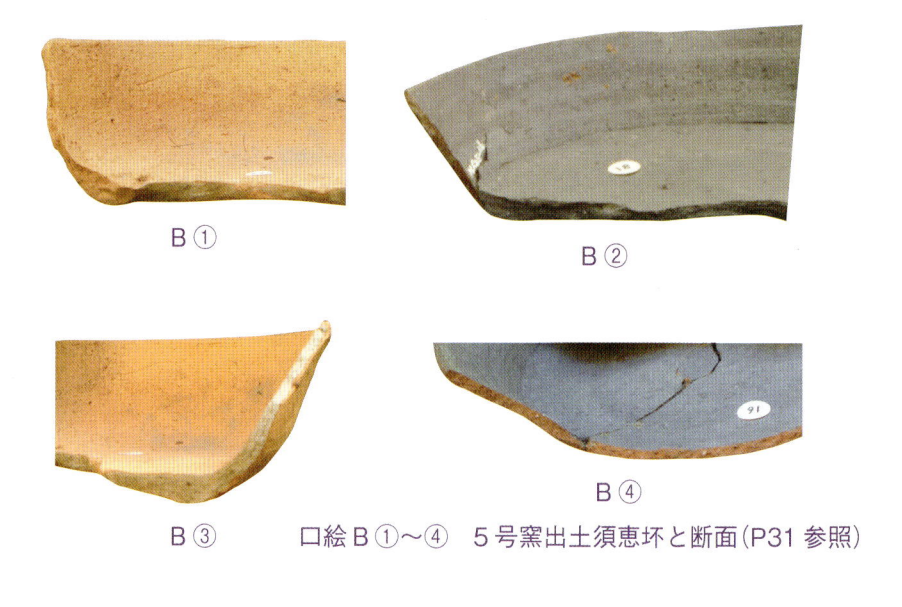

B①

B②

B③

B④

口絵B①〜④　5号窯出土須恵坏と断面（P31 参照）

土器編年と集落構造：東山浦遺跡

各住居址推定年代別色別け表

	色別	推定年代	数
第1期		7 C 中 葉	2
第2期		7 C 後 葉	9
第3期		8 C 前 葉	10
第4期		8 C 中 葉	3
第5期		8 C 後 葉	1
		不 明	6
		中 世 遺 構	

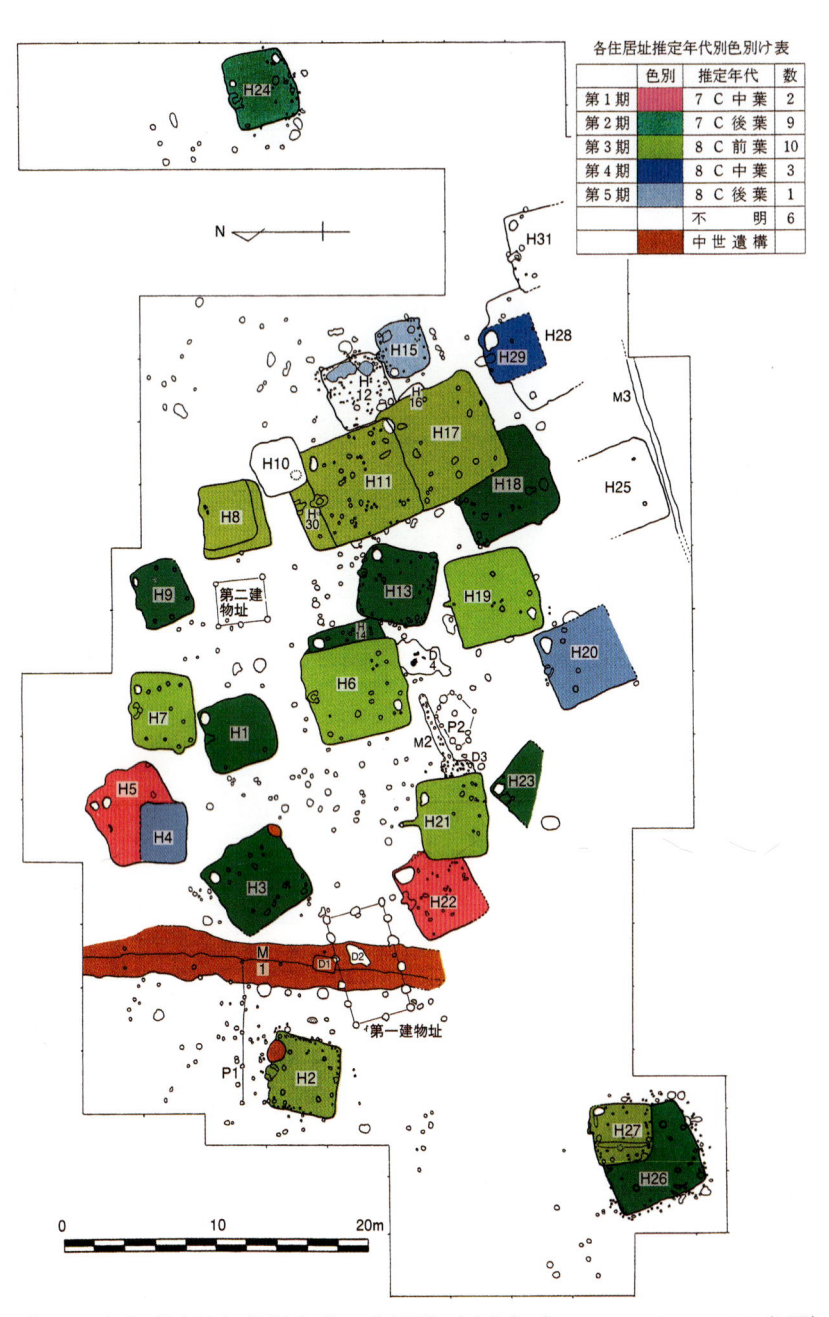

口絵 C　東山浦遺跡年代別色分け全測図（改訂）（P193, 197, 208 参照）

考古調査ハンドブック 16

土器編年と集落構造

──落川・一の宮遺跡の出自と生業を探る──

福田 健司

(元 東京都教育庁学芸員)

ニューサイエンス社

刊行に寄せて

　専修大学で森幸一教授の講筵に列して，日本古代史と考古学を学び，東京都教育庁に職を奉じ，埋蔵文化担当の行政官として34年余を閲した福田健司氏は，その間，実に23年余を一遺跡の発掘調査に挺身した。

　その遺跡は，落川・一の宮遺跡（東京・日野市～多摩市）。多摩川中流の右岸の沖積微高地に立地した古墳時代から中世にかけて形成された大規模な集落址である。範囲は約750,000㎡と想定されている。住宅・道路の建築に伴う発掘調査の成果は，住宅地区は『落川遺跡』全3巻6分冊（1995～1997），都道地区は『落川・一の宮遺跡』全4巻8分冊（1999～2002）と題する約6,000ページ（厚さ約40㎝）の浩瀚な報告書として公表された。発掘調査・整理検討・報告書刊行の中心として終始一貫して携わった福田氏は，綿密な発掘に腐心し，稀有な報告書を作成して，考古学の世界に一石を投じた。行政主体の埋蔵文化財調査の結果を，考古学的研究の成果として止揚すべく全力を傾注したのである。

　それは，まさに執着であった。かかる体験を通して，土器の編年，遺構の検討，さらに特記される遺物の認定と分析などに傾注し，ユニークな所論を展開した。既著『南武蔵の考古学』（2000，増補版2010）にその一部が収められている。

　本書は，落川・一の宮遺跡の発掘結果を基底に据えて「土器編年と集落構造」の探究を試みた労作である。独自の土器検討による編年（段階）は一型式20年論を設定して遺構の変遷を秩序立て，同時期の特徴的出土遺物を検討し，生業をめぐる問題を考えながら史的背景を把握する方法を披瀝している。その間，「須恵系土師質土器」の提唱，墨書土器の解釈，「磨痕石」の研究など注目の見解が表明される。

　4世紀末～14世紀初頭にかけての約960年間の遺跡との結論に達した著者は，形成の背景を「東国武士」と関連付ける。個別具体的な事例を通して，発掘調査の方法，検出遺構・遺物の分析の次第，遺跡形成の歴史的環境などに思いを馳せながら視点を展開するなど，ユニークなガイドブックとなっている。

2017年4月

坂詰 秀一

（立正大学名誉教授）

目 次

口絵：土器編年と集落構造：乗越遺跡・東山浦遺跡 ········· Ⅰ〜Ⅱ

刊行に寄せて ······································· *1*

目 次 ·· *2〜5*

はじめに ·· *6〜8*

Ⅰ．土器の製作と焼成方法 ····························· *9〜74*

　　①須恵器 ····································· *10*
　　　1．須恵器と土師器の違い ························ *10*
　　　2．文献に記載された「轆轤」 ····················· *10*
　　　3．「轆轤」と「ロクロ」 ······················· *14*
　　　4．須恵坏と土師坏の製作方法 ····················· *14*
　　　5．須恵坏の製作方法 ························· *18*
　　　6．須恵器の焼成方法 ························· *21*
　　　7．「酸化焔」と「還元焔」 ····················· *24*
　　　8．瓦と須恵器の焼成方法 ······················· *25*
　　　　1)加水燻焼還元焼成法　25 ／ 2)古代窯の焼成実験　27 ／ 3)東大寺造
　　　　瓦所の焼瓦　32
　　　9．須恵器の色調 ·························· *33*
　　　10.「窖窯」での焼成方法 ····················· *34*

　　②土師器 ····································· *37*
　　　1．土師坏の製作方法 ························· *37*
　　　2．土師器の焼成方法 ························· *38*
　　　3．「覆い焼き」 ···························· *40*

　　③須恵系土師質土器 ···························· *44*
　　　1．須恵系土師質土器 ························· *44*
　　　2．あかやき土器（須恵系土器） ··················· *48*
　　　3．平底盤状坏 ··························· *49*
　　　4．赤焼き須恵器（草刈型土器） ··················· *55*
　　　5．ロクロ土師器・回転台土師器・模倣系土器 ············ *57*
　　　6．比企型坏 ···························· *57*
　　　7．土器の焼成温度分析 ························ *58*
　　　8．須恵系土師質土器の焼成方法 ··················· *63*

　　④木器 ······································ *66*
　　　1．日常食器と祭器（神器・仏器） ·················· *66*

目　次

II．土器編年 　　　　　　　　　　　　　　　　　　　　　　　　　*75 〜 180*

[1] 落川・一の宮遺跡土器編年の年代幅 ………………………………… 76

[2] 南多摩窯址群の窯式設定過程と問題点 ……………………………… 80

[3] 落川・一の宮遺跡各段階の型式・窯式名と想定実年代 ………… 86

[4] 第 3 段階〜第 30 段階の型式・窯式と想定実年代 ……………… 88

[5] 土器編年と実年代根拠 ………………………………………………… 90

　1．第 18 段階（710 〜 730 年）の実年代根拠 ………… 92

　2．第 19 段階（730 〜 750 年）の実年代根拠 ………… 98

　3．第 21 段階（770 〜 790 年）の実年代根拠 ………*101*

　4．第 23 段階（830 〜 850 年）・第 24 段階（850 〜 870 年）の実年代

　　根拠 ……………………………………………………………………*107*

　5．第 29 段階（930 〜 950 年）の実年代根拠 ………*112*

[6] 糸切り技法の変遷 ……………………………………………………*113*

[7] 落川・一の宮遺跡第 18 段階以降の窯式と土器内容 ………*119*

　1．第 18 段階（710 〜 730 年）の窯式と土器内容 ……………*119*

　2．第 19 段階（730 〜 750 年）の窯式と土器内容 ……………*134*

　3．第 20 段階（750 〜 770 年）の窯式と土器内容 ……………*137*

　4．第 21 段階（770 〜 790 年）の窯式と土器内容 ……………*139*

　5．第 22 段階（790 〜 810 年）の窯式と土器内容 ……………*140*

　6．第 23 段階（810 〜 830 年）の窯式と土器内容 ……………*141*

　7．第 24 段階（830 〜 850 年）の窯式と土器内容 ……………*142*

　8．第 25 段階（850 〜 870 年）の窯式と土器内容 ……………*143*

　9．第 26 段階（870 〜 890 年）の窯式と土器内容 ……………*144*

　10．第 27 段階（890 〜 910 年）の窯式と土器内容 ……………*145*

　11．第 28 段階（910 〜 930 年）の窯式と土器内容 ……………*146*

　12．第 29 段階（930 〜 950 年）の窯式と土器内容 ……………*147*

　13．第 30 段階（950 〜 970 年）の窯式と土器内容 ……………*148*

[8] 須恵器生産終了後（窯式無き後）段階の土器内容 ………*152*

　1．第 31 段階（970 〜 990 年）の土器内容 ……………*157*

　2．第 32 段階（990 〜 1010 年）の土器内容 ……………*158*

　3．第 33 段階（1010 〜 1030 年）の土器内容 ……………*159*

　4．第 34 段階（1030 〜 1050 年）の土器内容 ……………*159*

　5．第 35 段階（1050 〜 1070 年）の土器内容 ……………*161*

　6．第 36 段階（1070 〜 1090 年）の土器内容 ……………*161*

　7．第 37 段階（1090 〜 1110 年）の土器内容 ……………*162*

　8．第 38 段階（1110 〜 1130 年）の土器内容 ……………*164*

　9．第 39 段階（1130 〜 1150 年）の土器内容 ……………*167*

目 次

|9| 竪穴建物の変遷 ·· *168*

|10| 掘立柱建物の変遷 ·· *175*

  1. 第 40 段階(1150〜 1170年)〜第 48 段階(1320〜 1330年)········· *175*

Ⅲ. 集落構造 ··· *181 〜 276*

|1| 竪穴建物面積と居住人員算出法 ································ *182*

  1. 竪穴建物 ··· *182*

  2. 竪穴建物の居住人員算出法 ································· *184*

  3. 五領遺跡の竪穴建物と居住人員 ····························· *185*

  4. 東山浦遺跡の竪穴建物と居住人員 ··························· *193*

  5. 一戸の竪穴建物数の面積と居住人数 ························· *199*

|2| 太寶 2 年御野国戸籍記載の半布里の故地東山浦遺跡 ········· *202*

  1. 半布里の竪穴建物数と居住人員の考察 ····················· *202*

  2. 半布里の「里刀自」について ······························· *208*

|3| 律令集落の園宅地 ··· *212*

|4| 落川・一の宮遺跡の集落形成から終焉までの変遷 ··········· *217*

  1. 落川・一の宮遺跡の立地と調査経緯 ······················· *217*

  2. 周辺遺跡 ··· *221*

  3. 血縁同居単位集団の宅地とその変遷 ······················· *225*

  4. 都住 A 〜 D 地区の血縁同居単位集団の形成から武士団屋敷への

    発展背景 ··· *233*

  5. 都住 A 〜 D 地区の武士団屋敷の内容 ······················· *247*

  6. 武士団の滅亡過程とその動因 ······························· *249*

  7. 都道 A・C 地区の血縁同居単位集団の形成と展開 ··········· *251*

  8. 都道 C 地区第 24・25 段階の建物群と出土遺物 ············· *256*

  9. 建物群の観点 ··· *258*

  10. 出土遺物の観点 ··· *259*

  11. 都道 A・C 地区血縁同居単位集団の滅びた動因 ··········· *260*

  12. 都道 D 〜 F 地区の血縁同居単位集団 ····················· *262*

  13. 都道 E 地区第 45・46 段階（1250 〜 1290 年）の施設··········· *271*

  14. 都道 D 〜 F 地区の滅びた動因 ····························· *274*

  15. 落川・一の宮遺跡の形成・展開・終焉 ····················· *275*

Ⅳ. 落川・一の宮遺跡居住集団の出自と生業 ················ *277 〜 305*

|1| 火熨斗 ··· *278*

②墨書土器「㙒坑」		281
③磨痕石		284
④小野牧と牛馬の解体		290
⑤磨痕石の用途		296
⑥落川・一の宮遺跡と渡来系職能集団		298

付録：落川・一の宮遺跡の各段階の「窯式・型式・検出遺構・遺物」と
　　　「歴史年表・文献」対照表 ……………………………… *306 ～ 307*

あとがき ………………………………………………………… *308 ～ 309*

表紙写真

表：真上から見た須恵系土師質土器焼成煙管実験窯（平成 8 年 5 月）。窯詰
　　め状態の写真（久保田正寿氏提供）。

裏：土師器焼成法「覆い焼き」による実験（平成 8 年 11 月）。焼成後，覆っ
　　ていた藁灰をどけた状態の写真（本文 P41 ～ 42 土師器焼成参照）。

はじめに

　学生の頃，神奈川の遺跡で掘りだした土師坏を洗っていた時，完全に乾いたので手に持つと，軟質な褐色の胎土が擦れ指先が汚れた。ある先生から「坏は現代の飯茶碗と同じで，これで食事をしていた。」と教えられた。「触っただけで手が汚れるような坏で，食事をしていたのですか？」と質問すると，「直接器に盛るのでなく，葉っぱを敷いてから盛るのだ。」と言われたが，釈然としなかった。万葉集に有間皇子が「家にあれば笥に盛る飯を草枕旅にしあれば椎の葉に盛る」と詠んだ歌は知っていたが，先生がその歌からここで言う笥は，日常食器土師坏のことで，その内側に葉っぱを敷き，食物を盛って食べていたと考えたのかは，今となっては聞くことができない。

　後に先学の考古学的研究成果として，何ら疑問視されない見解や，文献史学においても明確な史実として確定していない説が，通説として日本歴史の授業・受験問題に使われていたことに気づく。かつて，考古学は「歴史学の補助学」と言われていた時があった。しかし今日，毎年開発に先立つ多くの発掘調査が各地で行われ，出土した各時代の遺構・遺物から多くの知見が得られ続けている。今では，残されてきた文献の解釈だけで知ることができない，歴史的事実の解明に，積極的に寄与できる学問となった。

　考古学研究法により歴史的事実に迫るには，精緻な発掘調査により検出遺構の新旧関係を正確に掴むことである。次にそれらの遺構の年代を決めるため，出土した土器を型式学的研究法により，相対的な型式変遷を掴まなければならない。型式変遷が明確に掴みやすい器種は，須恵器・土師器の坏・埦・皿などである。何故かと言えば当時それらの器種は，現在の陶芸教室で作る器のように，趣味や思いつきで，自由に作られるものではなかったからである。

　長年，東国の土器を研究する内に，各時代の支配体制の強い要請に基づき，器形・寸法・整形方法などが事細やかに決められ作られていた須恵器・土師器の坏・埦は，平安時代の竪穴建物から当り前のように出土するが，果たして竪穴内で日常の食器・雑器として，使われていたのであろうかという疑問が起きてきた。

　古代の西国の土器を詳しく述べるには，私の力量を越えているが，西国と東国の集落出土の土器には，大きな違いがあったのであろうか。西国の官衙を通観し例えて分かりやすくいうと，北九州（大宰府）は玄関，海上交通と山陽・南海道を含む瀬戸内は廊下，飛鳥京・藤原京・平城京など宮廷は奥座敷である。

中国や韓半島からの重要な使者は太宰府から入り，長い廊下である瀬戸内海の各所の官衙・城柵に立ち寄り，各国の官人による種々の饗応接待を受けながら，最終的に奥座敷である宮廷で盛大な宴会を受ける。

　そのような種々の接待・宴会に応じて，西弘海氏が「奇妙な表現」としながら「律令的土器様式」と呼んだ，7世紀後半に成立した寸法に規格性を持ち，多様に器種分化した坏・埦・皿が組み合わせられ，果して饗応の食器として使われていたのであろうか。

　そもそも須恵器の「金属器指向」は，古墳時代の神事や古墳祭祀用の容器として，その写しが端的に初期須恵器に現れている。仏教受容以後，畿内を中心に寺院が増えていくなか，仏器である金属器の寸法を，厳密に模倣した須恵器の坏・埦が，代用として作られるようになる。さらに全国各地において仏器を土器で，多量に作らなければならなかった理由は，全国60余国一斉に造られた国分寺造営であったと考える。当時の金属生産は全国の国分寺へ仏像を供出するのを優先させ，仏器・仏具生産は間に合わず，須恵坏・埦はもちろんのこと，土師坏・埦までその生産を拡大せざるを得なかったのである。

　そのように須恵器・土師器の坏・埦は日常品でなく，祭政一致の儀式用器である金属器の祭器・仏器の代用として，寸法・器形が厳密に忠実に受け継がれ，変遷して行くとの考えに至った。従って日常食器でなく祭器・仏器ゆえ厳格に器形・寸法が踏襲されており，型式として掴みやすく，土器編年の根幹器種として捉えやすいのである。もちろん土師器の甕などは，日常生活で使う実用炊飯具であり，須恵器の甕・壺などが，実用貯蔵具であることに異存はない。

　次に，それら根幹器種の型式・窯式から導き出された，相対的土器編年の幾つかの定点に，実年代根拠を与え時代尺度としての絶対的（実年代）土器編年を，確立しなければならない。集落遺跡の調査を行った場合，正確な遺構の新旧関係と実年代土器編年より，同時期存在の遺構配置を決定し，その集落の成立から終焉までの消長変遷を，具体的に掴むのである。その変遷過程を歴史年表や，その地域の関連する文献に照らし合わせ，何かしら合致する歴史事象を掴めれば，周辺遺跡とともにその地域の歴史的背景が，おぼろげながら浮かび上がってくる。無論，年表と照らし合わせるためには，タイムスケールとして明確な編年の幅と，その実年代を，示さなければならないことは言うまでも無い。

　以上のように，考古学が科学，考古科学として成り立つためには，型式的研究法による土器の研究が最重要と考え，土器製作や焼成法を学ぶなか，関東を中心に東国各地の遺跡・窯跡を長年にわたり巡り土器を見学し，時には関西や韓国まで足をのばし，それらの地で土器を研究する人達と交流してきた。

　並行して，東京都日野市から多摩市にまたがる，多摩川中流域右岸沖積微高

地に，4世紀末頃～14世紀初頭まで約960年間存続した，落川・一の宮遺跡の調査・研究・報告に長年にわたり従事してきた。その過程で，古墳時代前期以降に於いて，土師器・須恵器以外の第三の土器の存在を確認した。その土器の出現は，国内で須恵器生産がはじまったと同時か，少し遅れた4世紀末頃～5世紀初頭と考える。古代に於いて素焼きの土器は，土師器と須恵器と言われてきたが，その中間の第三の土器が存在していたのである。中間という意味は焼成法に於いて，須恵器と土師器の中間的な焼成法と，焼成温度で焼き上げられた土器だからである。その土器の学史も加味し「須恵系土師質土器」と命名した。

そのように落川・一の宮遺跡の調査のなかで，多くのことを学び成果として報告してきた。その成果の一つは，寸法・器形・底部切り離し技法が，明確に変遷して行く須恵坏を軸とし，年代幅20年の実年代土器編年が確立できたことである。その後この編年を使い，落川・一の宮遺跡の集落構造の変遷と，史的背景を探ることに専念してきた。本書ではさらに集落構造をより具現化させるため，律令制の戸籍計帳記載の戸主と戸口が，どのくらいの宅地面積内の何軒の竪穴建物に居住していたかを，先学の成果を参考にして考えてみた。

落川・一の宮遺跡の集落変遷を総合的に考えた結果，この集落は古墳時代前期末葉に確実に形成されており，その構成単位は血縁同居単位で律令時代が弛緩して行く過程で，半農半士的な集団へと成長して行く。平安時代後期になると，それらの集団は地縁的に大きくまとまりながら，専業化した武士団として台頭し屋敷を構える。それら武士団は，東国の幾多の戦を経験し興亡を繰り返し，14世紀前半鎌倉幕府とともに終焉を迎えたという想定に至った。同時にこの地に住み着いた，東国武士団の一翼を担った人々の出自と，生業が浮かび上がってきた。

本書は，土器編年を突き詰めて行った先の「土器から何がわかるか？」という問い掛けの具体的な答えとして，独断の構えで書き上げたものである。今後，この拙文が考古学を専攻される学生さんや，発掘調査・報告書作成に従事する人達に何らかの形で刺激となり，土器に興味を持ち土器研究・報告書作成に少しでも役に立てるハンドブックとなれば幸いである。

2017年3月

福田健司

I．土器の製作と焼成方法

①　須恵器

1. 須恵器と土師器の違い

　20数年前までの中学校，高等学校の日本歴史の教科書，副読本の図解・図録などに，須恵器と土師器の製作法・焼成法・色調の違いなどが，「須恵器は『轆轤』を使い作り，『登り窯』で還元焔により焼成された灰色で硬質の焼物である。土師器は『轆轤』を使わず作り，『野焼き』により酸化焔焼成された褐色で軟質の焼物である」と簡約に書かれていた。またわかりやすく表にしたものもあった。時には「縄文式土器と弥生式土器の違い」とともに，「須恵器と土師器の違い」など入試問題となったこともあるが，いつの間にか消え去っていた。

　理由は，その後の学説にそぐわない内容が，記述されていたからと考えられる。上述の内容を正すといささか冗長で，歯切れの悪い文となるが，「須恵器は『轆轤』という器具でなく『回転台』を使い作られ，『窖窯』で酸化状態，還元状態を繰り返しながら焼成温度を 1,000℃ 以上に上げて行き，還元状態を保っている時を見計らい，窯内の製品が酸素を吸い込んで，酸化して褐色にならないよう，瞬時に粘土で焚口・煙道を塞ぐ。その後，数日かけて窯内・製品を冷やし，酸素を吸い込まない低温になるのを待ち，取り出した灰色で硬質の焼物である。一方，土師器も同じ性能の『回転台』を使い製作するが，須恵器ほど回転力を駆使せず作り，『野焼き』でなく『覆い焼き』により，酸化焔で焼成された褐色で軟質の焼物である。」となる。キーワードは，「轆轤」に対して「回転台」，「登り窯」に対して「窖窯」，「野焼き」に対して「覆い焼き」である。

　以下，現在も通説として広く行き渡っている須恵器・土師器の製作法と，焼成法を誤解した記述内容を検討し，第三の土器である須恵系土師質土器の存在と，それらの焼成温度の違いを検証してみる。

2. 文献に記載された「轆轤」

　古代の文献に漢字で「轆轤」と記載された器具の名称は，土器製作に関るものでなかった。京都大学小林行雄博士の名著『古代の技術』によれば [注1]，古代に於いて「轆轤」と呼ばれていた器具は，木工・金工具としての「横軸轆轤」，ものを釣り上げる「竪軸轆轤」の滑車，長くて重い柱を牽引したり，立てたりするために巻揚げ機として使った「竪軸轆轤」，その他玉などの穿孔用工具を意味する名称として使われており，「・・・古代の文献には製陶用轆轤に言及

したものが見当たらない。『轆轤』という名称は各所に散見するが，それらは
みな別種の器具をさしている。」と述べている。その上で「轆轤」なる器具を，「横
軸轆轤」と「竪軸轆轤」に分け説明している。

　以下，長くなるが内容を要約・補足しながら述べてみる。小林博士は，まず
「横軸轆轤」の例として『倭名類聚抄』の「造作具」の条に，「轆轤は円転木器
也」とともに「鋋は轆轤裁刀也」と続くので，ここでいう「轆轤」は円形の器
物を削るといった木工用工作機械を指すという。天平20年（748年）7月の『東
大寺写経所解案』に「轆轤工」という名が見られ「引ニ作軸端一千二百枚一」と
ある。また，天平宝字4年（760年）7月の『東大寺司牒』には「轆轤工」の
名とともに「右為レ引二七々御斎会経軸一」とあり，ここでいう「轆轤工」は木
製の経軸を引き作るための工人で，この「轆轤」も木工用工作機械と考えられる。

　その他，同年10月20日『作金堂所解』や，天平6年（734年）5月1日の『造
仏所作物帳』にも「轆轤工」の名が見られる。『続日本後紀』承和4年（837年）
12月の条に「勅令レ造二轆轤木壺一合，…」，『延喜式』の木工寮式，式部省式
上や『類聚三代格』大同4年（809年）『太政官符』にも様々な技術工人とと
もに「轆轤」・「轆轤工」の名が散見でき，「轆轤」は木工に関係する器具以外，様々
なものを作る器具で，「轆轤工」はその様々なものを作る技術者達の1人と推
察される。

　さらに天平宝字4年（760年）の『造金堂所解』には「熟麻二百五十六斤」，
「二斤轆轤綱料」と「轆轤」の手綱に麻が用いられたことや，同じ『造金堂所
解』に，「油壱斗伍升参合」「六呂」とか，『延喜式』の木工寮式に「油一升一合」
の後に「一升塗二轆轤軸一料」とあり，「轆轤」の回転軸には油（胡桃油あるい
は菜種油）が塗られていたことがわかる。

　また，天平宝字6年（762年）5月1日『造東大寺司解』の一節に「鋳作露
盤冠管一口」「轆轤引作露盤盤七口」，「轆轤引作露盤管十三口」「錯作露盤之盤
七口」「錯作露盤管十三口」とともに「…功五百五十七人…」などと，「轆轤」
を用いて引きつくられ鋳造された青銅製品はただちに錯作，すなわち研磨の工
程へうつされたことを明記している。そのための工程に関る人数が書いてある。
また『延喜式』内匠寮式の銀器の条に御飯筥，酒壺，酒台，盞，水鋺，盤など
の銀器を作るいろいろな工人とともに，「轆轤工」が参加している記事が見ら
れる。このように「轆轤」と呼ばれる器具は，木工だけでなく金工にも関係す
る金工用工作機であったこともわかる。

　次に「竪軸轆轤」の例として，天平宝字6年（762年）3月30日の『造石

I. 土器の製作と焼成方法

山院所告朔解』の一節に「作竪幢一根」,「作鉄物四十一物」,「幢末轆轤一具」とあり, 幢すなわち旗竿の末（頂部）にとりつけられた鉄製の「轆轤」とは, 旗などを回転によりつり上げたり下げたりするための滑車と考えられる。そのことは『三代実録』貞観3年（861年）3月の条に「…仏師入レ籠, 轆轤引上, 乃点レ仏眼」, 貞観9年（867年）4月の条に「…文山究レ轆轤之術, 構レ雲梯之機, 引レ上断頭, 続レ大仏頸。宛如レ新造。」とある。いずれも東大寺盧遮那仏に関する記事で, 前者は斉衡2年（855年）の地震により仏頭が落ち, その修理を終えた大仏に開眼の筆をくわえるために, 仏師が籠に入れ「轆轤」でつり上げられたとある。後者は「轆轤」の術を究めた文山が, 雲梯之機（文山考案の機械）を構えて「轆轤」で大仏の頭を引き上げたのである。この場合の「轆轤」は, 滑車の意味を有する器具であろう。

さらに「轆轤」という器具は次のようなこともできる。承和5年（838年）8月3日の『造東大寺司所記文』に「…懸レ轆轤之綱。東北立レ轆轤, 挽直レ像軆, …」とあり,「轆轤」を用いて傾いた仏像を立直すことができるのである。

時代は建久元年（1190年）と下るが, 長くて重い柱を立てる方法と, その状況が詳しくわかる興味深い記実が, 『東大寺造立供養記』に見られる。それは「大仏殿母屋柱二本始立レ之。長九丈一尺, 径五尺也。仮屋上建レ轆轤八張, 地上轆轤六張, 諸方異口同音出レ声, 打レ鼓而引レ立之。」である。

太く長く重量のある柱を立てる場合, 現在ならばクレーン車があれば, いとも簡単に立てられるが, 古代・中世において径5尺（約16 m）, 長さ9丈1尺（約30 m）もの柱は, 人力だけでは絶対立てられない。おそらく地面を斜めに掘り底面に柱の根元を入れ, それ以上立ち上げるには, 書かれているよう仮屋上に「轆轤」8張, 地上に6張の「轆轤」計14基の「轆轤」が必要であった。14基の「轆轤」を使い, 長くて重量のある柱を引き立てる方法は, 次のようであったと想定できる。まず仮屋の上に「轆轤」を左右4基ずつ正確な位置に計8基を配置し, 各々の「轆轤」と柱に綱を巻きつけバランスよい長さに張る。下の「轆轤」6基も左右3基ずつ正確な位置に配置して, 各々綱を巻きつけ張っておく。上の「轆轤」が8基と多いのは, 重量ある柱を持ち上げるためと, 万が一綱が切れた場合を考え上の「轆轤」が2基多いのであろう。

そのように上と下で14基もの「轆轤」が必要だったのは, 長い柱を引き上げる時, 柱が左右に揺れ動くのを防ぐため, 上の8本の綱と下からの6本の綱で「轆轤」を操り, 均等に引っ張り合いながら, 徐々に引き立てるためである。準備が整えば上の綱を張りながら, 巻き上げた分の長さと同じだけ, 下の綱を

緩め釣合をとりながら，柱を徐々に引き立てて行くのである。

　そのように言葉でいうのは簡単であるが，上の8基の「轆轤」で同じ速さで巻上げた綱の長さを，一糸乱れず下の6基「轆轤」の綱を同じ長さを同じ速さで緩めるため，同時に計14基もの「轆轤」を操るには，非常に困難な作業であったと思われる。そのためには，記実のように作業全般を統率する者の命令を，諸方より多くの人が声を掛け合い伝え，鼓を打って合図を送り，ゆっくりと慎重に引き立てて行ったことが窺える。それでも下手すると綱が切れて柱が倒れ，怪我人や時には死者が出たことであろう。この場合の「轆轤」とは，現在の起重機（クレーン）と巻揚げ機（ウインチ）の両者を組み合わせた使い方である。

　また同書に時代は下るが，「轆轤」2基と多くの人夫を使い，周防国より重く長い柱を運んだ文治2年（1186年）の記実もある。この場合柱を横にして，その下に幾つもの「転」（ころ）を置き，先頭の台車に「轆轤」を乗せて，船を引き上げる巻揚げ機（ウインチ）のように使用し牽引したと考えられる。

　以上，奈良・平安・鎌倉時代の文献には，様々な経軸・木製の器などを挽きだす木工用工作器具としての横軸の「轆轤」，重い大仏の頭や人を釣り上げることができる滑車の役割をする竪軸の「轆轤」，同じく長く重い柱を引き立てることができる「起重機・巻揚げ機」としての竪軸の「轆轤」，さらに重くて長いものを長距離牽引しながら運ぶことができる「巻揚げ機」としての「索引用竪軸押轆轤」など，当時でも一般的でなく，種々の特殊なことに使用する器具のことを，「轆轤」と書き残し呼んでいたのである。

　古代においてそのような文献記載の特殊なことでなく，全国各地で天文学的な数の土器が日常的に作られていたはずである。そのために使われていた器具が「轆轤」と呼ばれていたならば，何らかの文献に「『轆轤』は，土器を作る器具なり」と，一行でも一言でも書かれていてもよさそうである。しかし，文献にはそのようなことは，一言たりとも書かれていないのである。このことは当時「轆轤」と文献に漢字で書かれ呼ばれていた器具は，土器作りに関係する器具でなかったと考えざるを得ない。杓子定規や揚足を取るのではないが，古代の土器作りに回転力を有する器具は使われたが，それは当時「轆轤」と呼ばれた器具ではないので，学問上誤解を招くので避けるべきと提言したい。

　なお小林博士は，弥生時代の木製容器製作，土器の施文にある種の回転装置を使ったとする。それは「回転台」という程度のものとしている。佐原真氏も弥生式土器の製作と装飾には，多少とも回転運動を利用した「回転台」を使用したことが認められるとしている（注2）。そのように両氏はともに古くから「回

転台」の存在と，土器作りには回転力を必要としたことは認めているが，その「回転台」の性能や，当時どのように呼ばれていたかまでは言及していない。

以上のことは，ことあるごとに紙面を借りて述べてきた^(註3)。

3.「轆轤」と「ロクロ」

そのようなことを考慮した訳ではないと思うが，日本歴史の入試問題で考古学に関する問題自体が少なくなったこともあり，教科書はもちろん副読本で須恵器と土師器の明確な違いなど触れなくなった。同時に報告書，論文に「轆轤水挽き」をはじめ，「轆轤土師器」，「轆轤ナデ痕」，「轆轤調整」など漢字で書かれることはさすがに無くなった。

それに反して，未だに報告書の土器観察表には，「ロクロ」，「ロクロナデ」，「ロクロ目痕」，「ロクロ調整」など，片仮名では頻繁に使われている。そのように漢字で「轆轤」と書かず，「ロクロ」と片仮名で書くのは何故であろうか。「ヤマト政権」・「ヤマト王権」などと片仮名で書くのは，後の「大和朝廷」に直結するか不明なため，「大和政権」・「大和王権」と漢字で書かず，片仮名で書き曖昧に言いあらわすが，それと同様の深い意味があってであろうか。しかし，「ロクロ」と片仮名で書くのは，小林博士が考えていたように，古代の文献に漢字で書かれている「轆轤」を，直接意味する器具ではないという意識を持って使いわけているとは思われない。おそらく「竈」を漢字で書くのが面倒なので，片仮名で「カマド」と書くのと同様，「轆轤」を「ロクロ」と書くと思うが，今やすぐ変換できるパソコンの時代ではありえない。土器がどのような器具を使って，どのように作っていたか深く考えないで，通例として使っているのであろう。

4. 須恵坏と土師坏の製作方法

以上，文献記載の「轆轤」という漢字名の器具が，古代の土器作りに使われていなかったことだけは，理解いただけたとして話を進める。では須恵器・土師器の坏は一体どのような器具で，どのように作られていたのであろうか。土器作りには小林・佐原両氏が言う，当時名前があったかわからないが手回しの回転力を有する台，即ち「回転台」により成形から整形まで「回転力」を使い作られていた。以下「回転台」と呼ぶ。

その「回転台」を使い，土器がどのように作られたかというと，須恵器の大型の甕・壺などの胴部の内外面を観察すると，所々何段もの「粘土紐巻上げ」

成形痕や，「粘土帯輪積み」成形痕が確認できる。一方，須恵器の小型の坏・埦・皿などは，詳細に観察しても最終整形である丁寧な「回転横ナデ」により，前段階の「巻上げ」成形痕が完全に消されており確認することは難しい。故に長い間，大型の甕・壺などは，「粘土紐巻上げ」や「粘土帯輪積み」で成形されるが，口径が小さく器高が低い小型の坏・埦・皿などは，粘土塊から回転力を駆使し，器形を引き出す「水挽き」技法で作られていたと考えられてきた。あるいは「型作り」などという意見もあった。

　それは現代の陶芸教室で，茶碗・鉢や花瓶など小物を作る場合，精製され小石・砂粒を取り除いた，濾土の粘土塊を電動轆轤上に置き，安定した高回転力により引き出す，所謂「轆轤水挽き」技法で作られているからである。その製法に後押しされ木製の「轆轤」の存在を疑わず，古代においても小物は「轆轤水挽き」なる技法で，同様に作られていたと考えたからである。

　以上，1960 年代前半まで，東国の須恵器の坏類の成形・整形は「轆轤水挽き」で作られ，底部は「糸切り」で離されたものと考えられていた。その後さまざまな論争を経るが，1976 年当時多賀城調査研究所の桑原滋郎氏の「須恵系土器について」に，同所の菊田徹氏の詳細な観察により，比較的多くの坏体部の器壁に「粘土紐巻上げ」痕を見つけたとある。そのことが触れられたのは本文中でなく補注であったためと，口コミだけで伝わったので，その後もその成形法が認められるまでに時間を要する^(註4)。

　そのような観点で坏・埦・皿類を丹念に観察すると，量的には圧倒的に少ないが体部内外面の所々に，螺旋状の「粘土紐巻上げ」痕を残すものが存在する。また，須恵坏・埦の胎土のなかには，堅い長石・石英の小粒がかなり混入しており，粘土塊を高速な回転力で引き出そうとすれば作りにくく，下手をすれば指が傷つくと思う。古代において土師坏はもちろんのこと，須恵坏・埦・皿類の器形が回転力だけで，粘土塊から引き出されることはなかったと考えたい。

　「粘土紐巻上げ」・「粘土帯輪積み」で成形される須恵器の甕・壺など大型のものも，極力「回転横ナデ」整形で成形痕を消そうとするが，消しきらず胴部にそれらの痕跡を残す場合が多い。坏・埦・皿など小型のものは，「粘土紐巻上げ」で成形された後，小型ゆえ丁寧に「回転横ナデ」整形を行えば，「巻上げ」成形痕を完全に消すことができる。

　小型の須恵坏・埦の体部の「巻上げ」痕が，丁寧な回転横ナデにより完全に消されているのは，土師器の焼成と違い「窖窯」内で長時間にわたり，高温焼成に耐えなければならないからである。高温で焼成中一番破損する箇所は「巻

Ⅰ. 土器の製作と焼成方法

上げ」や,「輪積み」のつなぎ目のごく僅かな隙間からである。甕・壺など大型で分厚いものは,あまり影響は受けないが,坏・埦・皿のように小型で薄いものは,歪み破損しやすいので大型のもの以上に,丹念な「回転横ナデ」整形を行い「巻上げ痕」を消さなければならないのである。

一方,土師坏も須恵坏を作る同じ「回転台」上で「粘土紐巻上げ」成形されるが,その後「回転横ナデ」整形が施されるのは,須恵坏と違い体部内面と口縁部外面だけである。従って土師坏の体部内面には,須恵坏同様「粘土紐巻上げ」成形痕は残らない。片や土師坏の体部外面は「回転横ナデ」整形でなく,指頭による押えや「ヘラ削り」により整形されるため,体部外面に「粘土紐巻上げ」痕が残る場合が多い。

以上,須恵坏と土師坏はともに,数回転しか保持できない,同性能の「回転台」上で作られていたと考える。にもかかわらず須恵坏は「轆轤」を使用し作るが,土師器は「轆轤」を使わない「非轆轤」・「非ロクロ」であるという考えや,仮に土師坏作りに「回転台」の使用を認めたとしても,須恵器作りの「回転台」は高性能で,土師器作りに使用する「回転台」は,はるかに劣る低回転のものとの考えには納得できない。

第Ⅱ部の「土器編年」で詳しく述べるが,瓦・須恵器を作る工人が非常に少なかった東国を含む全国一斉に,国分寺を創建するという日本歴史上最大の未曾有の事業に際し,瓦生産はもちろんのこと,本来金属器で作られるべき仏器などを,須恵器で多量に製作しなければならなかった。そのため各集落に居た土師器製作者達(専業の作り手でないという意味)のなかでも,特に優れた者達を生産地である丘陵地に動員して,瓦ともども作らせたと考えられる。そのような背景で,須恵器製作・焼成技術を身に付けた土師器製作者達も,集落に帰れば土師坏を作っていた。つまり,須恵器作りを学んだ国分寺創建中から,それ以降は作る場所は違っても,須恵器も土師器も同じ土師製作者達が作っていたのである。

その想定が許されるなら同じ作り手が,須恵坏を作る時は高性能な「回転台」,土師坏を作る時は性能の悪い「回転台」などと,「回転台」を使い分け作っていたとは考えられない。まして「非轆轤土師器」・「非ロクロ土師器」など,回転力をまったく使わないで,土師坏が作られたような考えには承服できない。確かに多くの土師坏の体部外面には,既述したように指頭による押えや「ヘラ削り」により整形されるだけで,所々「巻上げ」痕が残っているので,回転台を使い「回転横ナデ」が行われていないと,判断されたのであろう。しかし,

16

体部内面と口縁外面を丹念に観察すれば，器として体部内面と口縁部が重視され，多少雑であっても須恵坏同様の「回転横ナデ」整形により，「巻上げ」痕が丹念に消されていることがわかる。

　以上，言葉だけではわかりにくいので図1を使い説明する。但しこの図は，東国の平安時代の須恵坏と古墳時代・奈良時代の土師坏の両者を，時代差を無視して同じ性能の「回転台」を使い，どのような製作工程を経て作り上げるかを描いたため，いささか込み入った図となったことをお断りしておく。以下，

図1　須恵坏・土師坏の製作工程

I．土器の製作と焼成方法

その大要を説明する。

5. 須恵坏の製作方法 （図1参照）

　須恵坏の製作工程を説明するが，須恵坏の製作工程図は（1）図〜（3）図までで，
（3）図左図の須恵坏aは9世紀中頃の坏である。（4）図以下，（7）図までの製作
工程図は，後に述べる土師坏の製作工程図であることをお断わりしておく。
（1）成形：底部「粘土円盤」成形。
　「回転台」上に厚み1cmぐらいの底部となる粘土を円盤状に作る。
（2）成形：体部「粘土紐巻上げ」成形。
　「回転台」上の底部「粘土円盤」の上に，粘土紐を3〜4段くらい巻き上げて，
「回転台」をゆるやかに回転させながら，体部・口縁部まで成形する。
（3）整形：体部内外面「回転横ナデ」整形。
　（3）の下段図は「回転横ナデ」整形の図である。図には両手が描いてあるが，
左右どちらかの利き腕で「回転台」を回さなければならない。回しながら体部
内外面に残る「巻上げ」成形痕を，親指と人指し指で体部を適度に挟み，丹念
な「回転横ナデ」整形により，完全に消しながら体部と口縁部の境の無い，直
線的な器形を完成させる。最後に口唇部を若干摘み上げ外反させる。このよう
に9世紀中頃の須恵坏は体部と口縁部の境はなく，底面から直線的に外傾する
単純な器形である。この段階で須恵坏は完成する。（3）左図aがその完成形で
ある。
　須恵坏の糸切りによる底部切り離し法は，単純でなく8世紀中頃前後〜9世
紀中頃前後まで複雑に変遷するため，第II部「7．糸切り技法の変遷」で図示（図
25〜27）して詳しく述べる。9世紀中頃の須恵坏は（3）の整形後，底部を「回
転前引き」か「回転まわし糸切り」で，「回転台」から切り離す。この頃以
前の坏は，離した後底部外周を回転ヘラ削り整形が施されているものが多いが，
これ以降の9世紀後半の坏の底部は，すべて未整形となるため糸切り痕が底部
全面に残る。
　以上，須恵坏の成形法をいうなら長くなるが，「底部粘土円盤・体部粘土紐
巻上げ」成形による「一個体作り」である。そのように呼んだのは，図のよう
に粘土円盤上で一個体ずつ作るからである。その後，体部・口縁の内外面「回
転横ナデ」整形で仕上げ，糸により底部を回転台から切り離す。このような「一
個体作り」の須恵坏の工程時間は，久保田正寿氏の場合約3〜5分である。
　そのような「一個体作り」は，平安時代でも9世紀末〜10世紀初頭になる

1 須恵器

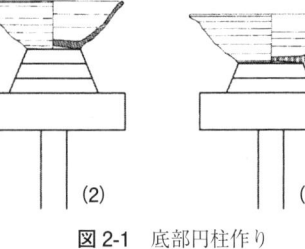

図 2-1　底部円柱作り

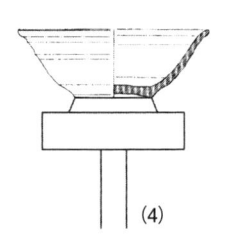

図 2-2　底部両面糸切り拓図

と「底部粘土円盤」成形でなく，「底部円柱作り」とも言うべき作り方となる（図 2-1）。正確には円柱でなく円錐の頂部を切り取り，その小さい正円となった頂部を底部として，体部を「粘土紐巻上げ」で成形し（1），後「回転横ナデ」整形で体部を整えたら「回転糸切り」で切り離す（2）。その切り離した頂部には，「回転糸切り」痕が明確に残っている。その上に同じく「粘土紐巻上げ」成形で 2 個体目の体部を作り，後「回転横ナデ」整形で体部を整えたら「回転糸切り」で切り離す（3）。さらに 3 個体目も同様に作り上げる（4）。この時，2 個体目・3 個体目の内面底部，すなわち（3）と（4）の見込みには「回転糸切り」痕が残り，その後の整形時に内面底部の「ナデ」整形が雑に行われた場合，一部の内面底部に「回転糸切り」痕が稀に残る場合がある。それら内面底に「回転糸切り」痕の残る坏の底部を切り離すと，底部の内外両面に「回転糸切り」痕が残る。それが図 2-2 拓図である。そのように「底部円柱作り」の坏・埦は，図 2-2 のような底部の内外面に「両面糸切り」痕の存在から想定できた。

　しかし，その「底部円柱作り」の証拠である内面底部の「回転糸切り」痕は，後の丁寧な「回転ナデ整形」により消される場合が多く，「両面糸切り」の坏が見つかることはほとんどない。「底部円柱作り」で作られる坏は，上述のように 3 個体ぐらいが連続して作られたと想定できる。その場合，自ずと上から下への坏の底径が，少しずつ大きくなっていき，上から底径・器高・底径も小型・中型・大型の寸法となる。（4）は口径の大きさに比例して，器高も高く坏でな

19

Ⅰ. 土器の製作と焼成方法

く埦と呼ぶべき器形となる。それら大型の埦の大半は，高台が付けられた高台付埦である。

その大型埦の口径は約 16〜18cm，高台を除く器高は約 7.5〜8cm，底径約 7〜8.5cm である。高台が付かない中型の坏・埦の口径は約 14〜15cm，器高約 10cm，底径約 5〜6.5cm である。高台が付かない小型の坏の口径は約 11〜12cm，器高約 4〜4.5cm，底径約 4〜6cm である。

そのように「底部円柱作り」で作られた坏・埦は意図しなくても，明確に大・中・小のサイズの埦・坏が作られていく。その大・中・小のサイズの三個体の埦・坏の寸法から乾燥・焼縮みを考慮して円柱の大きさを推定すると，円柱の底径は約 8〜9cm，高さは約 4.5〜5.5cm，頂部径は約 5〜7cm ぐらいであったと考えられる。

以上，奈良・平安時代の「一個体作り」・「底部円柱作り」の須恵器の埦・坏の成形は，いずれも底部「粘土円盤」で，体部は「粘土紐巻上げ成形」である。1960 年代頃，須恵器の大型の甕・壺成形は「粘土紐巻上げ」・「輪積み」で，埦・坏など小型のものは，粘土塊から一気に回転力により器形を引き出す，所謂「轆轤（ロクロ）水引」と考えられていた。それに対して，田中琢・田辺昭三の両氏は，古墳時代の小型の埦・坏にも，「粘土紐巻上げ」で成形されたものの存在を明かにした。それらの巻上げ成形は体部からでなく，底部から渦巻き状に巻上げられているとした。

その底部からの「巻上げ成形」を解釈すると，底部と体部の内外面に残る「巻上げ痕」の内，体部の「巻上げ痕」は親指と人差指で挟み丁寧な「回転横ナデ」整形で内外面ともに消される。底部内面見込みの「巻上げ」痕は，親指の指頭で強く押し潰す打圧により押え込みながら，「回転ナデ」整形で仕上げられ消えるが，底部外面の 3〜4 回転の「巻上げ」痕は，押し潰されながらも「渦巻き状」に残る。

そのように「底部粘土紐巻上げ」成形の坏は，底部の内面を強く押えナデ上げる以外，何ら整形が行われていないので，外面底部の巻上げの密着度が薄く，高温で長時間焼成された場合，焼成中に底部外面巻上げ痕である渦巻き状の痕跡に沿って，円形状に亀裂が入り破損したものが，陶邑古窯址群で確認されている [註5]。

1959〜1970 年にかけて，上述の底部外面の渦巻き状の痕跡は，ヘラ切りの痕跡？であるなど，須恵器の成形法・切り離し法を含めた製作技法の活発な論争が，横山浩一・楢崎彰一・田中琢・田辺昭三・阿部義平・山沢義貴・伊藤博幸・

① 須恵器

倉田芳郎氏らにより繰り広げられた。それらの詳しい内容は，阿部氏の「ロクロ技術の復元」にまとめられている[注6]。詳しく知りたい方は一読して頂きたい。

6. 須恵器の焼成方法

　須恵器を焼成した窯は，多くの本・論文などに「登り窯」と書かれている。「登り窯」は，正式には「連房式登り窯」である。「連房」とは蒲鉾状の独立した「房」と呼ばれる燃成室が，緩斜面の傾斜に沿って幾つも階段状に，上へ上へと連ねて構築されたものをあらわしている。その焚口（大口）のある最下房に火を入れた場合，上の房へ通焔孔を通じて焔が上って行く。「連房式登り窯」は薪を投入できるのは，最下房の正面の焚口だけでなく，長く連なった各房の燃焼効率を高め焼成温度を高温に保つため，各房の両横には薪を放り込むための投薪孔（小口）が設けられている。最下房正面焚口（大口）から多量の薪を燃焼させることにより，その炎が各房の通焔孔を通じて登って行き，上の房は下の房からの余熱を受け継ぎながら焼成温度を上げて行く。さらに各房の温度を上げて行くために，各房の両横の投薪孔から薪を投げ入れるのである。

　そのように各房が独立し，それぞれに小口の焚口を設けているのは，単に温度を上げるためだけではない。当然下の房の製品から早く焼き上って行くので，最下房の製品が焼き上がったら焚口（大口）の火を止め，上の房との境を遮断し製品が冷えるのを待ち，冷えたら製品を取り出すことができる。

　そのように「連房式上り窯」では，各房の両横の投薪孔を使い，下房から上房へ漸次焼き上げながら，各房の製品を次々と取り出して行くことができるのである。さらに，焼き上がった製品を取り出し空となった房に，新たな製品を窯詰めして最上段の房が焼き上がる頃，下の各房には窯詰めが終わっており，最下房正面焚口（大口）からの火入れが可能な状態となっている。

　以上，「登り窯」とは「連房式登り窯」を意味し，薪と労力を少しでも省き下房から上房へと余熱を次々と利用し，連続して製品を多量に焼き上げて行くことを可能にした窯をさすのである。つまり「登り窯」の「登り」とは，窯が斜面に作られていて，人が登るように傾斜しているから「登り」というのではなく，焚口からの焔が房の窯底を走り，通焔孔を通りぬけ各房の天井・壁にぶつかりながら上下し，無駄なく窯内の温度を上げながら，一番上の房に向かい焔が登って行くからである。また「登り窯」は，焼成設備である焚口（部）・燃焼部（室），燃成部（室），煙出し（煙道）がすべて地上に作られた窯である（図3）。従って「連房式登り窯」は，「窖窯」のように酸素を完全に遮断し，還元

21

I. 土器の製作と焼成方法

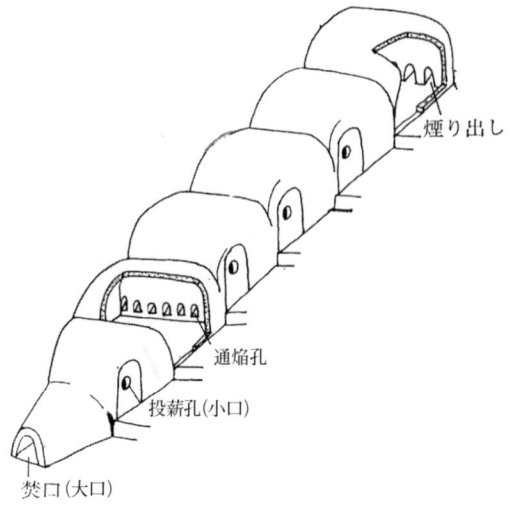

図3 連房式登り窯(田口昭二「美濃古窯の窯体構造について」
『岐阜県考古』第8号　岐阜県考古学会　1981より一部改変
して転載)

焔状態にすることが難しいので，須恵器のように灰色に焼き上げることを目的とした窯ではない。

その「連房式登り窯」以前の「窖窯」は単房の窯で，丘陵の斜面をトンネル状に完全に刳りぬいた地下式のものと(図4)，図示していないが製品の出し入れやすいように斜面を「U」の字状に掘り込み，その上に逆「U」の字状の天井を粘土で構築した半地下式の窯が存在する。

その「窖窯」の窯体の構造は，時代とともに変化して行く。窯体が細長く傾斜のある単房ゆえ，焚き方によっては焔が一気に燃成室の中央部を通り抜けてしまい，焚口近くと窯尻付近では温度差ができ，窯内を高温に保つことが難しい。従って窯詰めした場所により，製品に焼斑ができてしまう場合があった。12世紀頃猿投窯では，焔が中央部だけに走り抜ける細長い窯体から，焼斑を少しでも無くすため，燃焼室と燃成室の境あたりに焔を左右に分け，左右の壁に沿って通るよう分焔柱を設けた窯が出現する。それ以降分焔柱を有し，左右に膨らんだ燃成室持つ窯体へとなって行く。

16世紀初頭頃，下膨れの燃成室を地上に構築した「大窯」が出現する。次いで16世紀末〜17世紀初頭に，「連房式登り窯」が唐津から各地に広がるのである。現在，電気窯や灯油窯でなく薪を燃料とする「連房式登り窯」で作品を焼成している陶芸家に，「古代の須恵器は『登り窯』で焼いていた。」と言うと，何人かは「『登り窯』(連房式)がそんなに古い時代から存在したのか。」と驚く。

このことはすでに，三上次男・吉田章一郎両氏が陶芸家の指摘を受け，瓦・須恵器生産の窯を「登り窯」と呼ぶのは適当でないことを指摘している[註7]。ではなぜ後にその提言が受け入れられなかったのであろうか。小林行雄博士は

22

「登り窯」なる名称の不適当を認めつつも「窖窯」なる名称を用いた場合，引用文中の用語統一の意味でも読者の混乱を招くので，それをさけるために従来からの慣習として「登り窯」の名称を使うとしている[註8]。

　小林博士は「轆轤」は土器を作る器具でないことを明確に指摘したが，「登り窯」なる通例として定着している名称を改名すると，混乱を招くからとして今まで通り使うとした。残念ながらそのことが，今日まで混乱を招くこととなる。そのようなことを知らずか，未だに須恵器は「轆轤」（ロクロ）を使い「登り窯」で，以下のように批判する「還元焔」で焼成し作られたと，多くの報告書・論文に使われ続けているのである。

　以上，急勾配の山の斜面や傾斜のない平場に築かれていようと，地面をトンネル状に刳

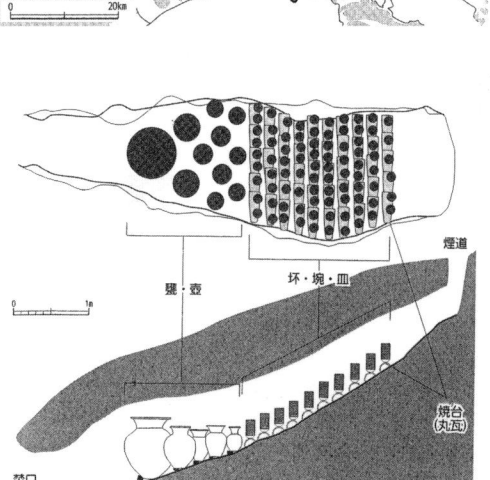

図4　武蔵国四大窯跡群と地下式窖窯（『新八王子市史』通史編1原始・古代　第5章より転載）

I．土器の製作と焼成方法

りぬいた地下式や半地下式の単房の窯は，「窖窯」と呼ぶべきと考える。

7.「酸化焔」と「還元焔」

　「須恵器は『還元焔』で焼成したから灰色になる」と，言われているが正確でない。「窖窯」で須恵器を焼成する場合，焼成の初めは焚口・窯尻の煙道などから多量の酸素を入りながら，赤い焔すなわち「酸化焔」で焼成して行く。さらに焼成温度を叙々に上げて行くため，酸素の供給を少なくして不完全燃焼の一酸化炭素が多い青い焔，すなわち「還元焔」で焼成する。そのように窯内で「酸化焔」焼成と，「還元焔」焼成を繰り返しながら焼成することにより，窯内の温度が次第に高温になって行く。ただそのように須恵器を「還元焔」や，高温で焼成しただけでは灰色には焼き上がらない。

　須恵器を灰色の色調に仕上げるには，「攻め焚き」の直後，すなわち窯体内が「還元状態」を保っている瞬間に，焚口・煙道を同時に閉じて酸素の供給を即座に遮断する必要がある。そのためには，湿った薪や葉っぱなど投入して，不完全燃焼状態で窯体内に，一酸化炭素を多量に発生・充満させることにより，窯体内を膨張させ，外から僅かな酸素が入り込まないようにするのである。そのため大きく開いた焚口や，煙道をすばやく塞ぐことはもちろん，地上部分の半分を粘土で覆った半地下式の「窖窯」の場合は，窯体のほんの僅かなひび割れや小孔も見逃さず，隙間という隙間を粘土などで，素早く充填しなければならない。なぜならば，焚き口・煙道を完全に封鎖したことにより，一酸化炭素が窯体内に充満して，窯体が膨張することにより弱いヶ所に亀裂が入る。特に天井内部で一番強烈な焔の吹き上げを受け，ダメージを受ける焚口・燃焼室寄りの部分を，頑丈に構築しておかないと裂けて崩れる場合がある。それを避けるため頑丈に構築するのはもちろんのこと，焼成中天井中央部の微妙な変化や小さな隙間も見逃さず，僅かでも水蒸気や煙が出たら穴が大きく裂けない内に，素早く粘土などで補強しなければならない。少しでも隙間があるとそこから製品が酸素を吸い込み，その部分は酸化して褐色になってしまう。

　そのように窯体内に絶対酸素を入れないよう完全な密封状態（酸欠状態）を保ちながら，ほぼ焼成に費やした時間と同じくらいかけて，製品を完全に冷やし窯から取り出すのである。完全に冷え切らず焚口を少しでも開けた場合，即座に酸素を吸い淡いピンク色になってしまう。

　以上，稚拙な説明より以下，瓦・須恵器がなぜ灰色となるか，具体的な実験過程を臨場感溢れる説明で書かれた好書を紹介したい。

8. 瓦と須恵器の焼成方法

　その好書とは，今は亡き大川清先生著述の瓦・須恵器焼成に関する，A5判103頁の小冊子『古代窯業の実験研究（1）』である[註9]。以下，その内容である。

　　目次
　　　例言
　　　　1）加水燻焼還元焼成法
　　　　2）古代窯の焼成実験
　　　　3）東大寺造瓦所の焼瓦
　　　　（附）
　　　　　焔を制御する術　―実験に参加して―
　　　　　実験参加者
　　　　　あとがき

　本書は，大川先生が1984年に早稲田大学に学位請求論文を提出された時，副論文として出された三部の内の一つである。この論文には瓦・須恵器の色調がなぜ灰色になるかを，明快に示した卓越なる学才が詰まっている。おそらくこの小冊子は，築窯・窯詰・焼成・窯出を手伝った者，焼成に参加した関係者などだけに配られ，広く世に渡らなかったと思われる。いささか長くなるが書かれた内容を尊重し，一字一句取り違えないよう以下，「1）加水燻焼還元焼成法」だけは原文のまま紹介したい。

1）加水燻焼還元焼成法

　須恵器や古代屋瓦については，その焼成法が窯をつかって還元炎で焼いたものである。といった定義づけがなされている。たとえば，科学史専攻の吉田光邦教授は，その著『やきもの』増補版（日本放送出版協会）118頁に「・・・スエ器の灰黒色の色は，還元焔で焼かれたあとだ。空気の流通が悪いなかで焼かれたものだった。酸化焔で焼かれると原土中の鉄分は酸化して赤くなる。還元焔で焼かれるとこんどは還元された黒い色をしめす・・・」と記されている。
　考古学者，わけても須恵器研究の第一人者の場合，どのように認識されているかというと，楢崎彰一「日本古代の土器・陶器」（『世界陶磁全集2日本古代』小学館　昭和54年）において「・・・土師器が酸化焔焼成による赤い素焼の

やきものであるのに対して，須恵器は還元焔焼成による灰色をした硬質のやきものである。・・・次に焼成技法についてみると・・・一般的な須恵器の窯炉では，床面傾斜は，初期には10〜15℃前後の穏やかなものが多いが，のちしだいに急傾斜になり，奈良時代の終わりごろには35℃を越すものもある。これは，初期には，はじめ酸化焔で焼き，一定温度に達したのち，大量の燃料を投入して焚口をふさぎ，窯内を還元状態にして燻焼還元焼成が行われたが，のちしだいに窯炉立地の移動に伴う使用陶土の変化によって，高火度の還元焔焼成に転じたことを示すものである。したがって，初期のそれは，器壁に浸透した炭素粒によって器面が黒ずんでいるが，6〜7世紀以降には，灰色からしだいに灰白色に近い色調へ変化している。」と述べている。

　次に田中琢・田辺昭三「概説」『日本陶磁全集4須恵器』（中央公論社　昭和52年）において「須恵器はふつう，青味がかった灰色を呈している。これは還元焔で焼いたからだ。密閉され，温度の上昇した窖窯のなかで，酸素の供給が不十分になると，当然一酸化炭素が発生する。高温で熱せられた一酸化炭素は，素地のなかの酸化第二鉄から酸素を奪って燃焼し，炭酸ガスになる。赤い酸化第二鉄は酸素を失い，青い酸化第一鉄に変わる。こうして須恵器固有の青味かかった色調が生まれる。しかし，最初から窯のなかを還元状態において焼成するには，温度を上昇させるうえで非能率的だし，燃料の消費も莫大になる。そこで，はじめのうちは十分空気を供給し，窯内温度をぐんと高め，普通の酸化状態で十分に焼き，最後の攻焚きの段階になって，燃料を多量に投入し，密閉して，窯内を還元状態に追い込むのが須恵器の普通の焼成法だった。・・・

　割れた須恵器の断面をみると，表面は青いのに，芯のほうに赤味がかっているものがある。時には全体に淡紅色に近いものがあるは，この最後の攻焚きで還元状態が十分でなかったためにおこった現象だ。還元焔焼成は，須恵器に青い色調を与えただけではない。それは胎土をガラス質に近い硬質のものにする効果をあげる。須恵器のもつ青灰色硬質の特質はこうして生まれた。」と述べている。何れもいいところまでいっているのであるが，たんに攻焚きで還元炎にして焼くと，あの須恵器特有の色調になると述べている。

　須恵器の発色については，吉田教授をはじめ上記各氏の説明では若干もの足りない。私は古代窯業史研究をはじめた頃，須恵器や屋瓦の灰黒色というか，ネズミ色というか，あの色調はどうして出るのであろうか。ということについて，いろいろ陶芸家にたずねたのであるが，全く解答を得られなかった。それからのち，もうかれこれ25〜6年前になるが，東京工業大学窯業学科鈴木弘茂

教授（現在東工大名誉教授）から同科の宮川愛太郎氏を紹介頂き，同氏から須恵器や古瓦の色調は「水蒸気とカーボンの附着によって，あのネズミ色がでる」ということを伺った。なるほどと合点がいったのである。つまり，現在つくられている燻瓦の製法と類似する訳である。

　その後，私は連房式登り窯（陶窯）を構築し，約10年間，薪だけを燃料として焼成してきた。その経験からいうなら，いかに還元炎で焼いても須恵器のようなあのネズミ色の焼物は絶対に得られない。また逆に，須恵器を窯に入れて還元炎で焼く（再焼成）と，ネズミ色は消えてなくなり，胎土中の鉄分が吹き出て暗褐色になる。このことは，須恵器に包含されていたカーボンがもえてなくなるからである。つまり，還元炎で焼いても，カーボンが胎土に浸透しない。カーボンを浸透させるには水蒸気がなくてはならない。

　そこで，もう一つ思いあたることは，中国の技術書李明仲著『栄造法式』窰作の焼変次序には「・・・次日上水窨・・・」もう一書宋應星著『天工開物』の陶埏第七巻には「・・・澆水転汕・・・」とある。ことに『天工開物』の転汕については，かつて，『かわらの美』（社会思想社）50頁に「・・・転汕というのは，薪を燃やしてやきあがったとき窯の上から水をかけ，ネズミ色の光沢を瓦にあたえることである。つまり，カーボンと水蒸気の作用によって瓦特有のネズミ色をつくる方法がそれである。」と述べた。この記述は東工大の宮川氏の根拠としたものであった。

　結論すれば，須恵器や古代屋瓦は，たんなる還元炎で焼くだけではない。楢崎彰一教授は，さきの著述において「燻焼還元焼成」と云っておられる。教授の「燻焼」に対する理解が確立していないように解せるが，「燻焼還元焼成」というのは大変具合のよい名称である。つまり，還元焔にプラス多量の水蒸気による燻焼が，あの須恵器特有の色調を得る技法である。したがって，須恵器や古代屋瓦の焼成法は，水蒸気を加えることによる「加水燻焼還元焼成法」による，という概念を設定すべきである。それについての実験を以下に述べる。

2)　古代窯の焼成実験

　以上のことを証明するため焼成実験を行ったのである。以下は，その実験の経過をまとめて意訳し，若干の補足と説明を加えながら，実験に参加された人の感想文も参考に，時系列で書きあらわしてみる（括弧内は筆者が補足した）。

　1982年秋に栃木県那須郡馬頭町小砂，日本窯業史研究所構内に築いた半地下式窖窯（文中は半地下式無階有段登り窯）に，1983年2月18日午前中雨

Ⅰ. 土器の製作と焼成方法

のなか，男瓦30枚，女瓦30枚，鐙瓦8枚，宇瓦4枚，壺・皿など若干を窯詰めし，翌19日朝8時30分に火入れを行う。火入れから2〜3時間位は，胎土中の水分を蒸発させることを目的として，100〜150℃位の低温で焙り焼きをする。

　焼きはじめて10時に270℃，10時30分に300℃と予想以上高い温度で上がって行く。昼の12時30分で順調な温度350℃となる。この頃より薪を多くする。午後2時30分には650℃，すでにススギレ（煤切れ）になり，窯の内部は明るく，なかの製品がよくみえる。4時30分で900℃オーバー，5時で950℃，この頃から薪を焚口いっぱいに投入，セメタキ（以下攻め焚き）に移る。

　焚口に薪（ふさぐ位）をいっぱいにくべてもやすと，窯内にいく空気が少なくなり，窯内雰囲気は還元炎（還元状態）になる。薪がもえてオキ（以下熾き）がたまりはじめると薪はしずみ，焚口からの空気はだんだん多くなって，窯内雰囲気は中性炎になり，さらにそのままもやし続けると薪は熾になり，（窯内に空気を多く入れるために，）焚口の薪の量は減少し（を少し減らして焚くと），空気がだんだん多く入り，窯内は酸化炎（酸化状態）となる。

　還元炎で窯内温度は900度であったとすると，中性炎から酸化炎に変ると920〜30度というように，窯内の温度は酸化炎になって上昇してくる。そのまま放置しておくと薪がもえつき，熾きがたまり，温度は下がってくるから，下がらないうちにすばやく薪を投入，焚口に薪がいっぱいになると還元になる。そうすると窯内温度は下がる。数分後に薪がもえて焚口から空気が入りはじめ，酸化炎になって温度は上がる。このように還元，酸化をくりかえし，その間に熾きをすばやくかき出し，薪を投入する。900℃からの温度の上昇にはかなり時間がかかるし，大量の薪を要する。これが攻め焚きである。

　午後7時30分1,000℃近く。8時30分1,120℃に達する。この頃，窯の中央天井部が眞赤になった溶岩のようになっていた。1ヶ所に鉛筆位の小孔が開き4〜5cmの長さに炎が吹きだした。なぜこのような状態に陥ったのであろうか。築窯に使った粘土は，耐火度1,250℃程度で，窯でもっとも強烈に炎があたる中央天井部の厚みは6〜7cmなので，もう少し厚くしておく必要があった。中央天井部は，8時30分頃温度計設置場所の1,120℃をはるか越え，耐火度目いっぱいか，越えていたのである。結果，窯内が還元状態で膨張，さらに天井部は薄くなり，強烈に焔があたって裂けはじめたのである。

　天井部が燃えすぎて落下を防ぐため，大急ぎで粘土を塗ったが，塗らなかっ

28

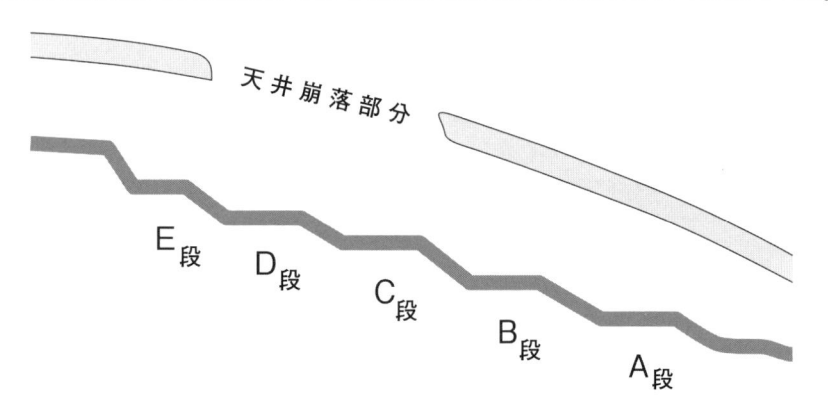

図5　実験窯天井部崩落略図

た脇が長さ50cm，巾15cm程にさけるように落下，と同時に塗った方も落下して炎が吹きでた。さらに火のまわりがにぶい窯尻方の天井が落下したので，大急ぎこの部分から水をかけた。その結果この部分は，燃焼部からの炎が遮断されて温度が低くなると同時に，空気にさらされた状態となった。そこへ多量の水をかけたから，カーボンは不十分であって，色調には満足すべきものが得られないと考えた。しかし，図5の実験窯天井部崩落略図のD段（窯底に設けられたA〜Eの5段の内上から2段目）に置いた瓦や皿は，灰白色やウグイス色の色調のものが多かった。

いづれにしても，A・B・C段の瓦の下部には炎が通っていて，C・D段上部が少し大きめの煙出口になっていた。天井が落下したが，残余の部分で充分に焼成し得ると判断し，一層強力な攻め焚きを継続した。

天井落下による天井部材は，D段に並べた女瓦の上部にひらならべに置いた男瓦の上にかぶさったから，それより下部の女瓦には炎が通っていた。そのことはD段の（製品）窯出しによって判明した。

天井落下によって温度測定器を除去したため，その後の温度は，私の経験による火色によって焼成を継続した。8時30分の天井落下から2時間後，10時30分に火止作業に移った。この頃の温度は1,150℃前後と推定した。

消火は注水によって行うこととした。注水は燻を行うためである。注水のためには窯尻方に4斗ダル4本，焚口方に同じく4本を満水にして準備した。水をかけるための約8升入りバケツを双方（焚口・窯尻）に3個ずつ準備した。

落下部天井の大穴が煙出口となり，あまりにも大きな穴であって，開放的であると，還元効果がにぶくなるおそれがあるので，青松葉をひとかかえ1把を縄でしばり，泥水にひたし，2把を大穴へ投入して焔の出を弱めた。焚口は燧

I. 土器の製作と焼成方法

と薪で満杯になっている。私の合図で，はじめに天井落下部からバケツ3杯を注水，ついで焚口（燃焼部）からバケツ3杯を注水，その後は同時に双方から連続注水，ほぼ4斗ダル8本の水を全部注いだ。しかし，D段附近は瓦の上やそのまわりに天井材が落下し，赤く焼けていて，なかなか火が消えない。そこで，この部分にさらにバケツで水をかけ，窯尻方に設置した水道蛇口からホースで連続注水（約10分）した。これだけの水をかけたにもかかわらず，窯尻（上方）方から焚口部への流水は全く認められず，窯上面からは白色の蒸気が多量に吹き上り，温泉の湯元のようであった。

焚口から燃焼部の底部，両側壁は青灰色になっていた。懐中電燈で窯内を見ると，瓦は青灰色になっていた。焼成は天井の落下があったとはいえ，成功であった。

A段（一番焚口に近い段）の瓦の上小型壺が注水で転落した。この壺とE段（窯尻に一番近い最上段）へ置いた小皿を数枚取り出した。A段の壺は須恵器の色調に焼きあがっていた。小皿の方は天井落下によって温度がさがるとともに還元が弱かったのでウグイス色と灰白色になっていた。これらの器を使って，栃木県博，堤橋部長の差し入れの清酒で参加者一同祝盃をあげた。

補説

今次の実験では天井部の落下によって，当初計画したように窯尻煙出口よりの注水のみに依存できないために，焚口からも注水した。注水にはきわめて多量の水を要する。その水を古代において，どのように処置したものであろうかが問題である。

遺跡において，このことを証明することはむずかしい。しかし，水の運搬，貯水の方法，イノシシなどの皮袋に水を入れて，窯尻上方につるし，その水を樋で煙出口へ導入し注水するか，皮袋をかついで直接に煙出口へ注水するような方法を推考し得る。

注水作業にともなって，考えられる遺構の一つに窯底面に窯尻から下方（焚口）へ溝が遺存し，ことに焚口部近くで溝がなくなってしまうものがある。この種の溝は排水溝ではなく，煙出口よりの注水による窯内への導入溝と名称すべきであり，燻作業から生れた溝であるから，必ずしもこれを施設しなくても結果的にはそれ程の変化は認められないであろう。

以上が，大川先生の「2）古代窯の焼成実験」に記載された焼成経過と結果内容である。この実験経緯を追認できる奈良時代の瓦・須恵器焼成窯が，2008年に神奈川県横須賀市で調査され，『乗越遺跡』の乗越窯として2012年に詳細な調査報告書が出されている[註10]。調査された窯は窖窯5基2～6号と，3

基の「ロストル式平窯」1・8・7号の計8基の窯である。8基の窯は瓦専焼窯として構築されたもので，大川先生の焼成実験の窯と同様のことが起こった窯は窖窯の5号窯である。

5号窯は瓦を焼いた後，窯底の一部を改変して須恵器の蓋・坏・埦・高盤を焼成している。この窯は崩れた天井部から須恵器出土状況が，口絵Aから明瞭に理解できる。大まかに一言で言えば，窯体半ばから下方出土には褐色の製品，さらにその下の焚き口付近には，青灰色の製品が存在している。この状態は，大川先生の焼成実験中に起きた状況に一致する。

窯体半ばより下方出土の製品の色は，口絵B① 内外の表面，内部の胎土が褐色のもの。その下の焚き口付近の製品は正確には，B② 内外の表面，内部の胎土も青灰色のものと，B③ 内外の表面は青灰色であるが，内部の胎土は褐色のものが混在する。またその他，B④ 内外の表面は褐色であるが，内部の胎土が灰白色のものが存在する。このように一つの窯から内外の表面，内部の胎土の色が違う4種類の製品の存在は，大川先生の焼成実験結果同様，次のような解釈が成り立つ。

焼成最終段階頃，還元状態を保つため焚き口・煙道を完全密封し，窯内を一酸化炭素で充満させたため窯体が膨張し，長時間の焼成で高温の炎が燃え当たり，一番ダメージを受けやすい大川先生の実験の窯同様，天井中央の部分が裂け崩落しはじめたと推測できる。何らかの補強をしないと，せっかく還元状態で内外面，内部も青灰色を保っているすべての製品が，入り込んだ空気により瞬時に酸化して褐色になってしまう。しかし，崩落が早かったためか粘土での補修を諦め，少しでも青灰色を保っている製品を水により急冷するため，あわてて焚き口・煙道・崩落し開口した天井部から，水を注入したことが推察される。

結果は天井中央部が大きく崩落し，多量の酸素が窯体内に一気に入り込み，その周辺の製品は瞬時に酸素を吸い込み，口絵B①のように土師器同様，表面だけでなく内部の胎土も褐色となってしまった。焚き口付近に置かれ，大量の水をかけられて運よく急冷された製品は，ごく僅かであろうが口絵B②のように表面・内部も青灰色の製品となった。それらの一部とともに，口絵B③のように内外の表面は急冷され青灰色となったが，内部の胎土はまだ温度が高く，酸素を吸い込む力があり，破損した断面から酸素を吸い込み褐色になったと想定できる。なお口絵B④の表面は褐色で，内部が灰白色のものは，一旦青灰色に焼き上がったが，大きく崩落した天井穴より入り込んだ酸素を吸い込んだため，表面は褐色になるが，水がかかり内面の胎土は冷え，褐色化が止まり褐色

Ⅰ．土器の製作と焼成方法

になる前の灰白色状態となった製品と考えられる。

　以上，焼成中に天井部が崩落するというような事象は，古代において各地の窯場で起きていたことであろう。そのような種々の色調の製品の存在が，当時の工人の慌てふためく様子をよくあらわしている。

3）東大寺造瓦所の焼瓦

　次の3）東大寺造瓦所の焼瓦では，正倉院文書の「東大寺司造瓦所」に関する天平宝字年中の記録と，延喜式「木工寮式」の作瓦の條にみられる規定などから，焼瓦に従事した人員などについて考察している。この文は，上述の文献史料の研究成果を考古学の実証的研究から，古代瓦窯とその造瓦組織の実態を明かにした学位請求主論文『古代造瓦組織の研究』の一部である。瓦の焼成は無論のこと，須恵器生産の研究上非常に参考になるので紹介しておきたい。

　それによると，焼瓦に従事した人員として延喜「木工寮式」の作瓦規定に，「工四人，夫八人」で一烟にあたると記されている。この規定を天平宝字6年（762年）の「東大寺司告朔解」に記載された「焼瓦一万五千八百八十枚　功一百五十六人」に当てはめると，工四人＋夫八人の十二人で，功一百五十六人を除すると十三烟（回）かけ一万五千八百八十枚を焼くことになる。天平宝字7年（763年）の「東大寺司告朔解」には「焼瓦六千六百枚　功六十六人」とあり，除すると五.五烟（回）かけ焼くことになる。大川先生は工と夫十二人は，ただ焼くだけでなく，一烟とは窯詰・火入れ・焼成・窯出という一連の作業を含むと考えた。

　焼成実験の結果，一窯の焼成時間は上手に焼けば，十二～十五時間で可能なので，一連の作業に要する人員を工四人のうち焼成の時二人，窯詰の時は一人，窯出の時は一人を配し，夫は工一人に二人ずつ配したと考えた。表示すると

　　第一日　窯詰　工一人・夫二人
　　第二日　焼成　工二人・夫四人
　　第三日　窯出　工一人・夫二人　以上より，
　　　天平宝字6年の場合，工は十三烟（回）×四人＝五十二人
　　　　　　　　　　　　　夫は十三烟（回）×八人＝百四人
　　　　　　　　　　　　　　　　　　　　　計　百五十六人
　　　天平宝字7年の場合，工は五.五烟（回）×四人＝二十二人
　　　　　　　　　　　　　夫は五.五烟（回）×八人＝四十四人
　　　　　　　　　　　　　　　　　　　計　六十六人となる。

　では，一回の焼成で瓦は，いったいどれくらい焼かれたのであろうか。天平

32

宝字 6 年の場合，十三烟（回）で一万五千八百八十枚であるから，除すると約一千二百二十一枚，天平宝字 7 年の場合，五.五烟（回）で六千六百枚であるから，除すると約一千二百枚である。窯の大きさにもよるが上述の一連の作業もあり，これだけの数の瓦を一つの窯に窯詰して，一度に焼いたとは考えられない。

「正倉院文書」の東大寺造瓦所は，『造興福寺記』にみられる春日の鳥居瓦屋と認定し得るもので，永承年間（11 世紀中頃）に五口の窯が掘りだされて，修理して操業していることが判明している。したがって東大寺造瓦所の場合，操業可能な窯を五口として，一口での窯詰量三百〜三百五十枚，焼瓦三百枚と仮定してみると，天平宝字 6 年の場合，一万五千八百八十枚を三百枚で除すると五十三口弱，五十三口を十三烟で除すると四口強となる。天平宝字 7 年の場合，六千六百枚を三百枚で除すると約二十二口，二十二口を五.五烟で除すると四口強となる。

天平宝字 6 年の場合，天平宝字 7 年の場合も一烟（回）に操業した窯は四口である。したがって窯焚の工程は，

第一日目は，工一人，夫二人で一千二百枚の瓦を窯詰（四口に）する。

第二日目は，工二人，夫四人で，並列した窯四口同時に窯焚をする。

第三日目は，工一人，夫二人で一千二百枚の瓦の窯出をおこなう。

そのように大川先生は，「延喜式木工寮式」の規定を援用し考察した結果，天平宝字頃の「造東大寺司造瓦所」の造瓦能率と，延喜式規定のそれとほぼ同率であったので，その数は当時の造瓦の実態を表しているものと解釈した。

9. 須恵器の色調

以上，長くなったが『古代窯業の実験研究（1）』の 1）は原文そのまま，2）は意訳と若干の解釈を加え，3）は要約して内容を紹介した。それら先生の非常に示唆に富む内容のなかで，一番重要なのはなぜ須恵器・瓦が灰色になるかである。今でも多くの概説書や論文には，化学変化を起こすように書いてあり，須恵器を研究している人や，興味がある人の大半はそのように考えている。

そのような考えに疑問をもったのは，30 数年程前，覆土内の多くの焼土や炭材が含まれ，明かに焼失したと考えられる竪穴建物から出土した土器を，接合していた時であった。絶対接合しないと考えていた薄いピンク色の土師器かと思われる坏片と，明かに灰色の須恵器の坏片が接合してしまったのである。その坏は竪穴建物が焼け落ちた時に，割れて飛び散った灰色の須恵器の何片かが，火災の二次焼成を受け褐色や薄いピンク色になり，二次焼成を受けず灰色

I. 土器の製作と焼成方法

のままであった破片と接合したのである。

　その時，灰色の須恵器は二次焼成を受けると，色が変わるのかと半信半疑で，表採の灰色の須恵坏の小片をガスコンロ上で焼いてみた。するとすぐさまピンク色になってしまった。その時，灰色の須恵器の色調は，還元焔で焼いたから化学変化をおこし安定的状態の灰色になったのではなく，その灰色は酸化焔で二次焼成すると燃えてしまう色であることがわかった。それからも度々表採の小片を焚火に放り込み焼成時間などを観察した。

　その後，先述の須恵器の灰色はカーボンが浸透しているだけで，燃やすと燃えるという大川先生の意見を伺い納得した次第である。ただ大川先生の言うようにわざわざ窯のなかで酸化焔燃焼しなくても，ガスコンロや焚火による酸化焔焼成で充分である。手っ取り早いのは須恵器の小片を，使い捨てガスライターで炙れば一目瞭然，瞬く間にピンク色となる。

10.「窖窯」での焼成方法

　「窖窯」での焼成方法は，時系列で示された大川先生の文でよくわかるが，今一度確認しておく。

　大川先生の実験は，「窖窯」（半地下式）で瓦・須恵器を1,200℃以上の高温度で焼き締めた後，高温を保っている窯を完全密封し，製品をすべて灰色に仕上げるため，酸素が流入しないよう外界と完全に遮断して，長時間かけ冷やすつもりであった。しかし，仕上げの「攻め焚き」の段階で，構築時に不安のあった窯の天井部が崩落しはじめた。高温に焼き上がった製品が，酸素を吸い酸化し褐色になるのを少しでも防ぐため，急冷するため急遽やむなく焚き口，煙道，崩落した天井部の穴から大量の水を注入したのである。運よく酸素を吸う暇を与えず，急冷できた製品のごく一部が灰色に仕上がったのである。この結果を高温となった窯体や，製品に大量な水をかけ発生させた水蒸気が炭素を吸着させたとの考えもあるが，一酸化炭素が窯体内に充満したため製品は，それを多量に吸い込み灰色に変色した状態の時，急冷され冷えて酸素を吸うことができなかったのである。水をかければ当然水蒸気は大量に発生するが，炭素吸着とはあまり関係がないのではと考えられる。

　大川先生は焼成実験をその後再度行っている。その時も天井が崩落して水を大量に注入している。二度にわたる焼成実験は，当初から水を注入することを意図したとは思われないが，北宋末に李明仲が編纂した中国の建築技術書『営造法式』の窯作の項や，明末に宋應星の書いた中国の産業技術書『天工開物』

の中巻，製陶の項などに書かれている水を注入し急冷することにより，製品を灰色に仕上げるという機会をねらっていた節がある。残念ながら今となっては，そのことを聞くことはできない。

　そのように焼成中に窯が崩落するなど，止むおえない状態に陥った時，酸素を吸い褐色にならないため，水をかけ急冷する方法では，ごく一部のものしか灰色にならず，大半は褐色で須恵器と言えないものに仕上がる。それでも長時間労力をかけて焼成してきた製品の一部を，少しでも灰色に仕上げたいため，緊急避難的に水をかけたと考えられる。にもかかわらず大川先生は，注水作業により須恵器生産が，稀に行われていたと考えていたと思われる。

　その考えとは，全国の窯の報告書でごく稀に，「排水溝」と報告された施設を持つ窯がある。これは横穴墓の壁際や中央部に存在する「排水溝」とよく似ているため，なんの躊躇も無くそのように呼ぶのであろう。大川先生は，このように窯底面に窯尻から下方（焚口）に掘られた溝は，「導水溝」と呼ぶべきものと考えた。煙出口より注水する場合，窯内の下方へいち早く水を導水するための溝と考えてのことである。ただし 1,000℃ 以上の高温となった窯内に注水した場合，正に「焼け石に水」状態で煙道から水を入れた途端，「導水溝」に届く前に瞬時に水は蒸発してしまい，窯内を一気に冷やす意味などの効果は，まったくないと考えられる。

　以下，須恵器焼成の流れを述べてみる。製品はよく乾燥させた後窯に詰める。詰め方も製品の大きさ，重ね方，焔の通り道などを考慮し，慎重に窯内での位置を決めて詰めて行く。焚きはじめから温度を急激に上げようとして，薪を次から次ぎへと無闇に投入するのでなく，十分乾燥させたとはいえ，水分が完全に抜けきらない製品と，窯内の天井部・窯壁の水分を抜くために，ナラ・クヌギなど雑木の薪を除々に入れ，焚き口から酸素を吸い込ませながら，徐々に温度を上げて行く。焼成はじめに投入する薪は，熾火・炭火となり火持ちがいいコナラ・クヌギなどの雑木を使い，幹から分泌する松脂で火力が強い赤松は，燃焼がはやく瞬時に温度が上がるので焼成の最終段階「攻め焚き」に使う。

　焚きはじめてから順調に行けば，一時間毎に約 100℃ 上がって行き，8 時間で約 800℃ を超す。そのように順調に温度が上がって行くのはこの段階までで，これ以降，そのような薪の投入法で窯内の温度を上げていくには限界がある。単房の「窖窯」において，闇雲に過剰に空気を送り込みながら酸化焔で焼いた場合，窯内を焔（高温ガス）が一気に煙道まで駆け抜け，煙突から抜け抜けてしまうことを考慮しなければならない。

Ⅰ. 土器の製作と焼成方法

　約8時間以降，さらに窯内の焼成温度を効率よく上げていくためには，焚口・煙道を狭くして，窯体内に一酸化炭素を発生させて，酸素不足の還元状態にしなければならない。そうすることにより製品だけでなく，天井部や窯壁にも一酸化炭素（煤）を吸わせ，吸い込んだ炭素で一旦製品・窯内を真っ黒な炭状態にする。そのような状態になったら，焚口・煙道を広く開け多量の酸素を入れ，窯内を酸化状態にして，炭となった薪，同じく炭素を吸い込んだ製品・窯壁から天井部を自ら燃え上がらせる。そのように還元焔焼成，酸化焔焼成を何度も繰り返すことにより，窯体の内表面と製品も自らが燃料となり，自らが燃え上がるといった行為を何回となく繰り返して行くと，焼成温度が900℃を越えて行き，より硬く焼締まって行くのである。そのように約8時間以降，900℃以上の高温に向けてさらに，高度な窯焚きの技術が試される時間帯である。

　酸化焔焼成・還元焔焼成を何度も繰り返すことにより，焼成温度は1,000～1,200℃に上って行く。胎土のなかの熱変鉱物が完全に溶けて焼締り，1,250℃以上になり，製品が溶けだす段階に近づいたら，窯のなかに水に浸し若葉などの付いた枝や湿った薪を入れ，多量の一酸化炭素を窯内に発生させその充満により内側を膨張させ，焚き口と煙道から絶対酸素が入らないようにして，すぐさま粘土などで焚き口と煙道を塞ぐのである。

　その時焚き口と煙道を完全に塞がれた窯体は，酸素（空気）の流入を断たれ窯内に，多量に発生し行き場を失った一酸化炭素が，充満し膨張し続ける。その時，半地下式の「窖窯」は構築時に特に焔が吹き上がる天井部などを，念入りに作らないで手抜きした部分があると焼成中裂け，すぐさま酸素が窯体内に入り込み，製品を酸化させ褐色にすると同時に，そこが広がり崩れ落ちてしまう。その前兆として弱い部分の個所からは僅かに白煙が出てくるので，少しでも出たら大きく裂ける前に，すぐさま粘土で塞がなければならない。その為に何人かが両手に粘土塊を持ち，崩れやすい天井部の両側はもちろんのこと，穴のあきそうな場所に人を配置して，小さな裂け目から水蒸気・煙が少しでも出たら，直ちにふさぐ体制をとっておかなければならない。

　窯に酸素が入らないよう焚き口・煙道と，小さな裂け目を塞ぎ完全密封を終えたら，窯と製品が冷えるまで数日待って，焚き口を開け製品を出す。完全に冷えない前に開けて酸素が少しでも窯内に入り込むと，灰色であった製品が瞬時に酸化して，赤褐色や淡いピンク色となってしまう。

　以上が，須恵器坏形土器の製作技法と須恵器の焼成方法である。

2 土師器

1. 土師坏の製作方法

　土師器の坏はどのように作られたのであろうか。再度図1を参照していただきたい。土師坏の底部と体部の成形は（1）・（2）の須恵坏と同様である。

（1）成形：底部「粘土円盤」成形。

　「回転台」上に厚み1cmぐらいの底部となる粘土を円盤状に作る。

（2）成形：体部「粘土紐巻上げ」成形。

　「回転台」上の底部「粘土円盤」（1）の上に，粘土紐を3〜4段くらい巻き上げて，「回転台」をゆるやかに回転させながら体部・口縁部を成形する。

　以上までは須恵坏の成形と同様である。

（3）整形：体部内面と口縁部外面を「回転横ナデ」整形することにより（3）の右図bの状態になる。

　土師坏の（3）整形は先に述べた須恵坏が，体部の内外面を親指と人差し指で挟み，「回転横ナデ」整形で丁寧にナデ上げ完成させるが，土師坏のこの段階は，体部内面と口縁部外面の「巻上げ」成形痕だけを，「回転横ナデ」整形により消すだけである。その方法は底部内面見込みまで親指を深く入れ，人差し指を鉤状に曲げ，体部内面と口縁部外面を挟みナデ上げる。その整形により，体部内面の「巻上げ」成形痕と，口縁部外面の成形痕はほぼ消えるが，体部外面の口縁下の「巻上げ」成形痕は，明確に残ったままである。その図が（3）の右図bであり（4）図も同じである。

（4）切り離し：「静止張り引き」糸切りか「静止かけ引き」糸切り。

　（4）図の下段図は，土師坏の切り離しの一つである「静止張り引き」糸切りと，その上は切り離し痕図である。その切り方は糸を左右に一直線に張り，切るのでその痕跡はほぼ平行線である。もう一つの切り方「静止かけ引き」糸切りは，図示してないが左右の糸を張って同時に引くのではなく，左右どちらかを静止して，その反対の手で引いて切っていき，最後は手元で糸を合わせるように切るので，その痕跡は並行線状にならず，「銀杏の葉」のような痕跡となる。文章で説明するには複雑なので，第II部の「7. 糸切り技法の変遷」で図を使い詳しく説明する。

（5）整形：体部外面「指頭圧」による整形。

　（4）図のように「回転台」から切り離され，体部外面に「粘土紐巻上げ」成

I. 土器の製作と焼成方法

形痕を明瞭に残した（4）図の坏を，（5）の下図のように両手で持ち，胎土が若干柔らかい内に外面に残る「粘土紐巻上げ」成形痕を，親指の指頭で押し上げたり下げたりしながら消して行く。その場合，体部外面に「指頭圧」の整形痕が2～3段残る（5）図の土師坏は，8世紀後半から一部9世紀後半頃，武蔵国の南半「南武蔵」（現在の東京都・神奈川県川崎市・横浜市の一部。以下「南武蔵」）中心に分布しているので，「南武蔵型」土師坏と命名した平底の坏である[註11]。この「南武蔵型」土師坏の出現背景などは第Ⅱ部で詳しく述べる。

（6）整形：底部「ヘラ削り」整形。

　乾燥が進み少し硬くなった「静止糸切り」痕を残す坏を，手で持ち底部「糸切り」痕を手持ちヘラ削り整形か，(6)図のように底を上に「回転台」上に置き，ゆるやかに少しずつ回転させて「糸切り」痕を不定方向の「ヘラ削り」整形により，完全に消し去り平底に仕上げる。この時，何百個に一つの割合で底部中心部まで「ヘラ削り整形」が及ばず，稀に糸切り痕跡が確認できる坏がある。

　この段階で「南武蔵型」土師坏は完成である。この坏は図のように平底であるが，以下に述べる古墳時代～奈良時代初頭までの丸底坏（7）に施される体部外面の「ヘラ削り」整形が，省かれた手抜きの坏である。

（7）整形：体部外面「手持ちヘラ削り」整形。

　（5）の段階の体部外面に「指頭圧」痕が残る坏を片手で持ち，最後の仕上げとして，（7）の下段の図のように，体部外面を果物の皮を剥くように「手持ちヘラ削り」整形を行う。このような体部外面「手持ちヘラ削り」整形を行う，古墳時代後期5世紀末～7世紀代の土師坏は，須恵蓋もしくは須恵坏を忠実に模倣するため，横ナデの口縁下と体部外面のさかいに明確な稜線作り出すものが多い。（7）の上段の図は，8世紀初頭頃の稜線が無くなった丸底の土師坏である。そのように南武蔵の古墳時代後期から奈良時代初頭以前の土師坏の底部は，弧状や丸底に削り上げられているが，平底になるのはこれまた第Ⅱ部で詳しく述べるが，奈良時代第2四半期に出現する「平底盤状坏」からで，続く上述（5）図の「南武蔵型」土師坏も平底である。

2. 土師器の焼成方法

　土師器は縄紋土器や弥生式土器など，露天で焚火同様の「野焼き」と称する焼き方で焼成されたと言われている。博物館や社会教育の一環として，その方法で各地のイベントなどで焼成される場合もある。我国で縄紋土器が焼きはじめられたのは確定していないが，近年の最も古い説では1万5千～6千年前と

言われている。それが事実ならば，世界最古級の土器である縄紋土器以降，全国各地で弥生式土器・土師器も含めて，気の遠くなる天文学的な数の土器が，我国で作られてきたことになる。しかも，それらの土器すべてが付き切りで多量の薪を継ぎ足しながら焼く，「野焼き」と称する方法で焼成されてきたのであろうか。

「野焼き」は，露天での焼成であるため微風でも風の影響がある。従って焼成中風を受ける「火おもて」と，その裏側の「火うら」や，底部と口縁部などの部位ではかなりの温度差があり，焼成温度を均一に焼き上げることが難しい。焼成最中，そのような温度差のある不安定な土器に，薪が爆ぜて当ればヒビが入ったり，破損したりする場合もある。

「野焼き」なる焼成法は，薪が完全燃焼しないので焼成後，焼成場所には相当な炭・木灰・焼土，時には焼成中破損した土器片が残るはずである。縄紋時代以来歴史時代まで気の遠くなる期間，全国各地の集落で天文学的な回数の「野焼き」が行われたのであれば，それに見合った天文学的な焼成場所が検出されてもよさそうである。しかし，それら全国各地の膨大な焼成場所は，すべて丁寧に後始末がされたのか，明確な焼成遺構として報告された例は少ない。

石川県埋文センターの「野焼き」の実験によれば，30～40cmの縄文土器1個体の焼成の目安は雑木10kgという。そうであれば一度に大・中・小の土器を混ぜて30～40個体を焼いた場合，単純には言えないが約300～400kgの薪を使用して焼き上げることになる。それだけの量の土器を，たった一回焼くだけで，そのように多量な薪を必要とする「野焼き」なる焼成法で，縄文時代から平安時代頃までの約1万数千年間にわたり，全国各地の集落で焼き続きられたのであろうか。その間，集落周辺や山野の森林の雑木が伐採され続けたならば，須恵器生産窯周辺の広葉樹林が松林に変ったよう，各地の植生が長い縄文時代の期間中に大きく変わったと考えられるが，そのようなことは確認されていない。

また須恵器の焼成法で述べたように，須恵器は「窖窯」を密閉することにより酸素を遮断し，窯体内に発生する一酸化炭素を充満させ還元状態にすると，須恵器自体が数ミクロンの炭素粒子を器壁内に吸い込み，炭とまったく同じ状態となる。次に窯内に酸素を入れ，酸化状態にして薪を投入すると勢いよく燃え上がった焔とともに，炭となった製品も自ら燃え上がり焼締って行く。そのように須恵器は窖窯のなかが還元状態の時，炭素を多量に吸わされ炭状態となり，酸化状態の時勢いよく自らが燃え上がる。須恵器は窯体内で酸化・還元を

Ⅰ．土器の製作と焼成方法

何度も繰り返しながら，自らが燃え上がることで1,200℃以上の高温に焼き上がる。そのように自ら燃えることにより，何千年も風雨にさらされても器形が残るように焼き締まるのである。土器焼成は露天で火に炙られるだけの「野焼き」でなく，少なくとも数千年以上器形を保つには，須恵器のように炭素を吸い込み炭となり自らが燃え上がり，焼き締まらなければならないと考える。

もちろん「野焼き」なる焼成法でも表面に煤が付着したりするが表面だけで，土器内面まで均等に煤が入り込み，炭化して燃え上がることは希であろう。表面だけ高温で炙られるだけで焼き上った「野焼き」の土器は，何回の煮炊きに耐えられるのであろうか。さらに破損し廃棄され，毎年風雨・霜にさらされながら土中に埋まった場合，虫や植物の根などに様々な影響を受け，土に戻ってしまう可能性はないであろうか。それを証明するには，一度「野焼き」で焼かれた土器を，土中に数年でいいから埋めて観察する必要がある。

そのように「野焼き」で焼成された最古の縄紋土器が，1万数千年間もの気の遠くなる長期間，器形・紋様を保ち出土することや，まして雪深い北国の遺跡に埋もれた縄紋土器が凍結・解凍を毎年繰り返しながら，作られた当時の紋様を明確に残し出土するとは考えられない。

3.「覆い焼き」

ならば一体須恵器同様，炭化しながら自ら燃える土師器の焼成法とは，どのような焼成方法であっただろうか。久保田正寿氏が図6のような「覆い焼き」なる焼成法を発表している[註12]。その久保田氏の「覆い焼き」焼成過程A段階〜D段階を簡約して述べてみる。

A段階：まず径1.5〜2m，深さ0.3〜0.5mぐらいの穴を掘る。底面にミカン箱に山盛りの薪（約10kg）を敷き詰め，坏・埦・皿・甕・壺など大・中・小の30〜40個体の土器を置く。この焼き方で一番神経を使うことがある。それは，焼成する土器を無造作に置き並べるのではなく，甕・壺など口縁が大きく開き器高の高いものは必ず横置きにする。小さく浅い坏・埦・皿は，底部を上に向け逆さまに置く。この置き方を守らないと必ず失敗する。なぜそのように置かなければならないかはCの段階で述べる。

そのように慎重に土器を並べ置いたら土器を藁で覆い，覆った藁の頂部を中心に前回焼成した時回収しておいたバケツ2杯分ぐらいの藁灰で覆う。次に藁灰で覆われていない裾の藁の3〜4ヶ所に火を点ける。その裾の藁は，7〜8分間ぐらいメラメラと燃え上がり火と煙を出すが，それもほんの一時でその後は

40

2 土師器

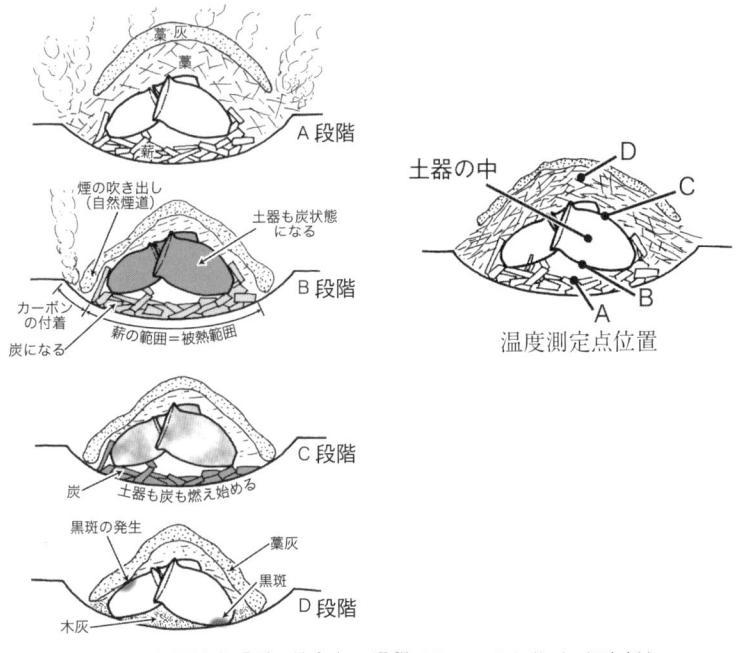

図6 土師器焼成「覆い焼き」の過程（註12より転載（一部改変））

火も煙もたたず覆われた藁灰を触っても熱くないので，火が消えてしまったかと感じる状態になる。

B段階：この段階は藁灰で覆われているため内部は酸素が少なく，下に敷き詰めた薪は燻りながら炭化し炭になっていく。その影響で土器の表面はもちろん，胎土の奥深くまで炭素が吸い込まれ吸着し，薪同様炭状態の真黒になる。浅く掘りこんだ壁から時々煙が抜ける，自然煙道とも呼ぶべき不特定の場所に，煤（カーボン）痕・タール痕が付着する。

C段階：この段階に炭となった下に敷いた薪と，炭状態になった土器が自ら燃えはじめ，真黒な器体が煤切れしながら焼き締まり褐色になっていく。煙は忘れた頃，自然煙道から時々フワッと出る。この段階土器を覆っていた藁は，完全に燃え尽きその厚みは，覆った時の約3分の一以下の黒い藁灰となる。そのように土器に被さっている藁と，底面に敷いた薪が灰となり沈み込んで行くので，Aの段階の高さより3分の1ぐらい低くなる。この時，Aの段階で述べ

41

Ⅰ．土器の製作と焼成方法

た土器の置き方がいかに重要であるかがわかる。口縁が大きく開き器高の高い甕・壺などの口縁を上にして立てて焼くと，上に被っている藁灰や下の藁が燃え灰になるに従いともに沈み込み，甕・壺のなかに入り込んでしまう。そうなると覆った藁灰の所々に穴が開き土器も露出してしまう。坏・塊類の小物も口縁を上にして置くと同様のことがいえる。穴が開くとそこから酸素が入り込み，下に敷き詰めた炭となった薪が一気に燃え尽きてしまう。そのように土器の置き方で所々開いた穴から酸素が急激に入り込み，土器が炭素を吸い込む前に下に敷いた薪が急激に燃え上がってしまうと，土器は焼き締まることができず焼成は失敗する。

　覆い被せた藁灰の重要な役割は，久保田氏が「覆い焼き」と名づけたごとく，急激に酸素が入り込み炭となった薪や，土器に吸着した炭素が短時間で一気に燃え尽きないよう，消えない程度の最低限の酸素の流入を微妙に制御しているのである。

　D段階：暗くなる前の夕方に火をつけて，7～8時間後には焼き上がり，明け方には冷えて土器を取り出せる。下に敷いた約10kgの薪は，完全燃焼して白灰化した木灰となり，焼成坑の底に薄らと残る。土器の上には黒い藁灰が覆い被さっている。久保田氏によれば「覆い焼き」で覆う灰は木灰でなく，保温に優れ風が吹いた場合も飛びにくい，藁灰でなければならないという。従って焼き終えた時，藁灰は次の焼成に備えて，大切に保管しておかなければならない。

　そのように焼成後，焼き上った土器・灰などを取り上げられた，焼成坑を詳しく観察して見ると，底面や壁に焼土はほとんど見られない。ただ壁に自然に煙が抜けた自然煙道に，僅かな煤や燃えた黒いタール痕が，3～4ヶ所付着しているに過ぎない。それらは若干底面に残った焼土粒子とともに埋め戻すことなく，数カ月ぐらい放置されたなら，風雨により跡かたも無く消えて，発掘調査時には不明土坑と報告されるであろう。また「覆い焼き」は掘り込まなくても，地面に直接薪を敷き焼成できるので，その場合焼成場所とは絶対認識されないであろう。

　そのように「覆い焼き」は，痕跡を残さない焼成法だけでなく，大・中・小の土器を30～40個体焼く薪の量は，ミカン箱山盛りいっぱいの約10kgである。「野焼き」の10分の1である。従って大量な薪は使わないので，植生が変わることも無い。焼成にあたって十分に乾燥させた土器，藁，前回の焼成でできた藁灰と約10kgの薪を用意しておく。それらを手際よく約10～15分ぐらいの段取りを終え，暗くなる前の夕方に火をつければ，汗だくになり何時間も火元

42

に居て薪を継ぎ足す「野焼き」と違い，寝てしまい朝起きた時には失敗無く焼けている。いわば寝る前に米をとぎ電気釜に入れスイッチを入れれば，朝美味しいご飯が炊き上がっているといったように，自動で焼き上がる非常に簡単な焼成方法である。

　1月の雪の積もった極寒の埼玉県秩父の山奥で，夕方雪を払い除けて凍り付いた地面を掘り「覆い焼き」をおこなったが，次の朝全個体失敗無く焼き上がり驚いた。この「覆い焼き」は多少の雨の日や風の日でも，失敗無く焼ける全天候型の焼成法であることを再確認した。

　何よりもこの焼成法で焼かれた土師器は，A段階に下に敷いた薪とともに，「窖窯」内の須恵器同様炭素を吸い込み一旦炭になり，C段階に自らも燃えながら何時間もかけて焼き締まるので日常使用にも耐え，破損し廃棄され数千年土中に埋もれていても廃棄時の形をほぼ保ち出土するのである。

　以上，土師器は「野焼き」でなく，いかなる天候でも焼成でき省エネで焼成後の痕跡をまったく残さない，理にかなった「覆い焼き」で焼成されたと考えたい。そのような「覆い焼き」で焼かれた土師器の焼成最高温度と，推定平均焼成温度は何度であろうか。測定誤差±4℃仕様の熱電対による久保田氏の16回の焼成平均温度データによると，「覆い焼き」内部の図6の測定点位置A・B・C・Dおよび「土器の中」での最高温度はAで860℃，Bで803℃，Cで772℃，Dで863℃，「土器の中」で760℃であった。それらを勘案し久保田氏は，土師器の推定平均焼成温度は600〜700℃で焼かれ，高くとも730℃止まりと考えている。

③ 須恵系土師質土器

1. 須恵系土師質土器

　「須恵系土師質土器」とは聞きなれない土器名と思う。この土器は土師器でも須恵器でもなく，一言で言えば焼成法・焼成温度において中間に位置する土器と考える。この土器は韓半島から須恵器の製作技術が伝わり，国内で生産がはじまったと同時に出現したと推測する。この土器が注目されたのは，出現期のものではなく1960年代後半，多賀城跡の発掘調査が進展していくなか，平安時代後半以降代の土器で，土師器か須恵器なのか即座に判別できない土器が，多く出土するようになった（図7）。それらの土器の器形・寸法は須恵器の坏（図7-33）に酷似し，底部切り離しも須恵坏同様，糸による「回転離し切り」である。焼成も土師器より硬く焼かれているが，色調は土師器と同じ褐色なので，須恵器の焼成不良のものか判断に迷い，色調より「あかやき土器」と呼び報告されていた（図7-34）。

　そのような状況下，見た目の色調による「あかやき土器」という名称は不適当であるとの考えより，当時多賀城跡調査研究所の桑原滋郎氏が，この土器の本質に一歩近づく「須恵系土器」という名称を提唱した[註13]。その提言により「あかやき土器」なる呼び方は，一旦少なくなったかに見えた。

　しかし，その後も桑原氏の提言を真摯に受け止め，本質に迫る研究がなされなかった。現在は，関東を中心に「ロクロ土師器」という，さらに相応しくない名が付けられ，何の疑念もなく報告書・論文に多く使われている。一方畿内では筆者の度重なるロクロ批判により，「ロクロ」を「回転台」に変え「回転台土師器」と名付けられ，西日本に広く行き渡り使われている。

　この須恵器でも土師器でもない土器は，上述の学史も加味し第三の土器として「須恵系土師質土器」と命名した。前述したようにこの土器は，我国に須恵器製作の技術が伝わった4世紀末から5世紀代のある時期に，まず北九州や山陰に出現した。その土器は北部九州などでは，「似非須恵器」・「似非土師器」など奇妙な名称で呼ばれた時があった。上図の図7は須恵器と「須恵系土師質土器」，須恵器生産無き後に「須恵系土師質土器」が模倣する木器・緑釉陶器・灰釉陶器・山茶埦を図にしたものである。以下，この図を参照して頂きたい。

　東日本では，遅くとも5世紀末（TK-23型式）頃には，千葉県市原市の草刈遺跡出土例により，確実に生産されていたことが確認できる（図7-2・4・6）。

44

3 須恵系土師質土器

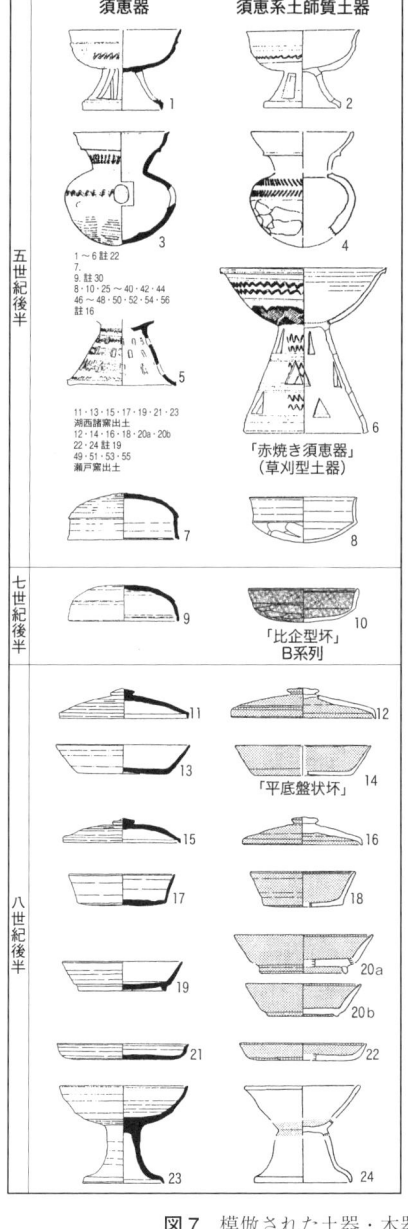

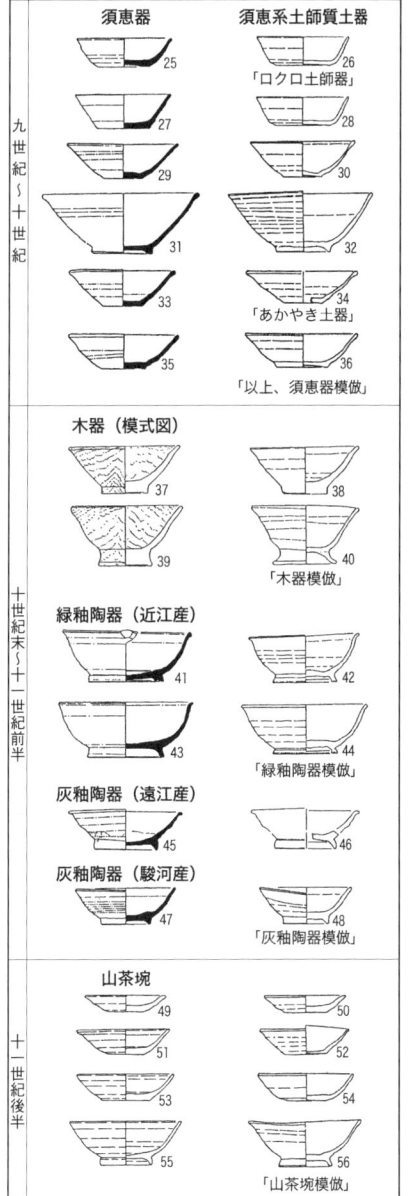

図7　模倣された土器・木器と須恵系土師質土器の変遷

Ⅰ. 土器の製作と焼成方法

　これらの土器は如何なる契機で出現したのであろうか。先に述べた土師器の焼成法である「覆い焼き」からこの土器は，生まれてこなかったと考えたい。どのような背景から生まれたかというと，桑原氏が「須恵系」と呼んだごとく須恵器生産との関係が深く，その延長上で焼成された土器と考えられる。

　出現期の状況を想定してみたい。須恵器は「窖窯」で焼成されるが，製品を窯詰めする時，製品の大きさや焔の流れを想定し，製品と製品の間に無駄な隙間を空けず，製品を目一杯詰める。焼く回数にもよるが，窯詰めする製品が余る場合は問題無いが，最後の窯詰めの時に足らないと困るので，多めの製品が作られる。多少の余りであれば，工夫して無理してでも窯詰めするが，それでも詰め切らない製品は窯場近辺の平場で，「窖窯」と「覆い焼き」の中間ともいうべき焼成法で，焼成したと考える。

　それは後に詳しく述べる関口廣次氏の言う，所謂「天井のない窯」すなわち図12・写真1の洛北・木野愛宕神社内復元窯のような「煙管窯」を築き，焼成したと考えられる[註14]。その場合，天井部が開放してあれば当然酸素が入り込み，大半が「酸化焔」焼成となり褐色に焼き上がる。そのように褐色に焼き上がるため，須恵器であることをアピールする意味で，赤彩して焼かれる場合もあるが，大半は赤彩の発色が一番綺麗な焼成温度800℃を越えてしまい，赤彩がほとんど焼き消え，硬く褐色に焼き上がってしまう。また効率よく焼成温度を上げるため，開口している天井部に「覆い焼き」のように，藁と藁灰や時には破損した土器片・粘土などを被せ，焼成する場合もある。その場合，極希に窯底近くで須恵器同様灰色に焼き上るものがある。

　出現期の「煙管窯」が窯場で遺構として残らないのは，地面を深く掘らない地上式の窯であるためと，焼成法やその技術の流出を恐れ焼成直後，故意に取り壊して削平してしまった可能性がある。仮にそれらの痕跡である焼土と，褐色に焼けた土器破片が散乱している場所が見つかったとしても，須恵器の失敗品の捨て場などと報告されるであろう。そのように「須恵系土師質土器」の出現は，初期須恵器の生産過程で，「窖窯」に窯詰めできなかった余剰の製品を赤彩し，須恵器であること主張して「煙管窯」に詰め，酸化焔焼成したのがはじまりと推察した。

　以上，出現期5世紀から7世紀代までは，「窖窯」に窯詰めできなかったものを，「煙管窯」で焼成した「須恵系土師質土器」はごく少数で，出土分布も西日本の窯場周辺に限られ出土例も非常に少なく，奇妙な名が付けられたが注目されてこなかった。そのように初期の「須恵系土師質土器」は，作り手・焼成とも

③ 須恵系土師質土器

に同一の須恵器工人の須恵器で，焼成を「窖窯」と「煙管窯」で焼き分けていたものである。その証拠に器種・器形・文様も図7-2・4・6のように須恵器そのもので，従って両者の窯で焼き分けられた製品は，肉眼で見れば色調は灰色と褐色で判別できるが，実測図だけでは峻別できない。

1968年，岡田淳子氏・服部敬史氏の両氏により八王子市中田遺跡の調査報告書において，「平底盤状坏」と命名された奈良時代の坏が報告された(註15)。その後，奈良時代集落の調査が増えたことにより，この坏についてさらに多くのことが判明した。この「平底」の坏は，それまでの「丸底」・「弧状」の底部の土師坏に加え，国分寺創建準備段階と考えられる730～750年頃，「南武蔵」を流れる多摩川右左岸の各集落に突然出現する。第Ⅱ部でも述べるが，7世紀末から8世紀初頭頃に存在する，赤彩され弧状の底部を有する大ぶり坏を，「平底」を付けずただ「盤状坏」と呼び，「盤状坏」の出現を遡らせる報告書・論文があり，土師器として現在も報告されている。

この「平底盤状坏」は，器形はもちろん同寸法・同底部切り離し・整形法すべてにおいてほぼ同じで，須恵器・土師器・「須恵系土師質土器」の三者で作られている（図7-13・14）。ただこの国分寺創建準備段階に作られた，須恵系土師質土器の「平底盤状坏」は，出現期の5世紀代から7世紀代の須恵系土師質土器のように須恵器工人が作り，余剰のものを「煙管窯」で単に焼き分けられたものではない。この「平底盤状坏」の作り手は，須恵器・土師坏の作り手も絡み複雑なので，後述する「3. 平底盤状坏」の項で詳しく述べたい。

以上，「須恵系土師質土器」と土師器の「平底盤状坏」の器形は，ほぼこの時期にだけ存在し，8世紀後半以降その器形は完全に消えて無くなる。同時に「須恵系土師質土器」自体も姿を消してしまう。一方，須恵器は糸切りで切り離された平底の坏，土師坏は既述の平底の「南武蔵型」として存続する。再び「須恵系土師質土器」が頭角を現すのは，約100年後9世紀後半（850～570年）である。それは出現期同様，同一製作者により作られた須恵坏・埦が，「窖窯」と「煙管窯」で再び焼き分けられ出現する。

以後，南武蔵で「窖窯」による須恵器生産が行われている間は，「煙管窯」で須恵坏・埦と，同寸法・同器形・同切り離しの「須恵系土師質」の坏・埦が焼き分けられ，焼き続けられる。10世紀末（970～990年）以降，「窖窯」での須恵器生産が完全に終了すると，器形の模倣対象は緑釉陶器模倣（図7-42・44），灰釉陶器模倣（46），木器模倣（38・40），山茶碗模倣（50・52・54・56）などへと移り変わり，「煙管窯」で多量に作られる。

I．土器の製作と焼成方法

　その生産は，中世の通称「土師質土器」，近世の所謂「かわらけ」へと受け継がれ，現在もなお神社の祭祀用仮器や，「かわらけ」投げ用の皿などとして細々と「煙管窯」で焼成されている土器である。それらのことを加味した上で学史上，桑原氏の「須恵系土器」の名を継承し，上述の中世素焼き土器の通称として広く行き渡っている「土師質土器」を加え「須恵系土師質土器」と命名し，その名称の正当性を幾つかの紙面で主張し続けてきた[註16]。

　今一度，同じ土器でありながら，全国で思いつくまま様々な呼び名がつけられているこの，土器の本質に迫れる焼成温度分析と，その焼成法を明かにすることにより，古代素焼き土器は土師器と須恵器だけでなく，「須恵系土師質土器」なる第三の土器の存在と，その重要性を主張したい。以下，種々の名称が付けられ，報告されている土器の経緯を述べる。

2. あかやき土器（須恵系土器）

　この「あかやき土器」（図7-34）に，本格的にメスを入れたのが先述したように桑原氏である。この土器は律令体制が衰退し行く過程で，須恵器の小型の器形のものが還元焔焼成から酸化焔焼成に転化したものと考え，酸化焔焼成で焼かれているが土師器でなく，須恵器の系統に属するものと捉え「須恵系土器」と命名したのである。そのような名称に至ったのは，多賀城政庁跡，多賀城跡大畑地区，多賀城市高崎今村氏邸内遺跡などから出土した「須恵系土器」・土師器・須恵器の硬度・焼成温度の分析を，東京国立文化財研究所の保存科学部化学研究室の江本義理室長を介して，東京芸術大学大学院学生秋山隆保氏に依頼した結果，その違いを以下のように示されたからである。

　硬度はモース硬度計で計り，土師器はすべて2〜3，〜3〜で，須恵器は4〜5である。これらに対して「須恵系土器」は3〜4と，土師器と須恵器の中間の硬度を示した。焼成温度はX線粉末回折法で，それぞれの胎土に含まれる構成鉱物種の判定を行い，その集合状態を明かにすることにより，焼成されたおおよその温度を推定した。

　その結果，須恵器の主要鉱物は，石英，クリストバラト，ムライト（大）で，推定焼成温度は1,200℃±。「須恵系土器」の主要鉱物は，石英，クリストバラト，ムライト（小）で，推定焼成温度は1,000〜1,100℃。土師器の主要鉱物は，石英長石類で，クリストバラト，ムライトなどの熱変成鉱物は含まれておらず，推定焼成温度は少なくとも1,000℃以下とされた。

　なお，1点だけ「須恵系土器」のなかで唯一硬度が〜3〜を示したものがあっ

48

③ 須恵系土師質土器

た。それにはクリストバラト，ムライトなどの熱変鉱物は含まれておらず，推定焼成温度も土師器は同様1,000℃以下と推定された。にもかかわらず分析者秋山は，「須恵系土器」は土師器より高温で焼成されており，須恵器かそれに近い性質を有しているが，還元焔焼成が行われた様子は示しておらず，酸化焔焼成の段階にとどまっていると結論づけた。

　以上，大雑把な分析結果であったが，桑原氏は「あかやき土器」と呼ばれてきたこの土器は，土師器同様酸化焔焼成で色調は赤いが，土師器の推定焼成温度（700〜800℃）を超える焼成温度で焼かれており，土師器の焼成法とは違いなんらかの窯で焼成されたと想定するとともに，この土器は須恵器の器形・寸法・切り離し技法の酷似より，須恵器生産の延長上の土器ととらえ，「須恵系土器」なる名称を与えたのである。

3. 平底盤状坏

　関東を中心に中部から東北の一部を含む，広範囲な地域の古墳時代後期5世紀後半からの型式は，鬼高式と言われる型式である。その根源指標となる特徴ある坏は，おそらくTK-23型式の須恵器蓋形土器（図7-7）を祖型とし，上下逆転させ坏として忠実に模倣したものである（図7-8）。この坏は，丸底や弧状の底部から若干内湾気味に立ち上がり，口縁部で若干外反する器形である。口縁部と体部の境に明瞭な稜線を有するが，体部と底部の境は一体化した丸底や弧状で明確にできない（図7-8・10）。この型式は7世紀代までの須恵蓋・坏の忠実な模倣を繰り返し，変遷する最も長い型式である。蓋受けを有する坏身模倣の坏は，千葉県を中心に数は少ないが存在する。

　そのようにTK-23型式からTK-47型式頃までは，「窖窯」に窯詰めできなかった製品を「煙管窯」で焼き分けたものが，非常に少ないが存在していた。6世紀前半以降，そのように焼き分けられた須恵系土師質土器は，ほとんど見かけなくなるが，反して土師坏は須恵坏模倣のものが多く作られている。それら6世紀代の土師坏は，須恵坏同様口径が大きく大振りで，口縁部と体部・底部の境に明確な稜線で分かれる丸底の坏である。この稜線は，蓋受けをあらわしているのである。7世紀に入ると口径は小さくなり小振りで，口縁部と体部・底部の境の明確な稜線が次第に無くなっていき，弧状の底部を有する皿状のものや半円形の小振りのものが増えてくる。

　そのように長きにわたり，伝統的に作り続けられてきた弧状や丸底の底部の土師坏に加えて，奈良時代（730〜750年）に「平底盤状坏」と命名された平

49

I. 土器の製作と焼成方法

底でまったく違う器形の坏が，南武蔵の多摩川右左岸の集落に突如多量に出現する。この坏は名のごとく，それまでの弧状の底部から真平な「平底」の底部となり，体部・口縁部の境は無く，体部は直線的一体化して外傾し立ち上がる。一言で言えば高台付き須恵坏の高台の取れた器形である。内外面赤彩されるものが多いので土師器と考えられ，器形は大振りの須恵器の「盤」の口径を小さく，器高を少し高くしたものと考えられ，「平底盤状坏」と名付けられたのである（図7-14）。

　この坏の名称で重要なのは，岡田・服部両氏が単に「盤状坏」と名付けただけでなく，わざわざ「平底」と強調していることである（註17）。しかし後になり，その底部の平底の形状の重要性を理解せず，古墳時代末～奈良時代初頭頃の丸底・弧状の底部から，幅広な口縁部と一体化した体部が，やや外反気味に外傾して立ち上がる大振りの赤彩の坏，すなわち「丸底大振り赤彩坏」ともいうべき坏を，底部の形状抜きで単に「盤状坏」と呼び，出現時期を7世紀末頃まで遡らせた報告書・論文を多く目にする。そのような見解は，この坏の生産中心地である南武蔵における奈良時代の歴史的背景を，大きく見誤るものである。

　その理由は「平底盤状坏」には，須恵器・土師器・須恵系土師質土器の三者が，存在することは前に述べた。その三者がなぜこの時期同時に平底となり，出現するのであろうか。それは，三者の坏の底部切り離し技法が，土師器の伝統的切り離し技法である糸による「静止張引き」・「静止かけ引き」で，平らに切り離されるからである。さらに興味深いのは，須恵系土師質土器や土師器の「平底盤状坏」の底部が，須恵器の伝統的切り離し技法である，ヘラ切りで切り離されたものや，第Ⅱ部でも述べるが底部が粘土円盤でなく，体部まで巻上げ成形で作られたものが非常に稀であるが存在する（第Ⅱ部図21）。

　この時期，期を一にして須恵坏，土師坏の両者（図7-13・14）の底部切り離しが，伝統的にそれぞれ守られてきた切り離し技法を交換し合って，ともに平底の器形を作り出す背景には，須恵器工人と土師器製作者達の技術交流がなければ，絶対ありえなかったと考える。その技術交流の契機は，日本歴史上最大の国家事業である国分寺創建であったと想定した。国分寺創建とは，言うまでも無く全国60余国に国分僧寺・国分尼寺を同時に一斉に建てるという，日本歴史上未曾有の事業である。塔をはじめ金堂・講堂・僧坊など，巨大で長大な種々の礎石建物群・掘立柱建物群を建てるには，重い瓦を乗せるため長くて太い梁・桁・柱用の木材，多くの重くて大きな礎石を切り出し，運んでこなければならない。金堂をはじめとする建物内には，大・小の何体もの銅や木の仏

③ 須恵系土師質土器

像や，そこで多く執り行われる仏事のための金属製仏器・仏具・法具，それら
内部を飾る天蓋・瓔珞・幢幡などの荘厳具，極彩色の多様な布なども作る必要
がある。焼物として種々の伽藍の屋根を葺く何十万枚もの瓦はもちろんのこと，
非常に貴重であった金属器の仏器・仏具以外，土器などで膨大な数を作る必要
があった。

　しかも全国同時一斉につくりはじめなければならないので，聖武天皇が741
年の「詔」を出す前の8世紀第2四半期頃に，全国各地で用意周到な準備が必
要であったと推察する。そのためその期間に全国の各地の郷長管理下の職人（人
民）を動員させ，現地の職人では絶対作り出すことができない，高度な分野の
技術を保持していた国家管理下の職能集団を全国各地に派遣して，その技術を
伝え教え作らせる必要があった。そこで国分寺創建に必要な瓦・仏具・仏器で
ある須恵器は，須恵器・瓦工を派遣し，その製作技術を各国の国分寺創建場
所に近い郷から，動員した土師器製作者達（専業の工人でないという意味）に
伝習させたと想定した。

　そのように準備段階から創建中の長きにわたり，各郷の人民の動員を可能に
したのは，命令を聞き入れた各郷の郷長に，国分寺が完成したあかつきには，
後述するような具体的な見返りが示され約束されていたのと，造営途中遅れを
取り戻すため，さらなる特権が与えられたからである。

　以上の背景により各分野の内，瓦・須恵器生産に郷長は，郷内の土師器製作
者達のなかから，特に優秀な者達を挙って募り参加させたことであろう。南武
蔵の場合，多摩川右左岸の国分寺周辺の各郷から土師器製作者達が，窯場であ
る多摩丘陵に動員され，派遣されてきた須恵器工人指導のもと，仏器としての
「平底盤状坏」が作られたと考え，その詳しい史的背景を述べた（註18）。その時
点で「平底盤状坏」は，須恵工人と土師器製作者達が交流した結果，須恵器と
土師器だけで作られたと考えていた。しかし，後に詳しく述べるが焼成温度分
析の結果，土師器より高温で焼かれた褐色の須恵系土師質土器の「平底盤状坏」
が存在することが判明した。現在，「平底盤状坏」は，国分寺創建準備段階に「窖
窯」で焼成された須恵器，「覆い焼き」で赤彩して焼成された土師器と，「煙管窯」
で赤彩と赤彩されずに焼成された須恵系土師質土器の三者が存在したと考え直
すに至った。

　以上，全国で国分寺を創建するという背景のもと，準備期間にほぼ一国一窯
的に窯が築かれ，国分寺創建体制が整った。その期間，周辺集落から動員され
た土師器製作者達は，須恵器工人から須恵器・須恵系土師質土器の製作技術と

Ⅰ. 土器の製作と焼成方法

焼成法を学んだ。そこで学んだ焼成法は，「窖窯」による須恵器焼成技術だけでなく，褐色に焼き上がるが土師器以上の高い焼成温度で焼き上がる須恵系土師質土器を，短時間で簡単に焼き上げる「煙管窯」の焼成技術も授けられた。

　ただこの準備期間に須恵器工人が，一方的に土師器製作者達に須恵器作りの技術を教えただけでなく，それぞれ伝統的に受け継がれてきた技術を出し合い学び合っている。その結果，「ヘラ切り」など須恵器の難しい切り離し方でなく，土師器の伝統的で簡単な切り方である「糸切り」技法を採用し，簡単な器形である「平底盤状坏」を生みだしたのである。

　以上のように，奈良時代前半国分寺創建準備期間に丘陵の窯場で「窖窯」で須恵器「平底盤状坏」，「煙管窯」で須恵系土師質土器の赤彩「平底盤状坏」，赤彩されない「平底盤状坏」を生産している。同時に，集落では「覆焼き」で土師器の発色が美しい赤彩の「平底盤状坏」，赤彩されない「平底盤状坏」を焼成している。そのため赤彩されない須恵系土師質土器の「平底盤状坏」と，同じく赤彩されない土師器の「平底盤状坏」を，目視だけで明確に判別することは難しい。

　従来，先述したように須恵系土師質土器は，出現期から7世紀代頃までは，須恵器で窯詰めできなかった余剰の製品を，褐色に焼き上がる「煙管窯」で焼成していた土器である。しかし，南武蔵では国分寺創建中及び創建後，須恵器作りの特権を得た郷長は，須恵器生産の増大を優先させたため，須恵系土師質土器は作らなくなる。そのため須恵系土師質土器が再び現れるのは，約100年後9世紀後半である。

　以上，全国に国分寺創建という日本歴史上最大の事業を経て，土師器製作者達の大半は，須恵器製作のあらゆる技術を伝習し，優秀な須恵器製作者へと生まれ変わり育っていったのである。そのように土師器製作者達を，国家的大事業のため差し出した各郷長には，国分寺創建終了と同時に，次のような見返りがあったと考えられている。多摩丘陵に営まれた南多摩窯跡群では，武蔵国分寺周辺多摩川右左岸の各郷から動員され，須恵器作りに熟達した土師器製作者達は，郷長の命により国分寺創建終了後も須恵器を生産し続けた。一手に須恵器製作・管理・運営を任された各郷長達は，国府・国分寺などで必要な差し替え瓦・仏器など，要求があればその都度製作し納めるが，それ以上の生産品は自由な裁量が許された。そのため各郷長達は，集落内の土師器製作者達をさらに動員し，須恵器を増産させたと想像がつく。その状況下で生みだされた坏が，集落に僅かに残った土師器製作者達が作る，体部を指頭による押えだけの手抜

52

3 須恵系土師質土器

き整形で仕上げられる「南武蔵型」土師坏である（図1（5）参照）。

以後，大量生産化されて行く南多摩窯跡産の須恵器は，発掘調査により武蔵国内は言うまでも無く，相模国の各集落の竪穴建物からもかなり出土していることが確認されている。各郷長の見返りとはそれら須恵器がもたらす莫大な利益や，仮に郷長が郷内に粗末な瓦葺きの御堂一つを建てれば，伽藍と認められ，定額寺として免税などの恩恵が得られるのである。すでに公布されていた開墾を奨励する「三世一身の法」（723年），次いで発布された「墾田永代私有法」（743年）により末代まで，多大の恩恵を受けたと考えられる。

次に国分寺創建準備段階（730〜750年）に，須恵器生産の製作技術・築窯技術・焼成技術のすべてを教えるために南武蔵に派遣され，指導した須恵器工人の出自を考えてみたい。その準備段階に須恵坏を模倣して同形となる器種は，「平底盤状坏」だけでなく，数は非常に少ないが図7-11〜24の須恵器と須恵系土師質土器の関係のごとく，静岡の湖西窯から搬入される須恵器の蓋・高台付坏・皿（小型盤）・高坏（図7-11・13・15・17・19・21・23）などすべての器種を忠実に模倣し，すべて内外面赤彩を施した須恵系土師質土器が日野市南広間地遺跡から出土している（図7-12・14・16・18・20a・20b・22・24）[註19]。そのことからも準備段階に南武蔵に派遣された須恵器工人は，湖西窯の工人であったと明言できる。

この準備段階に，須恵器の「平底盤状坏」を生産した窯が，八王子市大塚から一部多摩市にかけて所在する帝京大学の体育館造成中に発見された。窯体は完全に破壊されており，「平底盤状坏」と「蓋（高台摘み）」だけが採集された（図8）。この窯は，その地名より百草・和田1号窯（以下M-1号窯）と名付けられた[註20]。さらにM-1より直線約1km東南に，この段階（730〜750年）のほぼ一時期だけに営まれた集落，多摩市東寺方遺跡が調査された[註21]。この集落の竪穴建物から出土する坏の大半は「平底盤状坏」であるが，注目されるのはそのなかで数少ない北武蔵，相模国の坏に混ざり，東北地方の8世紀前半の図9のような内黒の坏が1個体であるが出土していた。この坏の型式は意見が分かれるが，間違いなく東北からこの地に運ばれた坏である。

国分僧寺・国分尼寺を全国一斉同時に創建するといった，日本歴史上最大の事業を成し遂げるには，用意周到な準備段階が必要であったことは先に述べた。その段階に国家プロジェクトチームを編成して，事前に全国各地で創建に必要なあらゆる分野の生産技術の有無，創建現場周辺での動員可能人数など，こと細やかなリサーチが必要であった。生産技術が無い場合，全国各地を何ブロッ

53

Ⅰ. 土器の製作と焼成方法

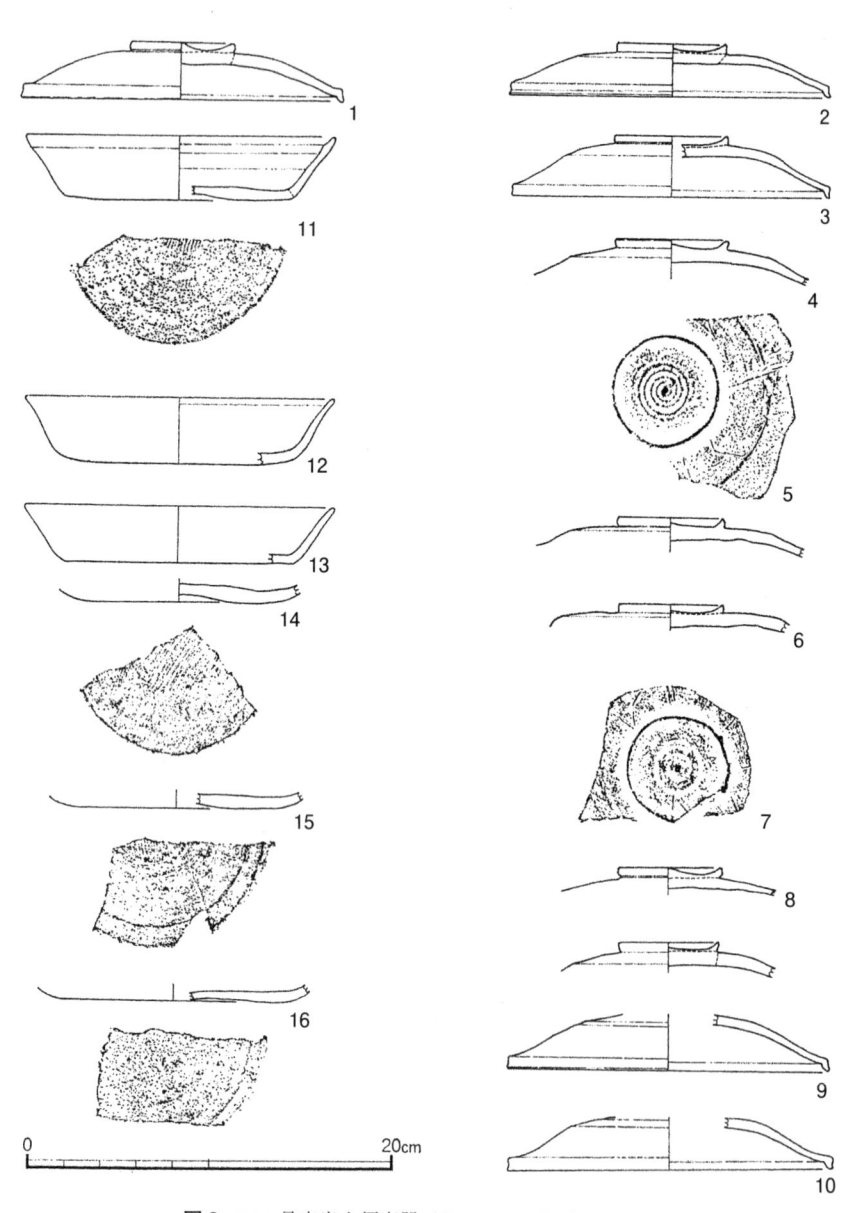

図8　M-1号窯出土須恵器（註20より転載（一部改変））

クかに分け，そこを拠点に各分野の技術研修センター的集落を用意し，そこで諸技術の指導を受けさせたと考えられる。多摩川中流左岸に国分寺を創建するに際して，最も必要な技術の一つは瓦・須恵器作りであった。その瓦・須恵器作りの研修センター的集落が東寺方遺跡であり，研修用試作窯がM-1と考える。その研修センター的

図9　東北から運ばれた坏（註21より転載）

集落から出土した上述の東北の坏，北武蔵型坏・相模型の坏から研修には近隣の集落以外，遠くは陸奥国，近くは北武蔵，隣国相模国の土師器製作者達も動員され伝習を受けたことが想定される。（Ⅱ.土器編年P135・136参照）

　その研修用試作窯M-1の須恵器の「平底盤状坏」と，東寺方遺跡出土の土師器・須恵系土師質土器の「平底盤状坏」は見た目若干違う。これは作り手の違いによるもので，おそらくM-1は研修を兼ねた試作窯であった。この窯で焼成された「平底盤状坏」と蓋は湖西窯から派遣された工人により，いわば見本として試作品的に作られた製品と考えられる。そのM-1の製品が集落で出土しないとの意見があるが，研修用試作窯M-1で焼成された「平底盤状坏」と蓋は，見本品ゆえ東寺方遺跡や，第Ⅱ部で述べる落川・一の宮遺跡などに代表されるよう，密接に関係した周辺集落以外には，行き渡らなかったと考えられる。

　次に述べる須恵器なのか，須恵系土師質土器なのか峻別できない土器は，東国の出現期の5世紀代に赤彩されたものが千葉県に存在していた。

4. 赤焼き須恵器（草刈型土器）

　このように名付けられた土器は，主に1980年に調査がはじまった，千葉県市原市草刈六之台遺跡の古墳時代中期末～後期初頭の遺構から多く出土した。実測図だけでは，まったく須恵器と区別がつかない土器である。図10には報告書から転載した24点しか載せていないが，実測できたものできないもの含めると，約70個体近く出土している。出土した当初，須恵器の焼成不良のものと考えられたが，大半が土師器と同様の赤彩が施されていたので，須恵器と言えずどのように呼んだらいいのか決めかねて，遺跡名から「草刈型土器」と呼ばれていた。

　その後，白井久美子氏により仮称「須恵器手法の土器」なる名称を経て，「赤焼き須恵器」と報告されている（註22）。時期は，ON-46から一部TK-47型式頃である。これらの土器もこの遺跡周辺に「窖窯」（未検出の窯）が築かれ，須恵器を生産し窯詰めできなかったものを赤彩して，「煙管窯」で酸化焔焼成した

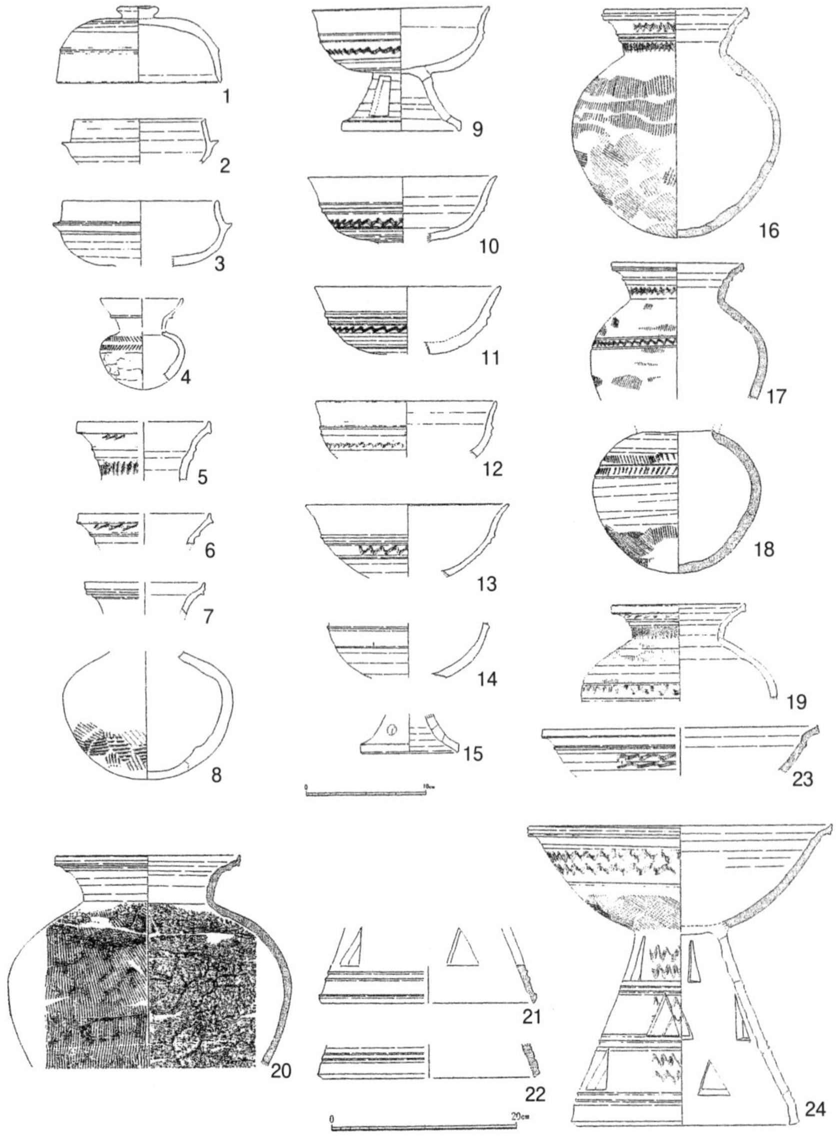

Ⅰ. 土器の製作と焼成方法

図10　赤焼き須恵器（草刈型土器）（註22より転載）

3 須恵系土師質土器

関東における須恵系土師質土器の最も古い出土例と考えたい。

しかし，図7の6（図10-24）のように大きな器台や壺が含まれるので，白井氏が言うように赤彩した後，「窖窯」で密封せず空気を入れ，低温で焼成し褐色のまま取り出された製品の可能性がある。いずれにせよ，遺跡周辺に「窖窯」や「煙管窯」の痕跡が発見されなければならない。これらは須恵器工人により作られ，焼成法を違えて焼き分けた土器と考えられる。その証拠に図7-2・4・6は，器種・器形・寸法・文様も，同遺跡で出土している1・3・5の須恵器と，比較してわかるように，実測図を見ただけで区別することができない土器からである。

5. ロクロ土師器・回転台土師器・模倣系土器

千葉県を中心に東日本の平安時代の多くの報告書・論文などで，「ロクロ土師器」（図7-26）なる土器名が広く使われている。この名称は，「ロクロ」と「土師器」という，誤った二つの名称を重ねた甚だ不適当な名称と考える。

日本中世土器研究会を率いて，西日本の古代末から中世にかけての土器研究を幅広く進めていた橋本久和・百瀬正恒両氏は，1980年代後半，筆者の文献記載の「轆轤」なる器具は，土器作りと無関係なので，漢字の「轆轤」はもちろんのこと，片仮名の「ロクロ」も不適当であるとの度重なる提言に理解を示し，西日本でも須恵系土師質土器なる名称を使うと明言している[註23]。

しかしその直後，同研究会の森隆氏の主張する「ロクロ」を「回転台」に変え，褐色という色調から土師器であると断定して，「回転台土師器」なる名称に変更し現在に至っている[註24]。その経緯は橋本氏が詳しく述べている[註25]。

また，1987年中世土器研究会で，筆者の言う須恵系土師質土器なる土器は須恵器でも土師器でもない，いわば須恵器と土師器の中間とも言うべき第三の土器で，須恵器の模倣にはじまり須恵器無き後，灰釉陶器，緑釉陶器，山茶碗，木器などを模倣する土器であるとの説明を受け，鋤柄俊夫氏は関西において只一人「模倣系土器」なる名称を使っている[註26]。

6. 比企型坏

「平底盤状坏」と同様，中田遺跡の調査報告書において，古墳時代後期鬼高式II類のメルクマールとして，分類した器壁が薄く口縁部外面，体部内面が赤彩された坏である[註27]。当時は西東京を中心に分布すると考えられていた。その後も詳細な分布域が掴めないなか，埼玉県の南比企地方における特徴的な形

I. 土器の製作と焼成方法

態を示す坏として，中村倉司氏により「比企型坏」と命名された[註28]。出現期のこの坏の特徴は，器壁が薄く体部外面から底部を除く，口縁部外面から体部内面に赤彩が施され，体部がほんの僅か内湾し口唇が短く外反する器形である（図11-1）。

その後，この系統の赤彩土師坏は，関東各地の古墳時代後期の広汎な集落に分布していることが判明したにもかかわらず，埼玉県・東京都の報告書・論文に「比企型坏」の名が広く使われ定着してしまった。水口由紀子氏は，この坏の問題の所在を明かにした上で，具体的資料の検討，形態変遷，実年代，分布など基礎的な考察を行った[註29]。その結果この坏は，異なった胎土のものが広く関東に分布していることから，「比企」という限定された地域で一元的に生産されたもので無く，「比企型坏」なる名称には再検討の余地があるとしている。

また水口氏は，この坏の祖形は形態類似より和泉式土器にあり，6世紀以降盛行する須恵器模倣の土師坏と異なり，在地の土師坏の系譜をもっていると考えた。その存続期間は5世紀末頃～7世紀中頃前後で，新たに7世紀初頭頃に内面口唇下に明確な沈線がめぐり，口縁が外傾し口唇が外反するB系列の坏が出現するとしている（図11）。

この水口氏が分類したB系列の坏の一つは，図7-10のように図7-9に載せた猿投（東山）産須恵器蓋形土器[註30]や，湖西産の須恵蓋の内面口唇下の沈線も含め器形・寸法を坏として忠実に模倣したものと考えたい。ヘラケズリによる整形技法や，赤彩などが多用されることからも土師器と言われているが，須恵系土師質土器の可能性も高い。このように須恵器の蓋を忠実に模倣する所謂B系列の「比企型坏」はすべて土師器なのか，それとも一部は須恵系土師質土器なのか，一度焼成温度分析を行う必要がある。

以上，なぜ東日本で「ロクロ土師器」，西日本で「回転台土師器」と両者とも「土師器」と呼ぶのかというと，単に褐色に焼き上がっているからとしている。しかしこれらの土器は「土師器」ではない。「土師器」でない証拠に，両者の製品の幾つかに「土師器」の推定焼成最高温度700～800℃を，超えるものが存在するからである。

以下，須恵器以外の土器の焼成温度分析と結果を述べる。

7. 土器の焼成温度分析

何度も言うが漢字の「轆轤」，片仮名で「ロクロ」と紛らわしく呼んだとしても，土器作りの器具の名称として使うには，適当でないことは理解されたと思う。

3 須恵系土師質土器

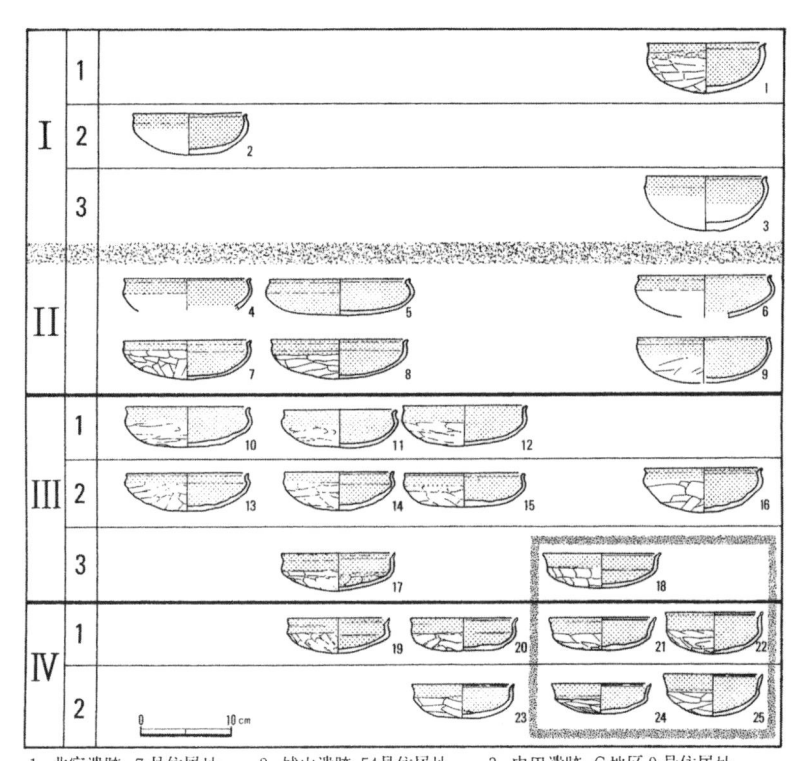

1.北宿遺跡 7号住居址   2.城山遺跡 54号住居址   3.中田遺跡 C地区9号住居址

4～6.中田遺跡 C地区5号住居址   7・8.椿峰遺跡群高峰遺跡 SB111号住居址   9.桜

山窯址群 H-3号住居址   10～12.船田遺跡 E地区52号住居址   13～15.舞台遺跡 2次

5号住居址   16.舞台遺跡 3次B-13号住居址   17・18.上組遺跡 6号住居址   19・20.上

組遺跡 3号住居址   21・22.滝遺跡 2次2号住居址   23.小井戸遺跡 6号住居址

24・25.札之辻遺跡 8号住居址

図11 比企型坏の変遷とB系列（枠内）註29より転載

次に色調が土師器同様褐色に焼けているのに，土師器ではないことを証明する
には，桑原氏のように焼成温度を調べる以外ないと考える。

今まで述べてきた全国各地で，「須恵系土師質土器」・「あかやき土器」・「須
恵系土器」「平底盤状坏」・「赤焼き須恵器」・「ロクロ土師器」・「回転台土師器」・「模
倣系土器」などと呼ばれる土器とともに，「内黒土器」，「黒色土器」，「瓦器」，中・
近世の「土師質土器」・「かわらけ」などと呼ばれる土器の胎土の特徴と，焼成

59

Ⅰ. 土器の製作と焼成方法

温度の分析を行った。ただ，前述したように「比企型坏」B系列の分析は行っていない。

それらの分析資料は，筆者らが長年発掘調査を行った東京都日野市から多摩市にまたがり，4世紀末頃～14世紀初頭まで連綿と集落が営まれた，落川・一の宮遺跡出土土器を中心に，千葉県，神奈川県，東は岩手県，西は京都府出土の土器を提供して頂き，推定焼成温度の分析を行った[註31]。

分析した土器の出土遺跡と器種・点数は，落川・一の宮遺跡出土の中・近世の所謂「かわらけ」皿11点，8世紀前半の「平底盤状坏」10点，平安時代後期・古墳時代後期の須恵系土師質土器と考えた坏・埦・皿35点，内外面黒色処理された埦・皿・鉢8点，内外面赤彩された坏2点の計66点。

千葉県市原市草刈六之台遺跡出土「赤焼き須恵器」の壺・高坏・器台5点，同栄町向台遺跡出土の「平底盤状坏」6点の計11点。

神奈川県鎌倉市の大倉幕府，若宮大路周辺遺跡群の土坑・土器溜めから出土した大皿・小皿6点。

岩手県平泉町中尊寺40次下層出土の大皿・小皿6点と埦1点の計7点。

京都市内平安京の土坑・包含層などから出土した大皿・小皿，所謂へそ皿7点，平安京下三栖遺跡の溝・井戸などから出土した瓦器の埦・羽釜・鍋8点の計15点の総計105点である。それらの焼成温度を推定するために，パリノ・サーベェイ株式会社に依頼し行った。

その方法は土器の一部を切断し，正確に0.03mmの厚さ研磨した薄片試料を作成し，それを岩石顕微鏡で胎土を構成する鉱物片・岩石片およびその組織を観察することにより焼成温度を推定した。つまり高温で焼成されたものは，焼成温度に応じて鉱物や組織に加熱変化を生じるのである。その焼成温度の推定指針は次のようなものである。

1）角閃石が酸化角閃石に変化している試料の焼成温度は，800℃以上と推定される。

2）素地を構成する主要粘土鉱物のセリサイトが全く加熱変化を受けていない試料の焼成温度は，900℃－と推定される。

3）セリサイトが一部加熱変化を受けて非結晶化しているが，ほとんど残留している状態の試料の焼成温度は900℃±と推定される。

4）セリサイトが大部分加熱変化を受けて非結晶化しているが，石英・長石類に全く加熱変化がみられない試料の焼成温度は900℃＋と推定される。

5）セリサイトが大部分加熱変化を受けて非結晶化しており，石英・長石類

の一部に加熱変化がみられる試料の焼成温度は 1,150℃ − と推定される。

　6）石英に高温クラック・溶融組織がみられカリ長石に顕著な溶融組織が認められるが，ムライトが生成していない試料の焼成温度は 1,150℃ + と推定される。

　7）ムライトが生成されている試料の焼成温度は 1,200℃ ± と推定される。

　8）針状ムライトが密に生成する試料の焼成温度は，1,200〜1,250℃ と推定される。

　以上，そのような推定指針で精密さには若干欠けるが，105 点の推定された焼成温度と胎土は次のようであった。

　落川・一の宮遺跡の中・近世の「かわらけ」皿 11 点の焼成温度は，6 点が900℃ −，1 点が 900℃ ±，4 点が 900℃ + と推定された。「平底盤状坏」の10 点の内，5 点が 900℃ −，2 点が 900℃ ±，3 点が 900℃ + と推定された。その「平底盤状坏」と，上述の「かわらけ」と胎土を比較すると，鉱物片としてカリ長石が多く含まれ，岩片として石英片岩などの結晶片岩が検出される特徴がみられる。

　平安時代後期の須恵系土師質土器 29 点は，「平底盤状坏」と砕屑片組み合わせと出現頻度は同一傾向がみられ，原土の採取地が共通していることが示された。その内 24 点が 900℃ −，2 点が 900℃ ±，3 点が 900℃ + と推定された。古墳時代後期の須恵系土師質土器の内 6 点は，2 点は 900℃ −，4 点が 900℃ ± と推定された。平安時代後期の須恵系土師質土器と比べると，カリ長石や頁岩などの出現頻度は低いが，砕屑片の組み合わせに変化はみられないので，原土採取は共通していることが示された。

　体部内外面に 0.15〜0.1㎜ の厚さのカーボンを蒸着させ，内外面黒色処理された坏・皿・鉢 8 点は，「かわらけ」と砕屑片の組み合わせと，出現頻度は類似しており，原土の採取地が共通していることが示唆され，すべて 900℃ − の焼成温度が推定された。赤彩土師器とした体部内外面赤彩された坏は，2 点とも 900℃ − と推定された。

　草刈六之台遺跡・栄町向台遺跡出土土器の焼成温度は，11 点中 10 点が900℃ −，栄町向台遺跡出土の「平底盤状坏」1 点が 900℃ ± と推定された。

　両遺跡には三種類の胎土が認められた。その内，草刈六之台遺跡 5 点，栄町向台遺跡の 1 点の土器から，含鉄セリサイト質粘土，ビロードのような繊維状セリサイトが含まれ，石英細片はきわめて乏しいという特有の組織が認められた。これは平泉出土の小皿の胎土と同様，黒雲母に富む花崗岩起源の粘土で，

I. 土器の製作と焼成方法

共通した性質を有するものである。

鎌倉出土の大皿・小皿6点の内，2点にリーベカイト質のアルカリ角閃石が含まれ，その特徴は原土採取地の追跡調査に有効な指標となる。焼成温度は4点が900℃－，2点は900℃＋と推定された。

平泉出土の大皿・小皿6点，埦1点の焼成温度は，4点が900℃－，他埦を含む3点は900℃＋であった。それらの土器には3種の胎土が認められた。

平安京出土の大皿・小皿・へそ皿類7点の焼成温度は，すべて900℃－であった。瓦器の埦類6点・羽釜・鍋の2点は，表面に黒色処理されたものが多く，羽釜・鍋の内1点には，黒色釉薬を塗布しているとのことであった。焼成温度は埦1点と羽釜・鍋1点が900℃－であるが，その他6点は900℃±と推定された。

以上，総計105点土器の分析結果から，土師器の推定焼成温度を超えたものは，落川・一の宮遺跡出土の900℃±の「かわらけ」の皿が1点，900℃＋が4点。900℃±の「平底盤状坏」が2点，900℃＋が3点。古墳時代・平安時代の須恵系土師質土器35点の内900℃±が6点，900℃＋が3点。

草刈六之台遺跡出土の900℃±の「平底盤状坏」が1点。

鎌倉出土の大皿1点・小皿1点の計2点が900℃＋。

平泉出土の大皿1点・小皿1点・埦1点の計3点が900℃＋。

平安京出土の瓦器埦6点すべてが900℃±であった。

以上の結果より，落川・一の宮遺跡の報告書Ⅳ自然科学編 [註32] で，そのように種々に分類した土器で，900℃以下で焼かれたものが多いなか，計31点が土師器焼成最高温度800℃を越えた900℃±～900℃＋の温度で焼成された土器が存在していた。この推定焼成温度は，土師器の焼成法の「覆い焼き」では絶対ありえず，これらの土器は土師器とは言えない。「窖窯」で焼成された焼成不良の須恵器との意見もあろうが，推定焼成温度が900℃を越したものがあるが，1,000℃に近づいたものは皆無であることと，赤彩されたものの存在より須恵器とも考えにくい。また「内黒土器」は，焼成中か直後に焼成遺構より取り出して，内面だけに炭素を器面に吸着させる土器で，次項に述べる天井の無い「煙管窯」なら可能であるが，完全密封の高温で焼成中の窖窯の室内から，土器を取り出すことは不可能である。

以上のことから焼成温度分析を行い，900℃±，900℃＋の焼成温度が推定された土器は，土師器焼成法の「覆い焼き」や，須恵器焼成の「窖窯」で焼成された土器ではないと考えられる。以下，そのように「覆い焼き」や「窖窯」で作りだすことができない瓦器や，須恵系土師質土器の焼成方法を述べる。

62

③ 須恵系土師質土器

8. 須恵系土師質土器の焼成方法

　この土器の焼成方法は，推定焼成温度が須恵器と土師器の中間であるように，焼き方もまさにその中間的焼き方である。つまり「覆い焼き」と「窖窯」を足して割ったような焼き方である。それは関口廣次氏により「天井のない窯」として紹介された窯で，「煙管窯」，「桶窯」などともよばれている焼成窯で，焼成された土器と考えたい（註33）。

　これらの窯は，橋本久和氏提供の写真１の現在，洛北幡枝木野の愛宕神社に復元されている窯とほぼ変わりないものと考え，それに基づき図12のような簡略図を書いてみた。焚口・燃焼室は掘り込まれているが，燃成室は地上に構築される構造である。また，図には火格子を蜂巣状の多孔通焔火皿として描いたが，まったくの想像で描いたのではない。平安時代末期の「煙管窯」と考えられる一部を，調査した山梨市荒神山窯跡の出土土器に混じり，この細かい穴があいた火皿の小片を間違いなく実見し確認している（註34）。当時重要遺物と指

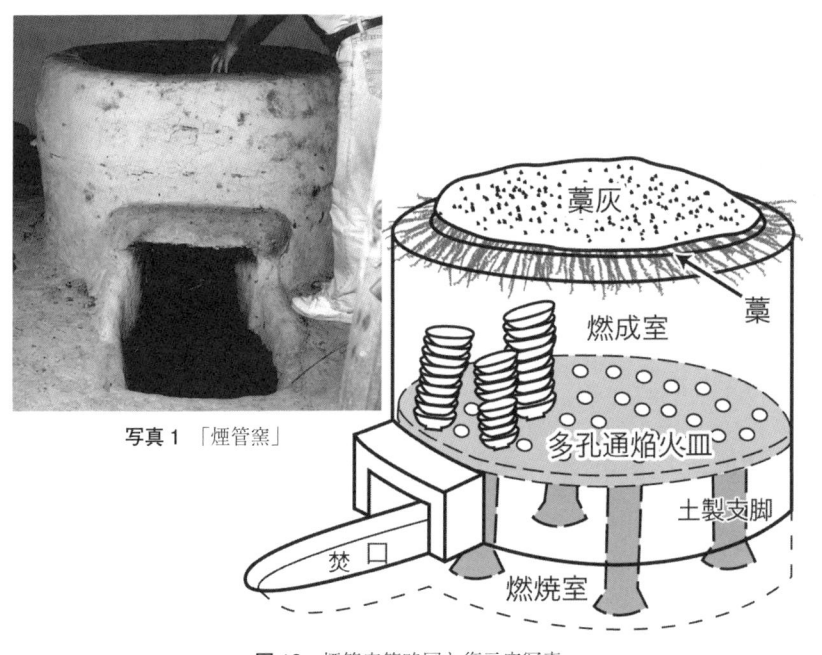

写真１　「煙管窯」

図12　煙管窯簡略図と復元窯写真

63

I. 土器の製作と焼成方法

摘したが小片であったためか，残念ながら報告書には記載されなかった。また図には火皿を支える土製支脚を描いたが，このような支脚は15世紀後半の「煙管窯」には存在するが，平安時代のものに存在するかは不明である。想像して描いたことをお許しいただきたい。

また，図には通常開口している天井部に「覆い焼き」同様，藁とその上に藁灰を覆い被せた状態を描いてあるが，さらに土・土器片などを分厚く被せることにより，窯内の焼成温度を900〜1,100℃ぐらいまで上げることができる。その場合，焼成中窯内は一時的に還元状態となり，その時何千個に1固体ぐらいの割合で奇跡的に空気に触れずに冷え，須恵器同様の灰色のものが焼き上がるものが，稀に集落で出土する。現に鎌倉で出土する13世紀初頭頃の「かわらけ」のなかには，大半が灰色に焼き上がったものが多くみられる。しかし，中世・近世の「かわらけ」は，天井部を開口させ焼成するので，焼成温度は上がるが大半の製品は，赤褐色に焼き上がったものが多い。

そのように「煙管窯」は天井部を覆わなければ，製品は土師器同様の赤褐色に焼きあがる。そのため出現期の古墳時代〜奈良時代の坏には，土師坏でないことを主張するがごとく，内外面ベンガラにより赤彩し，綺麗に発色するよう低温で焼こうとするが，焼成温度を制御できず800℃以上900℃近くまで上がってしまい，結果赤彩が消えてしまうものが多い。

須恵器生産終了の平安時代後半以降は，須恵器と主張する必要が無くなり，赤彩されず900℃を越える高温で焼成され，硬質に焼き上げるものが多くなる。また緑釉陶器を忠実に模倣したものは器形だけでなく，緑釉陶器であることを主張するため，緑釉の素地同様に内面を丁寧に研磨し，さらに内面黒色処理した「内黒土器」，内外面黒色の「黒色土器」で仕上げてある。そのように内面だけ黒色処理する「内黒土器」は，焼成直後褐色で温度高温に保たれている時，天井開口部から引き出して，内面だけに籾殻や枯れ草を入れ被せ燻ぶらせ，炭素を発生させ吸着させるのである。そのような処理を施こさなければならない「内黒土器」の焼成法は，焼成最中及び焼成直後に開いている天井から，土器を取り出すことができる「煙管窯」か，焼成中に取り出すことができる土師器の「覆い焼き」でも焼成することは可能である。そのことは土師器と同様の温度で焼成されたものの存在から言える。

以上のことは，落川・一の宮遺跡の自然科学編の分析結果から，読みとることができる。

なお「内黒土器」には内面が丁寧にヘラ磨きされた「内黒研磨土器」と，磨

かれていない「内黒土器」が存在する。内面丁寧なヘラ磨きが施される理由は，先述したように緑釉陶器の忠実な模倣と，漆仕上げするものがあり，漆を綺麗に定着させるため下地処理されたためと考えられる。現に「内黒土器」のなかには，漆が残存した土器が水に浸かって，稀に出土する場合もある。しかし，長年土中に埋まっていると，漆が剥がれてしまうのである。

　また，西日本で多く出土する内外面黒色処理される「黒色土器」・「瓦器」は，煙管窯の開口している天井部を，藁・藁灰・粘土や土器片で覆い，密封度を高め温度を上げ，焼成の最後に空気（酸素）を遮断するため焚口を密封し，不完全燃焼により窯内に炭素を発生させ，酸素不足の製品全体に炭素を吸い込ませるのである。平安京出土「瓦器」で，8点中6点の推定焼成温度が900℃±と高い訳は，そのように密封した「煙管窯」で焼成したからであろう。

4 木器

1. 日常食器と祭器（神器・仏器）

　「はじめに」で述べたように疑問に思っていたことがある。現在，誰もが古代における日常食器は，土師器・須恵器の坏・埦であったと考えて疑うことはない。果たして須恵系土師質土器の坏・埦も含めて，「日常食器として使われていた」のであろうか。本当に触っただけで胎土が擦れ，手に付くような土師坏に，葉っぱを敷いて食器として使っていたのであろうか。奈良時代後半に関東では，国毎に器形・寸法・整形技法が厳密に統一された同様の土師坏が出現するが，それらの同じ器を学校給食みたいに，日常竪穴内で食器として使っていたのであろうか。勿論，日常の煮炊きには土師器の甕，貯蔵には須恵器の壺・甕が使われていたことに異論はない。

　奈良・平安時代の竪穴建物を掘ると必ずと言っていいほど，土師器・須恵器の坏・埦が出土する。従って何の疑いも無くこれらを使い，食事をしていたと思い込んでいるのではないか。土器はいかなる過酷な気候条件でも腐らず朽ちず，縄文土器などは1万数千年前のものが破片になりながらも残る。

　しかし，原始・古代の竪穴建物内で使われた生活要具は，現代の生活用品と違い，「在ったのに無くなった物」の方がはるかに多く存在していた。在ったのに無くなる道具・容器とは，修理できなくなり廃棄すれば土に埋もれ，時を経れば必ず完全に朽ちて果てるもの。また使えなくなったら燃料として燃やすことにより跡形も無くなるもので，その代表が木器である。漆を塗布しない白木の木器が，古代の日常食器の主流であったと考えたい。

　その理由は粘土から作る土器は，粘土採掘，製作，乾燥，焼成などを経て，食器として使えるまで手間と時間がかかる。まして須恵器は製品を作ると同時に，苦労して「窯」を構築し空焚きした後，製品を窯詰めし多量の薪を使い何日もかけて焼成し，窯が冷えるのを待ち窯出しするが，窯詰めした製品がすべて完全に焼き上がるのではない。その証拠に焼成中に破損したものが灰原に多く廃棄されている。

　一方，木製品を製作する木地師は窯業と同じく，近江国に代表されるよう木地師達が定着して作る生産地が，全国に数ヶ所存在したであろうが，多くは持ち運びできる手回し「横軸轆轤」を籠に入れ（写真2），各集落を渡り歩く移動木地師が主流であったと考えたい。彼らは木器を作るだけでなく，各地の集落

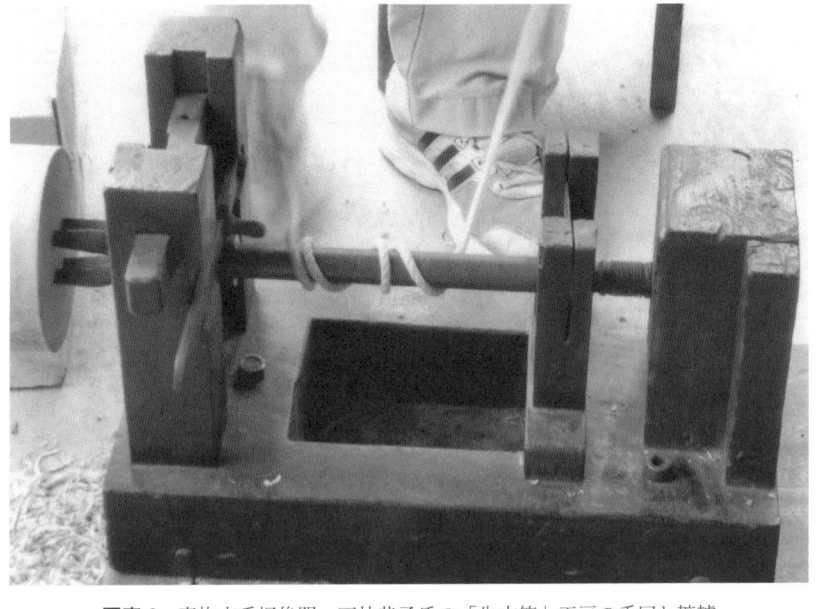

写真2 青梅市手塚俊明・戸枝恭子氏の「朱文筵」工房の手回し轆轤

へ頼まれた荷物を運んだり，各集落での情報を伝達したりする役割も兼ねており，頼まれた分だけの製品を作つくり終えたら，次々と集落間の移動を繰り返えして行く。

　移動して木器を作る場合，木を切り倒すことにはじまり，乾燥を含む木器の製作過程すべてを行うため長期間滞在するわけでない。必要とする数の木器は，集落の住人により日常・農作業の合間に，大まかな荒木取で削られた「荒木地」の段階までのものが，家族分ストックしてあったと考えられる。当時一人が必要とする木器の食器は，幾つ使われていたのであろうか。銘々器か属人器であったかを考えなければならないが，銘々器であったとしても数は少なく，属人器ならば2～3個体であろう。

　木地師が集落を訪れた時には，家々で必要な分が「荒木地」状態で用意されており，その容器の内外面を「轆轤」で削り整えるだけでよかった（写真3）。従って注文に応じて，数軒分の必要な木塊・木坏・木皿を，短期間の滞在で完成させて，次の集落へ移動して行ったのであろう。

　そのように当時の木器生産の大半は，木地師が特定生産地で長期間にわたり

Ｉ．土器の製作と焼成方法

写真 3　荒木地未成品

作り続けるのではなく，各地で多くの移動木地師により分散して作られていたのである。従って木器生産は，須恵器生産が特定の窯業地域で薪を得るため，周辺の植生を変えるほど大量の木を倒した訳ではない。

　以上，木器の坏・埦・皿は土器に比べると，安全・安価で作り終えたその瞬間から使えた。片や土師器の坏・埦・皿は吸水性があり胎土が手にべと付き，手に取り食べるには食べにくい。もちろん汁物などはいうまでもなく，白木の椀の方が実に衛生的で実用的であったと考える。但し庶民が日常使った白木の椀は，国衙管理の下で国庁はじめ官衙や，寺院などに収めるため厳密に寸法・器形が決められ，内外の器面も丁寧に薄く削りながら，美しく整えられた食器とは雲泥の差があり，もちろん漆塗りではなかったことは言うまでもない。日常食器である木器の器面は内面重視で綺麗に削るが，外面は第２部で述べる「再興土師器」に見られるよう，縦削りの残る「荒木地」（写真４の前列左端）のままのものが多かったであろう。

　また高温多湿な雨季など湿った時期には必ず黴が生えるし，少しでも乾燥すると鏈が入る。そのように破損したり黴が生えたりしたら，惜しげもなく，燃

4 木器

写真 4　外面荒木地の椀（前列左端）

料として炉や竈に放り込まれ，跡形もなく燃え尽きる。そのように木器は，短期間で使い捨てられる衛生的なサイクルで，消耗していく器であった。強いて言うと語弊があるが，現在バーベキューで使ったり，ピクニックへ持って行ったりする，使い捨ての紙皿・紙コップの感覚で，使われていたと考えられる。

　では土器の坏・坥・皿類が日常食器でなければ，何のために存在したのであろうか。仏教が伝来する以前では神事の神饌容器，仏教が伝来してからは鎮護として，多くの仏事のための種々の仏器として使われ，特に国分寺創建以後は庶民の竪穴建物内でも，仏器として多くが使われたと考える。

　一方，西弘海氏は「土器様式の成立とその背景」[註35] のなかで「・・・7世紀初頭の食器類に生じた大きな様式変化は，6世紀末葉以降，わが国に導入された三国の仏教文化を基調とした『金属器指向型』ともいうべき方向・性格をもつものであった。」と述べ，そのなかの少量の器種は，仏器としての用途を認めながらも，それら以外の量的に多い新たな器種は日常用器すなわち日常食器と考えた。さらに，『正倉院文書』・『延喜式』記載の器名や，土器に書かれていた墨書銘より用途を考えている。確かに器名は書かれているが，それらの

69

I. 土器の製作と焼成方法

器名が日常食器をあらわしているとは思われないし，食器として使われていたことにはならない。

　さらに，土師器・須恵器の坏・埦・皿は食器類とした上で，7世紀後半に著しく器種分化し，互換性を確立して行くとしている。その多様な器種分化と，量的の多さの前提となる法量（寸法）の規格性は，律令制古代国家の中核をなすもので，官僚制の発展による大量の官人層の出現と，その特殊な生活形態を前提として理解できるとした。

　しかし，それら多種多様の器種の土器は，宮廷・官衙・城柵において律令官人達が行う，種々の儀式用器として使われたもので，日常食器は木器でその特殊な生活形態のなかで，それらと併用していたならば理解できる。そのように宮廷・官衙・城柵などでは，西弘海氏の言う所謂「律令的土器様式」に乗っ取っとり規格ある器種の組み合わせた土器により，神事・仏事・公事・慶弔など様々な国家的儀式が行われていたのである。

　従って，この土器様式をもって，「・・・いささか奇妙な表現ではあるが・・・」と，躊躇しながらも「律令的土器様式」の成立とした。その躊躇した「律令的土器様式」の基調は，仏教文化の影響を受けた『金属器指向型』で厳格な寸法の規格性であるならば，素直に「仏器的土器様式」の成立と呼びたい。

　つまり，量的に多いから日常食器でなく，金属器・青磁器・白磁器，緑釉陶器・灰釉陶器など施釉陶器は勿論のこと，土師器・須恵器・須恵系土師質土器の坏・埦・皿などは日常食器ではなく，朝廷，国府，神社，寺院，城柵，官衙などで行われる種々様々な国家的祭祀，法事・法会・法要などの仏教儀式，全国の各集落内祭祀・仏事，個別竪穴内祭祀・仏事，ある時は天変地異に対する種々の鎮めなどといった，重層的ランク別に細分された祭祀・仏事に対応し，その都度器が選別され取り組み合わせられ，庶民の末端まで日常多量に使用された結果ではないかと推察する。もちろん祭祀・仏事に使われる器の順序は，中国や韓国の器の順序である玉器（緑）→金属器（金・銀・青銅・白銅）→青磁・白磁→須恵器という，大まかなランク別の器に準じたものと考えられる。

　また，出土する油煙痕の付く土師器の坏・皿などを「灯明皿」・「燈明皿」などと呼び，深く考えずに竪穴建物内で，日常の夜なべ仕事をするための「明かり取り」と思われがちであるが，竪穴内で仕事をするなら火災の危険を考えて，薄明るくなった朝から薄暗くなる夕方で終えたであろう。仮に竪穴建物内で仕事を夜行う場合，竈や炉の明かりで行ったのであろう。「灯明」とは字のごとく神仏に供える「御灯明」である。それを認め神仏の「灯明皿」として使われ

た場合，日常食器の坏・皿が代用されたと考えられがちであるが，油自体が貴重であり，税である「庸」の代納となりうる貴重な胡桃油・菜種油は，よほどのことでなければ使うようなことはなかったと考える。獣油が使われたかも知れないが，そのように油煙痕の付いた所謂「灯明皿」は神仏専用皿で，どの竪穴建物内から出土するのではない。数10軒に1～2個体の割合であるから，それらの竪穴は神仏を祀った建物を示しているのであろう。

　その後，素焼きの皿は中世から近世には「かわらけ」と呼ばれ，現在も神社の祭祀や，厄除けの神事である「かわらけ」投げなどの土器として，辛うじて生産が続けられている。

　他方，白木の器も日常食器として使われただけでなく，寺社の仏事・祭祀などに使う神聖な器として，神饌でも使われていたし，現在も使われている。奈良時代から今日に至るまで武蔵総社として，東京都府中市に鎮座している旧官幣小社大国魂神社の重要な特殊神饌（5月5日の神幸祭・7月20日の李木祭）で現在でも使われている，木製の高台椀1・小坥2・高皿3を考察したことがある（図13）。4の高台椀は，埼玉県入間市新久窯A地点第1号跡（9世紀後半）の灰原出土の黒漆塊で，大国魂神社の神饌で使われている1と器形が酷似している。6・8は平安時代末期の須恵系土師質土器である。5・7はその6・8から想定し推測して描いた想定木器図であり，大国魂神社の神饌で使われている2と3に器形が近い。そのことは須恵系土師質小椀6・高皿8の器形・寸法は，当時存在した5・7の想定木器図を忠実に模倣したものと考えられる。また，須恵系土師質土器9～12の小皿から13の想定木器，須恵系土師質土器14・15・17・18・20～23・25の柱状高台小皿から16・19・24・26の想定木器，須恵系土師質土器27・29・31・33の坥から28・30・32・34の想定木器の存在が窺える。

　それら古代の木器・土器の器種・器形・寸法が，祭器として現在の大国魂神社の特殊神饌に使われている器に，寸分違わず受け継がれ作られて使われていることに驚いた(註36)。このように大国魂神社で特殊神饌の古儀が守られているのは，この神社の大宮司猿渡家は，明治維新の際多くの官社の宮司が官選宮司と交代するなか，中世以来一系の在地名門であったからである。

　少し話が横道に逸れたが，専業的に多量に生産された須恵器の坏・坥はもちろんのこと，土師器の坏・皿などは東国においては，日常食器でなく神仏の神饌用の祭器と考えたい。ゆえに口径・底径・器高などの寸法が厳しく決められ，器形とともに変遷するので型式の把握と変遷が捉えやすく，土器編年の指標と

Ⅰ. 土器の製作と焼成方法

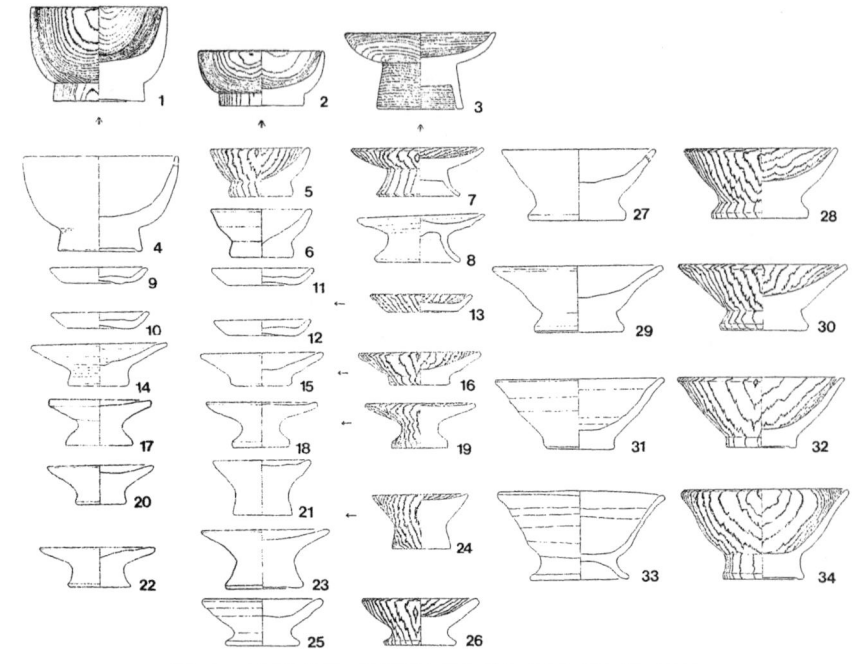

図13 大国魂神社の神饌用木器と須恵系土師質土器の関係

なるのである。

　今後，土器に興味を持ち研究される若い人達に，「須恵器・土師器の坏・埦・皿は日常食器として使われていた。」という通説が果たして事実なのか，それとも「無くなった木器」なのか真剣に考えてもらいたい。そのような通説が基底にある限り，考古学の根幹である土器研究は進展して行かないし，さらに考古科学としての究極の目的，歴史的背景には迫れないと危惧するからである。

　以上，須恵坏・土師坏の製作法・焼成法を述べ，須恵系土師質土器なる第三の土器の存在と焼成法と問題点を述べた。第2部では指標となるそれらの坏・埦の変遷を基軸とした土器編年を考えてみたい。

〔註〕
1）小林行雄『古代の技術』塙選書24　塙書房　1962
2）佐原　真「弥生式土器製作技術に関する二，三の考察─櫛描文と回転台をめぐって─」『私たちの考古学』第五巻第四号20　考古学研究会　1959

3）福田健司「在地産土器の編年と問題点―山茶碗・瓦器・須恵系土師質土器―」『王朝の考古学』大川清先生古希記念論集雄山閣出版　1995/「須恵系土師質土器―土師器でも須恵器でもない土器―」『坪井清足先生卒寿記念論文集―埋文行政と研究のはざまで―』下巻　坪井清足先生の卒寿をお祝いする会　など

4）桑原滋郎「須恵系土器について」『東北考古学の諸問題』東出版寧楽社　1976

5）田辺昭三『陶邑古窯址群Ⅰ』平安学園考古学クラブ　1966

6）阿部義平「ロクロ技術の復元」『考古学研究』第 18 巻第 2 号　考古学研究会　1971

7）三上次男・吉田章一郎「窯業」『日本考古学講座』第六巻　河出書房　1956

8）小林行雄『続古代の技術』塙選書 44　塙書房　1964 9）大川　清『古代窯業の実験研究（1）』日本窯業史研究所　1983

10）中三川昇「乗越遺跡」横須賀市教育委員会　2012

11）福田健司「南武蔵における奈良時代の土器編年とその史的背景」『考古学雑誌』第 64 巻第 3 号　1978

12）久保田正寿『土器の焼成 1 ＝土師器の焼成実験＝』1989

13）註 4 と同じ

14）関口広次「「天井のない窯」の話」『佐久間重男教授退休記念中国史・陶磁史論集』1983

15）岡田淳子・服部敬史「八王子市中田遺跡」資料編Ⅲ　八王子市中田遺跡調査会　1968

16）福田健司『日野市落川遺跡概報Ⅱ』日野市落川遺跡調査会　1982/「1986 年の考古学界の動向」（古代・東日本）『考古学ジャーナル』№ 277　ニューサイエンス社　1987/「古代末期に頭角を現す土器について」シンポジウム『土器からみた中世社会の成立』シンポジウム実行委員会　1990/「在地産土器の編年と問題点―山茶碗・瓦器・須恵系土師質土器―」『王朝の考古学』大川清先生古希記念論集　雄山閣出版　1995/「須恵系土師質土器について」日野市落川遺跡調査概報Ⅴ　日野市落川遺跡調査会　1997/『南武蔵の考古学』増補版　六一書房　2010 など。

17）註 15 と同じ。

18）註 11 と同じ

19）清野利明・福田健司「日野 SS ビル建築工事に伴う埋蔵文化財発掘調査（南広間地遺跡第 10 次調査）」『日野市埋蔵文化財発掘調査報告』15　サンリツ企画株式会社・日野遺跡調査会　1993

20）服部敬史・福田健司「南多摩窯址群出土の須恵器とその編年」『神奈川考古』第 6 号　神奈川考古同人会　1979

21）中島庄一他「東寺方遺跡」多摩市教育委員会　1983

22）白井久美子他「千原台ニュータウンⅥ―草刈六之台遺跡」『千葉県文化財センター調査報告 24』（財）千葉県文化財センター　1994

23）百瀬正恒・橋本久和「中世平安京の土器様相と各地への展開」『考古学ジャーナル』№ 299　ニューサイエンス社　1988

24）森隆「近江地域出土の古代末期の土器群について」『中近世土器の基礎研究』4　日本中世土器研究会　1988/「畿内における古代後半の土器様相」シンポジウム『土器からみた中世社会の成立』シンポジウム実行委員会　1990

25）橋本久和『考古学研究』第 38 巻第 1 号　考古学研究会　1991/「中近世土

Ⅰ. 土器の製作と焼成方法

器の基礎研究Ⅹ」日本中世土器研究会　1994
26）鋤柄俊夫「畿内における古代末から中世の土器—模倣系土器生産の展開—」
日本中世土器研究会　1988
27）註 15 と同じ。
28）中村倉司「宇佐久保遺跡」『埼玉県遺跡調査会報告書』第 38 集　1979
29）水口由紀子「いわゆる"比企型坏"の再検討」『東京考古』第 7 号　東京考
古談話会　1989
30）北條芳隆他「長野県下伊那郡阿智村狐塚 1 号墳の調査」『第 1 次調査概要報
告書』東海大学文学部歴史学科考古学第 1 研究室　2009
31）辻本　崇他「落川・一の宮遺跡Ⅳ」自然科学編　落川・一の宮遺跡調査会
1999
32）註 31 と同じ。
33）註 14 と同じ。
34）萩原三雄他『荒神山発掘調査報告書』山梨市教育委員会　1987
35）西　弘海『土器様式の成立とその背景』真陽社　1986
36）宮崎　糺・福田健司「大国魂神社特殊神饌の木器について—その考古学的
考察—」『府中市郷土の森紀要』第 2 号　府中市教育委員会　1989

〔参考文献〕

吉田光邦『増補版やきもの　NHK ブックス 182』日本放送出版協会　1973
楢崎彰一「日本古代の土器・陶器」『世界陶磁全集 2 日本古代』小学館　1977
田中琢・田辺昭三「概説」『日本陶磁全集 4 須恵器』中央公論社　1977
小川貴司「回転糸切り技法の展開」『考古学研究』第 26 巻第 1 号　1979

II. 土器編年

① 落川・一の宮遺跡土器編年の年代幅

　第Ⅰ部で須恵器，土師器，須恵系土師質土器の製作・焼成方法を述べてきた。第Ⅱ部ではそれら三者の違いと関係を理解した上で，第Ⅰ部で述べたように神器・仏器の変遷が明確に掴みやすい，生産時点一括の窯出土の坏・埦・皿中心の窯式編年を基軸に，集落出土の土師坏・土師甕・須恵系土師質坏・埦の型式変遷である集落の土器編年と，その年代幅や実年代の根拠を示したい。

　文献史学に史料批判という研究法がある。古文書などの文献のなかで，特に権利の主張や戦の感状などは，その後の利益に関るので，長い間意図的に残されて来た偽文書が多い。そのような文献の内容の正当性・妥当性を認定するためには，関連するあらゆる分野の史料を集め，外的批判をはじめとして，内容の信頼性を吟味する内的批判を加えるなか，書かれた内容が事実か事実に近い史料かを判別する研究法である。その手続きを経て見極めたものでないと，歴史を検討するための文献資料とは認められない。

　そのように厳密な検討を加えられた文献でも，実証することができない史実を，考古学的研究法により迫るためには，まず精緻な発掘調査おいて，検出遺構の前後関係を正確に捉えなければならない。次に前後関係が明確となった各遺構から，出土した土器の相対的な序列を確立する。古代の坏・埦・皿など神器・仏器は，個人の思いつきや趣味で自由に作られたものはなく，強い規制・要請に基づき器形・寸法が決定され作られていた。そのように各時代の規制・要請を色濃く反映した土器群は，時間の流れとともに型式に則って変遷していく。その型式変遷を正確に掴み，変遷序列をより細分しながら，さらに綿密な相対的土器編年を作り上げるのである。

　その相対編年に物的証拠や状況証拠などより，実年代根拠を示した年代を与え，絶対的土器編年（実年代土器編年）を確立しなければならない。絶対編年は遺構・遺物・遺跡の時期を，決定できる時間の尺度であるとともに，実年代を示すことにより，歴史を検索することができる。全国各地の歴史時代の絶対編年の基軸となるのが，前述のように窯出土の生産時点一括の坏・埦・皿の窯式である。何んども述べるように，灰釉陶器・緑釉陶器の坏・埦・皿はもちろんのこと，須恵器・土師器の坏・埦・皿も日常食器でなく，神・仏に供える神饌のための祭器・仏器であった。従って，窯場では国の管理の下で，厳しく器形・寸法がこと細やかに決められ，専業的に多量に作られたため一貫性があり，

① 落川・一の宮遺跡土器編年の年代幅

窯式変遷が明確に掴みやすい。故に全国各地で窯出土の坏・埦・皿の窯式を基軸として，共伴する集落出土の土師器の甕などの型式を加え，実年代を与えた絶対編年が作り上げられてきた。

集落遺跡を調査した場合，その絶対編年をタイムスケールとして使い，集落内の同時期存在の各遺構の活動時期を決めていく。それら同時期存在と同定された遺構の消長やその動因などから，その集落がその地域の歴史の流れのなか，どのように関っていたかを突き止め，文献では絶対導き出せない史的背景を，浮かび上がらせることが可能と考える。その時初めて考古学は，補助学でなく歴史学の一翼を担ったと言える。

そのためには，絶対編年の一型式の年代幅を決めなければならない。年代幅は必ず一定幅で，細分できればできるほどいい。現在，歴史時代の実年代土器編年の年代的序列幅は，1世紀の前半・後半など50年間，前葉・中葉・後葉など約30年間や，それに加えさらにa期・b期・小期など，一定幅でなく都合のいい感覚的な幅を設け，使い分けるような編年を多く見掛ける。それでは歴史年表と突き合わせて，具体的な歴史に迫ることは不可能である。

最近は一型式25年で，○世紀の第○四半期と表される場合が多い。では当時の一型式の年代幅は一体何年であったか，少しでも歴史年表に対応でき，文献史学とともに歴史的背景を，正確に掴むための年代幅を考えてみたい。

以上の課題も含め，集落の土器編年の成立過程を理解しやすくするため，多摩川右岸の沖積地に立地する東京都日野市から，多摩市にまたがり存在した落川・一の宮遺跡の集落（土器）編年を，具体例として使い説明する。この遺跡は4世紀末頃～14世紀前半までの長きにわたり，連綿と集落が営まれた東日本屈指の遺跡である[註1]。

この遺跡には集落内で作られる土師器・須恵系土師質土器以外，古墳時代中期から後期を通じて，太平洋から東京湾経由で多摩川の海路と水路や，東山道・東海道を使う陸路により，陶邑・尾張・美濃須衛・湖西諸窯からの須恵器が多く搬入されている。奈良・平安時代には，至近の多摩丘陵や北武蔵（埼玉県）で生産される須恵器以外に，洛北・近江・猿投・尾北・東濃・遠江産の緑釉・灰釉陶器が多く搬入されている。さらに量は少ないが，邢州窯系の白磁・越州窯系青磁・龍泉窯・同安窯の青磁など輸入磁器も出土する。また搬入される土器は西からだけでなく，頸部と肩部外面の接合部に粘土帯が巡り膨らんだ特徴ある，東北会津大戸窯産の9世紀前半の長頸壺なども出土している（図14）。

それら搬入された磁器・須恵器・施釉陶器磁器の編年から，比較対照させて

77

II. 土器編年

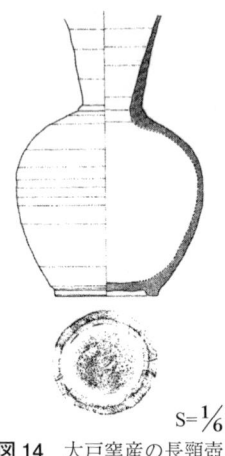

S=1/6

図14 大戸窯産の長頸壺

時期比定できた遺構も多い。また限られた沖積地に立地するゆえ，検出された820数軒の竪穴建物，342棟の掘立柱建物，約2,277基の土坑などは，複雑な平面的な切り合いだけでなく，上下に重複する場合が多かった。従って土器が出土しない遺構が，出土土器より時期の判明した上下の遺構に挟まれていた場合，その切り合い・重複関係で相対的な先後関係が掴めた。そのように土器編年・重複関係などから時期を求めることにより，第1段階〜第48段階にわたる集落変遷を追うことができた。以上，土器編年と遺構の重複関係から導き出した1段階は，ほぼ一窯式・一型式であり，その年代幅は次のようなことから決めた。

　皇室の宗廟である伊勢神宮は，式年遷宮により20年ごとに社殿・宝物を総て作りかえる。この20年で作り代えるという年数は，いろいろなことが考えられ言われている[註2]。神体を移し社殿を作り替える遷宮は，社殿が穢れていくのを嫌い，神道における宗教的「常若」の清浄さを保つためとされている。

　経年劣化で老朽化する掘立柱建物の社殿を維持するには，念入りに「根継ぎ」などの修理を行わなければ，耐用年数は約20年と考えられている。式年遷宮の主なる目的は上述のごとくであるが，さらなる目的は，弥生時代以来の伝統で高度な神殿建築様式である，掘立柱建物の建築技術を受け継がせ，その技術を保持しながら次の世代へと伝承させて行くことである。もちろん建物だけではなく，奉納する剣・鏡・玉の三種の神器をはじめとし，種々の工芸の品々を作り出す，当時の最高技術を受け継がせて行くためである。土器作りの技術も同様に考えその技術の伝習期間を含め，約20年間が一型式との考えに至った。

　その一型式は当時の短かった寿命とも関係する。当時の正確な平均寿命は不明であるが，少なくとも戦国時代の風雲児織田信長が好んで舞った，幸若舞『敦盛』の「人間五十年　下天のうちを・・・」の戦国時代よりは短かったであろう。

　そのように寿命の短かった古代において，もの作りを目指す職人は，遅くと

1 落川・一の宮遺跡土器編年の年代幅

も 10 代半ばまでに弟子入りして，作るものに触れたであろう。まず 5 年間ぐらいの修業時代に種々の基本技術を学び，才能に恵まれ早ければ 20 代半ば以降には，親方・棟梁となる者も育ち，若い弟子を指導したことであろう。

　もちろん，それらを生業とする家系の子弟とでは，多少の差はあったであろう。いずれにせよ弟子の 5 年間，一型式の中心域である 10 年ぐらいの脂の乗り切った全盛期に，素晴らしい製品を作り，老いる前の 5 年間ぐらいに後継者である弟子を養成し，その技術を相受け継がせ後見しながら，一線を退くのではないかと想定した。つまり一型式はそのように，5 年－10 年－5 年というサイクルの 20 年間で，変遷して行ったのではと考え，落川・一の宮遺跡の土器編年の年代幅・段階幅とした。

　以下，落川・一の宮遺跡の土器編年の基軸となった南多摩窯址群の窯式と，実年代定点となる幾つかの根拠を説明しておく。

② 南多摩窯址群の窯式設定過程と問題点

　編年の基軸である窯式の設定を行った南多摩窯址群を概観しておく。この窯址群は、落川・一の宮遺跡を含み、武蔵国・相模国の平安時代集落の土器編年に多大な影響力を持つ標識窯である。所在は東京都八王子市の南部地域を中心に、町田市・多摩市・日野市・稲城市の一部を含む多摩丘陵上に、東西約17km，南北約4km幅で展開する窯址群である。

　本窯址群は、古く江戸の頃から古瓦散布地として、『新編武蔵風土記稿』に記載され知られていた。大正12年（1923年）、稲村坦元氏により「武蔵国分寺ノ建立ニ際シ、ソレニ使用セシ瓦及磚等ヲ製シタル窯址ノ現存セルモノ東京府下ニ二所アリ。・・・一ハ南多摩郡稲城村大丸字瓦谷戸ニアリ。・・・一ハ南多摩郡堺村相原字陽田ニアリ・・・」と具体的な場所が示された^(註3)。その後、1944年原田良雄氏が大丸窯址を『考古学雑誌』に発表^(註4)、1950年前後に八王子市加住町谷野馬場谷戸で瓦窯^(註5)、南多摩郡由木村御殿山窯^(註6)の調査が行われたが報告は遅れた。

　本格的な調査・研究がはじまったのは、1956年当時早稲田大学副手大川清氏が稲城市の大丸1・2号窯、1957年に町田市小山町の瓦尾根1号窯、1958年に御殿山6号窯、1959年に長谷戸瓦窯、セイカチクボ瓦窯、御殿山3・4号窯、1961年に瓦尾根2・3号窯の調査を行い、それら大丸・瓦尾根窯出土の瓦をまとめ、これらの瓦窯が武蔵・相模両国分寺の創建に深く関っていたことを明かにしてからである。当時の研究主眼は国分寺の瓦生産に注がれており、本窯址群の須恵器生産の実態と位置づけは依然不明のままであった。この段階で発見されていた窯数は約22基であった。本窯址群が両国分寺の瓦を、この規模で生産しており、後に須恵器生産に転用して行ったという結論のもとに、しばらくは調査もなく研究は停滞した。

　その20数年後、本窯址群の須恵器の窯式編年研究は大きく進展する。1978年、八王子市教育委員会の服部敬史氏により、八王子市南部地区の遺跡分布調査が広範囲にわたり綿密に行われ、多くの灰原と窯体位置が確認されたことを端緒とする。さらに表面採集や、僅かな坪掘により得られた資料をもとに、窯式が組み立てられた。それを骨子として先学の資料も加味して、服部氏と筆者が1979年神奈川考古第6号に『南多摩窯址群出土の須恵器とその編年』を発表した^(註7)。そのなかで各市にまたがり、広範囲に展開している窯址名を地名

により，東から稲城市大丸地区（O地区），日野市から多摩市にかけての百草・和田地区（M地区），多摩市の下落合地区（S地区），八王子市御殿山地区（G地区），町田市瓦尾根地区（K地区）と5地区に区分した。その地区のアルファベットを頭とし各窯に番号をふり窯名とした（図15）。最古は百草・和田1号窯式（以下M-1）で以降，御殿山37号窯式（以下G-37），百草・和田2号窯式（以下M-2），御殿山25号窯式（以下G-25），御殿山41号窯式（以下G-41），御殿山5号窯式（以下G-5）という大まかな変遷を示し，若干疑問を持ちつつも最終窯を，御殿山14号窯式（以下G-14）として設定した。

その直後，長年諸事情により発表されなかった，大川先生の本窯址群の総体的な論考が公にされた[註8]。さらに1980年には，服部氏が再度御殿山地区の詳細な窯址分布調査行うとともに，八王子バイパス建設に先立ち御殿山62号窯（以下G-62）と，隣接し発見された竪穴建物を調査し報告した[註9]。その竪穴建物より，前論で最終窯式と想定したG-14窯式を示す，坏・埦の良好な一括が出土し，一窯式として認定できると確信を得たが，その製品を焼成した窯本体が未発見である状況に変りなかった。

以上の新知見を得たので，1981年神奈川考古第12号に『南多摩窯址群における須恵器編年再考』として再考・補筆し，窯式の変遷の流れを次のように改訂し発表した[註10]。最古のM-1に続く次の窯式は未発見で1窯式空き，前稿では窯体が個人宅の庭で不明であった御殿山9号（以下G-9）を，保管されていた採集品から次の窯式として認定した。その後の2段階・2窯式は，南多摩窯址群では未発見窯で不明であるが，北武蔵（埼玉県）の窯跡である入間市の東金子窯の前内出2号窯式（以下Ma-2），前内出1号窯式（以下Ma-1）が，この段階に充当できる窯式とした。以降の窯式はG-37，M-2に変え御殿山59号窯式（以下G-59），G-25とした。

ここで重要なのは，G-59が関東における唯一の実年代定点，東金子窯の新久A第1号窯式（以下A-1）と並行する窯式とし，南多摩窯址群の窯式変遷のなかで，G-37，G-59，G-25は連続する窯式としたことである。そのG-59の実年代とは，『続日本後紀』記載の武蔵国分僧寺塔再建の記事から導かれ，提示された845年以降の年代である[註11]。その年代により前の窯式G-37，後の窯式G-25も大よその年代が示されたことになる。

この段階で発見されていた窯数は，G地区は服部氏発見の41基，立正大学坂詰秀一教授を団長とする多摩丘陵窯址群分布調査団発見の4基，大川先生発表の13基を加え58基である。G地区以外で発見されていた窯数は，O地区5

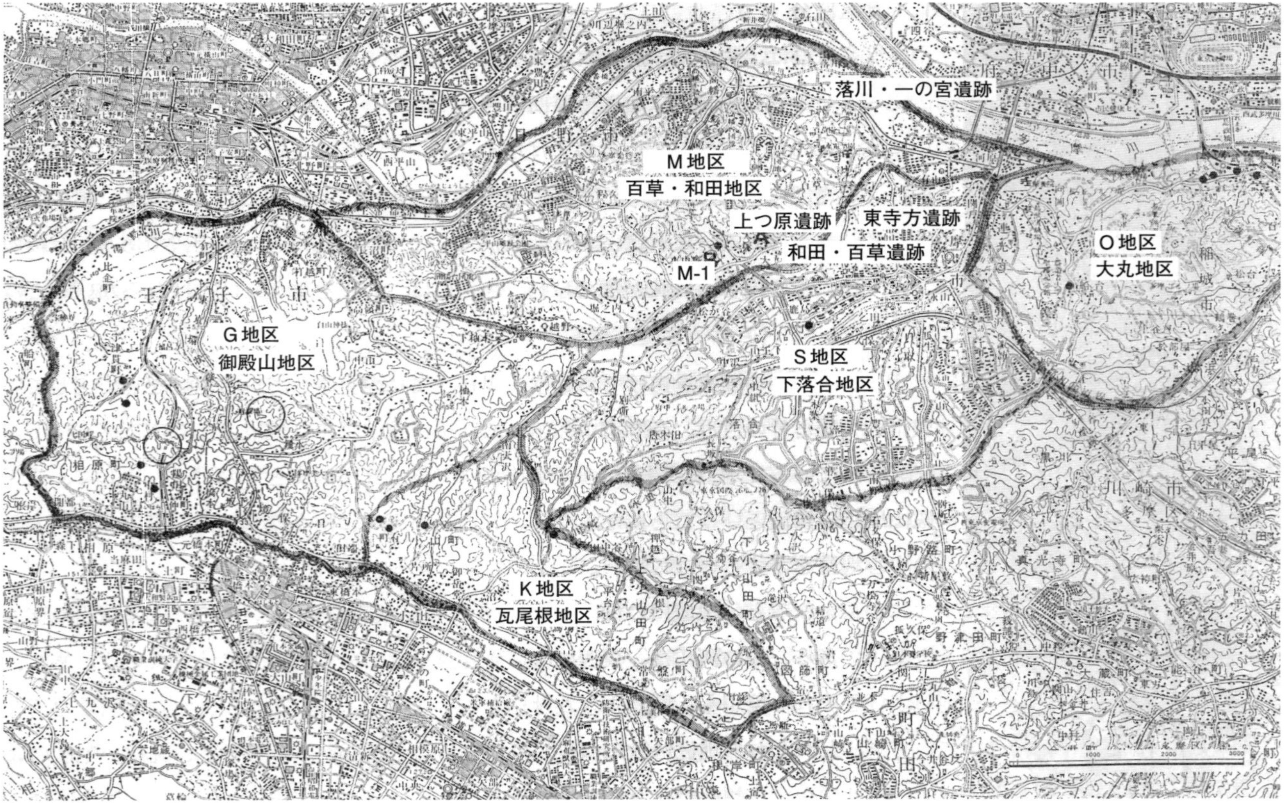

Ⅱ. 土器編年

図 15　南多摩窯址群地区区分図と M-1・落川・一の宮遺跡・上つ原遺跡・東寺方遺跡の位置

基，M地区5基（内完全消滅2基），S地区1基（完全消滅），K地区10基を
加えた21基で，本窯址群は合せて79基であった。それら南多摩窯址群の内，
発掘調査された窯は，1960年代に明治大学後藤守一教授，大川先生，大谷勋氏，
宇津貫信四郎氏による10数基と，1979年に坂詰教授のもと調査された天沼1・
2号窯，すなわち後のG-37と後に述べるG-37前，前述の服部氏が1980年に
調査したG-62の1基である。

　その1980年代以降，都下でも多摩丘陵周辺の開発の進展に伴い，南多摩窯
址群の編年的研究は，窯跡調査と周辺集落の調査の両面から進んで行く。窯跡
調査は造形大学宇津貫校地内の8基[註12]を端緒として，住宅公団による八王
子市南部開発に先立ち47基（残存窯底・灰原除く）[註13]，山野美容芸術短期
大学建設で2基とおそらく「煙管窯」1基[註14]の計58基もの窯が調査され報
告された。以上の窯跡調査報告書から，それまで南多摩窯址群と書かれてきた
「址」が「跡」となり報告されているので，以下，南多摩窯跡群か南多摩窯と呼ぶ。

　そのような窯跡の調査に並行して，集落遺跡の調査は，多摩川右左岸の台地・
沖積地・丘陵で多く行われた。南多摩窯至近の集落調査の主なものは，既述の
多摩川右岸沖積地上の落川・一の宮遺跡をはじめ，広範囲な多摩丘陵上の多摩
ニュータウン遺跡群，多摩川左岸台地上の武蔵国府関連遺跡，武蔵国分寺関連
遺跡とそれに連なる周辺の市などで継続的に行われた。平安時代の集落は，特
に南多摩窯G-5の製品の須恵坏・堝が出土する，竪穴建物が数多く調査された。
それにより共伴する土師器の組成内容や，G-5窯式の前後の実態もより鮮明と
なった。

　その後，南多摩窯出土の生産時点での一括資料と，集落出土の土器群の整理
が進み報告される過程で，武蔵国須恵器編年の最も信頼のおける実年代定点と
されたA-1と，同窯式と考えられていたG-59の関係に疑義が生じてきた。そ
れだけでなくG-37，G-59の連続性にも疑問が出され意見の分かれるなか，御
殿山5号新窯式（以下G-5新）の実年代根拠になり得る墨書土器17が，2005
年に神奈川県厚木市宮の里遺跡で出土し報告された[註15]。この墨書土器は南多
摩窯跡群のG-5新の坏で，十干十二支の「甲午」（きのえうま）と墨書きされ
ており，竪穴建物50号の竈より出土した。共伴する灰釉陶器22〜26は黒笹
90号新窯式〜折戸53号窯式であることや，1〜16の相模型土師坏などの型式
より，このG-5新に書かれた「甲午」の年は承平4年（934年）とした（図
16-17）。理由は60年一巡前の9世紀後半の貞観16年（847年）では古く，
10世紀末の正暦5年（994年）では新し過ぎると考えたのである。

83

Ⅱ. 土器編年

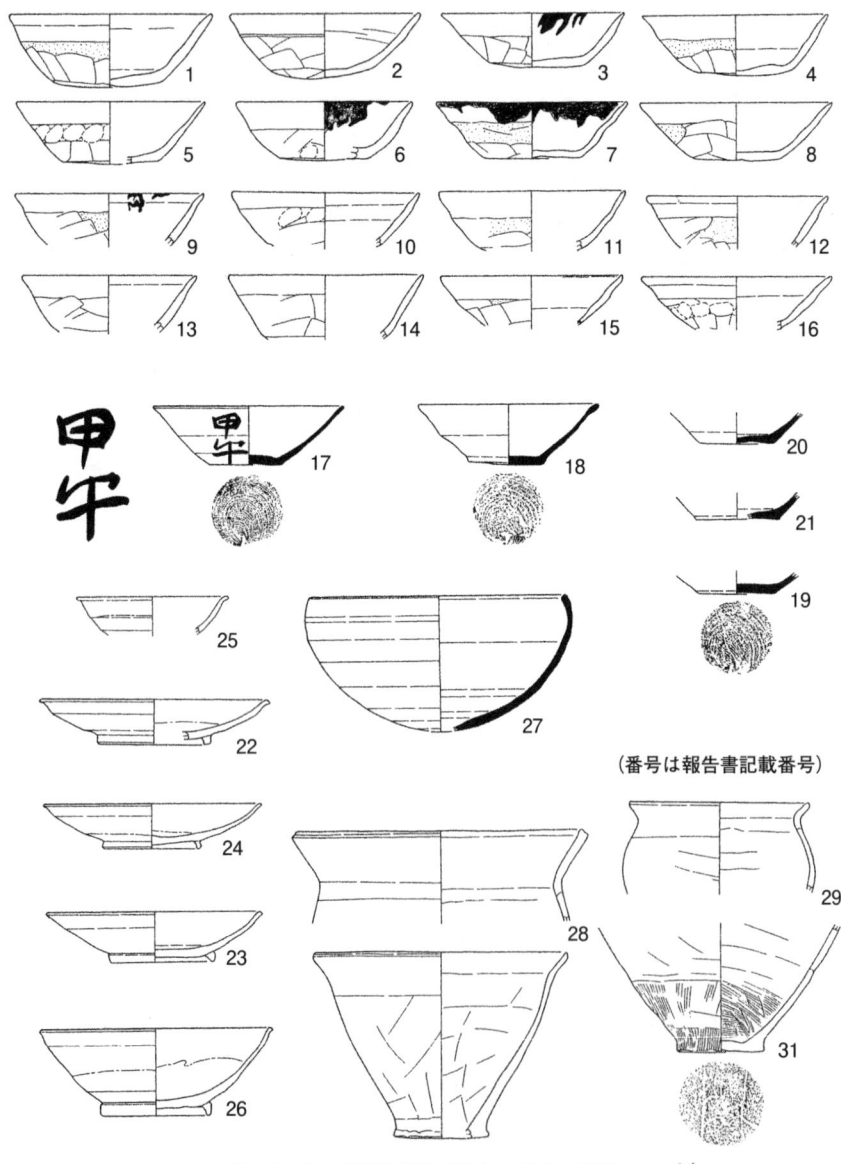

（番号は報告書記載番号）

図16　宮の里遺跡墨書「甲午」出土土器群　S=1/5

84

② 南多摩窯址群の窯式設定過程と問題点

　以上のことなどを受け，2010年服部敬史氏の呼びかけで，御殿山地区窯中心の南多摩窯跡群須恵器編年の暦年代検討が行われ，翌年八王子市史編さん事業の付帯事業の刊行誌「八王子市史研究」創刊号に，その検討内容が記載された(註16)。服部氏はその検討内容のなかで，1981年に提示したG-59と，実年代定点であるA-1は同一窯式ではないばかりでなく，G-37とG-59は連続する窯式でないとした。つまりG-37とG-59の間に南多摩窯の窯式名は示されないが，東金子窯のA-1が介在するとした。加えて最終窯と想定したG-14の撤回を述べている。

　筆者はそれ以前の1981～1997年までに，落川・一の宮遺跡の調査に関り多くの遺構調査を行った。その間，毎年概報を出しながら，熟察した20年単位の土器編年を調査終了までに成立させた。その編年と遺構の重複関係により，1段階20年で集落形成段階の1段階（370～390年）から，消滅段階の48段階（1310～1330年）まで，約960年間にわたる同時期存在遺構の分布と，その変遷過程と終焉の動因を明かにした。2002年にそれらを総括して，集落の変遷試案として報告した(註17)。その報告書のなかで，北武蔵諸窯出土の須恵坏の口径:底径グラフを使い，南多摩窯跡群の各窯式と詳細に対比照合しながら，徹底的に検討した結果，G-37，G-59，G-25の各窯式には，連続性があることを再度確認している。

　以下，南多摩窯跡群の窯式変遷を基軸とした，落川・一の宮遺跡各段階の土器の実年代根拠述べるなか，疑義の生じた窯式や誤った実年代根拠が示された土器群の問題点を考えてみる。

85

③ 落川・一の宮遺跡各段階の型式・窯式名と想定実年代

　落川・一の宮遺跡（以下，本遺跡と言った場合，落川・一の宮遺跡を指すが，前後の関係でわかりにくい場合は，落川・一の宮遺跡という。）の報告書の総括編では1段階20年として，第1段階（370～390年）～第48段階（1310～1330年）までの集落の変遷を明かにした。その段階とは，須恵器の一窯式も20年として，共伴する土器群を一型式と捉え，その同型式の土器群が出土する遺構は同時存在遺構で，その面的広がりを1段階と捉えたのである。

　以下，本遺跡の土器編年の窯式の基軸は，古墳時代は田辺昭三氏の陶邑古窯址群の編年，後期末頃は湖西諸窯の編年の一部を参考にした。奈良時代初頭は美濃須衛窯跡群の老洞窯，以後の奈良・平安時代は，埼玉県の北武蔵諸窯の窯式編年と南多摩窯の窯式編年である。それら生産時点の一括である窯式編年に加えて施釉陶器の窯式編年，竪穴建物から共伴する土師坏・甕などの器種構成と消長，及び整形技法の変遷なども加味し，本遺跡の土器編年を熟考し作り上げた。しかし，すべての段階で窯式がわかる須恵器が出土しないと，窯式を示せないばかりか，相対的な土師器の変遷だけでは，実年代を示すことができない。

　東国の古墳時代中期の古墳から稀に初期須恵器が出土するが，竪穴建物ら出土することは皆無にひとしい。幸い本遺跡では竪穴建物から，陶邑古窯址群高蔵23型式（以下TK-23）の蓋受けを有する坏身片6が出土した。共伴して土師器坏1～3・須恵系土師質4・5坏・高坏7・8・長胴甕9・10・14・丸胴甕16・17・甑15の一括土器群と，竈構築材18が出土した（図17）。TK-23の実年代は470～490年と想定し，本遺跡形成段階を第1段階とした場合，この段階は第6段階となる。以下，この第6段階を中心として，この段階以前・以後を後述する陶邑古窯址群の型式に当てはめて，20年単位の年代を各段階に割り振り，各段階の想定実年代を決めた。

③ 落川・一の宮遺跡各段階の型式・窯式名と想定実年代

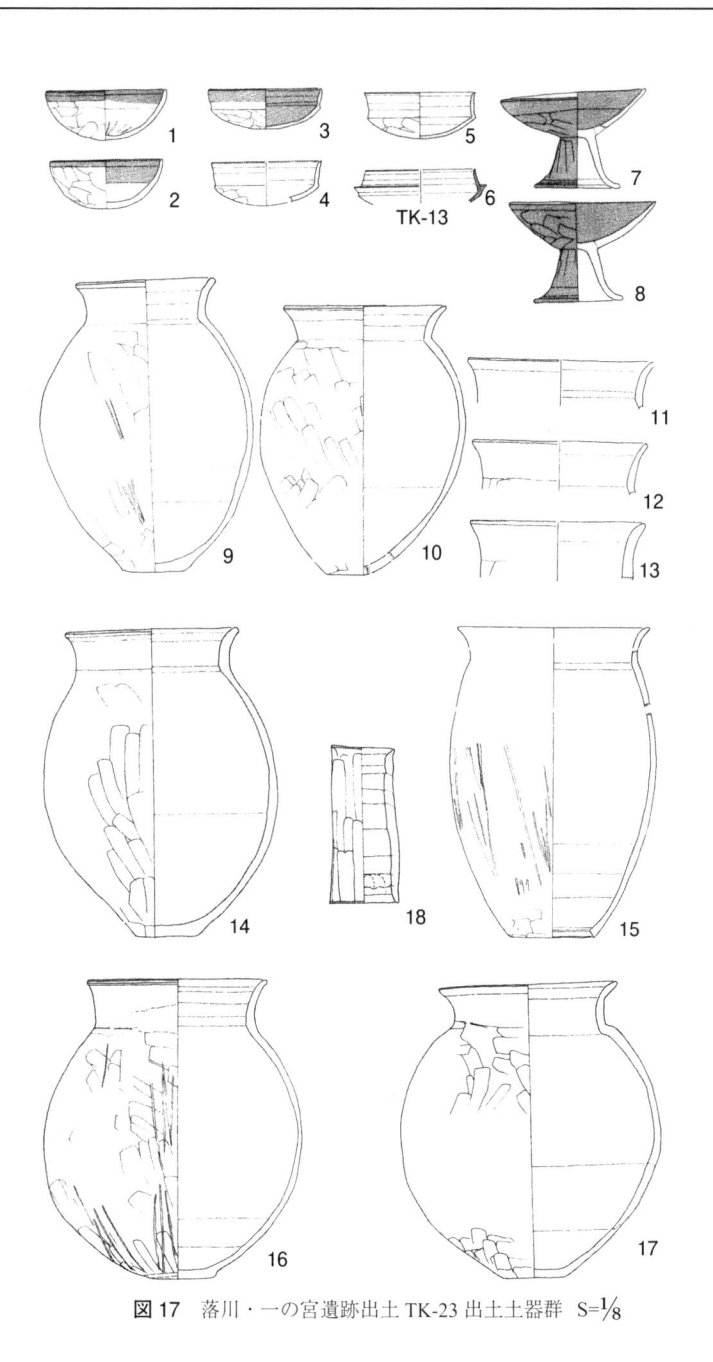

図17　落川・一の宮遺跡出土 TK-23 出土土器群　S=1/8

④ 第3段階〜第30段階の型式・窯式と想定実年代

　以下の各段階は，須恵器が出土したならという想定となるが，その型式・窯式・実年代を示して行く。

　第3段階はTK-23出土第6段階より3段階前なので，須恵器が出土したならば，その型式は高蔵73型式（以下TK-73）で，想定実年代（以下年代）は410〜430年。次の第4段階に須恵器が出土したならば，型式は高蔵216型式（以下TK-216）で，年代は430〜450年。第5段階に須恵器が出土したならば，型式は高蔵208型式（以下TK-208）で，年代は450〜470年。前述のように第6段階の竪穴建物からは，TK-23の坏身が出土しているので，実年代を470〜490年とした。第7段階に須恵器が出土したならば，型式は高蔵47型式（以下TK-47）で，年代は490〜510年。第8段階に須恵器が出土したならば，型式は陶器山15型式（以下MT-15）で，年代は510〜530年。第9段階に須恵器が出土したならば，型式は高蔵10型式（以下TK-10）で，年代は530〜550年。第10段階に須恵器が出土したならば，型式は陶器山85型式（以下MT-85）で，年代は550〜570年。第11段階に須恵器が出土したならば，型式は高蔵43型式（以下TK-43）で，年代は570〜590年。第12段階に須恵器が出土したならば，型式は高蔵209型式（以下TK-209）で，年代は590〜610年。第13段階に須恵器が出土したならば，型式は高蔵217古型式（以下TK-217古）か，または隼上りⅡ型式で，年代は610〜630年。第14段階に須恵器が出土したならば，型式は高蔵217新型式（以下TK-217新）か，または隼上りⅢ型式で，年代は630〜650年。第15段階に須恵器が出土したならば，型式は高蔵46型式（以下TK-46）で，年代は650〜670年。第16段階に須恵器が出土したならば，型式は高蔵48型式（以下TK-48）で，年代は670〜690年。第17段階に須恵器が出土したならば，型式は陶器山21型式（以下TK-21）で，年代は690〜710年とした。

　それ以降の第18段階〜第30段階の編年指標となる窯式名は，第18段階（710〜730年）は，美濃須衛窯跡群の老洞1号窯式である。この窯式がなぜ実年代指標の根拠となるかは後に詳しく述べる。この老洞1号窯式だけは略せずそのまま使用する。第19段階（730〜750年）は，南多摩窯址群の窯式M-1である。次の第20段階（750〜770年）以降の窯式は，先述したように南多摩窯跡群では未発見窯で不明であった。その後，M-1以降不明な窯式は，2窯式でなく

④ 第3段階〜第30段階の型式・窯式と想定実年代

3窯式と考えるに至った。従って本遺跡の土器編年の変遷を考える上で，M-1
と東金子窯跡群のMa-2との間の第20段階の窯式として，便宜的にMa-2の前
窯式（以下Ma-2前）とした。第21段階（770〜790年）はMa-2で，第22
段階（790〜810年）はMa-1である。次の第23段階（810〜830年）の窯式
は，G-37でなく前のMa-1とG-37の間には，間違いなく一窯式が存在するので，
この窯式も便宜的にG-37の前の窯式としてG-37前とした。

　既述した服部氏の暦年代検討でも，G-37の前に一窯式が存在するとの考え
より，編年的位置付けを保留としながらも御殿山68A・F窯式を当てている。
今後，この窯式は詳細に検討する必要がある。

　それ以降は，南多摩窯跡群の窯式が連続して追える。出土する窯式は，第
24段階（830〜850年）はG-37，第25段階（850〜870年）はG-59，第
26段階（870〜890年）はG-25，第27段階（890〜910年）はG-5古，第
28段階（910〜930年）はG-5中，第29段階（930〜950年）はG-5新，第
30段階（950〜970年）はG-14の各窯式である。

89

⑤ 土器編年と実年代根拠

　先にも述べたが，集落形成期である第1段階以前に，さらに古い段階が存在した可能性が考えられる。本遺跡は立地地盤が沖積微高地ゆえ，集落を形成するにあたり，微高地北側の多摩川縁沿いに，大規模な堤防を築いている。その堤防の基盤層・遺構最下層・流路から，折り返し口縁の壺・棒状突起を有する壺・小型壺・甑・器台・台付甕（大型台付甕）・S字状口縁片など，4世紀末頃より若干古い土器片が出土する（図18）。この堤防はその後も補強のため嵩上げが繰り返され，7世紀初頭頃まで築堤が続いていたことが確認できた。その間の5〜7世紀の祭祀跡も確認することができた。そのように4世紀後半代の遺構が，堤防・流路以外検出されないのは，その後約960年の長きにわたり古い遺構と，新しい遺構が平面的だけでなく，重層的にも複雑に切り合って集落が発展して行くので，新しい遺構が古い遺構を，跡形もなく破壊し変遷して行ったからである。ゆえに古い最下層の遺構であればあるほど削平を受け，その平面形は片鱗すら検出されなかった。図18の土器は，そのように完全に削平され痕跡がなくなった遺構から，破片となり周辺に散らばっていた土器群である。

　4世紀後半の深く窪んだ最下層や，深く掘り込まれた溝・井戸など，破壊されずに残された遺構が検出される可能性を考えて，集落が形成される直前の段階を第0段階（350〜370年）として留保し報告した。

　以後，集落形成の痕跡としての遺構が，辛うじて存在する第1段階（370〜390年）〜第39段階（1130〜1150年）までは，遺構から出土する土器の型式変遷で追える。東国は西日本に比べると遅くまで須恵器生産が行われたが，それでも第30段階（950〜970年）には完全に終了し，竪穴建物も10世紀末頃には，小さな竈屋をのぞき建てられなくなり，11世紀初頭以降は掘立柱建物だけになって行く。そのためか11世紀後半の第36段階（1070〜1090年）以降，出土土器が激減し，相対的な土器変遷すら掴むことができなくなる。従って第39段階（1130〜1150年）以降の本遺跡の変遷は，遺構の切り合いを主眼に，掘立柱建物の配列・柱穴の規模をグラフ化し，その変化などから辛うじて第48段階（1310〜1330年）に，終焉したことを突き止めた[註18]。

　以下，本遺跡の第1段階〜第48段階まで，長久な段階変遷をすべて述べることはできないが，須恵坏の窯式変遷が一番明確に捉えられやすい，第18段階〜第30段階までの約260年間の編年と，その実年代根拠を述べて行く。奈

5 土器編年と実年代根拠

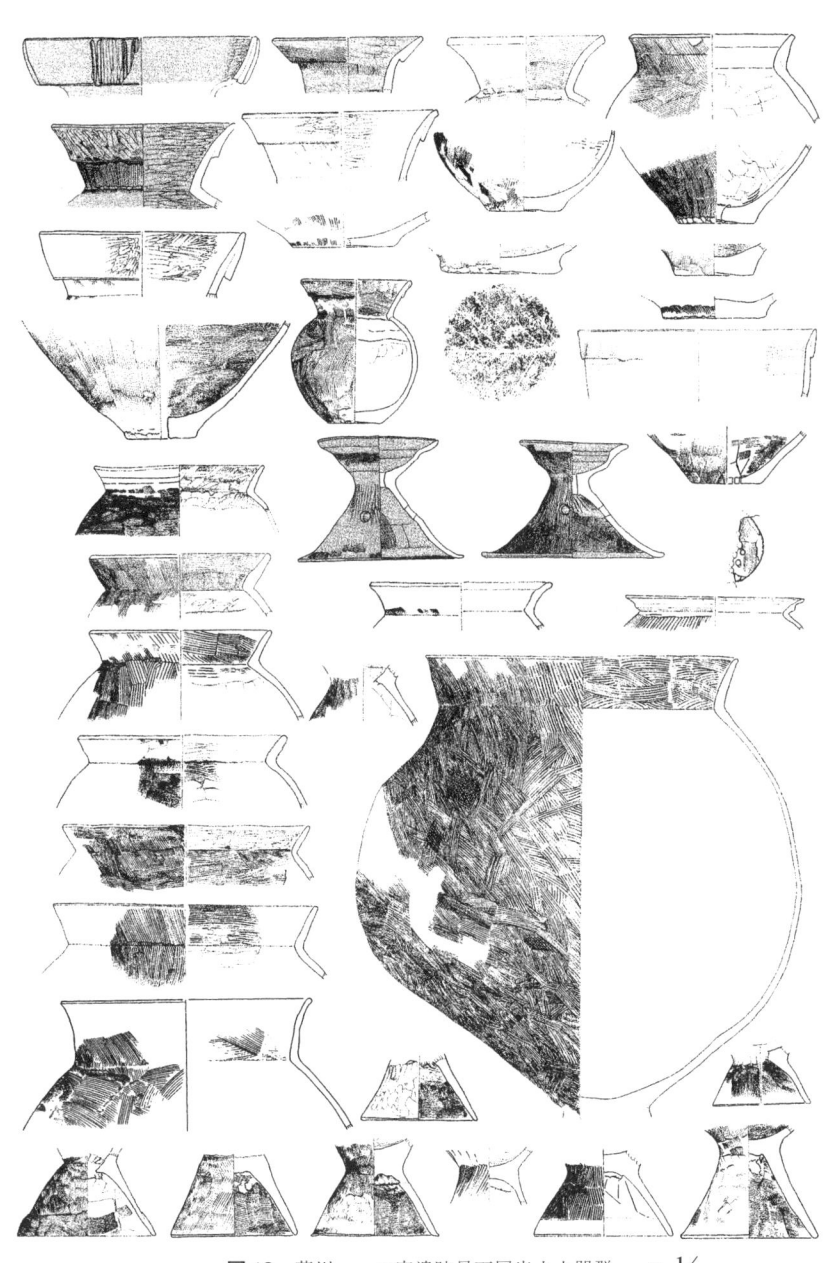

図18　落川・一の宮遺跡最下層出土土器群　　S=1/6

良時代第 18 段階（710〜730 年）の窯式は，美濃須衛窯跡（岐阜県）の窯式，
奈良時代第 19 段階（730〜750 年）から平安時代前半である第 30 段階（950
〜970 年）までは，南多摩窯跡群（東京都）の窯式を主体とし，一部北武蔵（埼
玉県）の東金子窯跡群の窯式を使う。それらのすべての窯式に，明確な実年代
根拠が存在するわけでない。今のところ以下の 5 つの段階に，物的証拠或いは
状況証拠より実年代が想定できた。

1. 第 18 段階（710〜730 年）の実年代根拠

　本遺跡第 18 段階の実年代根拠となるのは，美濃須衛窯跡老洞 1 号窯式である。
我国で古墳時代から平安時代において，九州から青森までの各地の窯場で天文
学的な数の各種の須恵器が焼かれ，それらの器面に刻印およびヘラ書きで，文
字・記号が書かれたものは多く存在するが，国名が記され焼成されたものは皆
無であった。唯一，「美濃国」・「美濃」と刻印・ヘラ書きされた須恵器の存在
は，大正時代から知られていたが，焼かれた窯は不明であった。それが 1966 年，
岐阜県各務原市から岐阜市と一部関市に広がる，美濃須衛窯跡群の朝倉古窯跡
群（岐阜市）で生産されていたことが，小川弘一氏により明かとなった。朝倉
古窯跡群は 6 基存在したが，直下まで団地造成で削平されており，残存する窯
の調査は不可能であった。

　1974 年に東京都八王子市の下寺田・要石遺跡が調査された。その下寺田遺
跡の奈良時代の焼失竪穴建物 SB03・05 の 2 軒から，須恵器の蓋・有台坏身（以
下高台坏）1〜4・30 の 5 個体が出土した。図 19（1）〜（3）はその須恵器
と共伴した一括土器群である[19]。それら 5 個体の須恵器に，「美濃国」の刻
印は押されていなかったが，いずれも胎土・器形から美濃須衛窯跡群の製品と
考えられ，特に疑宝珠形つまみの蓋 30 は，朝倉古窯跡群の製品と酷似してい
ると，当時楢崎彰一名古屋大学文学部教授により指摘を受けた。それら須恵器
以外共伴した土師器は，後に第 18 段階の編年のなかで詳しく述べる。

　1977 年，朝倉古窯跡群の北側にあたる斜面で，「美濃国」・「美濃」と刻印さ
れた須恵器が，地元の中学校の郷土クラブの生徒により採集された。国内で朝
倉古窯跡群とともに，国名印が押されていた須恵器を焼成していたこの窯は，
老洞古窯と名付けられた。国内で唯一，国名印を押した製品を焼成し，良好な
状態で残っていたこの窯に対する岐阜市教育委員会の対応は素早く，翌年，教
育長を委員長，顧問に坪井清足奈良国立文化財研究所所長とする調査指導委員
会指導のもと，発掘担当者楢崎教授，調査員は名古屋大学考古学研究室の学生・

5 土器編年と実年代根拠

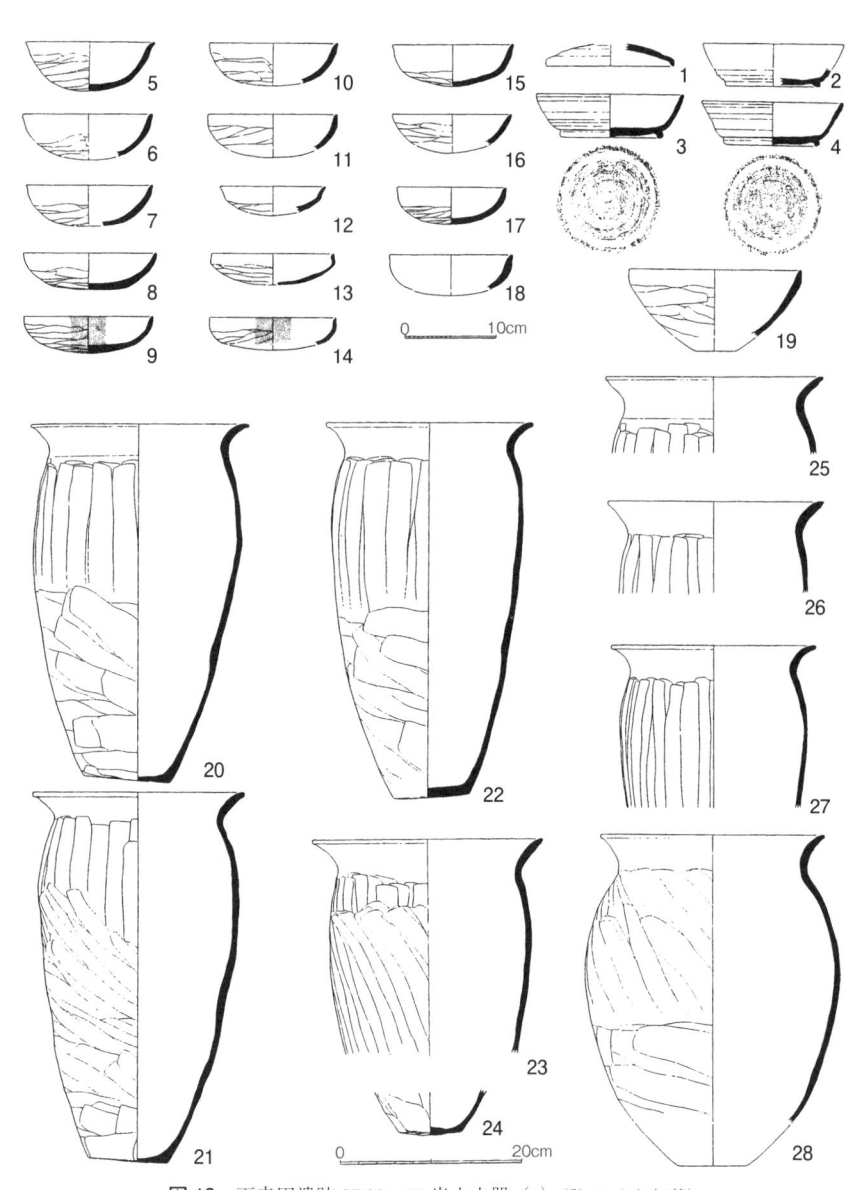

図 19　下寺田遺跡 SB03・05 出土土器（1）（註 19 より転載）

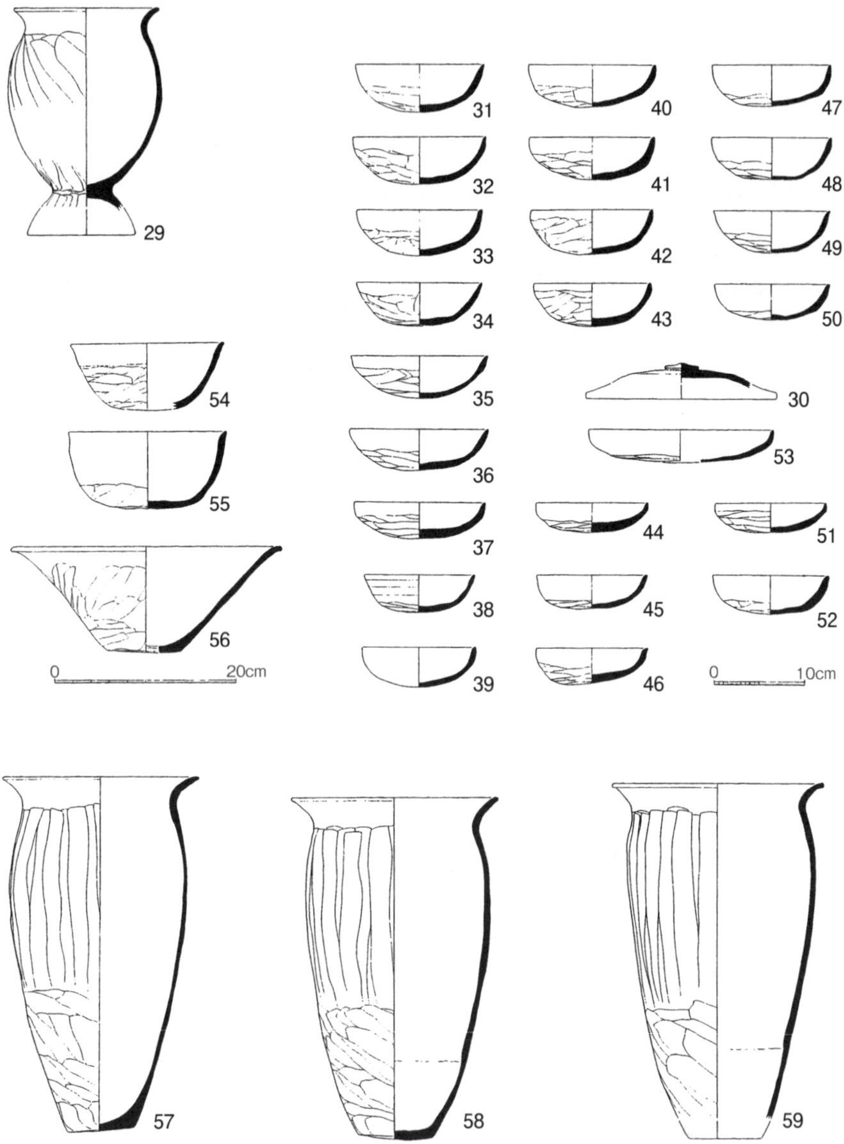

Ⅱ. 土器編年

図 19　下寺田遺跡 SB03・05 出土土器（2）（註 19 より転載）

5 土器編年と実年代根拠

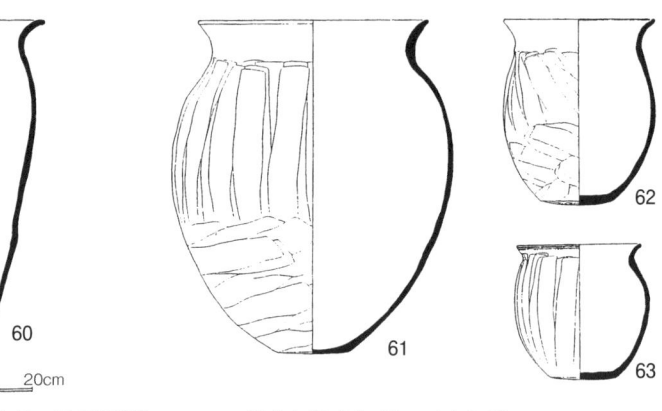

図19　下寺田遺跡 SB03・05 出土土器（3）（註19より転載）

留学生が中心となり，他県の埋蔵文化財職員も加えた編成で，8月1日〜9月
5日まで，老洞1号窯と2・3号窯（一部窯体）の灰原の調査を行った。

　1981年には『老洞古窯跡群発掘調査報告書』が，岐阜市教育委員会より刊行
された[註20]。それによると，蓋・無台坏身・有台坏身など細分された25器種の内，
瓦・高坏を除く代表器種に「美濃国」・「美濃」の名が刻印されていた。刻印に
は凸印・凹印と篦書の3種があり，印が押された器種で最も多いのが，無台坏
身で540点，次いで坏蓋376点，有台坏身225点と続き，他器種含め総数は1.290
点であった。その内，篦書は36点と少ない。坏身・蓋に押された数が多いのは，
一番多く焼成された器種だからと考えられている。

　「美濃国」という国名であるが，現在の岐阜県は古代「ミノ」国と呼ばれていた。
「ミノ」の国名表記で最も古い用字は，藤原宮出土木簡（683年）に「三野国」
の名が見られ，この国名はこれより遡って，壬申の乱（672年）頃もそのよう
に書かれていたと推測されている。その後，大宝元年（701年）大宝令により，
諸国名を好字とし定着させる方針で「御野国」となった。そのことは正倉院収
蔵の太寶2年の「御野国加毛郡半布里戸籍」五四戸 1,119 人記載からもわかる。
この「御野国」は，さらに和銅元年（708年）に「美濃国」へと再改定される。

　以上により，国衙窯と考えられる老洞・朝倉両窯で生産され，「美濃国」「美濃」
の刻印が押された須恵器の上限は，708年頃と考えられる。「美濃国」印の押
された須恵器，国印は押されていないが，明かに同窯跡群で生産された須恵器
は，美濃国内はもちろんのこと平城京をはじめ，近隣の尾張国，伊勢国，信濃

95

Ⅱ. 土器編年

　国などで確認されている。遥かか離れた東国武蔵国の下寺田遺跡から出土した美濃須衛古窯跡群産の製品は，何時頃どのような経緯により，武蔵国へ運ばれたのであろうか。

　老洞古窯跡群の報告のなかで，律令官人の研究に造詣が深い野村忠夫岐阜大学教育学部教授は，慶雲3年（706年）に国司として「御野」に任官した笠朝臣麻呂の数多くの施策に注目した。それは美濃国の公定，不破関の整備，「径道険隘ニシテ往還歎難ナリ」と言われた，美濃と信濃の国境の道，岐蘇山道（吉蘇路）の開鑿は，大宝2年（702年）末よりはじまっていたが，難工事を乗り切り和銅6年（713年）に開通させた。笠朝臣麻呂の施策はそれだけに止まらず，広域条里の設定，諸郡の分置，養老元年（717年）元正女帝の当耆郡の醴泉への行幸などを演出した。それらを養老4年（720年）に，右大弁として中央に帰るまで，例をみない15年間の長きにわたる在任期間中，辣腕をふるい成し遂げている。

　これを受け，楢崎教授は老洞1号窯の操業期間は，国名表記が「美濃国」となったと考えられる708年を上限として，笠朝臣麻呂が国司在任中，官窯としての老洞古窯跡群の製品に「美濃国」の刻印を押すことを命じ，720年中央に復帰した後には，刻印須恵器の製作が廃止されたと想定した。

　そのような考察から，下寺田遺跡出土の美濃須衛古窯跡群産の坏蓋・高台坏は，713年に開通した吉蘇路を通り，陸路で運ばれたものと推察され，早ければ713年を上限とし下限は遅れたとしても，730年頃までに搬入されたと考えられた。

　従ってこの坏蓋・高台坏を含み，焼失竪穴建物内より出土した地元産の土師器一括共伴土器群は，その頃の所産と想定できる。この美濃須衛窯の製品が出土した竪穴建物SB03の規模は，南北辺6.94 m×東辺6.44 m・西辺6.78 mの約45.5㎡と，平均的な竪穴建物の約倍以上の大きさである。

　その下寺田遺跡の調査数年後，本遺跡（落川・一の宮遺跡）から「美濃国」刻印は押してないが，確実に美濃須衛古窯跡群の老洞古窯跡群1号窯で生産されたと考えられる，特徴ある高台坏が出土した。それは老洞古窯の報告書に，A類と分類され報告された特殊な高台坏である。その高台坏の特徴は高台部より，体部下端に移行する部分に断面三角形状の突帯がめぐり，胎土とともに判別できる。1が老洞古窯1号窯で，2・3は本遺跡出土のものである（図20）。その他の老洞窯から搬入された製品の特徴の一つと考えられるものに，高台坏・台付長頸瓶や高台付坏の底部外面高台部内側に，並行して「爪状」の連続した

5 土器編年と実年代根拠

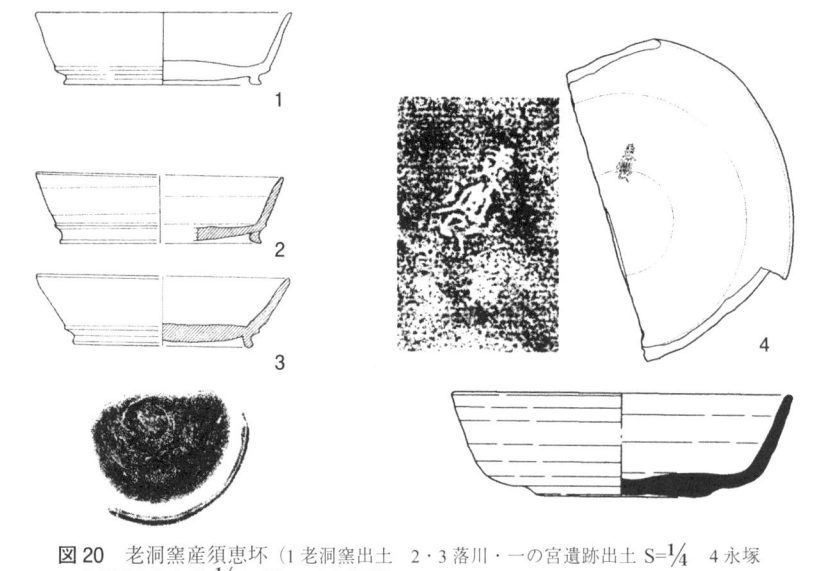

図 20　老洞窯産須恵坏（1 老洞窯出土　2・3 落川・一の宮遺跡出土 S=$\frac{1}{4}$　4 永塚
北畑遺跡出土 S=$\frac{1}{3}$）（註 21 より転載）

圧痕の跡が見られる（写真 5）。これらの痕跡を有する高台は，老洞窯跡群を含
む岐阜県・愛知県・兵庫県の遺跡から出土している。この「爪状圧痕」につい
ては後にも述べる。さらに 2011 年，相模国足下郡家と想定される神奈川県小
田原市永塚北畑遺跡第 XI 地点 3 号住居より，東国で唯一「美濃」と刻印が押さ
れた無高台の須恵坏 4 が出土した（図 20-4）[註21]。

　以上の例を含め，美濃須衛古窯跡群の老洞古窯・朝倉古窯産の須恵器が，東
国に搬入される時期の根拠の一つは，吉蘇路開通に求められている。従って，
下寺田遺跡から出土した美濃須衛古窯産須恵蓋・坏器・土師坏・鉢・長胴甕・

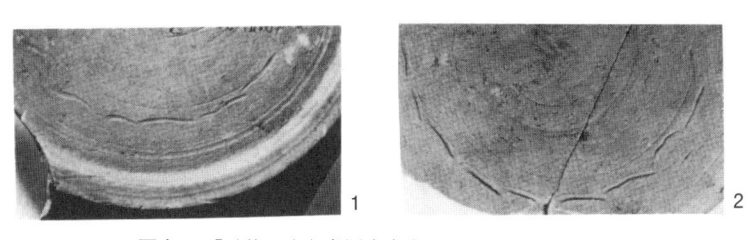

写真 5　「爪状圧痕」老洞窯出土 1・2（註 21 より転載）

丸胴甕・小型甕と，同形・同様の特徴を持つ本遺跡の土器群を第18段階の710～730年とした。しかし搬入経路は，東国にはこの吉蘇路開通以前の7世紀～8世紀前半にかけて，静岡県湖西諸窯から大型の甕・壺を含む須恵坏・埦が大量に搬入されている。西国から東国に土器をはじめとする，あらゆる物資を運ぶには，陸路より船に乗せ海路で，太平洋沿岸の各港に寄港しながら運んだ方が，破損も少なく大量に運べたと考えられる。上述の小田原の永塚北畑遺跡はもちろんのこと，本遺跡の場合も東京湾から，多摩川を遡る舟運で搬入された可能性が高い。引き続き平安時代東国に多量に搬入されている，緑釉陶器・灰釉陶器も海路であろう。

2. 第19段階（730～750年）の実年代根拠

　次の第19段階730～750年は，第Ⅰ部で述べたように国分寺創建準備段階として，須恵器工人により土師器製作者達へ瓦・須恵器生産技術が伝習されるとともに，技術が交わされた段階である。その結果，この段階に本遺跡を含む南武蔵の各集落と，相模国の一部の集落に，須恵器・須恵系土師質土器・土師器の3者が同一器形で，ほぼ同寸法の「平底盤状坏」と呼ばれる坏が出現する。

　現在，灰色に焼成された須恵器「平底盤状坏」以外は，すべて土師器の「平底盤状坏」と考えられている。何故かと言えば,土師器・須恵系土師質土器の「平底盤状坏」は，ともに底部を「静止糸切り」で切り離した後，全面に「ヘラ削り」整形を施され色調もともに褐色で，質感もほとんど変わらずに焼き上がっている。外見からでは判断がつかないので，褐色の色調であることを理由に，すべて土師器の坏とされている。また「平底盤状坏」は赤彩されたものが多く，この塗布された酸化鉄のベンガラが，一番鮮やかに発色するための焼成温度が，何度であったかを知ることが重要である。須恵系土師質土器の「平底盤状坏」か，土師器の「平底盤状坏」かの判断は，その赤彩と焼成温度がヒントとなると思い，赤彩を施した土師器を「覆い焼き」で，何度も焼成している久保田氏に，一番鮮やかに発色する温度を聞いたが，そのような観点で焼成温度を計ったことはなく，何度以下何度以上とは正確に言えないが，高温でなく低温の方が鮮やかに発色するのではとの教示を得た。

　「平底盤状坏」に限らず，赤彩された須恵系土師質土器の出現契機は，第Ⅰ部で既述したように，5世紀代に生産された須恵器の内，窯詰めできなかったものを「煙管窯」で焼いたものと述べた。その場合，土師器同様褐色に焼き上がるので,土師器でないことを主張するために赤彩すると述べた。また「煙管窯」

5 土器編年と実年代根拠

で焼成された須恵系土師質土器の「平底盤状坏」は，「覆い焼き」で焼成され
た土師器の「平底盤状坏」より高温で焼成できるが，すべてを土師器の焼成温
度以上で焼成している訳ではない。須恵系土師質土器の「平底盤状坏」も赤彩
されたものがあり，鮮やかな赤彩を保つため「煙管窯」で，土師器の「覆い焼き」
の焼成温度域と同じぐらいで焼成した場合，焼成温度からでは赤彩された両者
の「平底盤状坏」を識別することはできない。赤彩されないで焼成された場合
も同様である。

　赤彩された「平底盤状坏」は低温で焼かれ，焼成当時の鮮やかな赤色の色調
を保っているものや，焼成温度が上昇し赤彩がとび，発色がくすみ黄褐色となっ
たもの，赤彩されないが胎土自身に鉄分が多いのか，表面だけでなく内面まで
赤く焼き上がるものが存在し，土師器なのか須恵系土師質土器なのか，赤彩さ
れていたものかされてないものか，判別に迷うものが多い。

　そのように迷う「平底盤状坏」焼成温度を分析した場合，700〜900℃以上
と幅広い温度域が示される。第Ⅰ部の「土器の焼成温度の分析」で詳しく述
べたように，土師器か須恵系土師質土器か識別できない「平底盤状坏」10点
と，明かに赤彩された土師坏2点の推定焼成温度は，「平底盤状坏」の5点が
900℃−，2点が900℃±，3点が900℃＋で，赤彩された土師坏は2点とも
900℃−という分析結果に示されている。

　以上の結果から「平底盤状坏」には，赤彩され800℃以下700℃ぐらいの
焼成温度で焼かれ，鮮やかな赤色に発色した「覆い焼き」の土師器と，「煙管
窯」の須恵系土師質土器，赤彩されたが900℃からそれ以上の焼成温度で焼か
れ，赤彩が飛んでしまった須恵系土師質土器，赤彩されず900℃以上の高温で
焼成された，須恵系土師質土器の4者が存在したと考えられる。とは言え目視
で瞬時に明確に区別できる訳でないので，ここではこの段階に出現する「平底
盤状坏」と名付けられた坏は，土師器だけでなく，須恵系土師質土器でも作ら
れていたことと，以下に述べる須恵器の3者で作られていたことを確認してお
きたい。

　それに関係して，国分寺創建準備段階に須恵器工人と，土師器製作者達の技
術交流を如実に物語るものに，須恵坏の成形法である底部から体部まで「粘土
紐巻上げ」成形のものが，土師器「平底盤状坏」にも極少であるが存在するこ
とは，先述したが「平底盤状坏」の底部外面観察には，そのような観点も必要
である（図21）。

　その準備段階に南武蔵で，恵器工人と土師器製作者達の技術交流・伝習のた

99

Ⅱ．土器編年

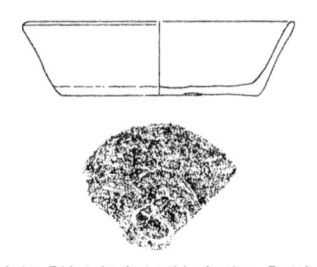

図 21　底部「粘土紐巻上げ」成形の「平底盤状坏」　S=¼

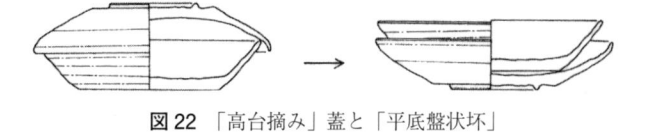

図 22　「高台摘み」蓋と「平底盤状坏」

　め築き焼成した試作窯は，地名より百草・和田1号窯と命名し，略して M-1 と呼んでいる窯である[注22]。その窯は1966年八王子市帝京大学の体育館の造成で，窯体は跡形も無く破壊されていた。採集された僅かな資料は，低く摘みにくい「高台状の摘み」を有する口径17.5cm，器高3cmできわめて斉一性がある蓋と，口径17cm，器高3〜3.5cmで底部は「静止張り引き」の糸切りで切り離された後，底部中央近くまでの外周を回転ヘラ削り整形した「平底盤状坏」であった（第Ⅰ部図8参照）。この蓋と「平底盤状坏」はセットで，蓋の摘みが非常に摘みにくい低い「高台」状なのは，仏器である佐波理の蓋付きの銅鋺を模倣したからである。図22のように蓋を取り下に敷いて坏をのせるため，低い「高台」そのものが「摘み」なのである。また坏も仏器模倣なら高台の付くものであるが，手間と技術が必要な高台は付けず，「平底盤状」の坏としたのであろう。この蓋の「摘み」はその形状から「環状摘み・輪状摘み」などという名称で呼び報告書などにも広く使われているが，その名称は相応しくないので「高台摘み」と呼ぶべきと考える。

　以上，金属器の仏器模倣M-1の窯式とは，国分創建のための前段の準備段階の窯式として捉え，それを模倣した須恵系土師質土器・土師器の「平底盤状坏」

の出現を，本遺跡の第19段階730〜750年とした。

3. 第21段階（770〜790年）の実年代根拠

この段階，実年代を明確にしておかなければならない土器群がある。1985〜1987年にかけて，多摩地区がん検診センター建設工事に伴い府中市武蔵台遺跡第3次発掘調査が行われ，1989年に発掘調査報告書が刊行された[註23]。報告によると，その武蔵台遺跡23号住居跡（以下23号）の竈の右，北東コーナー下の貯蔵穴から，断片A107mm×91mm，断片B100mm×92mm，断片C33mm×21mmの三つの断簡となった漆紙文書が出土した。この断簡となった漆紙を繋ぎ合わせ復元すると，残存形は丸く最大径約21cmである。その形の径は漆容器である土器の口縁の大きさをあらわしており，容器に入れられた漆の水分が蒸発して硬化することを，少しでも防ぐための蓋紙であった。その漆紙から13行にわたる文字が確認された。

この漆紙文書は，国立歴史民俗博物館の平川南氏によると具注暦であり，何時のものかというと，13行にわたる文字のなかに「天恩」・「帰忌」・「天赦」・「往亡」なる用語が見られ，それらと千支の組み合わせより，この具注暦の年代は，天平6年（734年），天平勝宝9歳＝天平宝字元年（757年），承和4年（837年），貞観2年（860年）のいずれかの年代に絞り込まれた。その想定された四つの年代から一つ選ぶには，共伴した出土土器より絞り込むしかない。出土土器は須恵器坏形土器6個体の内，口径は欠損し不明であるが底径のわかる1・2，口径・底径がわかる3〜6，須恵器蓋形土器8・9はともに摘みが欠損，埦形土器7，土師器坏形土器10・11，土師器台坏甕形土器12，口縁部から胴部上半の土師器長胴甕13，胴下半から底部の土師器丸胴甕14，口縁部から胴部上半の土師器丸胴甕15である（図23）。他に図示していないが，鉄鏃，和銅開珎，平瓦の3点が出土している。

この23号住居出土の具注暦1点と出土遺物一括18点は，平成25年度の東京都指定文化財（有形文化財考古資料）となった。その説明書で具注暦の年代を出土須恵器から次のような年代を与えている。具注歴とともに竪穴建物内から出土した土器は，「・・・武蔵国分寺跡付近で出土した土器のなかでは最も古い土器群に近く，特に南比企窯跡産のNo.5・6坏は，口径の大きさ，口径と底径の比率，顕著な使用痕跡などから最も古手とみられる。南比企窯跡群の土器年代を考察した渡辺一氏は，750年前後の年代を与え，No.7埦とNo.8蓋を同時期と捉える。底部を全面ヘラ削りしたNo.3坏，口径と底径の差は大きいもの

Ⅱ. 土器編年

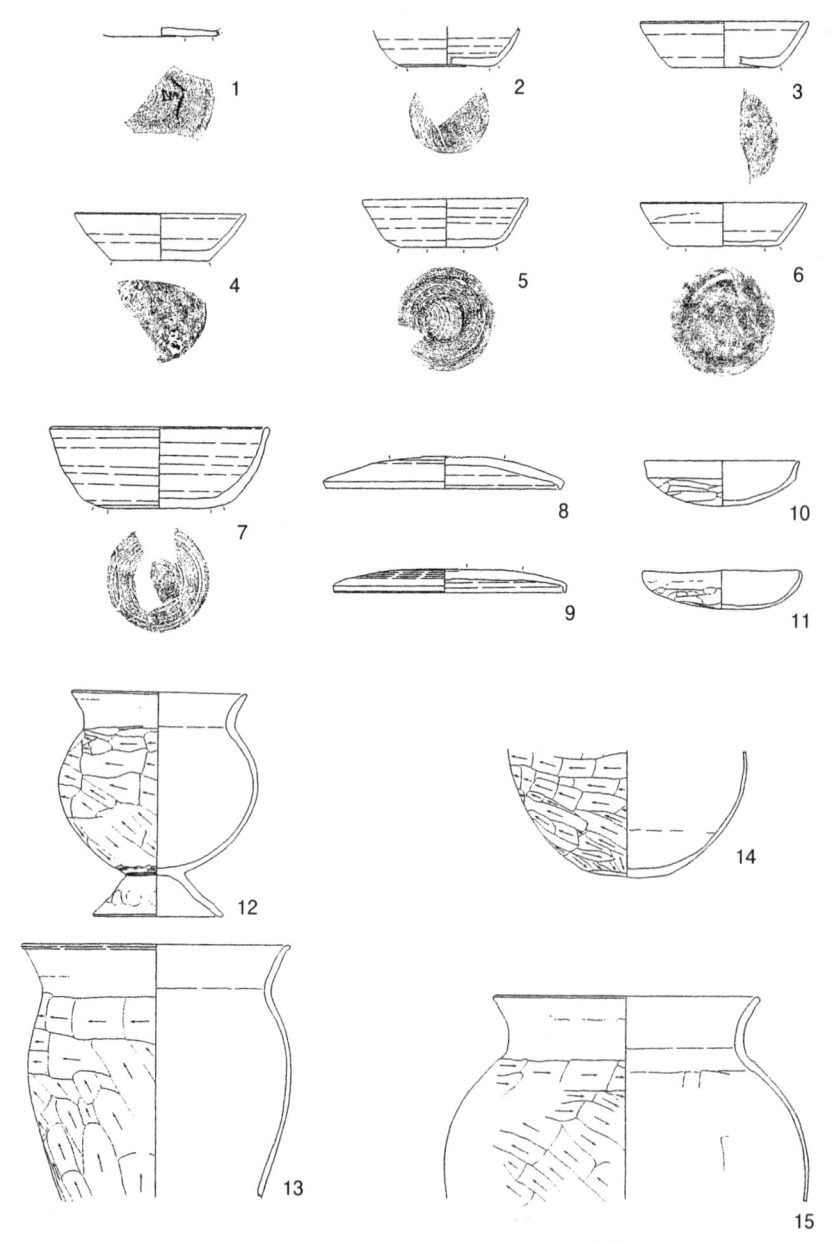

図23　武蔵台遺跡「具注暦」出土第 23 号住居出土土器 S=1/6（註 23 より転載）

⑤ 土器編年と実年代根拠

の底部を全面ヘラ削りした№4坏はそれに続く。須恵器は，8世紀第3四半期の範疇に収まるとみられる。その他の遺物も，この時期のものとして矛盾がない。」として具注暦の年代の四つの候補から一番近い，8世紀第3四半期すなわち天平宝字元年の暦と断定した。

　出土した須恵坏の口径は，14〜13.6㎝，底径6.7〜9㎝で，底部整形からしておそらく8世紀後半の須恵坏であることには間違いない。従って9世紀代の承和4年（837年）説，貞観2年（860年）説はなくなる。この具注暦の断簡は，残り8世紀前半である天平6年（734年）説，天平宝字元年（757年）説の2者に絞られる。しかし，天平6年の具注暦が伝世されたとの仮定が許されるならば，前者の説の可能性がまったく無いわけではない。

　ここでは共伴した出土土器から後者の説が妥当とするが，その共伴した出土土器の年代が，具注歴の年代を「直に」示すかは疑問である。府中市郷土の森博物館所蔵の23号共伴一括出土土器を実見してわかったことは，実物と実測図との微妙な違いと，1989年に発行された報告書の須恵坏観察表の整形記述に，見誤りが認められた。それは図23の須恵坏2の体部下端に「回転ヘラ削り」整形はなく，底部「外周回転ヘラ削り」整形の見誤りである。また指定説明書の土器観察表の記述には，底部糸切り後の整形が「全面回転ヘラ削り」なのか，「外周回転ヘラ削り」の整形なのかの区別がなく，すべて「回転ヘラ削り」となっていた（2は「手持ち？ヘラ削り」とある）。そのように須恵坏の体部下端の「回転ヘラ削り」整形の有無や，底部糸切り後の底部整形が「全面回転ヘラ削り」なのか，「外周回転ヘラ削り」かなどは，大した問題でないと思われるであろうが，東国における奈良時代後半の須恵坏は，以下詳しく述べるように，底部切り離し法，体部及び底部外面の整形技法と，口径:底径比の寸法変遷の組み合わせにより，より詳細な時期を明示できるので重要である。

　武蔵国の奈良時代中頃前後から後半にかけての須恵坏を，P128の表2から大まかに言うと，「静止糸切り」で切り離され後，「全面ヘラ削り」整形のものから「静止糸切り」・「回転糸切り」で切り離された後，「外周ヘラ削り」整形のものとなり，平安時代初頭に「回転糸切り」の後，未整形なものへと遷移して行くことが，東金子窯跡群前内出窯の調査などから確かめられている[註24]。平安時代前半までの底部整形の変遷は，第19段階（730〜750年）の須恵坏は2種の「静止糸切り」後，第20段階（750〜770年）の須恵坏は「静止糸切り」か「回転糸切り」後，ともに「全面回転ヘラ削り」整形されるものが多く，「外周回転ヘラ削り」整形されるものは少ない。第21段階（770〜790年）の須恵

103

坏は「回転糸切り」後,「全面回転ヘラ削り」整形されるものは少なくなり,「外
周回転ヘラ削り」整形されるものが多くなる。第 22 段階（790～810 年）の須
恵坏は 2 種の「回転糸切り」後,「全面回転ヘラ削り」整形されるものは，さ
らに少なくなるが存在する。「外周回転ヘラ削り」整形されるものが大半を占
めるが,「未整形」のものが少量であるが出現する。第 23 段階（810～830 年）
の須恵坏は 2 種の「回転糸切り」後,「全面回転ヘラ削り」整形のものは残存
するが,「外周回転ヘラ削り」整形と「未整形」のものが半々を占める。第 24
段階（830～850 年）の須恵坏は 2 種の「回転糸切り」後,「全面回転ヘラ削り」
整形のものは極少となり残存している。「外周回転ヘラ削り」整形のものも少
なくなり,「未整形」のものが大半となる。第 25 段階（850～870 年）の須恵坏
は,3 種の「回転糸切り」後「未整形」となる。そのような「糸切り技法」と「底
部整形技法」の組み合わせの変遷を確認している。また，体部下端に「回転ヘ
ラ削り」整形,稀に「手持ちヘラ削り」整形が盛行するのは，第 21・22 段階（770
～810 年）である。盛行と言っても数十個に 1 個体という割合である。その前
後の第 20 段階（750～770 年）～第 25 段階（850～870 年）にも非常に少ないが
存在する。なお，それらの段階の須恵坏の大半は，体部下端に「ヘラ削り」整
形が施してある。

　先程も述べたが，23 号出土の須恵坏には，体部下端に「ヘラ削り」整形さ
れたものは無い。底部整形は唯一 4 が「全面回転ヘラ削り」整形で,その他は「外
周回転ヘラ削り」整形と「外周手持ちヘラ削り」整形である。また 4 の坏は武
蔵産のものでなく，おそらく他地域から搬入された可能性が考えられる。産地
は 1・3・5・6・9 の須恵坏・蓋が南比企窯跡群で，2 は東金子窯跡群，7 の坏・
8 の蓋とも 4 と同様，他地域からの搬入品と考えられる。これらの須恵坏は 8
世紀後半のものであるが，その後半でも後半に近いものと考える。

　以上，須恵坏 6 点だけでは，見解の相違として水掛け論となるが，具注歴と
これらの出土土器の時期を考えるには，土師坏・甕を含む他の 15 点の土器群
も同列に検討する必要がある。その中でも重要なのは，具注暦の断簡と竪穴の
北東コーナー下の貯蔵穴からともに出土した，12 の土師器の台付甕の時期を，
詳細に検討することである。この台付甕と，実用炊飯器である長胴甕の時期を，
落川・一の宮遺跡（本遺跡）の土器編年の段階を使い，8 世紀前半代から後半
代の周辺集落出土の台付甕・長胴甕の変遷から考えてみたい。8 世紀前半代か
ら後半の台付甕・長胴甕は，図 24 の 1～11 に示したように変遷する。

　本遺跡第 18 段階（710～730 年）の 1,台付甕は，先程述べた美濃須衛窯跡老

5 土器編年と実年代根拠

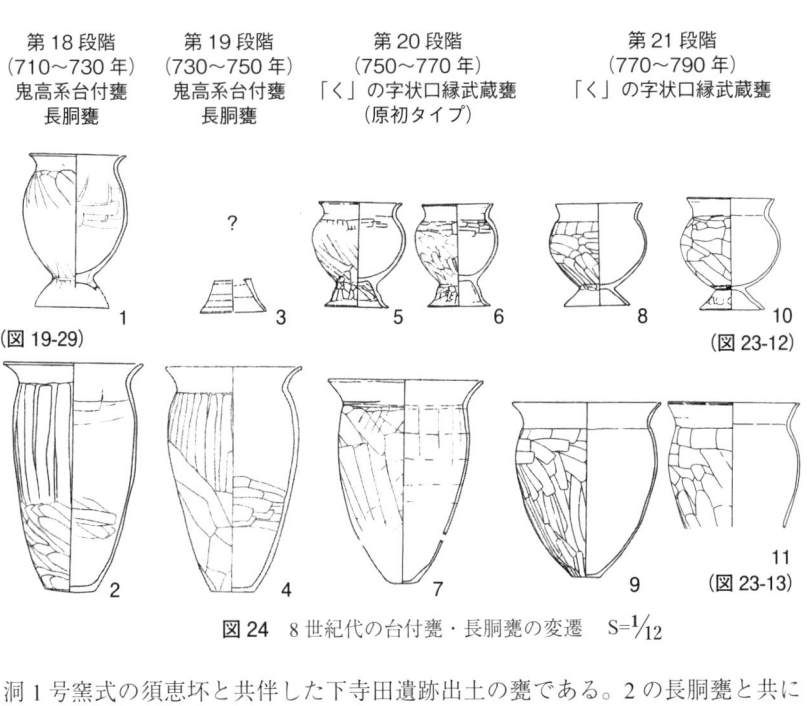

| 第18段階
(710～730年)
鬼高系台付甕
長胴甕 | 第19段階
(730～750年)
鬼高系台付甕
長胴甕 | 第20段階
(750～770年)
「く」の字状口縁武蔵甕
(原初タイプ) | 第21段階
(770～790年)
「く」の字状口縁武蔵甕 |

図24　8世紀代の台付甕・長胴甕の変遷　S=$\frac{1}{12}$

洞1号窯式の須恵坏と共伴した下寺田遺跡出土の甕である。2の長胴甕と共に共通して言えることは，器の厚みが分厚く「ヘラ削り」整形方向は，ほぼ頸部下～胴部上半は縦ヘラ削り，胴部下半は横か斜め「ヘラ削り」整形である。1の台付甕胴部下半一部に，ヘラ削り方向が不明な箇所があるが，口縁部の径と最大径である胴部径はほぼ同じである。小型の長胴甕に脚台を付けた器高の高い器形である。脚の下半は欠損しており，報告時の復元想定図のような単純に「ハ」の字に開くだけでなく，接地面は胴部を支えるため若干外反する可能性がある。

　第19段階（730～750年）の台付甕を，多摩川右左岸の遺跡で探したが，全体の形状がわかる良好な資料が報告されていない。辛うじて，日野市南広間地遺跡[註25]や，本遺跡から3のような脚部片が出土している。図が小さく見にくいが，形状は単純に「ハ」の字に開くのでなく，脚の半ばで僅かに開く形状である。この脚の形状は次段階の5・6の台付甕に受け継がれている。4の長胴甕は八王子市椚田第1遺跡出土で前段階同様，器の厚みも分厚く，「ヘラ削り」の整形方向も頸部下から胴部上半は縦方向の「ヘラ削り」整形，胴部下半は横

105

Ⅱ. 土器編年

か斜め方向の「ヘラ削り」整形である。

第20段階（750〜770年）の台付甕は，調布市中耕地遺跡からほぼ完形の2個体5・6が出土している[註26]。前段階の脚に見られるよう，若干膨らんだ脚中央から接地面で外反気味に開いている。その脚はまるで口縁部が大きく開いた小型の鉢を，逆さまにして付けたような安定感がある。胴部は丸く膨らみ5の口縁部は反り返るように外反する。器の厚みは前々・前段階2・4の長胴甕同様分厚いが，注目されるのは「ヘラ削り」整形の方向が肩部下は横方向，胴部上半から下半は斜めから縦方向と，前々・前段階の甕の上半・下半の「ヘラ削り」整形の方向が逆転していることである。

一方，大きな変化が長胴甕にも現れる。大きな変化とは長胴甕7も中耕地遺跡出土の甕であるが，前段階に比べて器の厚みが非常に薄くなったことである。そのことに伴う最大の特徴は，頸部かその直下に横方向へ連続して幾つかの刻みが付くことである。この刻みは頸部下の肩部から胴部を「ヘラ削り」整形で薄く仕上げるため，ヘラを深く突き刺した痕跡である。その「ヘラ削り」整形の方向は台付甕同様，肩部より下は横方向，胴部上半から下半は斜め方向である。このような口縁部は分厚いが，頸部下は「ヘラ削り」整形により，胴部は非常に薄くなる。後に盛行する「く」の字状口縁「武蔵型」の甕の祖型となることから，「く」の字状口縁「武蔵型」の原初タイプ（プロットタイプ）と呼んでいる長胴甕である。

第21段階（770〜790年）の台付甕8は，東京都板橋区中台3丁目東丘陵遺跡から出土ものである。右横10の武蔵台遺跡23号住居の貯蔵穴から具注暦とともに出土した台付甕（図23-12）と同形である。口縁部が横ナデで「く」の字に外反し，胴部は薄くなり軽くなった球胴で，「ハ」の字に低く開く脚がつく。「ヘラ削り」整形の方向は，前段階同様肩部の下は横方向，胴部上半から下半は，横から斜め方向である。口縁部も胴部も非常に薄く仕上げられた「く」の字状口縁「武蔵型」台付甕である。9は典型的な「く」の字状口縁「武蔵型」の長胴甕で，胴部の形状は卵を倒したような形の倒卵形である。台付甕同様，「ヘラ削り」整形の方向は，前段階の原初タイプ同様，肩部の下は横方向，胴部上半から下半は斜めから縦方向で，非常に薄く仕上げられているが原初タイプとの違いは，頸部かその直下に横方向へ連続するヘラによる幾つかの刻みが付かないことと，口縁部も胴部同様非常に薄くなる甕である。11の武蔵台遺跡23号住居出土の底部を欠く長胴甕も，9同様「く」の字状口縁「武蔵型」である。

以上のことから，武蔵台遺跡23号住居の須恵坏の口径は，14〜13.6cmと

106

小さく，底部は「回転糸切り」の後「全面回転ヘラ削り」されたものが1個体存在するが，他は「外周回転ヘラ削り」整形されたものである。長胴甕は胴下半を欠損するが原初タイプでなく，その後に出現する典型的な「く」の字状口縁「武蔵型」の甕で，台付甕も同様「武蔵型」である。従って23号住居跡から天平宝字元年（757年）の具注暦とともに出土した土器群は，最大限遡っても第21段階（770～790年）の時期と考えるべきである。

　また報告書では具注歴は当該年が終わり，年が改まれば不要で紙背にも文字が書かれていないことから，最利用期間（伝世期間）を考える必要はないとする見解である。当時，具注暦は極めて重要な文書だったと考えるので，果たして当該年が終われば即不要となり，習字の手習いなどや筆写などで残されることなく，すぐ断簡となって市などに流れて行き，蓋紙用などとして使われたのであろうか。また紙背に文字がないのはその部分が，たまたま隅の空白部分だった可能性も否定できない。

　あくまで23号の土器群を，武蔵国分寺の完成段階とするならば，上述のように770～790年頃の土器群と考えられるので，その時期が国分寺創建終了年代になる。仮に23号出土の須恵坏のなかに，鳩山窯跡Ⅲ期（HⅢ期）754～762年のものが存在したとしても，日常要具の土師器台付甕・長胴甕を含む土器の年代は，間違いなくそれよりも新しい。従って本遺跡第21段階（770～790年）と考え，この天平宝字2年（758年）の具注暦が廃棄され蓋紙となるまで，最低15～20年くらいの期間を要したと考える。

　国分寺創建中の土器群はこれら23号出土一括土器でなく，1988年に同じ武蔵台遺跡で調査され，国分寺周辺出土の最古の土器群で創建中の土器群と紹介された33号出土土器群である(註27)。この土群はM-1に続く「高台摘み」の蓋を含み，正に創建中（750～770年）の土器群で，上述のように具注暦の出土した23号住居出土土器群は，次の段階（770～790年）になる。残念なことに1989年の報告書では，33号住居出土土器群と23号出土土器群には型式差はなく，同型式内のバリエティーと捉えなおして報告している(註28)。

4. 第23段階(830～850年)・第24段階(850～870年)の実年代根拠

　武蔵国だけでなく，広く関東一円のこの段階の実年代定点の基軸となる窯式は，『続日本後紀』の承和12年（845年）3月条に「‥‥承和2年（835年）に神火によって焼け落ちた国分寺七層の塔を，前男衾郡大領外従八位上壬生吉志福正が，再建することを願い出たのでこれを許した‥‥」という武蔵国分

Ⅱ. 土器編年

僧寺の塔再建の記述から導き出されたものである。1964年に行われた塔跡の発掘調査の結果,『続日本後紀』の記述通り創建時の塔は焼失しており,再建された塔はその創建の塔跡の同位置に建てられた事が判明した。

　調査報告書によると塔跡から出土する瓦は,大きく分けて創建期と再建期の瓦を捉えることができる。創建期に葺かれた鐙瓦の文様は,大まかに言うと「単弁八葉蓮華文」が中心で,宇瓦は「重弧文」・「均整唐草文」・「偏向唐草文」であった。再建期の瓦の鐙瓦は「単弁六葉蓮華文」が中心で,宇瓦は「均整唐草文」・「偏向唐草文」が中心であった。さらに創建から再建の間に葺かれた修理瓦は,ヘラ書き文・縄文が雑に施された瓦であることも判明した。創建期に塔に葺かれたと考えられる鐙瓦・宇瓦は,記述どおりに解釈すれば承和2年（835年）の神火によって焼け落ちた瓦で,再建期の瓦は再建が許可された845年を上限として,それ以降に葺かれた瓦となる。そのように創建瓦・再建瓦が明確に捉えられるのは,瓦当の型式差だけでなく出土状態からも言える。創建期の瓦及び再建期までに葺かれた修理瓦は,心礎及び四天柱礎石の下部や,基壇内から埋め込まれたものが出土するが,再建瓦が基壇内に紛れ込むことはない。1333年新田義貞の鎌倉攻めの時,塔は再び焼け落ちその後立て直されることはなかったので,再建瓦はすべて基壇周辺に瓦解した状態で出土する。そのなかに僅かに創建期の瓦が混ざるが,再建時に使える創建時の瓦が使われたからである。

　再建期の瓦を845年以降生産した窯は,主に埼玉県入間市東金子窯跡群であったことは判明している。その再建瓦を焼成した東金子窯跡群の新久窯と,八坂前窯は調査され,詳細な報告書が出されている。表1はその八坂前窯跡の報告書に記載された表の一部を改変した表である[註29]。八坂前窯跡群の生産段階を,第1段階～第6段階,窯構造は地下式と半地下式,操業パターンをA～Fに分けて載せてある。その表より地下式の窯構造が古く,新しくなるに従い半地下式窯構造へと変わって行ったことが確認できる。

　表を参照して頂きたいが,再建瓦の一部を受け持ち生産した八坂前窯跡群の生産段階を,第1段階～第3段階に細分し考えた場合,再建瓦が生産されたのは第2段階（845～850年頃）である。再建瓦を生産していた窯は,八坂前第1～第6号窯,新久A第1・2号窯である。その内の八坂前第3・4・6号窯は,再建瓦生産以前の第1段階,南多摩窯跡群の窯式でいうと,G-37（830～845年）の須恵器を生産最中に再建瓦の受注を受け,急遽第2段階の短期間に再建瓦を生産したのである。

⑤ 土器編年と実年代根拠

表1　八坂前・荒久窯の生産活動とその後の窯式設定・実年代（註28記載の表改変）

年代		AD830　　845	850	870	890	910	930
窯名 （窯構造） 操業期間パターン	生産 活動 窯式	第1段階 須恵器 生産 G−37 窯式	第2段階 瓦・磚 生産	第3段階 須恵器 生産 G−59 窯式	第4段階 須恵器 生産 G−25 窯式	第5段階 須恵器 生産 G−5 古窯式	第6段階 須恵器 生産 G−5 中窯式
八坂前第1号窯 （半地下式）	C		←──○──	──→			
八坂前第2号窯 （半地下式）	C		←──○──	──→			
八坂前第3号窯 （地下式）	B	←──○──	──○──	──→			
八坂前第4号窯 （地下式）	B	←──○──	──○──	──→			
八坂前第5号窯 （半地下式）	C		←──○──→				
八坂前第6号窯 （地下式）	A	←──○──	──○──	──→			
新久A第1・2号窯 （半地下式）	C		←──○──	──→			
新久C第1号窯 （半地下式）	D				←──○──→		
新久D第1号窯 （半地下式）	E					←──○──→	
新久D第3号窯 （半地下式）	F						←──○──→
新久D第2号窯 （地下式）	(A)	──── ？ ─────── ？ ────	──○──				

　それらの窯の内，八坂前第3・4号窯は，再建瓦の生産を終えた後は閉窯する。この操業パターンをBパターンとした。第6号窯は第3段階，窯式でいうとG-59（850〜870年）まで存続して須恵器生産を行っている。この操業パターンをAパターンとした。このA・Bパターン両者の窯構造はいずれも地下式である。一方，第2段階の再建瓦生産から開窯した八坂前第1・2・5号窯，新久A第1・2号窯は第3段階に須恵器生産を行っている。これらの窯の操業パターンをCパターンとしたが，窯構造は半地下式に変わっている。

　第2段階再建瓦生産以前の，第1段階に生産された八坂前第3・4・6号窯の須恵坏の窯式はG-37である。再建瓦生産終了後の，第3段階の須恵坏の窯式はG-59である。それらの窯で生産された須恵坏の底部・体部の整形と，口径・底径の寸法を比較すると，大よそ次のような違いが認められた。第1段階G-37の坏は，底部を2種の「回転糸切り」で切り離し，後底部外周に「回転ヘラ削り」整形したものと，それに加え非常に稀であるが，体部下端に「回転ヘラ削り」整形が施されるもの，底部を「回転糸切り」で切り離した後，何ら整形を加えない「未整形」のものが存在する。寸法の違いは底径を2倍にすると，

109

Ⅱ．土器編年

すべて口径を上まわる寸法である。数式にすると口径＜底径×2となる。

一方，再建瓦生産後，須恵器生産に戻った第3段階G-59の坏の底部は，「回転糸切り」離したままですべて「未整形」のもので，「外周ヘラ削り」整形されたものは，原則として生産されていないと考えられる。集落内に存在すればそれらは古いものが混在したものと考えたい。寸法の違いは，底径を2倍すると口径を上まわるものも存在するが，口径12cm台：底径6cm大，口径11cm大：底径5.5cm大など口径≒底径×2のものが多く含まれる。

また表1に載せた，再建瓦生産に関係の無い生産段階の窯である新久C第1号窯は，第4段階G-25窯式（870〜890年）の須恵器生産で，操業パターンはDパターン，新久D第1号窯は，第5段階G-5古窯式（890〜910年）の須恵器生産で，操業パターンはEパターン，新久D第3号窯は，第6段階G-5中窯式（910〜930年）の須恵器生産で，操業パターンはFパターンである。それらの窯はいずれも半地下式の窯構造である。また新久D第2号窯は不明な点が多く，明確な操業段階を掴めないが，G-59の製品を生産しており，窯構造は地下式であることから，八坂前第6号窯同様操業パターンは，第1段階G-37から第3段階G-59の須恵器を生産していた，Aパターンの窯の可能性が考えられる。

以上，武蔵国分僧寺の塔再建に関り，9世紀中頃である845〜850年の再建瓦生産前後の須恵器坏形土器の寸法・体部下端・底部整形の有無の違いが，実年代定点を示すのである。八坂前3・4・6号窯の第1段階はG-37，第3段階八坂前1・2・5・6号窯，新久A第1・2号窯，新久D第2号窯の第3段階はG-59である。従って本遺跡編年の第24段階（830〜850年）はG-37，第25段階（850〜870年）はG-59で連続する窯式と考えたい。

以上，武蔵国の9世紀中頃前後の須恵器と瓦の実年代は，『続日本後紀』の承和12年（845年）3月条の記事，武蔵国分僧寺の塔跡の調査，新久・八坂前窯の調査結果を根拠として導かれたものである。

その後，2004年の史跡保存整備事業にともなう調査で，創建の塔を①，再建の塔を②とすると，その塔①・②より西約55mの所から，一辺約11.2mの正方形の掘り込み地業遺構③が検出された。この突き固められた版築中から，9世紀第3四半期頃の南武蔵型土師坏1点が出土した。この掘り込み地業遺構③は，上述の『続日本後紀』の記載通り「神火」で焼け落ちた創建期の塔①を，西方に移動して立て替えようとして，掘り込み地業遺構③をつくり終えた9世紀第3四半期頃に，何らかの事情で放棄されたものと解釈された。その後，史

5 土器編年と実年代根拠

跡保存整備事業にともなう調査が進展するなか，上述の「神火」で大破し再建
されたのは塔だけでなく，講堂・中門も再建されており，その他金堂・鐘楼を
含む伽藍全体の修築が実地されていたことが確認された。
　以上の調査結果を受け上述の何らかの事情を，武蔵国分寺・武蔵国府・瓦・
須恵器生産窯を長年に渡り，調査研究されてきた坂詰秀一立正大学名誉教授は，
次のような見解を示された。それは承和2年（835年）神火によって焼け落ち
た塔①を再建するために，創建時の塔跡より西方に「・・・掘り込み地業の作
業に着手した。ほぼ地下部分が完成した頃，元慶の地震（878年）が発生，主
要堂宇が大きく被害を受けたため，伽藍全体の修築と整備行う計画が先行され
た。その結果，小破の金堂・鐘楼などは修復，大破の講堂と中門は立て直し，
東西に延びる回廊は一部修築して建て直し，講堂北方の台地中腹には一堂宇を
新築，それらの計画実施のため，経済的関係から回禄中破の塔①を改修して再
建することにし，塔③の建設を断念。」という見解である。ただ，再建瓦と確
認された鐙瓦の「単弁六葉蓮華文」，宇瓦の「均整唐草文」・「偏向唐草文」が
生産されたのは，第2段階（845〜850年頃）で，元慶2年の地震（878年）の
発生までには約30年以上の隔たりがある。その理由を『続日本後紀』に見え
る壬生吉志福正（前男衾郡大領）の塔再建の請願は，請願者を超えた半ば公的
な協力体制が必要で，その企画の策定・計画の実施は，短期間のものでなくか
なりの時間を要し，その途上に元慶の地震が発生したとの推察である[註30]。
　そのような見解は再建の塔③が，深くて頑丈な基礎工事である掘り込み地業
まで完成させたにもかかわらず，何故に放棄されたのかという一つの説明とし
て成り立つ。何故ならば，高さ約60mもの七層の高層の塔を建てるためには，
掘り込み地業の後，さらに地上部に基壇を築きまわりに化粧を施し，心礎をは
じめとする17個の大きな礎石を備え付けなければならない。もちろん約55
m東の創建の塔①跡に，残存していた礎石を運ぶことを考えただろうが，講堂
の再建をはじめとする主要伽藍の修復に労力が割れており，掘り込み地業遺構
③の上に，新たに基壇・礎石を積むことができない状況であったのだろう。従っ
て，再建の塔を③の位置に新たに建てるのを諦め，創建の塔①にその礎石を使
い②の塔を立て直したのである。1964年調査の結果によると，そのまま残っ
ていた心礎は動かさず他の礎石は1度持ち上げて動かし，その下に焼け落ちた
創建瓦片・根石を突き固め据え直し建てたようである。
　ただ坂詰教授も懸念されたように再建の許可が下り，直ちに作られた再建瓦
の年代は，先述したよう生産窯の八坂前第1・2・5・6号窯，新久A第1・2

111

Ⅱ. 土器編年

号窯の須恵坏の変遷より，G-37窯式第24段階（830～850年）と，G-59窯式第25段階（850～870年）の間に作られたことはほぼ間違いないが，その再建瓦が塔に葺かれたのが，「元慶の地震」以後であるならば，生産され葺かれるまでの期間が長すぎることである。これに関しては，再建を願い出た福正の身に何かが起きたなど色々想定されるが，今後国分寺史跡保存整備事業に伴う事前遺構確認調査報告書［遺物編］で，出土した土器・瓦の詳細な研究がなされるなか，以上の懸念に対して新知見が得られ，その背景が浮かび上がって来ることを期待したい。

5. 第29段階（930～950年）の実年代根拠

既述したように，2010年服部敬史氏を中心に，御殿山地区窯中心の南多摩窯址群須恵器編年の暦年代検討が行われた。検討会の課題の一つが，既述した神奈川県厚木市宮の里遺跡で「甲午」と書かれた，南多摩窯跡群産の須恵坏の年代であった[註30]。翌年，八王子市史編さん事業の付帯事業としての刊行誌『八王子市史研究』創刊号に，その検討内容が示された[註31]。2005年に出された宮の里遺跡の調査報告書によると，50号住居跡の竈より「甲午」と書かれた須恵坏が出土した。この「甲午」は十千十二支の「きのえうま」で，書かれていた須恵坏の窯式はG-5新で，共伴する灰釉陶器の窯式は黒笹90号新窯式～折戸53号窯式であることより，この「甲午」の年は承平4年（934年）とした。

筆者はG-5窯式を古段階（890～910年）・中段階（910～930年）・新段階（930～950年）の3段階に細分し，第29段階の窯式はG-5新で930～950年という実年代を想定した。しかし，河合氏の報告，服部氏の検討によるG-5新は3段階区分でなく，G-5をG-5古とG-5新の2段階区分と想定しての年代である。

⑥ 糸切り技法の変遷

　前章までに，本遺跡の土器編年の各段階の窯式を示しながら，18段階・19段階・21段階・23段階・29段階の5つの段階の実年代根拠を述べた。勿論それら5つの段階は，連続する段階もあるが連続しない段階もあり，それらの段階を繋ぐ有効な実年代指標は，20年単位で変遷する各窯式，須恵坏の底部切り離しのための糸切り技法と，その後のヘラによる整形技法の変遷である。

　糸による切り離しの技法は，回転台を止めて底部を切り離す8世紀代の「静止糸切り」から，回転させながら切る8世後半以降の「回転糸切り」へと変遷して行く単純に考えられてきた。しかし，「回転糸切り」技法は，以下に述べるような多種多様な切り方が存在していた。

　武蔵国で出土する須恵器の坏・堝などの底部切り離し技法は，大まかにいうと搬入される5～7世紀代の須恵坏は，おそらく底部粘土円盤・体部粘土紐巻上げで成形され，「回転ヘラ切り」で切り離された後，回転ヘラ削り整形されるものが大半である。ごく希に底部から粘土紐で渦巻き状に巻きながら，体部まで「粘土紐巻上げ」成形で作られているものが混じる。8世紀に入り在地産の須恵坏は，糸による「静止糸切り」技法で切り離されるようになる。なお，千葉県・茨城県・群馬県・栃木県など旧武蔵国（東京都・埼玉県）周辺の窯では，「ヘラ切り」技法が平安時代初め頃まで残り，「糸切り」技法と併用され，両者で切り離された坏が併存し焼成されている。

　小川貴司氏は，1979年「回転糸切り技法の展開」において，「糸切り」の技法は「静止糸切り」から「回転糸切り」へと，単純に移行して行っただけではなく，それぞれに幾つもの切り方が存在し，特に「回転糸切り」は複雑であるとした。その複雑な切り方の存在を解明し，分類するとともに「糸切り」の出現時期とその端緒を示した[註32]。以下，説明する種々の「糸切り技法」の切り方と変遷は，小川氏の丹念な実験より得られたものである。まず須恵坏の底部切り離しに「糸切り」技法が使われるのは，8世紀前半の「静止糸切り」からはじまったとした。「静止糸切り」はその切り離し痕から，四つの切り方を想定している。なお，記載した図25～図27は，すべて小川氏作成のもので，一部組み直して使用させていただいた。また糸切り痕の拓図は，すべて裏返しになっているので注意して頂きたい。

　「静止糸切り」は次のような切り方を想定している。一つは1本の糸の両端

Ⅱ. 土器編年

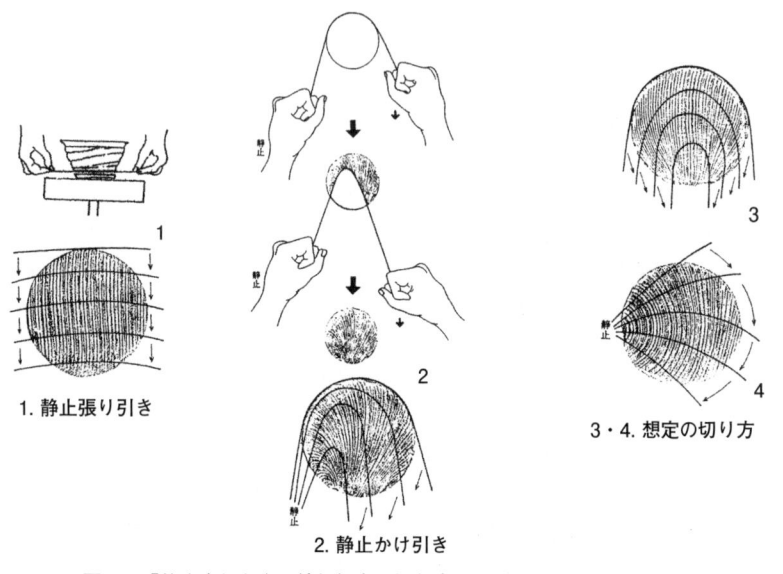

図 25 「静止糸切り」2 種と想定の切り方（註 32 より組み替えて転載）

を左右の手に持ち，左右に真っ直ぐ張って器底に引っかけ，平行に同じ速度で
手前に引いて切る 1.「静止張り引き糸切り」（以下，「静止張り引き」）で，撚っ
た糸が画き出す痕跡は，真っ直ぐ平行な簾状となる（図 25-1）。もう一つの切
り方は，同じく糸の両端を左右の手に持つが，張らずに底部に引っかけたら，
利き腕のどちらかを優先的に引いて切る 2.「静止かけ引き糸切り」（以下，「静
止かけ引き」）である。この切り方が図 25-2 で，糸切り痕の左右は円弧を画くが，
この段階の坏は大半が切り離された後に，「全面回転ヘラ削り」整形されるので，
この痕跡を確認することはできない。この二つの「静止糸切り」が辛うじて確
認できるのは，稀に「全面回転ヘラ削り」整形が，底面中央部まで及ばないも
のが存在し，その中央部に僅かに残された平行や，弧状の「糸切り」痕から判
別できる。

　小川氏は，そのように現実に存在する二つの「静止糸切り」に加え，静止の
回転台の上で，両手を引き手前で両手が合うように切った場合と（図 25-3），
糸を持った右手は器の直ぐ真横に固定し（図は左右逆），左手を引きながら切っ
た場合（図 25-4）の二つの切り方を想定しながらも，この 3・4 の切り方は技
術的に不合理であり，管見に於いてこのような考古資料はないとした。従って

114

６ 糸切り技法の変遷

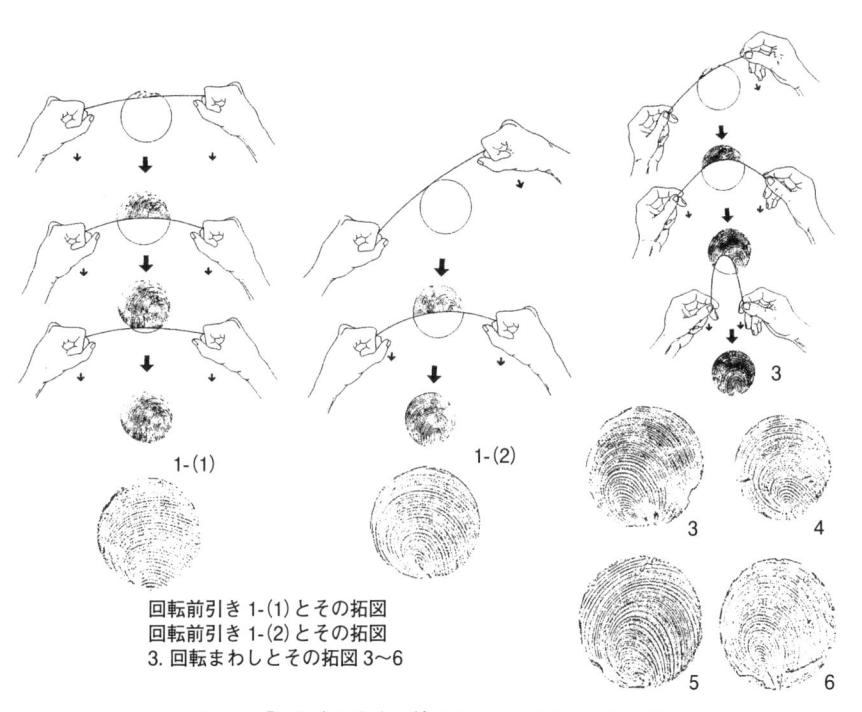

回転前引き 1-(1)とその拓図
回転前引き 1-(2)とその拓図
3. 回転まわしとその拓図 3〜6

図 26 「回転糸切り」3 種（註 32 より組み替えて転載）

回転を止め静止の状態で底部を糸で切る 1.「静止糸切り」は，2.「静止張り引き」と「静止かけ引き」の二つの切り離し方があったとしている。

その後，8 世紀後半に回転台を止めないで，回転させながら切り離す多様な，「回転糸切り」の技法が出現するとした。その技法の 1 つは，「前引き糸切り」で，この技術には，1-(1) と 1-(2) の二つの切り方がある。以下，「回転前引き 1-(1)」（図 26-1-(1)），「前引き糸切り 1-(2)」以下，「回転前引き 1-(2)」（図 26-1-(2)），3「まわし糸切り」以下，「回転まわし」（図 26-3），さらに「離し糸切り」があり，左手を離す以下，「回転左離し」（図 27-1)，右手を離す「回転右離し」（図 27-2）の二つの切り方があるとした（両者とも拓図は左右逆）。

上述のよう「回転前引き」には二つの切り方があり，一つは回転台を回転させながら「静止張り引き」同様，左右の糸を張ったまま，平行に手前に引く切り方「回転前引き 1-(1)」で，左右の糸の入りはじめは若干円弧を画くが，底

115

Ⅱ. 土器編年

部中央に行くにしたがい平行気味
となり，切り離される寸前になり
僅かに円弧を画き切り離される。
図 26-1-(1) の下の拓図がその切り
離し痕である。この切り方は回転
台を緩く回転させ，糸もゆっくり
手前に引きながら動かすので，そ
の痕跡が中央部に辛うじて残った
場合，一見して「静止かけ引き」（図
25-2）の変形かと思うような痕跡
となる。

　もう一つの「回転前引き 1-(2)」
は，右手を回転に合わせて手前に
移動して引き切る方法である。後
者の方がわずかながら切りやすい
としている。おそらく利き腕の方
を，手前に引いて切るからであろ
う。「回転前引き 1-(2)」の痕跡は，
1-(1) よりは回転力を利用して切っ
ているので，糸が抜ける寸前に渦
状の痕跡を残す。図 26-1-(2) の下
の拓図がその切り離し痕で，次に
述べる「回転まわし」の切り離し
痕と非常に似ている。

　その 3 「回転まわし」なる切り
方は，左手は左手前に右手は右奥
に構え，糸を器底に入れ左右に引っ
張らないで，右手を回転に合わせ
て回すように移動し，左手とほぼ
対称の位置に来た時に手前に引き
切る方法である（図 26-3）。氏はこ
の「回転まわし」技法は，「・・・
左右の手のそれぞれの動き，即ち

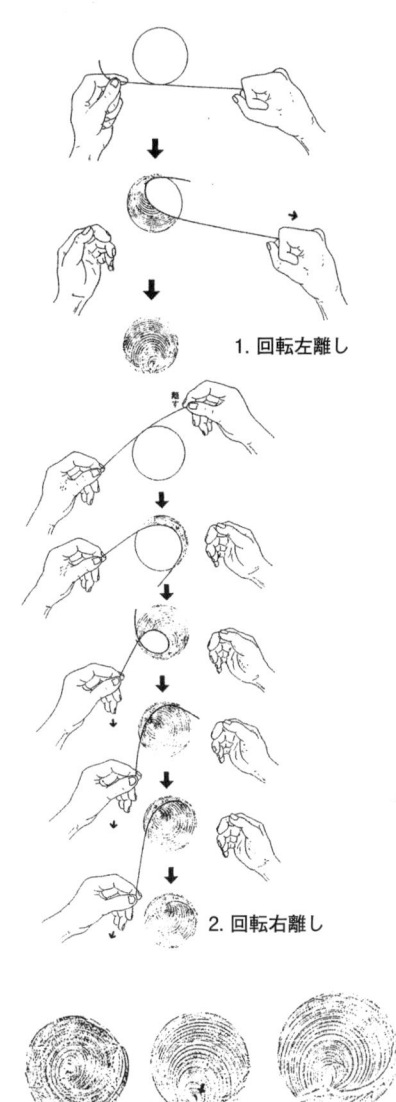

図 27　回転離し切り（註 32 より組み替えて転載）

⑥ 糸切り技法の変遷

それぞれの手を引くタイミング・速さ・方向などによって実に多様の痕跡ができる。」と述べている。その多様な切り離し痕の拓図が図 26-3～6 である。この方法で切り離された坏は，後に「外周回転ヘラ削り」整形が施されるのでその場合，中心部に残った痕跡だけでは「回転前引き」の 2 種か，「回転まわし」切りの痕跡か見分けがつきにくい。

次に前述したように小川氏の「回転離し切り」なる切り方には，「回転前引き」・「回転まわし」のように，左・右両手に持った糸を最後まで持って切り離すのではなく，どちらかの手に持った糸を離し引いて切る，独楽をまわすような切り方である。左手の糸を離す「回転左離し」と（図 27-1），右手を離す「回転右離し」がある（図 27-2）。後者の切り方の方が明かに後出的要素を持っているとした。この「回転離し切り」は糸を離すタイミングにより，図 27 の 1～3 の拓図のような痕跡となる。

「回転離し切り」で切り離された須恵坏の底部の大半は，離した糸の抜け痕が残る 2 や 3 で占められる。なかには片方の手の糸は離すが，片方の手で持った糸を全く引き抜かないでおくと離された糸は自由となり，回転しながら底部中央に渦状に入り切り込んで行き，底部が中央で切り離されてその痕跡は 1 のような渦状の切り離し痕が残る。そのような痕跡を有する坏が非常に少ないが存在する。

以上，小川氏は「糸切り技法」は「静止糸切り」で切り離され後，「全面回転ヘラ削り」整形されるものから，「静止糸切り・回転糸切り」で切り離された後，「外周回転ヘラ削り」整形のものとなり，最終的には「回転糸切り」で切り離されたままの，未整形なものへと変遷するとした。その「回転糸切り」も単一でなく「回転前引き」・「回転まわし」・「回転離し」の三つの切り方があり，関東において「回転前引き」から「回転まわし」，さらに「回転離し」へと技法の主体がスムーズに展開するとした。その切り方が須恵坏の器形の変遷に，対応したものであることも確認している。奈良時代の須恵坏の器形は，口径と底径の差があまり無く器高が低く底径が大きく底径が大きい場合，「静止前引き」・「静止かけ引き」「回転前引き」が適していて切りやすく，「回転まわし」・「回転離し」は，平安時代になり底径が小さくなった須恵坏に適しているとした。

それら糸切り技法の出現年代を小川氏は，「静止張り引き」は 8 世紀前半，「回転前引き」は遅くとも 8 世紀後代に，「回転まわし」は 9 世紀前半代に，「回転離し」はほぼ 9 世紀後半代とした。そのように東国で須恵器に糸切りが導入される時期と動機は，多賀城創建期の瓦を生産している宮城県日の出山窯で，

117

Ⅱ. 土器編年

「静止張り引き」で切り離された坏の出土例より，「静止糸切り」の出現を8世紀前半とした。その発端は瓦作りで，粘土塊から粘土版を糸切りにより切り出す技法を瓦工人との交流より学んだからとした。

　現在，須恵坏は「粘土紐巻上げ」で成形されていることは常識であるが，この時点で須恵坏は「ロクロ水挽き」成形で作られることを前提にしている。しかし論考の命題である「回転糸切り技法の展開」には影響が無く，「回転糸切り」には「回転前引き」・「回転まわし」・「回転離し」があるという切り方の存在と変遷過程を当時，明確にしたことは卓越した考察であった。

　ただ細かな問題点は残る。例えば図26・図27の拓図に見られるよう，「回転糸切り」には多様な切り方が存在する。このような左右の糸を平行に手前に引き，底部中央部に平行気味の糸切り痕「回転前引き」1-(1) の痕跡図26と，「回転離し」でも中心で切り離され，切り離し痕が渦巻き状となる図27-1以外の図26-2〜6・図27-2・3の切り離し痕が，外周回転ヘラ削り整形が中央部近くまで施された場合，中央部に残る糸切り痕だけでは，どの回転糸切りで切り離されたかを，明確に見極めることは難しい。

　さらに小川氏の指摘したように「回転糸切り」技法が，8世紀後半代の「回転前引き」からはじまり，9世紀前半代に「回転まわし」，9世紀後半代には「回転離し」が出現することは確認できるが，それら「回転離し」技法が「回転前引き」→「回転まわし」→「回転離し」へと，スムーズに順次変遷して行ったわけではない。表2に本遺跡（落川・一の宮遺跡）で確認された「糸切り」技法の変遷を載せてあるが，「回転糸切り」技法は，第20段階（750〜770年）頃に「回転前引き」が出現し，第22段階（790〜810年）頃には「回転まわし」が出現，第25段階（850〜870年）頃「回転離し」が出現し，それ以降，第30段階（950〜970年）の南多摩窯最終窯G-14の須恵坏・須恵系土師坏まで．「回転前引き」・「回転まわし」・「回転離し」の3者の切り離し技法が，混在して使われ切り離されている。

　以上のことは，小川氏の書かれた論考以降の，膨大な資料から言えることで，資料が非常に少ない段階での「糸切り技法」に関する詳細な実験と，その論考を越えたものは未だに知らない。この複雑な「糸切り技法」の実験結果内容を上述により，正確に伝えられたかは心許ないので，詳しく知りたい方は氏の「回転糸切り技法の展開」[註33]を一読することを勧めたい。

⑦ 落川・一の宮遺跡第 18 段階以降の窯式と土器内容

　以上，土器編年の年代幅と実年代根拠，標識窯である南多摩窯の指標窯式，底部切り離し技法・整形技法の変遷を述べてきた。以下，これを前提として本遺跡 18 段階（710〜730 年）〜30 段階（950〜970 年）の須恵坏・埦・皿を中心とした窯式変遷に，共伴する須恵系土師質坏・埦，土師坏を加えた土器変遷図（図 28（1）〜（8）と須恵坏の底部切り離し法・底部整形技法，共伴灰釉陶器の窯式，共伴長胴甕とヘラ削り整形方向の変移を表にした表 2，さらに土師器長胴甕の消長表，表 3 を使い各段階の土器内容変遷をまとめて述べていく。

　但し，図 28（1）〜（8）の変遷図に載せて説明する 1〜201 の土器は，紙面の関係で変遷が判りやすい坏・埦を中心に，代表的なものを厳選して載せていることと，文中で坏・埦の口径・器高・底径を述べているが，それらの寸法は図に載せていない土器も含め，その段階の最大〜最小の寸法を述べていることを了承していただきたい。

　また第 18 段階の説明は，本遺跡出土の土器だけでなく，美濃須衛窯跡から搬入された蓋・坏が出土し，年代決定ができる焼失家屋の資料，八王子下寺田遺跡SB03・SB05 出土の一括土器群も使い説明する（図 19 参照）。

　以下，図 28（1）〜（8）を参照しながら読んでいただきたい。

1. 第 18 段階（710〜730 年）の窯式と土器内容

　7 世紀代から 8 世紀前半の第 18 段階頃まで，本遺跡で出土する須恵器の大半は，太平洋沿岸を経て東京湾に入り，多摩川を遡り搬入される湖西窯跡群産（静岡県湖西市）の高台付坏・大型・中型・小型の甕などである。しかし，土器編年図 28(1)の第 18 段階には，前項で詳しく述べたように実年代推定できる老洞窯 1 号窯を含む美濃須衛窯跡の製品が，陸路の東山道もしくは海路・河川を使い下寺田遺跡・永塚北畑遺跡同様，僅かであるが本遺跡を含む東国に搬入されてくる。従って多く出土する湖西窯の高台付坏は載せず，「美濃国」・「美濃」刻印が押されていなくても，実年代を示すことができる老洞窯 1 号窯式の製品と認定できる特徴ある 1・2 だけを載せた。

　それは，既述した老洞 1 号窯出土の高台坏のなかに，「底部より体部に移行する部分が断面三角形状ないし，それに類したふくらみをもつ点に特色があ

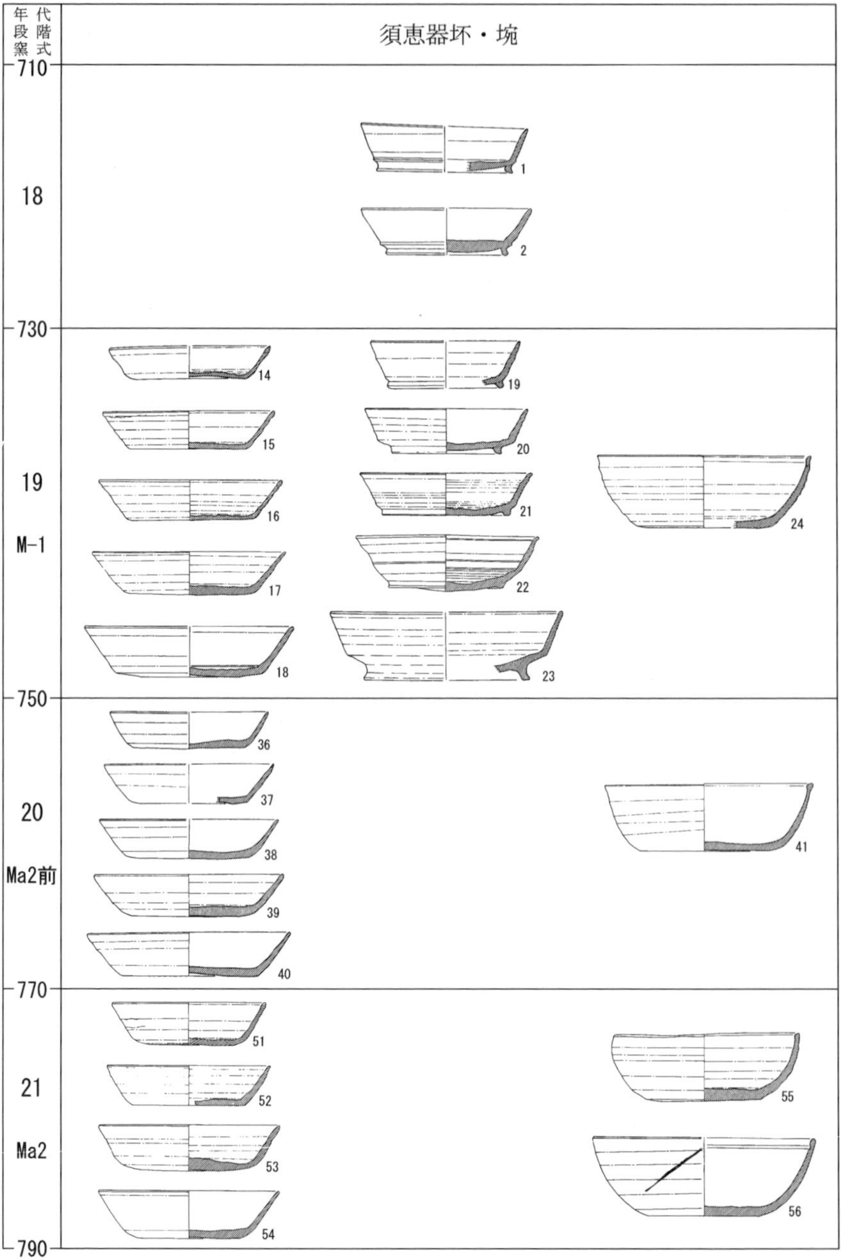

Ⅱ．土器編年

図28 （1）第18段階〜第30段階土器変遷　S=1/6

7 落川・一の宮遺跡第 18 段階以降の窯式と土器内容

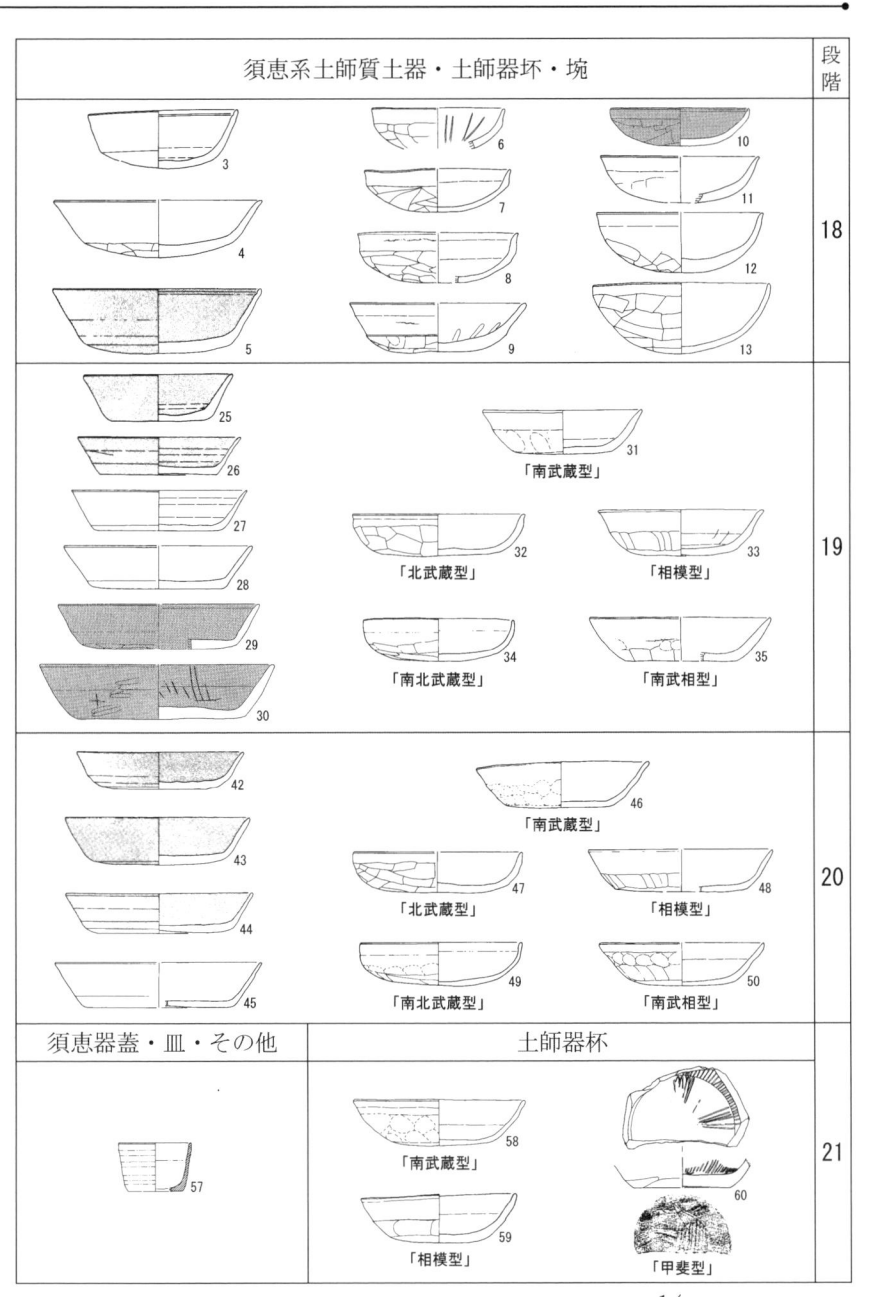

図 28 （2）第 18 段階～第 30 段階土器変遷 S=$\frac{1}{6}$

121

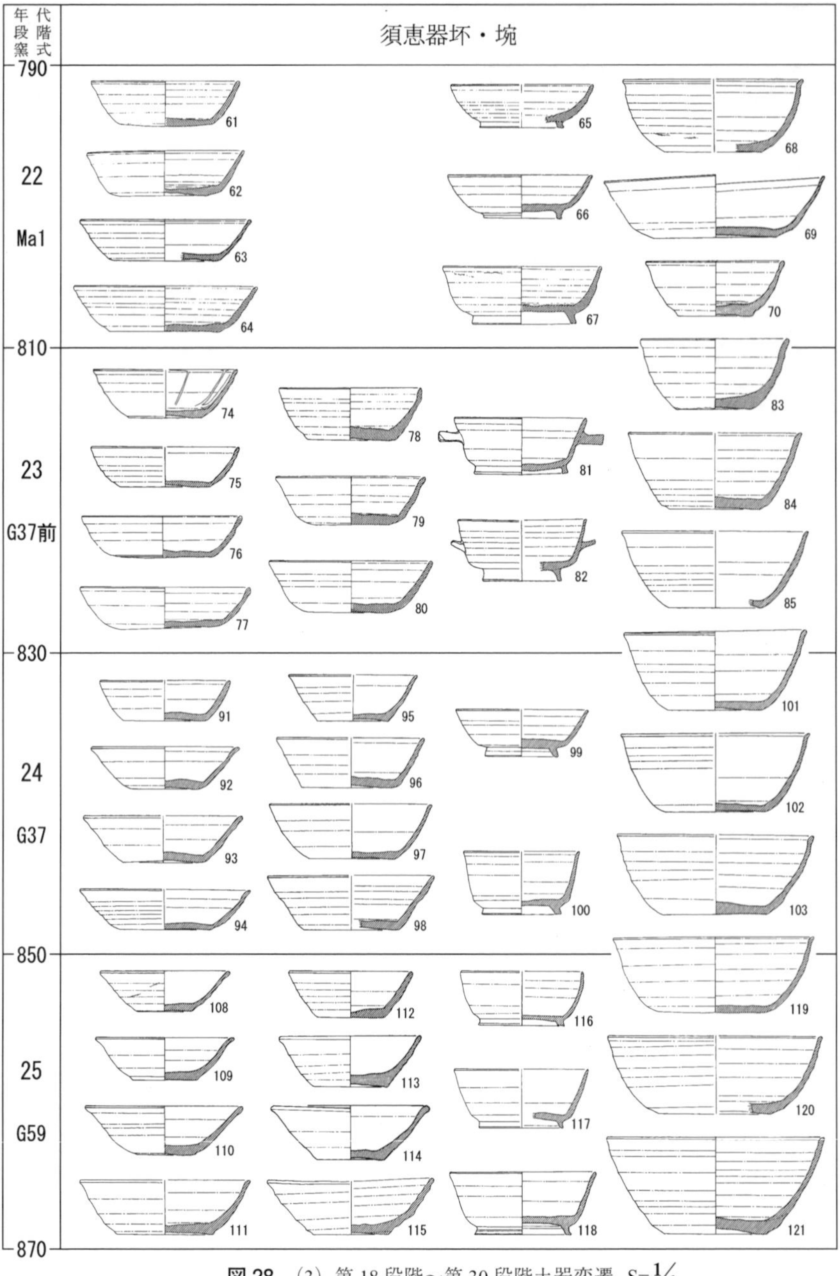

図 28 (3) 第 18 図版〜第 30 図版出土器種変遷 S=1/6

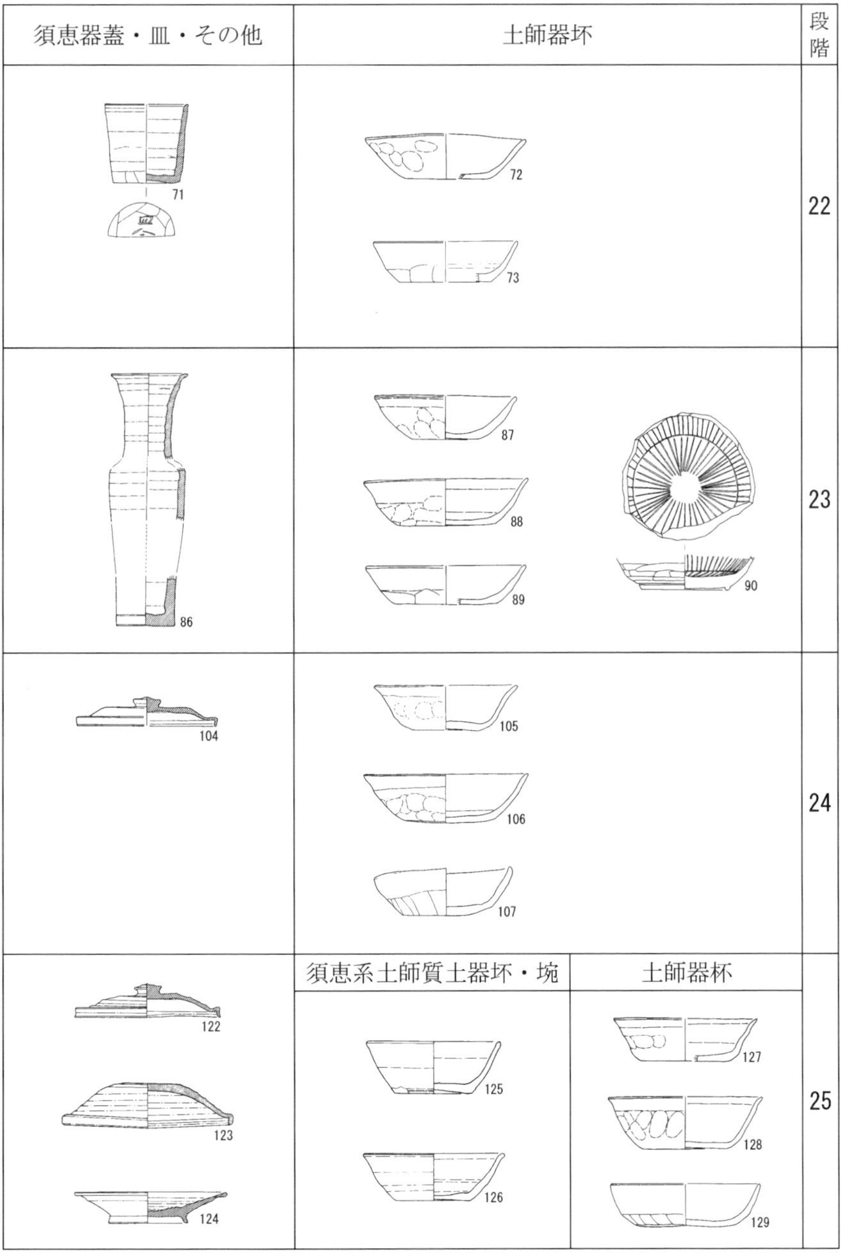

⑦ 落川・一の宮遺跡第18段階以降の窯式と土器内容

須恵器蓋・皿・その他	土師器坏	段階

図28　(4)　第18段階～第30段階土器変遷 S=$\frac{1}{6}$

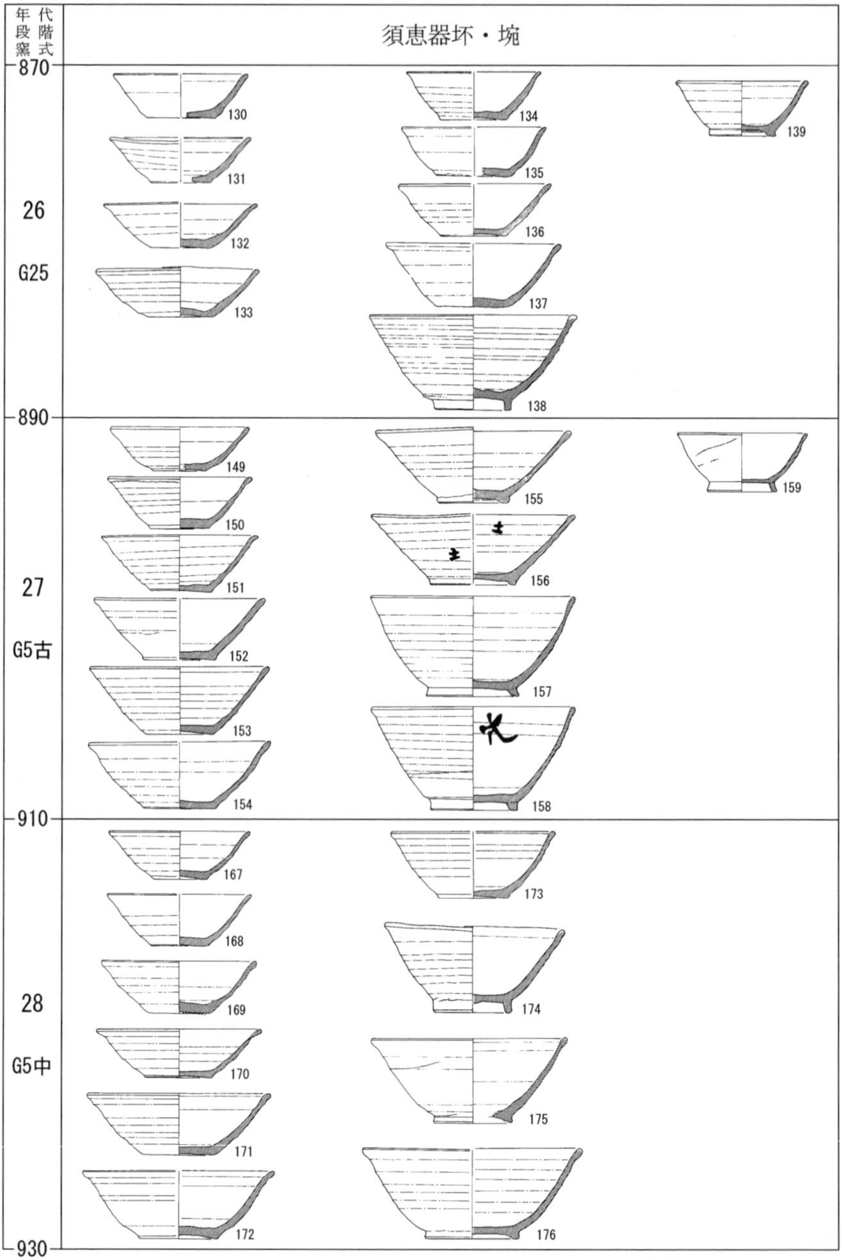

Ⅱ．土器編年

年代段階窯式	須恵器坏・塊		
870 26 G25	130 131 132 133	134 135 136 137 138	139
890 27 G5古 910	149 150 151 152 153 154	155 156 157 158	159
28 G5中 930	167 168 169 170 171 172	173 174 175 176	

図28 （5）第18段階～第30段階土器変遷 S=$\frac{1}{6}$

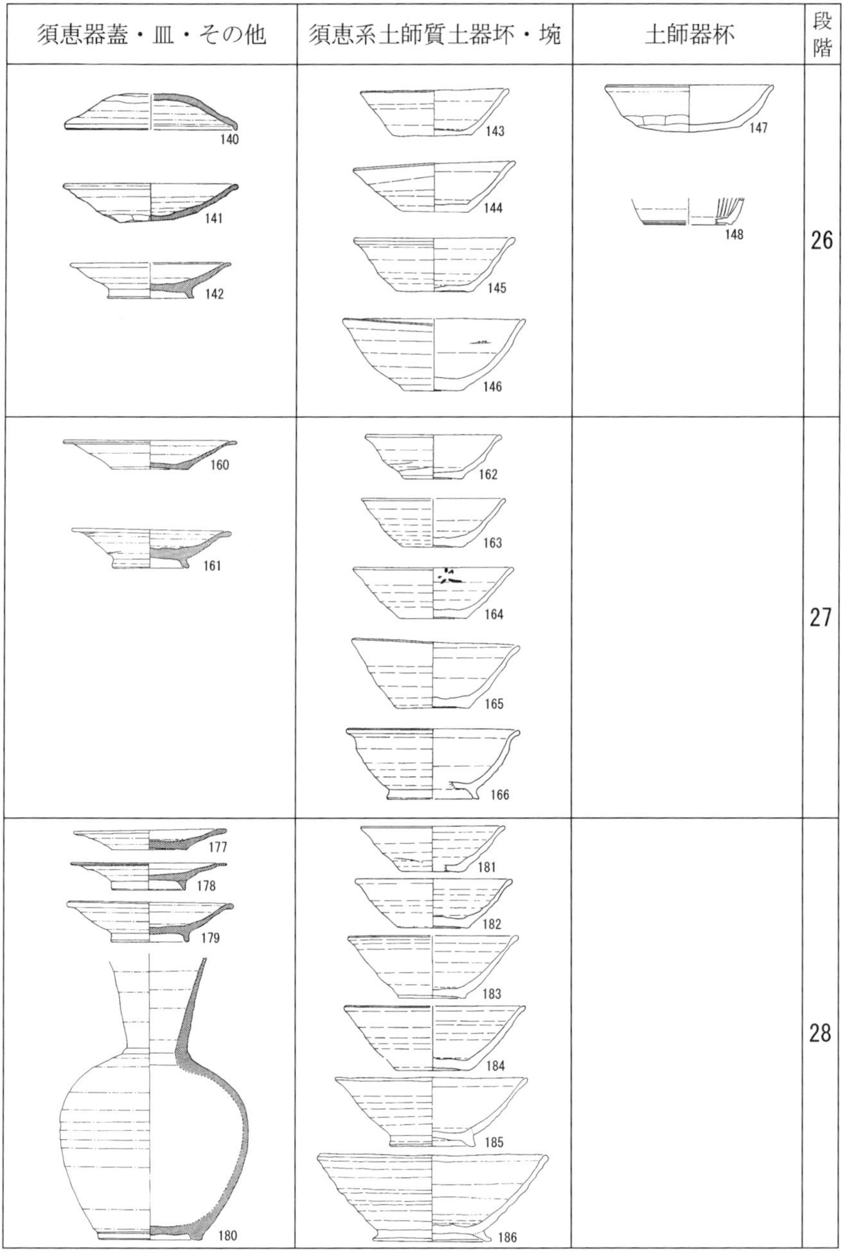

7 落川・一の宮遺跡第 18 段階以降の窯式と土器内容

須恵器蓋・皿・その他	須恵系土師質土器坏・塊	土師器杯	段階
140 141 142	143 144 145 146	147 148	26
160 161	162 163 164 165 166		27
177 178 179 180	181 182 183 184 185 186		28

図28 （6）第 18 段階～第 30 段階土器変遷 S=$\frac{1}{6}$

125

II．土器編年

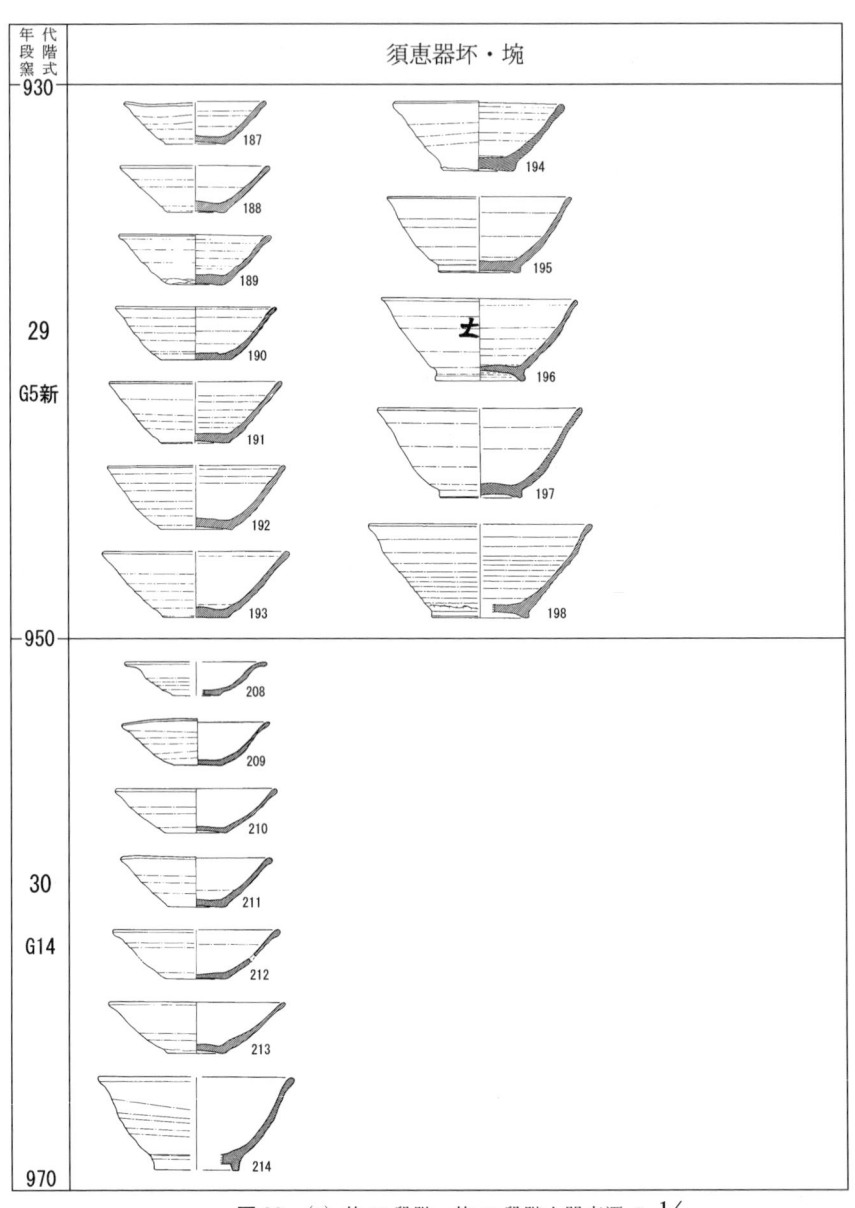

図28 （7）第18段階～第30段階土器変遷 S=1/6

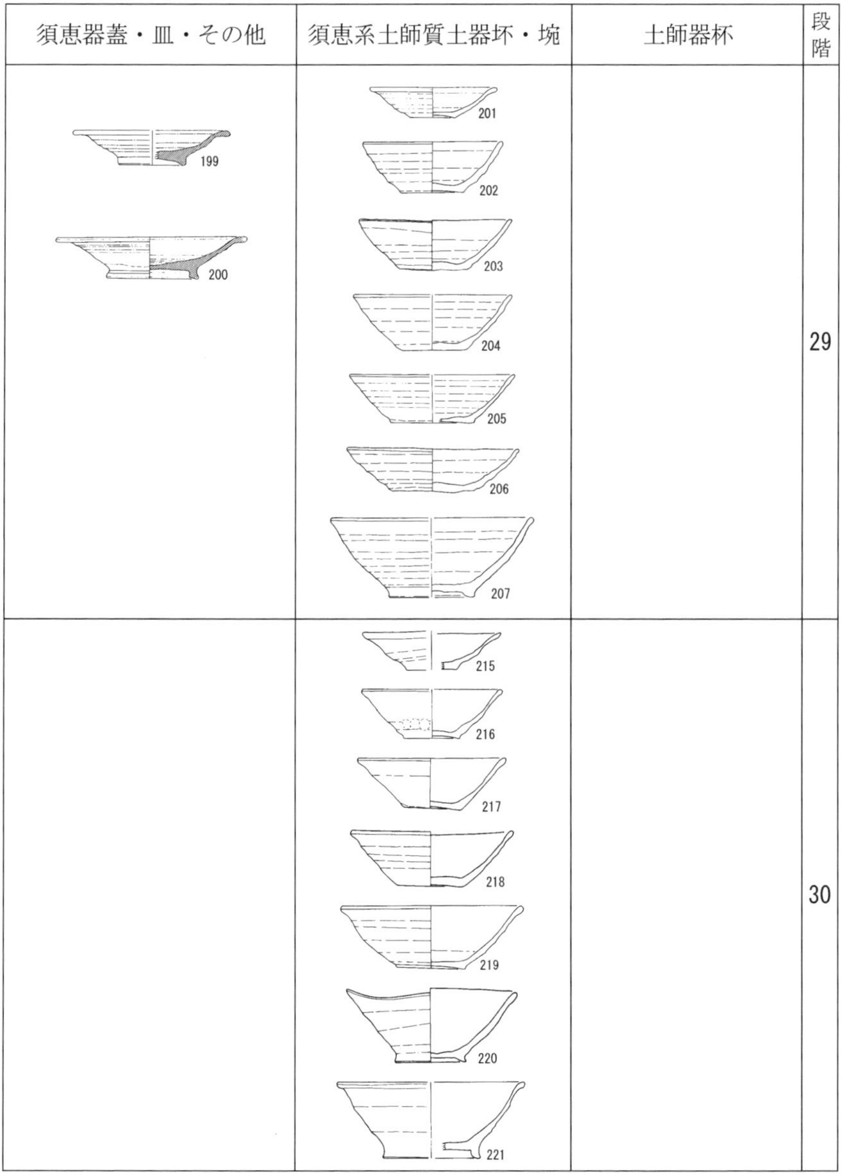

⑦ 落川・一の宮遺跡第18段階以降の窯式と土器内容

須恵器蓋・皿・その他	須恵系土師質土器坏・埦	土師器杯	段階
199 200	201 202 203 204 205 206 207		29
	215 216 217 218 219 220 221		30

図28 （8）第18段階～第30段階土器変遷 S=$\frac{1}{6}$

Ⅱ. 土器編年

表2　須恵坏の窯式・年代・底部切り離し整形技法・共伴灰釉陶器

段階	窯式	実年代	切り離し法	底部整形	灰釉窯式	各型の甕とヘラ削り整形方向
18	老洞1号窯式	710年～730年	ヘラ切り	全面回転ヘラ削り （全面手持ちヘラ削り） （外周回転ヘラ削り）		「鬼高式」甕 胴部上半縦削り 胴部下半斜削り
19	M1	730年～750年	静止張り引き 静止かけ引き	全面回転ヘラ削り （全面手持ちヘラ削り） （外周回転ヘラ削り） （外周手持ちヘラ削り）		「鬼高式」甕 胴部上半縦削り 胴部下半斜削り
20	Ma2前	750年～770年	静止かけ引き？ 回転前引き	全面回転ヘラ削り （全面手持ちヘラ削り） 外周回転ヘラ削り （外周手持ちヘラ削り）	？	「鬼高式」甕 原初「武蔵型」甕 胴部上半縦削り 胴下半横・斜削り
21	Ma2	770年～790年	回転前引き	全面回転ヘラ削り （全面手持ちヘラ削り） （外周手持ちヘラ削り） 外周回転ヘラ削り （体部下端回転ヘラリ・ ・下端手持ちヘラ削り）	O－10 IG－78 混在	「く」の字状口縁 「武蔵型」甕 胴部上半横・斜削り 胴部下半縦削り
22	Ma1	790年～810年	回転前引き 回転まわし	全面回転ヘラ削り （全面手持ちヘラ削り） （外周手持ちヘラ削り） 外周回転ヘラ削り （未整形） （体部下端回転ヘラり）	K－14	「く」の字状口縁 「武蔵型」甕 胴部上半横・斜削り 胴部下半縦削り （以下削り略）
23	G37前	810年～830年	回転前引き 回転まわし	（全面回転ヘラ削り） 外周回転ヘラ削り 未整形	K－14	「く」・「コ」の 字状口縁 「武蔵型」甕
24	G37	830年～850年	回転前引き 回転まわし	（全面回転ヘラ削り） （外周回転ヘラ削り） 未整形	K－14	「く」・「コ」の 字状口縁 「武蔵型」甕 「短口縁平底」甕

7 落川・一の宮遺跡第18段階以降の窯式と土器内容

25	G 59	850年 〜 870年	回転前引き 回転まわし （回転離し）	（外周回転ヘラ削り）？ 未整形	K-90	「コ」の字状 口縁「武蔵型」甕 「短口縁平底」甕 「台状底部」甕
26	G 25	870年 〜 890年	回転前引き 回転まわし 回転離し	未整形	K-90	「短口縁平底」甕 「台状底部」甕
27	G 5 古	890年 〜 910年	回転前引き 回転まわし 回転離し	未整形	K-90	「短口縁平底」甕 「台状底部」甕
28	G 5 中	910年 〜 930年	回転前引き 回転まわし 回転離し	未整形	O-53	「短口縁平底」甕 「台状底部」甕
29	G 5 新	930年 〜 950年	回転前引き 回転まわし 回転離し	未整形	O-53	「短口縁平底」甕 「台状底部」甕
30	G 14	950年 〜 970年	回転前引き 回転まわし 回転離し	未整形	O-53	「短口縁平底」甕 「台状底部」甕
31	×	970年 〜 990年			虎渓山 1号	「短口縁平底」甕 「台状底部」甕
32	×	990年 〜 1010年			虎渓山 1号	「短口縁平底」甕 「台状底部」甕 羽釜
33	×	1010年 〜 1030年			虎渓山 1号	「短口縁平底」甕 「台状底部」甕 鉄鍋・鉄釜
34	×	1030年 〜 1050年			丸石 2号	「短口縁平底」甕 「台状底部」甕 鉄鍋・鉄釜
35	×	1050年 〜 1070年			丸石 2号	鉄鍋・鉄釜

II. 土器編年

表3 第18段階〜第35段階の長胴甕の変遷表

段階	窯式	実年代	鬼高式甕	原初武蔵型甕	「く」字状口縁武蔵型甕	「コ」字状口縁武蔵型甕	短口縁平底甕	台状底部甕（中・小型）	台付甕（中・小型）
18	老洞1号窯式	710年〜730年	○						○
19	M1	730年〜750年	○						○
20	Ma2前	750年〜770年	○	○					○
21	Ma2	770年〜790年	×	×	○				○
22	Ma1	790年〜810年			○				○
23	G37前	810年〜830年			○	○			○
24	G37	830年〜850年			○	○	○		○
25	G59	850年〜870年			×	○	○	○	○
26	G25	870年〜890年				×	○	○	○
27	G5古	890年〜910年					○	○	○

⑦ 落川・一の宮遺跡第18段階以降の窯式と土器内容

28	G5中	910年～930年				○	○	○
29	G5新	930年～950年				○	○	○
30	G14	950年～970年				○	○	○
31	×	970年～990年				○	○	○ 羽釜
32	×	990年～1010年				○	○	○
33	×	1010年～1030年				○	○	鉄鍋・釜 ○
34	×	1030年～1050年				○	○	○
35	×	1050年～1070年				×	×	○

II. 土器編年

る。」と報告された高台坏である（図 20-(1) 参照）。このような特徴を備えた老洞窯産の高台坏は，岐阜県美濃不破関跡，太寶 2 年（702 年）の御野国加毛郡半布（はにゅう）里戸籍の故地東山浦遺跡，愛知県尾関字高畑遺跡，西日本では，広島県下岡田遺跡などでも確認されている。

さらなる特徴は高台を有する器種で，特に高台坏の「・・・底部外面高台内側に見られる『爪状圧痕』と呼ばれるもので，断続的に 1 周するもの，一つ一つが連続的に 1 周するものなどがあり様々であるが，前者が圧倒的に多い。」と報告された写真 5 のような圧痕が付く高台坏である。この圧痕は左回りに付けられており高台を貼付する時横ナデをするが，その時付随する痕跡でないとしている。また，この痕跡は明瞭に残すものや僅かな痕跡のものもあるが，数は少なく普遍的なものではないとしている。

この圧痕は老洞窯で確認される前，兵庫県の「西ノ池古窯址群」の調査報告書で指摘されていた[註34]。この底部外面の「爪形状圧痕」と呼んだ圧痕を備えた製品は，老洞窯址群の報告書段階（1981 年）で西ノ池古窯址群・老洞窯址群を含め，3 県の 8 世紀前葉～11 世紀にかけての 6 古窯と京都府下の古窯跡群で確認されていた。

本遺跡でも既述したように上述の高台と体部の下端との境に，明瞭な断面三角形状の突起を有する坏 1・2 が出土している（図 20-2・3）。胎土や 2 の高台底部外面には「爪状圧痕」も残っており，美濃須衛窯跡の老洞 1 号窯で焼成された製品に間違いない。しかし残念ながらこの 2 点はこの段階の遺構からの出土でなく，1 はグリッド，2 は 23 段階の土坑よりの出土である。

この段階に搬入される美濃須衛窯産・湖西産の須恵器の高台坏は，すべてヘラ切りで切り離され，大半は「全面回転ヘラ削り」整形が施されている。また非常に稀であるが，「全面手持ちヘラ削り」・「外周回転ヘラ削り」整形のものや，ごく稀に底部から体部まで「粘土紐巻上げ」成形の坏も確認できる（図 21）。

この段階の土器群を説明する上で最も参考になるのは，先に図を載せ述べた下寺田遺跡焼失竪穴建物SB03・SB05 の一括出土の良好な土器群である（図19（1）～（3）参照）。実年代を決定できる美濃須衛古窯跡群産の坏蓋 1・30・高台坏 2～4 と共伴する土師坏は，図 19（1）・（2）の 5～18・31～52 のように半円状・弧状の底部から体部は内湾か内湾気味に外傾して立ち上がり，横ナデの口縁部を有する斉一性のある坏群である。口縁部と器高の差で大型・中型・小型の坏に分かれる。

古墳時代後期から続く須恵蓋・須恵坏を模倣し，口縁部と体部の境に明瞭な

稜を有する，所謂鬼高式の土師坏は，この段階でほぼ姿を消している。

しかし，土師器の甕は鬼高式の長胴甕と変わらず，最大径がすべて口縁部にある図 19（1）の 20〜27，図 19（2）・（3）の 57〜60 と図 19（1）の丸胴甕 28，図 19（3）の球胴に近い甕 61 である。それら長胴甕・丸胴甕・球胴甕は，ともに「ヘラ削り」整形方向に統一した特徴がある。それは一部を除き口縁頸部下，胴部上半は縦方向に長く胴中央まで削り，胴部中央より下半は横方向か斜め方向の「ヘラ削り」整形を施すものである。ともに口縁部から胴部・底部まで分厚い甕である。

甑は菅笠を逆さまにしたような図 19（2）の 56 が存在するが，この甑は特殊な器形でこの段階の通例の甑は，長胴甕の底が貫けた単孔のものである。

その他，丸胴気味の図 19（3）の中型 62・小型 63 の甕や，それに脚台を付けた図 19（2）の台付甕 29，ヘルメット型の鉢 54・55，図 19（1）の 19，底部が弧状の中型の盤 53 が伴って出土している。

以上，下寺田遺跡の焼失竪穴建物 SB03・SB05 出土の一括土器は，東国におけるこの段階の実年代定点を示す重要な土器群である。

本遺跡ではこの段階の竪穴建物も多く調査し，そこから出土した土器群は次のようである。土師坏は，下寺田遺跡出土の土師坏同様，図 28（2）10〜12 のような底部と体部の境が無く，半円状・弧状の底部から体部は内湾か内湾気味に立ち上がり，横ナデの口縁部を有する坏が主流である。しかし 6・9 のように，体部に僅か稜の名残を残す坏も若干存在する。それらの坏を含め口径約 10cm と極小のものから，口径約 12〜15cm，器高約 3〜4.5cm 台の小さいもの，口径約 13〜15.5cm，器高約 3〜5.5cm 台の中型のもの，口径 15.5cm 以上，器高約 4.5cm 以上の大型のものに大別できる。さらに須恵器模倣と考えられる弧状の底部を有し，口径は約 12.5〜17.5cm で小型・大型の坏 3〜5 が存在する。体部と口縁部との境はなく，外傾しながら横ナデで薄く仕上げられている。大振りで弧状の底部の坏 5 は内外面赤彩されている。弧状の底部なので「平底」と言えず，このような坏を，「盤状坏」の原初とするのは間違いである。また 13 のような大振りで深い半形の土師坏が多く存在する

土師器の甕は図示していないが，下寺田遺跡出土の甕同様，鬼高式以来の分厚く胴部の幅が口縁幅と同等か小さい長胴甕，口縁部より胴部の中央幅がやや大きい丸胴甕，胴部が球形に近い球胴甕も存在する。胴部上半の「ヘラ削り整形」の方向は，頸部下から胴中央部まで縦方向，胴部下半は斜めから横方向のものである。ただ，頸部下から底部まで縦方向のものも僅かに存在する。丸胴甕は

大型・中型・小型のサイズが存在する。甑は分厚く，最大径が口縁部にある長胴甕の底が抜けた大型で単孔のものである。

2. 第 19 段階（730～750 年）の窯式と土器内容

　須恵坏は，無高台の坏と高台坏が存在する。無高台坏の寸法は口径約 12.5～17.5cm，底径約 8～12cm で，口径も底径も約 0.5cm 刻みの寸法が存在する。これら図 28（1）の無高台 14～18 の須恵坏は「平底盤状坏」で，以下に述べる土師器・須恵系土師質土器の「平底盤状坏」とほぼ同形である。この段階の指標窯は南多摩窯跡群の最古の M-1 窯式で，坏の器形は「平底盤状坏」である（第Ⅰ部図 8 参照）。

　M-1 を南多摩窯跡群の最古窯式とあえて言うのは，多摩丘陵において国分寺創建以前の遙か前の 7 世紀後半頃に，継続しない単発の須恵窯が数基営まれていた。そのような単発の窯はこの地の豪族の要請により，終末期の古墳・横穴墓などに副葬するための須恵器を生産していた。8 世紀初頭頃の窯は，国府設置に関係するものであったと考えられている。それらの窯がなぜ継続しない単発の窯かと言えば，当時多摩丘陵周辺の集落には，須恵器生産を行える地元の工人は居なかったので，要請に基づき他国から招請された須恵器工人が，必要な製品を焼き終えたら帰って行ったと想定されたからである。そのような単発の窯を築き，製品を焼成した他国の須恵器工人とは，どこから招請されたのであろうか。すべての窯ではないが，主に静岡県の湖西窯の須恵器工人と考えられる。なぜ湖西の工人と言えるかというと，それら多摩丘陵で調査された数少ない 7 世紀の窯の煙道手前に，湖西窯の窯体構造の特徴である数段の階段部が，設けられているからである。

　湖西窯を多く調査された後藤健一氏によると，燃成後半部の煙道へ向う急激に上がったこの階段部は，製品の置き台と考えるのが妥当と考えられるが，破損品の融着・置いた痕跡が皆無であること，またその上の天井部が存在したと考えられるが，調査時に残存していないのは自然に落下したのでもなく，人為的に打ち崩され取り払われたと考えた。その事実から「・・・焼成前後の製品の出し入れ，及び作業上の足掛け場として，文字通り階段として機能している・・・」と理解している[註35]。

　そのように 7 世紀代から奈良時代以前の 8 世紀初頭頃には，横浜の一部を含む多摩丘陵に，地元の要請にもとづき派遣された湖西窯の須恵器工人が，上述のような窯尻に特徴ある階段部を築き操業し，必要な製品を作り終えたら継続

7 落川・一の宮遺跡第18段階以降の窯式と土器内容

して作り続けず，帰ってしまう単発の窯が数基存在する。そのような後先も継続しない単発の窯をもって，南多摩窯跡群のはじまりと言う人がいるが，同意できない。窯跡群のはじまりを，他国から来た工人の築いた単発で継続性が無い窯で決めるのではなく，継続して焼成を行う窯をもって定めるべきである。極端なことを言うと今後，南多摩窯跡内で5世紀末のTK-23型式の単発窯が発見され，その後百数十年まったく窯が築かれず，須恵器生産が継続しなくても，南多摩窯のはじまりは5世紀末と言うことになり，それは聞き入れることができない。

　話が大きく逸れたので話を元に戻す。M-1の坏の底部切り離しは，「静止張り引き」か「静止かけ引き」で切り離された後，ほとんどのものが「全面回転ヘラ削り」整形されているが，希に「全面手持ちヘラ削り」整形・「外周手持ちヘラ削り」整形・「外周回転ヘラ削り」整形されたものも存在する。「静止張り引き」か「静止かけ引き」で切り離されたかがなぜわかるかというと，「外周手持ちヘラ削り」整形・「外周回転ヘラ削り」整形されたものから，僅か中央に残る平行か，弧状気味の糸切り痕から辛うじてその違いがわかる。

　高台坏19〜23の寸法には，口径約11.5〜18.5cm，高台径約8〜13cmの小型から大型のものがある。22のように高台より底部が僅かに突き出る7世紀末頃盛行するものも若干残存する。これら高台坏の大半は，湖西諸窯からの搬入品である。この段階から24の口唇部の形状より，おそらく仏器である佐波理鋺の彫刻刃の切り出し刃のような口唇端部を，忠実に模倣したと考えられる須恵坏が出現する[註36]。

　この段階の明確な指標となる坏は，M-1同様「平底盤状坏」の土師器・須恵系土師質土器の「平底盤状坏」で，図28（2）の25〜30のような小型〜大型のものが多量に出現する。土師器・須恵系土師質土器の「平底盤状坏」か判別できないのは，既述したように焼成温度などの分析をしないと明確に分けることができない。それら土師器・須恵系土師質土器の「平底盤状坏」の寸法は，口径約12〜19.5cm，底径約8〜14cmの口径・底径が0.5cm刻みの寸法である。底部切り離しと切り離した後の整形は，須恵器「平底盤状坏」同様にバラエティーがある。

　大半は，「静止張り引き」・「静止かけ引き」で切り離された後，「全面回転ヘラ削り」整形で切り離し痕が消されているが，希に底部中央に僅かな平行沈線の切り離し痕を辛うじて残すものが存在する。その他数は少ないが，「外周回転ヘラ削り」（外周というより中央部近くまで削られている），さらに少ないが

Ⅱ. 土器編年

「全面手持ちヘラ削り」整形・「手持ち外周ヘラ削り」整形のものも存在する。

　この段階は，何度も述べてきた国分寺創建の準備段階である。その準備段階に須恵器工人と，土師器製作者達の技術交流により生み出された坏が「平底盤状坏」である。その結果，この段階の坏は，須恵器・須恵系土師質土器・土師器の3者とも同器形・同寸法，同切り離しの「平底盤状坏」が大半を占める。先にも述べたが非常に興味深いことに，その交流過程の証拠として，極稀であるが須恵坏の伝統的成形法である，底部からの「粘土紐巻上げ」成形の土師器の「平底盤状坏」が存在する（図21参照）。

　また土師器の「平底盤状坏」の大半は，内外面赤彩されたものが多く，須恵坏であることをアピールしている。さらに土師器の「平底盤状坏」須恵系土師質土器の「平底盤状坏」は，既述したように焼成温度分析を経ないで，目視だけで明確に見分けることができないので，内外面赤彩が鮮やかに施こされた29・30の土師器「平底盤状坏」を除く，25～28の赤彩されない「平底盤状坏」のなかには，土師器と須恵系土師質土器の「平底盤状坏」が混在していることを承知いただきたい。

　「平底盤状坏」以外の土師坏は，前段階の丸底の坏とは打って変わった坏が出現する。武蔵国は現在の埼玉県と東京都，さらには神奈川県の川崎市と横浜市の一部を含む大国であった。その武蔵国内には異なった2の土師坏が存在する。一つは現在の東京都中心の旧武蔵国南半（以下南武蔵）に存在する，外面体部に「指頭圧」痕を残す平底の「南武蔵型」土師坏31と，もう一つは現在の埼玉県中心の旧武蔵国北半（以下北武蔵）に存在する，外面体部に不定方向のヘラ削り整形で，底部が弧状の「北武蔵型」土師坏32である。その他，隣国相模国の外面体部が，真横方向のヘラ削り整形の「相模型」土師坏33が出土する。このような奈良時代前半頃，各国単位の特徴ある土師坏の出現背景を述べたことがある[註37]。

　さらに興味深いのは，この準備段階にそれらの国単位・地域単位の坏が合体したような坏が，非常に僅かであるが存在することである。その一つは底部が弧状で器形は「北武蔵型」土師坏と同であるが，体部外面口縁下の上半は「南武蔵型」土師坏同様の「指頭圧」痕が残り，下半から底部にかけて「北武蔵型」土師坏同様の不定方向の「ヘラ削り」整形が施された坏34である。この「南武蔵型」と「北武蔵型」が合体したようなこの坏の名を敢えて言うなら，「南北武蔵型」（なんぼくむさしがた）と呼ぶべき土師坏である。さらに底部は平底で，体部下半は「相模型」土師坏同様の真横方向の「ヘラ削り」整形が施され，

器形的には「相模型」土師坏であるが，体部外面口縁下と体部下半真横方向のヘラ削りの間に，「南武蔵型」土師坏同様の「指頭圧」痕を残す坏35も存在する。これは「南武蔵型」と「相模型」が合体した坏で，「南武相型」（みなみぶそうがた）土師坏と呼びたい。但しこれら「南北武蔵型」土師坏，「南武相型」土師坏と命名した坏の出土量は非常に少なく，破片で出土した場合の確認には注意が必要である。

　この国分寺創建準備段階に於いて「平底盤状坏」とともに，このような国単位・地域単位の坏が合体したような土師坏が生み出された背景は，国分寺創建の準備段階に須恵器工人と，「南武蔵」の土師器製作者達の技術交流により「平底盤状坏」が作り出されただけでなく，集められた「相模国」と「南武蔵」・「北武蔵」の土師器制作者達との交流の所産と考えたい。

　さらに第Ⅰ部「3. 平底盤状坏」で，研修用試作窯M-1の東南直線約1kmの至近距離の研修センター的集落，多摩市東寺方遺跡の竪穴建物から，東北地方の8世紀前半の坏が1個体であるが出土していることは述べた。このことから準備段階には近隣国だけでなく，さらに広範囲な国からの土師器制作者達も参加したことが窺える

　なお，型式変遷図28には図示しなかったが，上述以外の前段階同様の弧状の底部から体部は，内湾か内湾気味に立ち上がり，器高が少し浅い皿状に近い土師坏も僅かに出土する。それらの坏は必ず底部に木葉痕を有し，稀に内外面赤彩されたものも存在する。

　土師器の甕は，前段階同様鬼高式の系譜上の長胴甕・丸胴甕・球胴甕の3者が存在する。いずれも胴部外面の「ヘラ削り」整形の方向は，頸部下胴部上半から底部まで縦方向か，胴部下半は斜めから横方向のものである（表2参照）。台付甕は前段階の第18段階から第31段階まで存在するので，以下の段階以降の記述での有無は省略する（表3参照）。

　甑は前段階同様，長胴甕の底を抜いた分厚く大型で，最大径は口縁部で単孔のものである。

3. 第20段階（750～770年）の窯式と土器内容

　この段階の窯式はMa-2前である。

　須恵坏の寸法は口径約16～17cm，底径約10.5～13.5cm，口径約15～16cm，底径約9.5～11.5cm，口径14～15cm，底径9.5～10.5cm，口径13～14cm，底径9～10cmである。口径・底径の寸法は，上述のサイズに大別される。36～

Ⅱ. 土器編年

40 はそれらのサイズに含まれる。口径と底径の差は約 4〜6cm で，器高は大形のものでも 3cm を越すものが少なく，器形は坏というより皿に近い。

この段階，新たな「底部切り離し」技法が出現する。それは回転台を静止してから切り離すのではなく，回転させながら切る「回転前引き」技法である。切り離された後，「全面回転ヘラ削り」整形されるものに加えて，「外周回転ヘラ削り」整形されるものも増えてくる。「全面回転ヘラ削り」整形された坏や，稀に「全面手持ちヘラ削り」整形されたものでは確認できないが，数少ないが「外周ヘラ削り」整形された坏の底部中央に残された僅かな平行気味の糸切り痕から，「回転前引き」であることが辛うじて確認できるのである。では前段階で 2 つの「静止糸切り」技法は，この段階で無くなったのであろうか。静止でも「かけ引き」で切り離した場合，左右の手の引き方で中央に残存する糸切り痕が，渦をまかず平行気味に流れる「回転前引き 1-(1)」も，左右の手の引き方で中央に平行気味に流れる痕跡を残すので，両者の切り方の見分けは難しい。「静止かけ引き」の切り方もこの段階に若干残っていると考え，表 2 には？を付けておいた。なお希に「外周手持ちヘラ削り」整形ものが存在する。

この段階，高台坏は存在するが，出土数も少なくなり図示できるものが無い。前段階同様，佐波理鋺の模倣の須恵埦 41 が存在するが，前段階の口唇端部の形状とは違い，口唇端部が丸く玉縁状に内側に肥厚するものである。このような口唇端部のものは，法隆寺献納宝物の佐波理重埦の一つに存在し，その模倣埦であろう。

前段階同様，42〜45 には，土師器と須恵系土師質土器の「平底盤状坏」が混在していることを承知いただきたい。

土師坏は前段階同様，「南武蔵型」土師坏 46，「北武蔵型」土師坏 47，「相模型」土師坏 48 が存在し，さらに数は少ないが前段階同様の「南武蔵型」と，「北武蔵型」が合体したような「南北武蔵型」の坏 49，「南武蔵型」と「相模型」が合体したような「南武相型」の坏 50 も存在する。これら「南北武蔵型」・「南武相型」の坏が存在する段階は，前段階 19 段階とこの 20 段階だけである。従ってこれらの土師坏の有無が両段階の指標となる。

土師器の甕は，前段階同様鬼高式の系譜である，三つの形態の甕も存在するなか，新たに外反した口縁部は分厚いが胴部から底部までが非常に薄くなる甕で，次段階に出現する「く」の字状口縁「武蔵型」の所謂原初「武蔵型」ともいうべき長胴甕が出現する（図 24-7・表 2・表 3 参照）。この甕は口縁部を除き頸部下から胴部以下を薄く「ヘラ削り」整形するため，頸部下横方向にヘラ

の切り込み痕が点々と連続して明確に残るのが特徴の甕である。

甑は前段階同様，分厚く大型で最大径は口縁部で単孔のものであるが，出土量は非常に少なくなる。

4. 第21段階（770〜790年）の窯式と土器内容

この段階の窯式はMa-2である。

須恵坏の寸法は，大きいものから口径約15〜16cm，底径約8〜12cm，口径約14〜15cm，底径約6〜11cm，口径約13〜14cm，底径約6〜9cm，口径約12〜13cm，底径約5.5〜8.5cmである。51〜54はそれらのサイズに含まれる。口径と底径の差は約4〜6cmとほぼ前段階と同様であるが，器高は3cm大を越すものが増えてきて皿状の器形は少なくなって行く。

この段階，「底部切り離し」技法は「回転前引き」だけとなり，静止で切り離される技法はおそらく無くなる。切り離された後の整形は，「全面回転ヘラ削り」と「外周回転ヘラ削り」の割合は約半々であるが，稀に「全面手持ちヘラ削り」整形や「外周手持ちヘラ削り」整形されたものも存在する。それら坏のなかには，数は少ないが体部下端底部の直上に「回転ヘラ削り」整形されるものや，さらに稀に体部下端が「手持ちヘラ削り」で整形されたものも存在する。

高台坏は前段階よりさらに数が少なくなり存在するが，図示できるものが無い。

大型の須恵埦56は，口縁が内側に折り返され玉縁状に肥厚し，その下に一条の沈線が巡っている。これは銅鋺である口縁が内側に折り返された佐波理埦の忠実な模倣で，内側の玉縁と折り返しを明瞭な沈線で表現しているのが特徴

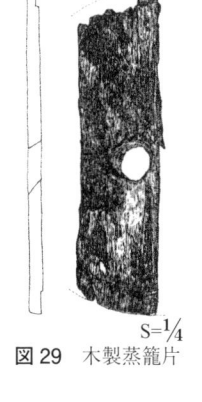

図29　木製蒸籠片

S=¼

である。55のような中型の内湾気味に立ち上がる須恵埦も存在する。計量用と考えられている須恵器の小さなコップ形57が存在する。

土師坏は，「南武蔵型」土師坏58と，「相模型」土師坏59は存在するが，前段階まで数少ないが存在した「南北武蔵型」と，「南武相型」の坏は完全に姿を消す。この段階頃に，数少ないが山梨からの搬入品である「甲斐型」土師坏60が出土してくる。図は底部片であるが，体部内面と底部見込みに放射状暗文が施され，底部は「静止張り引き糸切り」で切り離された坏である

土師甕の長胴甕は，前段階同様厚手の甕もごく僅か残存するが，以後定型化する非常に薄手の倒卵形「く」の

字状口縁「武蔵型」甕が出現する（図24-9・表2・表3参照）。

　分厚い単口の甑はこの段階で完全に消滅する。その理由は，薄手で煮沸効率が格段とよくなった「武蔵型」甕は脆く，分厚く重量のある大型の甑を乗せることができないためである。甑に代った蒸器は木製の蒸籠と考える。本遺跡の湿地帯から，図29のような円形の底に2〜2.5cmの穴をあけた蒸籠の底片が出土している。

　灰釉陶器はこの頃から出土しはじめ，共伴する窯式は折戸10号窯式（以後O-10）と井ヶ谷78号窯式（以下IG-78）が混ざり出土する（表2参照）。それらの産地は，猿投窯跡群諸窯のものと考えられる。

5. 第22段階（790〜810年）の窯式と土器内容

　この段階の窯式はMa-1である。

　須恵坏の寸法は，大きいものから口径約14〜15cm，底径約7〜10cm，口径約13〜14cm，底径約6〜9cm，口径約12〜13cm，底径約6〜9cm，口径約11〜12cm，底径約6〜8cmである。61〜64はそれらのサイズに含まれる。器形は62〜64のような皿状のものも残存するが，器高は3.5cmを越すものとなる。

　底部切り離しは「回転前引き」に「回転まわし」技法が加わる。切り離された後は，大半が「全面回転ヘラ削り」整形，「外周回転ヘラ削り」整形されたものである。稀に「外周手持ちヘラ削り」整形されたもの，ごく稀に「全面手持ちヘラ削り」整形されたものも存在する。さらにこの段階，ごく僅かに「回転糸切り」で切り離され，未整形のものが初めて出現する。またこの段階まで体部下端底部直上に「回転ヘラ削り」整形されるものが僅かに存在する。高台坏は65〜67のような口径約11〜13cm台，底径約6.5〜8.5cmの寸法のものが存在している。

　これらのは在地産のものであるが，この段階までごく一部であるが湖西窯産の高台坏が搬入されている。この段階以降，湖西産須恵坏・埦は完全に姿を消すが，壺・甕類は伝世品を含め湖西産のものが存在する。

　須恵埦は佐波理埦模倣の68と，埦と呼んでいいのか69のような坏を巨大にしたものが存在する。またこの段階以降から25段階にかけて，大型・中型・小型と3サイズに分れた埦が，各段階に存在すると想定されるが，都合よくその3サイズが揃って各段階に出土していないので，図28（3）に段階ごとに図示することができなかった。そこで第22段階〜第25段階に並べた70・83〜85・101〜103・119〜121はセットではないが，以下の各段階から辛うじ

て出土した塊を，大型・中型・小型に分け混合させて 3 個体ずつ載せてある。
70 は 22 段 階，83 は 25 段 階，84 は 24 段 階，85 は 26 段 階，102・103 は
24 段階，119・120 は 23 段階，121 は 24 段階出土のものであることを了承
して頂きたい。そのように 25 段階までは，70・83 のような小型，84・85・
101・102 のような中型，103・119〜121 のような大型の塊が存在していた
と想定できた。26 段階以降，高台の付かない大・中塊はほとんど出土しなくなり，
高台の付く小塊が僅かに存在する。

　また焼成前に外面底部に，ヘラ書きで「四合」と書かれているので，計量カッ
プと考えられる 71 が出土している。

　土師坏は，「南武蔵型」土師坏 72 と，「相模型」土師坏 73 が存在する。そ
の他図示してないが，この段階にも搬入品の「甲斐型」土師坏も存在すると考
える。

　土師甕の長胴甕は，完全に分厚い甕は無くなり，定型化した「く」の字状口
縁「武蔵型」甕となる（表 2 参照）。

　共伴する灰釉陶器の窯式は，黒笹 14 号窯式（以下 K-14）である（表 2 参照）。
それらの産地は，猿投窯跡群諸窯のものと考えられる。

6. 第 23 段階（810〜830 年）の窯式と土器内容

　この段階の窯式は G-37 前である。

　須恵坏の寸法は，大きいものから口径約 14〜15cm，底径約 7〜8cm，口径
約 13〜14cm，底径約 5〜9cm，口径約 12〜13cm，底径約 4〜8cm である。74
〜80 はそれらのサイズに含まれる。この段階になると，前段階同様の 75〜77
の皿状の坏も存在するが，74・78〜80 のように器高も約 4cm を超える坏があ
らわれてくる。この段階以降，そのように器高の低く浅い坏と，若干高く深い
坏の二つの坏群に分かれていく。

　底部切り離しは，前段階同様「回転前引き」・「回転まわし」技法で切り離さ
れた後，「全面回転ヘラ削り」整形されたものと，「外周回転ヘラ削り」整形さ
れたものが存在するが，「全面回転ヘラ削り」整形のものは少なくなり，その
代りか「外周回転ヘラ削り」整形でも，底部中心部近くまで整形され，糸切り
痕が僅か中心に残るものが存在する。さらに前段階同様に未整形のものも存在
する。体部下端底部直上に「回転ヘラ削り」整形されるものは無くなる。また
この段階に，左右に小さく短い長方形の把手が付くので，把手付高台坏とも呼
ぶべき 81・82 のような坏が出現しこの段階の指標となる。

Ⅱ. 土器編年

　須恵坏は，前段階の 22 段階で述べたように大型・中型・小型のサイズの坏
が存在する。

　所謂壺 G86 が，この段階から 25 段階までの 3 段階に，破片で図示できなかっ
たが存在する。壺 G は静岡県花坂島橋窯・助宗窯で，8 世紀後半〜9 世紀初頭
頃までに焼成されたと考えられている。この壺 G の用途について，「堅魚の煮
汁用器」など諸説があることは承知しているが，これは上述の双耳高台坏など
とともに，仏器の花瓶と考えたい。

　「南武蔵型」土師坏は，小振りの 87 若干大振りの 88，89 のような「相模型」
が存在する。また，体部内面と底部見込みに放射状暗文が施され，低い削り出
し高台を持つ「甲斐型」土師坏 90 も出土している。

　土師甕の長胴甕は，「く」の字状口縁の「武蔵型」甕から，口縁逆「コ」の
字状口縁の「武蔵型」甕へと変換して行く（表 3 参照）。

　共伴する灰釉陶器の窯式は K-14 である。それらの産地は，猿投窯跡群諸窯
のものと考えられる。

7. 第 24 段階（830〜850 年）の窯式と土器内容

　この段階の窯式は G-37 である。

　須恵坏の寸法は，大きいものから口径約 13〜13.5cm，底径約 6.5〜7.5cm，
口径約 12〜13cm，底径約 5〜7.5cm，口径約 11〜12cm，底径約 5〜7.5cm，口
径約 10〜11cm，底径約 5〜7cm である。91〜98 はそれらのサイズに含まれる。
前段階で述べたように外反気味に立ち上がり器高が 3cm 大と低い 92〜94 の坏
群と，体部がやや内湾気味に立ち上がり器高が 4〜5cm と高い 91・95〜98 の
坏群に明確に分かれて行く。

　底部切り離しは，前段階同様「回転前引き」・「回転まわし」技法で切り離さ
れた後，「全面回転ヘラ削り」・「外周回転ヘラ削り」整形されたものと，この
段階大幅に増えた未整形のものと約半々出土する。

　極少量しか存在しなかった小型の高台坏は，99 のようなもの以外は消滅する。
ただ前段階の仏器と考えた把手付高台坏は，把手が取れ体部はほぼ直立に立ち
上がり，若干小振りとなった 100 のような高台坏となり存在する。この高台坏
は大まかに小型・中型・大型のサイズが存在し，これも金属器模倣の仏器であ
ろう。この高台坏 100 には，天井部が角張るこれもまた，金属器模倣と考えら
れる 104 のような須恵蓋がセットで付くと考える。

　土師坏は体部の指頭圧痕が雑で，口縁部が強く外反する小振りの「南武蔵型」

142

土師坏 105 と，口縁部が外反しない大振りの 106，真横方向にヘラ削り整形された「相模型」土師坏 107 が存在する。

　土師甕の長胴甕は，「く」の字状口縁の「武蔵型」甕と，「コ」の字状口縁の「武蔵型」甕に加えて，口縁部が短く折れ外反する短口縁で，胴部が分厚い平底の甕が僅かであるが出土してくる。代表として表 3 に載せた甕を「短口縁平底甕」と呼びたい。

　共伴する灰釉陶器の窯式は K-14 である。それらの産地は，猿投窯跡群諸窯のものと，一部東濃諸窯のものが存在する。この段階に窯式 K-14 の緑釉陶器の段皿などが出土する。産地は灰釉陶器同様，猿投窯跡群諸窯産である。

8. 第 25 段階（850〜870 年）の窯式と土器内容

　この段階の窯式は G-59 である。

　須恵坏の寸法は大きいものから口径約 13〜14cm，底径約 6〜8cm，口径約 12.5〜13cm，底径約 5〜8cm，口径約 12〜12.5cm，底径約 5〜7.5cm，口径約 11〜12cm，底径約 5〜7cm，口径約 10.5〜11cm，底径約 5〜7cm である。108〜115 はそれらのサイズに含まれる。前段階同様，器高が 3cm 大と僅かに低い坏群 108〜111 と，4cm 大の僅か高い坏群 112〜115 の 2 種類に分かれ存在する。

　底部切り離しは，この段階に小川氏の言う「回転離し」が出現する。従って切り離しは，この段階「回転前引き」・「回転まわし」と僅かに「回転離し」で切り離されている。同時に「全面回転ヘラ削り」整形はほとんど無くなり，「外周回転ヘラ削り」整形も少なく，大半は未整形のものとなる。その未整形の坏は，口径 12cm＝底径 6cm× 2 のサイズを中心としてその前後サイズが主流である。そのように口径:底径比が，ほぼ口径≒底径× 2 のサイズが G-59 窯式の指標である。

　前段階同様で把手が取れ，直立気味に立ち上がる金属器の仏器模倣の高台坏は，口径サイズが少しずつ違う 116〜118 が存在する。それらとセットとなる蓋は，金属器模倣の 122 である。高台の付かない須恵坏は，大型・中型・小型のサイズの坏が存在する。この段階に摘みの無い蓋すなわち無摘の蓋 123 と，灰釉陶器模倣と考えられる高台皿 124 が出現する。これらが指標となる段階である。

　「南武蔵型」土師坏は，前段階同様体部の指頭圧痕が雑で口縁部が強く外反する小振りな 127 と，大振りで口縁部が外反しない 128，「相模型」土師坏は 129 のようなものである。

　以上，「南武蔵型」土師坏が出土するのは，この段階までで以後はほとんど

Ⅱ．土器編年

出土しない。そのことに呼応するように，この段階から第19段階の「平底盤状坏」以来，姿を消していた「煙管窯」で焼成された須恵系土師質土器の坏125・126 がその姿を現す。口径約 11〜12cm，底径約 6cm，器高約 3.5〜4cm で，G-59 の須恵坏 112・113 の器形と寸法はほぼ同じである。これ以降，須恵坏・塊と同器形・同寸法の須恵系土師質の坏・塊が，第 30 段階まで並行して存在する。

その理由は国分寺創建準備段階に須恵器工人により，土師器製作者達は須恵器製作・窖窯構築技術・焼成技術とともに，煙管窯構築技術・焼成技術なども伝授されたことは既述した。「煙管窯」で須恵系土師質土器の「平底盤状坏」が主に作られたのは，その準備段階第19段階（730〜750年）だけであった。その後は需要が多い須恵器生産を優先させて専念してか，須恵系土師質土器の坏などが焼成されることはなかった。それが約100年後の国分寺再建期であるこの第25段階（850〜870年）から以降，さらに須恵器生産が増産体制に向かい「窖窯」に窯詰めできなかった須恵器を，出現期・国分寺創建準備期間同様「煙管窯」で再び焼成しはじめたと想定される。

この段階に，土師甕の長胴甕「く」の字状口縁「武蔵型」甕は消滅するが，「コ」の字状口縁の「武蔵型」甕は残存している。それに加えて前段階あらわれた「短口縁平底」甕と，新たに「台状底部」の甕が僅かに出土してくる（表3参照）。この段階以降この二つの甕は，8世紀後半以降胴部の器厚が一番薄い部分が2mm〜3mmの「武蔵型甕」に取って代るが，「短口縁平底」甕は大型，「台状底部」の甕は中型・小型が存在し，大半が木葉底である。

共伴する灰釉陶器の窯式は，黒笹 90 号窯式（以下K-90）である。それらの産地は，猿投窯跡群諸窯のものと，僅かであるが静岡所窯のものが存在する。緑釉陶器も K-90 で，産地は猿投窯跡群諸窯産である。

9. 第 26 段階（870〜890 年）の窯式と土器内容

この段階の窯式は G-25 である。

須恵坏の寸法は，大きいものから口径約 12〜13cm，底径約 5〜6.5cm，口径約 11〜12cm，底径約 4.5〜6cm，口径約 10.5〜11cm，底径約 5〜6cm である。130〜137 はそれらのサイズに含まれる。前段階同様，器高が約3cmの130〜133 と，約4cm以上の134〜137 の2種類の坏群が存在する。その中で器高が5cm近い深い坏137 が出現してくる。器形は口径と底径の差が大きくなり，体部が開く器形となる。

この段階以降，須恵器生産終了の第30段階まで，底部の切り離しは「回転前引き」・「回転まわし」・「回転離し」のいずれかで切り離され，未整形のものとなる。ただ「回転離し」切りの坏は少ない。前段階まで存在した無高台の大型・中型・小型の埦はほとんど姿を消す。入れ替わって口径約16.5cm・器高約7.5cmの大型の坏に，高台が付いた138のような大埦と呼ぶべきものが出現する。また前段階までに存在した，体部が直立気味に立ち上がる仏器と考えた高台坏は消滅する。これに変わり若干丸みを持ち外傾し立ち上がる，おそらく緑釉陶器の小を模倣したものと考えられる小埦139が出現する。この小埦には蓋は付かない。

前段階同様の無摘の蓋140も少ないが存在する。さらに新たにその無摘の蓋が逆転したような，無高台の皿141が出現する。その蓋と皿の違いは，蓋は口唇部が垂れ下り，皿は僅かに外反するので判別できる。前段階同様灰釉模倣の高台付き皿142も存在する。この3者が揃い出土するのは，この段階だけでこの段階の指標となる。

須恵系土師質の坏は前段階より増え，器高4cm以上の須恵坏と同形の143～146，なかには須恵坏137と同様の器高5cm以上の深い坏146が存在する。

土師坏は，底部近く真横方向に「ヘラ削り」が施された「相模型」土師坏147や，体部内面に放射状暗文を施した「甲斐型」土師坏148が僅かに出土する。このように相模国・甲斐国より搬入される土師坏もこの段階までで，土師坏は第31段階に再興土師坏が出現するまで出土しない。

この段階に「コ」の字状口縁「武蔵型」甕が完全に消滅する。代って大型の「短口縁平底」甕と，小型の「台状底部」甕が多く出土してくる（表3参照）。

共伴する灰釉陶器の窯式はK-90である。それらの産地は，猿投窯跡群諸窯のものは少なくなり，この段階から一部清ヶ谷窯を含む静岡産が増えてくる段階である。緑釉陶器はK-90で，産地は猿投窯址群諸窯である。

10. 第27段階（890～910年）の窯式と土器内容

この段階の窯式はG-5古である。

須恵坏の寸法は，大きいものから口径約14～15cm，底径約5～6cm，口径約13.5～14cm，底径約5～6cm，口径約13～13.5cm，底径約5～6.5cm，口径約12～13cm，底径約4.5～7.5cm，口径約11～12cm，底径約4～6.5cmである。149～154はそれらのサイズに含まれる。底部の切り離しは「回転前引き」・「回転まわし」・「回転離し」のいずれかで切り離され，未整形である。器形は前段

Ⅱ．土器編年

階までのように，器高 3cm 大・4cm 大と明確に分かれず，大別して高台の付か
ない小型 149～151，中型 152～154，低い高台の付く大型坏 155・156（墨
書「土」），さらに口径約 16cm・器高約 7～7.5cm の特大坏ともいうべき 157・
158（墨書「穴」）に分かれる。また無摘の蓋は消滅するが，前段階に続き緑釉
陶器模倣の小型坏 159，無高台皿 160，灰釉模倣の高台皿 161 は辛うじて存
在する。

　須恵系土師質土器の坏も，須恵坏に対応する小型 162・163，中型 164・
165，高台が付く大型サイズの 166 が存在する。

　土師器の甕は，前段階同様「短口縁平底」甕と「台状底部」の甕である。

　共伴する灰釉陶器の窯式は K-90 である。産地は静岡産が大半を占めるよう
になる。この段階以降，緑釉陶器の出土が増え，K-90 で産地は猿投窯跡群諸
窯である。

11. 第 28 段階（910～930 年）の窯式と土器内容

　この段階の窯式は G-5 中である。

　9 世紀代の南多摩窯跡群の須恵坏は，極力灰色に仕上げるために焼成の最終
段階に窯内を還元状態に密封して焼き上げ，製品が完全に冷え酸素を吸い褐色
にならないまで待って窯出しをしてきた。この段階の窯式 G-5 古以前の段階に
も，焼成中に酸素を吸い込み褐色となった須恵坏は幾つか存在していた。しか
し，この窯式 G-5 中以降，おそらく酸素を吸い褐色・赤褐色となった須恵坏が
増えはじめ，灰色の須恵坏とほぼ半々ぐらいの割合で出土してくる。その理由
は，この段階の窯は焼成後，還元状態を保って長時間かけて冷まさず，ある程
度窯内が冷えたら酸素が窯内に流入し，かなりの製品が褐色となってもかまわ
ず，製品として取り上げる窯の存在が想定される。このことは何をあらわして
いるのであろうか。須恵器とは初期須恵器以降，奈良時代頃までは金属器の忠
実な模倣ゆえ，その質感である黒灰色ないしは青灰色に仕上げるため，膨大な
時間と手間をかけ焼成し最大限の努力をしてきた。しかし，平安時代に入ると
この努力を怠り，この段階以降，焼成時間も密封期間も手抜きした生産を行う
ようになる。このことはこの段階頃になると，律令体制下の土器製作の根幹で
あった仏器としての須恵坏（灰色）の崩壊過程を，如実にあらわしていると考
えたい。

　須恵坏の寸法は，大きいものから口径約 14～15cm，底径約 5～7cm，口径約
13～14cm，底径約 4.5～6.5cm，口径約 12～13cm，底径約 4～6.5cm，口径約

11〜12cm，底径約4.5〜6cmである。167〜173はそれらのサイズに含まれる。器形は，前段階に引き続き大別して小型167〜169，中型170〜172と，173は高台も付かず中型の坏であるが，器高も5cmと深いので塊に分類した。高台の付く中型の塊は174，大型塊は175，特大塊は176である。底部の切り離しは「回転前引き」・「回転まわし」・「回転離し」のいずれかで切り離され，未整形のものである。

　無高台皿177，灰釉模倣の高台皿178・179が存在するが，無高台皿はこの段階で消滅する。

　本遺跡のこの段階に，概述したように頸部と胴部の接合部分にリング状の凸帯を有する福島県会津若松市大戸窯産の長頸瓶180が搬入されている。この凸帯は補強としての粘土帯と考えられるが，大戸窯で作られる長頸瓶の特徴である。大戸窯の製品は東北中心に分布するが南関東で確認された（1997年の報告時）唯一の例である。比較対照として載せた。

　須恵系土師質土器の坏も増えはじめ，図示したのはすべてのサイズではないが，小型181・182，中型183・184，中型に高台の付いた塊185が存在する。須恵塊同様，特大の高台付き塊186も存在する。

　土師器の甕は，「短口縁平底」甕と小型の「台状底部」の甕である。

　この段階，灰釉陶器・緑釉陶器の出土が非常に多く。共伴する灰釉陶器の窯式は，折戸53号窯式（以下O-53）で，産地はすべてと言っていいぐらい静岡諸窯となる。出土する緑釉陶器の産地は，猿投窯産に加えて京都府洛北・洛西窯産や産愛知県尾北窯産のものや，一部近江産が見られる。

12. 第29段階（930〜950年）の窯式と土器内容

　この段階の窯式はG-5新である。

　須恵坏の寸法は，大きいものから口径約15〜15.5cm，底径約5〜6.5cm，口径約14〜15cm，底径約5〜6.5cm，口径約13〜14cm，底径約4.5〜6cm，口径約12〜13cm，底径約4〜6cm，口径約11〜12cm，底径約3.5〜6cmである。187〜193はそれらのサイズに含まれる。底部の切り離しは「回転前引き」・「回転まわし」・「回転離し」のいずれかで切り離され，未整形のものである。大別して小型187〜189，中型190〜193，大型塊は高台の付かない194・195と，大型の高台付塊196（墨書「土」），特大の高台付塊197・198が存在する。

　この段階まで199・200のような灰釉模倣の高台皿は存在するが，この段階を最後に消滅する。この高台皿や前段階に消滅した無高台皿，第26段階に消

Ⅱ．土器編年

滅した摘みの無い蓋の3者の共伴関係は，須恵坏・埦だけでは明確にできない各段階の指標となるので，今1度この3者の出現段階から消滅段階と共伴段階を明確にしておく（図28（2）～（3）参照）。

第25段階（850～870年）G-59窯式に，無摘蓋123と高台皿124が出現する。第26段階（870～890年）G-25窯式に無高台皿141が出現し，無摘蓋・高台皿の3者が揃う。この3者が揃う段階はこの段階だけである。第27段階（890～910年）G-5古窯式には無摘蓋が消滅し，無高台皿160・高台皿161だけとなる。第28段階（910～930年）G-5中窯式には前段階同様，無高台皿177・高台皿178・179が存在する。第29段階（930～950年）G-5新窯式には，無高台皿は消滅しており高台皿199・200だけが存在する。第30段階（950～970年）G-14窯式には高台皿も消滅する。以上が，無摘蓋・高台皿・無高台皿の共伴関係と変遷である。

この29段階，前段階より須恵坏の生産過程の手抜きがさらに進み，灰色に焼き上がった坏・埦は少なくなり，色調が赤褐色・褐色で焼き上がったものが多くなる。

それに呼応するかのように，須恵系土師質土器の坏は増続け，須恵坏と同様のサイズをすべて図示できないが，小型201～203，中型204～206，大型高台付き埦207が存在する。

土師器の甕は前段階同様，「短口縁平底」甕と「台状底部」の甕である。

共伴する灰釉陶器の窯式はO-53である。産地はすべて静岡諸窯である。出土する緑釉陶器の産地は猿投窯産のものが残るが，伝世された古い段階のものである。加えて京都府洛北・洛西窯産や産愛知県尾北窯産のものや，一部近江産が見られる。

13. 第30段階（950～970年）の窯式と土器内容

この段階の窯式はG-14である。この窯式は生産窯自体が未発見でありながら，南多摩窯跡群の最終窯式と長きに渡り考えられてきた。本窯跡群を長年調査・研究されてきた服部敬史氏は，この窯式の製品を焼成した窯が発見されないので，生産実態の不明な窯式は認められないとして，南多摩窯跡群の最終窯式としてのG-14は撤回した[註38]。

しかしG-5新無き後，本遺跡・武蔵国府・国分寺関連をはじめとする周辺集落や，相模国の各地の集落の遺構内から，以下のG-14の特徴を示す赤褐色や黄褐色の坏・埦が出土している。それらは，口径が大きいものは約14～14.5cm，

148

底径約 4〜5.5cm，口径約 13〜14cm，底径約 4〜5.5cm，口径約 12〜13cm，底
径約 4〜5.5cm，口径約 11〜12cm，底径約 4〜4.5cmで，おおよそ口径≒底径×
3 の数値を示す。大別すると底部がやや突出し底部から体部が僅かに内湾気味
に外傾して立ち上がり，玉縁状の口唇部が僅かに外反する器肉が薄手のものと，
若干上げ底や突出した分厚底部より，器肉も僅かに分厚く外傾して立ち上がる
坏群が出土する。他に大型の高台付埦が出土している。

　図 28 (7)・(8) には前段階同様に一応，灰色・灰白色の 208〜214 が須恵坏・
埦，それらと同形・同寸法で赤褐色や黄褐色に焼き上がった 215〜221 を，須
恵系土師質の坏・埦と分けて載せておいたが，一応とした訳を述べる。

　長い間南多摩窯の最終窯式と認定されてきた G-14 は，消費地である武蔵国・
相模国の多くの集落や，生産地である多摩丘陵の工房跡と考えられる竪穴建物
から出土しているのに，何故か焼成した窯が見つからないのである。その理由
を考えてみたい。

　G-14 は南多摩窯跡群の最終窯式で，G-5 などと比べたら，作られ生産量は少
ないと想定される。既述してきたように，G-59 窯式以降，「窖窯」で焼成され
た須恵坏・埦と，「窖窯」で窯詰めできなかった製品を「煙管窯」で焼成され
たと考えられる須恵系土師質坏・埦の両者が存在し，G-14 も同様に考えて来た。
しかし，G-14 は灰色・灰白色で固く薄く焼き上がった坏・埦は非常に少なく，
赤褐色・黄褐色でやや分厚く焼成された坏・埦の方が多く出土する。その数少
ない 208〜214 のような須恵器とした灰色や白灰色で焼き上がるものは，果た
して「窖窯」で焼成されたものであろうか。窯数が非常に少なくなったとは言
え「窖窯」で焼成されたと考えるのが常識であろうが，G-14 窯式の坏・埦は，
大半が明確な痕跡が残らない「煙管窯」だけで焼成されたと考えたい。

　「煙管窯」は，内面黒色処理する坏・埦も併焼される場合もあり，その場合
天井部は開けられ焼成する。大半の坏・埦が赤褐色や黄褐色なのはその理由で
ある。時として内面黒色処理する坏・埦は併焼せず，焼成温度をより上げるた
め天井部を第Ｉ部の図 12 に画いたように，土師器の「覆焼き」同様，藁と藁
灰で覆い密封して焼成する場合もある。その場合多くの坏・埦を重ね，縦に何
列も隙間なく無駄なく並べ窯詰めされる。そのなかで僅かであるが，灰色・灰
白色に焼き上がるものがある。それらは燃成室でも窯底に近い下方に重ね置か
れた製品で，還元状態で他の製品より硬く焼き締まり，奇跡的にあまり空気に
触れず冷え，灰色・灰白色に仕上がり，取り出された数少ない製品であろう。
また，煙管窯内で同時に焼成された赤褐色・黄褐色のものでも，窯内の置かれ

Ⅱ．土器編年

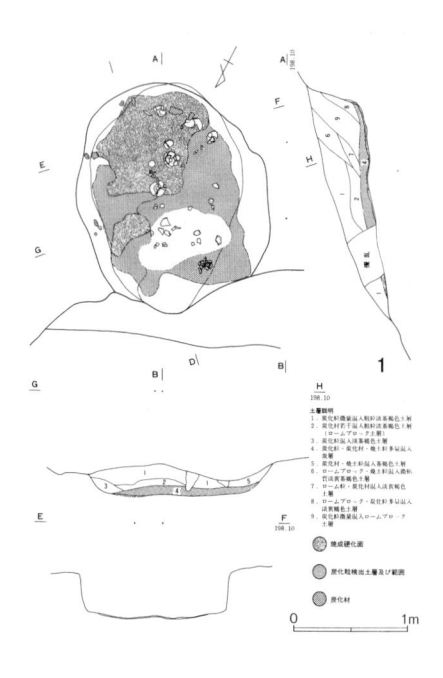

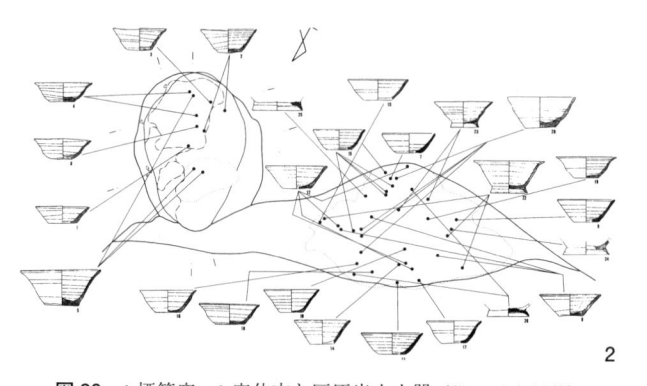

図 30　1 煙管窯　2 窯体内と灰原出土土器（註 14 より転載）

150

[7] 落川・一の宮遺跡第18段階以降の窯式と土器内容

た位置や炎の受け方で薄手のものや，やや分厚いものが混在して焼き上がる。

　G-14窯式の焼成窯が見つからないのは，土中をくり抜いたり掘り込んだりし痕跡が残る「窖窯」（地下式・半地下式）でなく，地上に築かれ痕跡が残らない「煙管窯」だけで焼成したからと考えたい。数回焼成して壊れたらそのまま廃棄して置けば，痕跡は燃焼室の下面の焼土と破損品が若干残るだけである。また上部の構造を意識的に徹底して破壊し，廃棄された場合もあったであろう。したがって分布調査で褐色の破片や，坪掘りで焼土面や僅かな灰層を見つけることができても，「窖窯」のように窯体全体を明確に見つけることが，できなかったのである。大半は痕跡を残さない遺構なので，偶然に焼土・破損品が検出された場合，捨て場などと解釈されるであろう。そのような「煙管窯」は南多摩窯跡群に確実存在し，G-14の製品を第30段階（950〜970年）の各集落に供給していたと考える。

　唯一1990年に，南多摩窯跡群の山野美容芸術短期大学建設に先立つ調査で，須恵器の「窖窯」でなく「土器焼成遺構」として報告された遺構がある[註39]。報告書によると「須恵質土器」の「焼成遺構」と報告されているが，この遺構は「煙管窯」の上部構造が無くなり，下部構造の焚口・燃焼室の焼土化した下底面の一部が残存したものと考えられる（図30-1）。そのようにこの「焼成遺構」が「煙管窯」の底面の残存部であるならば，この時「土師質土器」として報告された土器は須恵系土師質土器で，窯式はG-14か若干古くG-5新に近い窯式と考えられる（図30-2）。

　型式変遷図28（7）・（8）に戻る。このG-14段階の坏・埦は，資料としては少ないが，上述のように一応薄手で灰色・灰白色のものを，須恵坏・埦208〜214として断面に斜線を入れ，僅かに分厚く赤褐色・黄褐色のものを，須恵系土師質土器215〜221として分け載せてある。208〜213の寸法は，口径約11〜13.5cm，底径約3〜約4.5cm，器高約2.5〜約4cm，大型の高台付き埦214は口径約15.5cm・高台径約6.5cm・器高約7.5cmである。215〜221の寸法は，口径約11〜13.5cm，底径約4〜約5cm，器高約3〜約4.5cm，中型の高台付き埦220は，口径約13.5cm・高台径5.5cm・器高約5.5cm，大型の高台付き埦221は，口径約14.5cm・高台径12.7cm・器高約5.5cmである。

　土師器の甕は前段階同様，「短口縁平底」甕と「台状底部」の甕である。

　共伴する灰釉陶器の窯式はO-53である。産地はすべて静岡諸窯である。出土する緑釉陶器の産地は，猿投窯産の伝世品は無くなり，京都府洛北・洛西窯産や愛知県尾北窯産のものである。

151

8 須恵器生産終了後（窯式無き後）段階の土器内容

　以上，南多摩窯跡群をはじめとする須恵坏の寸法・底部切り離し技法・底部整形により窯式が確立され，その変遷が明確に掴めた本遺跡の第18段階（710〜730年）〜第30段階（950〜970年）の窯式と，共伴する土器の変遷を述べてきた。それ以前の共伴須恵器が明確でない，第18段階以前の第3段階〜第17段階の土器編年は，陶邑古窯址群の型式変遷から段階と，その年代を決めたことは先に述べた。

　以下，「窖窯」による須恵器生産が完全に終了した，第31段階以降の土器編年は，何を指標にして決めたかを述べる。第31段階（970〜990年）〜第33段階（1010〜1030年）は，第25段階（850〜870年）に「南武蔵型」土師坏が途絶えて以来，土師埦が再び出現し編年の指標となる。そのように土師埦が再び出現するという意味で，「再興土師埦」と命名した。それらは，高台の付く大型の埦，高台の付かない大型の埦，高台の付かないやや小型の坏に近いサイズのものが存在する。いずれも「粘土紐巻上げ」による成形の痕跡を，「指頭圧」で消しながら，「ヘラ削り」で雑に整形した，分厚く粗雑な作りを特徴とする埦である。

　それら内，高台の付く大型埦を形状から，A-1タイプ・A-2タイプ・Bタイプ・Cタイプの4タイプに分類した。Bタイプ・Cタイプは，一部内外面黒色処理されたものも存在するが，内面だけ黒色処理されたものが多く，さらに体部外面の「粘土紐巻上げ」成形痕を消さないで残すものが多い。高台の付かない大型の埦は，一部「粘土紐巻上げ」成形痕を残しながら，体部外面に3〜4段の「指頭圧」痕を残すa-9タイプとした（図31）。

　それら「再興土師埦」と，須恵器生産終了後の須恵系土師質埦・坏・小皿の消長をあらわした表が表4である。

　高台の付かない埦は，外面体部の「指頭圧」による整形や，その後の雑な縦・横ヘラ削りの方向・範囲，「指頭圧」痕の残された位置などよりa-3〜a-8タイプと，小型で坏に近いタイプを，bタイプ・cタイプに分けた。大型のa-3は，体部外面「粘土紐巻上げ」成形を消すための「指頭圧」痕はそのまま残し，体部外面下端の底部近くを縦方向に「ヘラ削り」整形するタイプで，体部内面は縦方向にヘラナデされるものが存在する。a-4は，体部外面に縦方向に2段の「ヘラ削り」整形で「指頭圧」痕を消すが，口縁下に消し切れない「指頭圧」痕が

152

8 須恵器生産終了後（窯式無き後）段階の土器内容

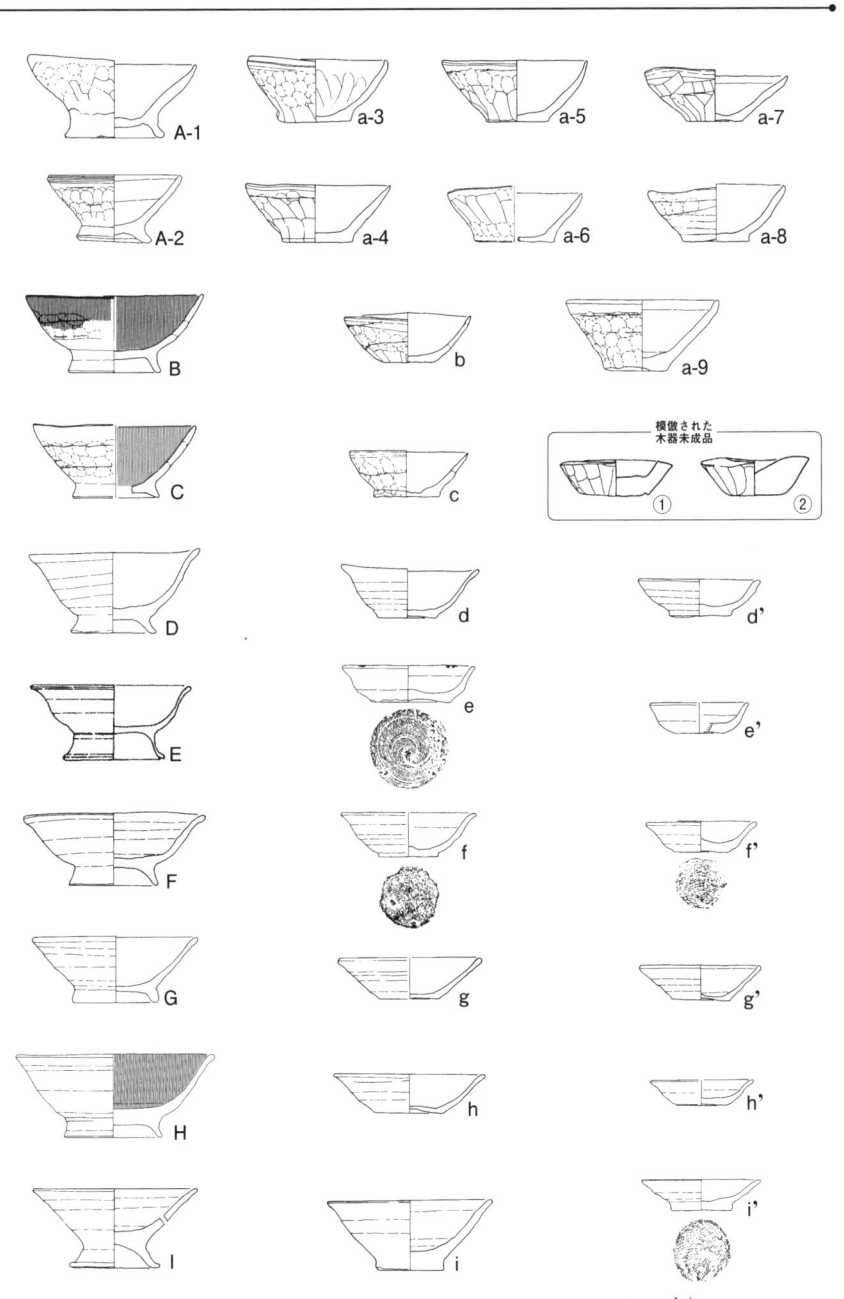

図31　再興土師器・須恵系土師質土器タイプ図　S=1/6

II. 土器編年

表4 再興土師坏・須恵系土師質坏・坏・小皿タイプ消長表

段階	第31階	第32段階	第33段階	第34段階	第35段階
年代	970～990年	990～1010年	1010～103年	1030～105年	1050～107年
再興土師器坏タイプ					
A-1	○	×			
A-2	○				
a-3	○	○	○	×	
a-4	○	○	×		
a-5	○	○	○	×	
a-6	○	○	×		
a-7	○	×			
a-8	○				
a-9	?	○	×		
B	○	○	×		
b		○	○	×	
C		○	×		
c		○	○	×	
須恵系土師質土器坏・坏・小皿タイプ					
D	○	○	○	×	
E	○	○	○	○	×
F	○	○	○	○	○
G	○	○	○	○	○
H	○	○	○	○	○
I	○	○	○	○	○
d	○	○	○	×	
e	○	○	○	○	
f	○	○	○	○	×
g	○	○	○	○	
h	○	○	○	○	
i	○	○	○	○	○
d'			○	×	
e'				○	○
f'			○	○	○
g'			○	○	○
h'				○	○
i'				○	○

8 須恵器生産終了後（窯式無き後）段階の土器内容

僅かに残るタイプ。a-5 は,体部外面下半は縦「ヘラ削り」整形,上半は「指頭圧」痕が残るタイプ。a-6 は体部外面縦「ヘラ削り」整形で,その下底部外面に沿って「指頭圧」痕が残るタイプ。a-7 は,体部外面口縁下は横方向の「ヘラ削り」整形,下半は縦「ヘラ削り」整形が施されるタイプ。a-8 は,体部外面口縁下は「指頭圧」痕が残るが,下半はナデ整形で「指頭圧」痕を消しているタイプで数は少ない。それら a-3～a-8 はすべて底部が若干突き出ている。

　小型の b は体部外面が「指頭圧」による押え,底部外面に沿って横方向に「ヘラ削り」整形が施されるので,底部は突き出ないタイプ。c も小型で,体部に「粘土紐巻上げ」成形痕も「指頭圧」による押え痕も明確に残し,底部が突き出た器として非常にベーシックなものである。

　そのように,再興土師坰を大文字の A と小文字の a をつけ分類した。A-1・A-2 タイプ・a-9 タイプは,サイズの違いと高台が付くか付かないかの違い,器形・寸法がほぼ同じの a-3 タイプ～a-8 タイプは,「指頭圧」と「ヘラ削り」整形の位置・方向の違いで細かく分類して分けた。これら須恵器生産終了後にあらわれる大型・小型の再興土師坰は,何かを模倣したものであるが,何を模倣したかは後に述べる。

　以上の再興土師坰は,須恵器生産終了した直後の第 31 段階（970～990 年）に,突如として高台の付く A-1 タイプ・A-2 タイプ・B・C タイプと,高台の付かない a-3～a-9・b・c タイプが出現するが,第 33 段階（1010～1030 年）ですべて消滅する。

　一方,第 30 段階まで須恵坏・坰とともに,同形・同寸法で存在した須恵系土師質坏・坰は,須恵器生産終了後の第 31 段階以降も,絶えることなく継続して生産されている。しかし,須恵坏・坰の生産が終了しているので,厳密には「須恵系」とは言えなくなる。では何の器形を模倣し生産を続けたのであろうか。E～I の須恵系土師質坰を詳細に観察すると,この段階には灰釉陶器・緑釉陶器は生産されているのでそれらと,当時日常食器として多く使われていた「あったのに無くなった」木器を模倣したと想定される。

　その器種と器形の特徴を述べると,再興土師坰と若干違い,大型・中型・小型,高台付・高台の付かないタイプに分かれ存在する。大文字D～Iは,大型で高台付の坰タイプ,小文字d～iは中型で高台の付かない坏タイプ,その小文字の右上にダッシュを付けたものを小皿タイプとする。

　そのように分類した各タイプの器形と特徴を説明する。D タイプ・d タイプ・d'タイプの器形は,器高が若干高く体部中央に僅かな膨らみがあり,口縁部が

155

Ⅱ. 土器編年

僅かに外反するものである。Eタイプ・eタイプ・e'タイプの器形は，口径と底径の差があまりなく皿に近い器形である。丸味をおびた体部から，口縁部が大きく外反する。Eタイプの高台は高く，接地面で大きく外反する。この中型坏eタイプの底部の糸切りは，小川氏の言う「回転離し」切りの一つで，糸を離し引き抜かないでおくと，糸の端が中心に巻き込まれ，拓図（図32）のように，同心円状に残る「回転離し」で切り離されているのが最大の特徴である。この切り方は，かつて「中心切り」と名付けて発表したことがある（註40）。Iタイプ・iタイプ・i'タイプの器形は，直線的な体部で底部が分厚く突き出た器形である。

　以上D～d'・E～e'・I～i' の3タイプを，胎土と切り離し方や器形から，白木の木椀・小皿を模倣したと想定した。特徴を簡単に述べると，Dタイプ・dタイプ・d' タイプはともに胎土に特徴がある。それは木地に似せた吸水性がある非常に木目細かい胎土で，見た目と手触りで木器に似せたと考えられる。eタイプの同心円状切り離し痕は，小川氏の言う「離し切り」（図27-1）の一種であるが，木塊などが横軸の「轆轤挽き」で切り離された時，底面の中心部にヘソ状に残る切り離し痕に似せたと考えたい。I～i' の内特にiタイプは，体部は直線的で底部が分厚く突き出て一見して，白木の木椀の底を思わせる作りである。

　Fタイプ・fタイプ・f'タイプは，内湾する体部から口縁部が外反する器形である。Gタイプ・gタイプ・g'タイプの器形は，底部から体部・口縁部まで直線的に立ち上がるもので，その高台が付く大型の坏F・Gタイプは，共伴する灰釉陶器窯式である虎渓山1号様式・東山72号窯式や，静岡産諸窯産の坏の高台・器形などを模倣しようとする意図が窺える。

　Hタイプ・hタイプ・h'タイプは，底部よりほんの僅か内湾気味に立ち上がり，口縁部で若干外反する器形でともに作りが丁寧である。Hタイプは緑釉坏の模倣と考えたい。そのアピールの意味で，Hタイプの大半は内面黒色処理されたものが多い。なお少量でタイプ分けできないので，図示しなかったがこのタイプ以外，高台径が小さ

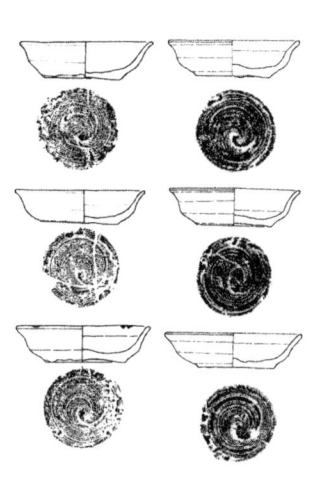

図32 須恵系土師質坏eタイプ（中心糸切り）S=$\frac{1}{6}$

　　　　　　　　　　　　　　　⑧ 須恵器生産終了後（窯式無き後）段階の土器内容

く体部内面に丁寧なヘラ磨きと，黒色処理が施され腰部が丸味をおび立ち上が
る緑釉小坏を忠実に模倣したものも出土する。
　須恵器無き後の須恵系土師質坏・坏・小皿は，以上のように大まかに木器模
倣の大型で高台の付くD・E・Iタイプ，灰釉陶器模倣の大型で高台の付くF・
Gタイプ，緑釉陶器模倣の大型で高台の付くHタイプの6タイプに分けられる。
さらにそれら木器・灰釉陶器・緑釉陶器模倣の大型高台坏の器形にならい，高
台を付かない中型の坏，小型の小皿を作り出している。その大型・中型・小型
という器形の存在を巨視的にみれば，その後出現する無施釉の大・中・小の灰
釉山茶坏などにみられる，中世土器的様相へ変容して行く過程が窺えると考え
たい。
　以上，図31の分類と表4より須恵系土師質の坏・坏の存在と変遷は，須恵
器生産の終焉とともに模倣対象が，木器・灰釉陶器・緑釉陶器へと移って行く
過程を如実にあらわしている。先程述べた再興土師坏もそのような観点で見直
せば，荒い縦ヘラ削りを施すA-1タイプ・A-2タイプ・a-3タイプ～a-9タイプ
は，図31-①・②のような轆轤挽き木椀の仕上げ前の粗雑な「荒木地」未成品
段階の状態を，忠実に模倣したものと考えられる。それらに対して，先述した
ように再興土師坏Bタイプ・Cタイプは，体部内面黒色のものが多く，一部は
体部内外面黒色のものが存在する。須恵系土師質坏より明確さに欠けるが，高
台の形状などからも土師坏Bタイプは緑釉坏，土師坏Cタイプは灰釉坏の模倣
を意図とした可能性が考えられる。
　以下，以上のことを念頭に第31段階以降の土器内容を述べて行く。編年図
を作らず必要に応じて土器を図示するが，図31のタイプ図と表4の消長表を
使い述べることをお許しいただきたい。

1. 第31段階（970～990年）の土器内容

　表4を参照していただきたいが，この段階の指標となる土器は，上述したよ
うに木器の「荒木地」段階の模倣と考えられる再興土師坏A-1タイプ・A-2タ
イプと，緑釉坏模倣Bタイプ，再興土師坏a-3タイプ～a-8タイプである。a-9
タイプも存在すると考えられるがこの段階は不明としておく。存在したとして
もその数は，非常に少ないと思われるので表では？とした。
　一方，前段階で完全に「窖窯」による須恵器生産が終了したので，それまで
須恵坏・坏を模倣してきた須恵系土師質坏・坏は，その模倣の対象をこの段階
多く搬入されている灰釉陶器・緑釉陶器の坏・皿や，白木の木椀・坏の模倣を

157

Ⅱ. 土器編年

目指して行く。なかでも灰釉陶器埦模倣を目指したのは，Ｆタイプ・Ｇタイプ
で高台の付かない中型の坏タイプが，ｆタイプ・ｇタイプである。緑釉陶器模倣
を目指したのはＨタイプで，高台の付かない中型の坏タイプがｈタイプである。
白木埦・坏を目指したのはＤタイプ・Ｅタイプ・Ｉタイプで，高台の付かない
中型の坏タイプがｄタイプ・ｅタイプ・ｉタイプである。

　しかし，この段階はそれまで長い間須恵器を作り続け，「窖窯」と一部「煙管窯」
で焼き分けていただけなので，他の器種・器形を模倣するのに慣れていない段
階である。従ってそれらの器形の特徴を，忠実に模倣仕切れて無い試行錯誤の
段階とも言える。中には灰釉・緑釉埦の明確な模倣と言いきれず，分厚く歪ん
だものや，薄く須恵坏模倣（G-14）の名残的なものも存在する。なお伝世され
たものかデッドストックなのか，この段階ごく稀に G-14 の坏が散見できる。

　土師器の甕は前段階同様，「短口縁平底」甕と「台状底部」甕である。なお，
この段階で台付甕は消滅する。

　灰釉陶器の窯式は O-53 に替わり，虎渓山 1 号窯式が共伴する。産地はすべ
て静岡県の諸窯と考えられる。緑釉陶器は京都府洛北・洛西窯産や愛知県尾北
窯産のものである。

　以上，この段階は再興土師埦ｂ・Ｃ・ｃを除く，A-1・2・a-3〜a-8・(a-9) と，
須恵系土師質埦D〜I・坏ｄ〜ｉが出現する。まだ小皿タイプ d'〜g'は存在しない。

2. 第 32 段階（990〜1010 年）の土器内容

　この段階，大型で高台の付く再興土師埦のA-1タイプ・A-2タイプは消滅す
るが，Ｂタイプは存在し，新たにＣタイプが出現する。また再興土師椀a-3タ
イプ〜a-6タイプ・a-9タイプは明確となるが，a-7・a-8タイプは消滅する。そ
れらに替わり再興土師椀ｂタイプ・ｃタイプが出現してくる。

　須恵系土師質埦・坏は，前段階に存在したタイプはすべて存在する。そのな
かでこの段階，明かに木器模倣と想定した体部中程が，膨らむ高台付埦のＤタ
イプ・坏のｄタイプ，底部切り離し痕が渦巻き状となるＥタイプｅタイプ（図
32）。高い高台付埦のＩタイプと，底部が分厚く突き出る坏のｉタイプの３タイ
プが目立って多く出土するようになる。再度述べるが，上述のｅタイプの切り
離し痕を筆者は，「中心糸切り」として，その切り方を考察し発表したが (註40)，
これは小川氏の言う「離し糸切り」で切り離されたものの一つである。

　以上，前段階以上に木器模倣をはじめ，灰釉陶器・緑釉陶器の器形・寸法を
忠実に模倣できるようになり，明確に分類できる須恵系土師質埦・坏が出揃う。

158

8 須恵器生産終了後（窯式無き後）段階の土器内容

それでもまだ何を模倣したか，不明の種々雑多な器形のものも若干存在するが，分厚く歪んだものは減少する。

土師器の甕は前段階同様，「短口縁平底」甕と，「台状底部」甕であるが，この段階に羽釜が出現し多く出土する。西国では置竈と羽釜はセットで出土するが，東国ではセットとなる例は少ない。

共伴する灰釉陶器の窯式は，虎渓山1号窯式・東山72号窯式である。この段階の産地はすべて静岡県の諸窯産である。そのなかで確実に島田市旗指窯産の無釉のものが出土している。それをそっくり模倣した須恵系土師質坩も同じ住居より出土している。緑釉陶器は，京都府洛北・洛西窯産や，愛知県尾北窯産のものである。

3. 第33段階（1010〜1030年）の土器内容

この段階再興土師坩Bタイプ・Cタイプ，再興土師坏a-4・a-6タイプ・a-9は消滅し，坏a-3タイプ・坏a-5タイプ・坏bタイプ・坏cタイプは，激減しながらも辛うじて存在する。

そのように激減して行く「再興土師坩・坏」に対して，須恵系土師質土器の坩・坏が増えて行く。Dタイプ・dタイプ〜Iタイプ・iタイプはすべてが存在する。この段階に小皿タイプのd'タイプ・f'タイプ・g'タイプが出現する。この小皿タイプとしたものは，口径10cm・器高3cm以下のものである。その他タイプ分けができないが，緑釉坩を忠実に模倣したと考えられる，径が小さい低い高台を付け内面黒色処理した坩も存在する。

土師器の甕は前段階同様，「短口縁平底」甕・「台状底部」甕である。羽釜は前段階で消滅したのか出土しない。

共伴する灰釉陶器の窯式は，虎渓山1号窯式・東山72号窯式である。この段階の産地はすべて静岡県の諸窯産である。緑釉陶器は深坩を大型坩として，中坩・小坩が存在する。主な産地は，京都府洛北・洛西窯産や愛知県尾北窯産である。

4. 第34段階（1030〜1050年）の土器内容

この段階に，木器「荒木地」模倣と考えられる再興土師坩が完全に消滅する。従って出土する土器は，須恵系土師質土器・灰釉陶器・緑釉陶器だけとなる。須恵系土師質坩・坏は，木器模倣坩Dタイプ・模倣坏dタイプが消滅し，Eタイプ・

159

Ⅱ. 土器編年

eタイプと灰釉陶器模倣のFタイプ・fタイプが主流となる。その他のタイプも数が少なくなるが存在する。それに対して新たに小皿e'タイプ・h'タイプ・i'タイプが出現するが，d'タイプは消滅する。

　土師器の甕はこの段階まで，第24段階以来同様の「短口縁平底」甕と，第26段階以来同様の「台状底部」甕が出土するが少なくなり，両者ともこの段階で姿を消す。古墳時代以来，第19段階までは長胴甕と甑，第20段階以降は原初タイプ，「く」・「コ」の字状口縁「武蔵型」長胴甕と木製の蒸籠，第24段階に「短口縁平底」甕が出現し「煮炊き」用の土師器の甕は，長きにわたり存在してきた。この段階で土師器というより「煮炊き」用の土器は完全に無くなる。では一体何で炊飯したのであろうか。

　本遺跡では，第24段階（830〜850年）頃からそれ以降，薄い不明鉄片が何片も出土していた。これらの大半は，煮炊き具としての鉄鍋・鉄釜の破片と考えられるが，図33-1のような獣脚が存在する。獣脚ではないが3足の付く鍋形土器が存在するので，このような獣脚が付く鉄鍋は，日常品でなくおそらく「真意正邪」を裁く，「盟神探湯」などで使われた獣脚三足鍋と想定した[註41]。そのような鍋以外，この第34段階に明確に，日常使う鉄鍋の取手と考えられる半円形の2のような鉉が出土している。また3のような鉄鍋の口縁と考えられるものも出土している。この口縁にはおそらく穴の開いた二つの耳が付き，2のような鉉が付くと考える。本遺跡ではこの段階以降，鉄釜・鉄鍋を使う金属器の煮炊き具が主流となって行くのであろう。

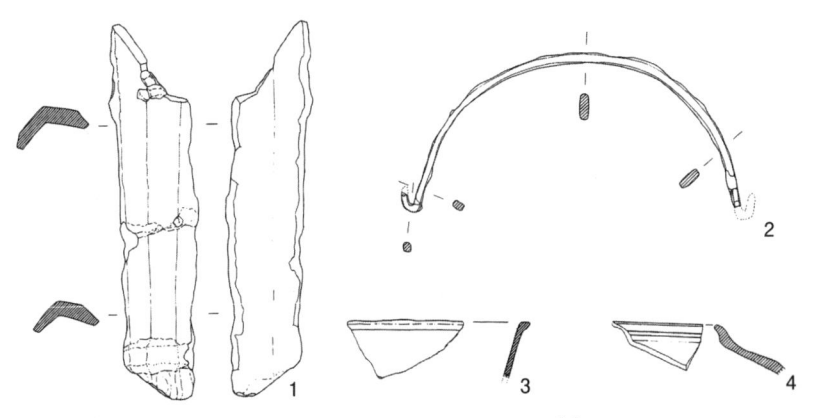

図33　1〜4鉄製鍋・釜　S=1/4

8 須恵器生産終了後（窯式無き後）段階の土器内容

共伴する灰釉陶器の窯式は，丸石2号窯式・百代寺窯式である。この段階の産地はすべて静岡県の諸窯産である。緑釉陶器は深埦・輪花を大型埦とし，中埦・小埦のサイズが出土する。産地は前段階同様，京都府洛北・洛西窯産や愛知県尾北窯産である。

5. 第35段階（1050〜1070年）の土器内容

高台の付く須恵系土師質埦Eタイプが消滅するが，埦Fタイプ〜Iタイプは存在している。しかし，坏iタイプを除き，坏dタイプ〜hタイプはすべて消滅する。小皿e'タイプ〜i'タイプは存在する。また柱状高台の坏・皿はこの段階前後に存在するが，坏・皿部が欠損して柱状高台だけのものが多い。図34のように完形品は非常に珍しい。

この段階の日常炊飯具は，完全に鉄釜・鉄鍋に取って代っている。鉄製品は錆びて消滅するものでなく，僅かな破損は使える限り鋳掛けなどで補修し，補修できないぐらいとなったら，溶かして鋳直し他の所要の製品に鋳造し直すことができるのである。幸いにもこの段階，図のような辛うじて薄く鋳造された鉄釜の口縁部小片が出土している（図33-4）。この釜はおそらく胴部中央に鍔が付く羽釜と考えられる。

灰釉陶器・緑釉陶器も非常に少なくなる。共伴する灰釉陶器の窯式は，丸石2号窯式・百代寺窯式である。出土した灰釉陶器の小皿の産地は，丸石2号窯である。緑釉陶器は輪花の小埦のサイズが出土する。産地は前段階同様，京都府洛北・洛西窯産や愛知県尾北窯産である。

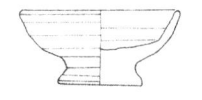

S=¼

図34　柱状高台小皿

6. 第36段階（1070〜1090年）の土器内容

この段階以降，遺構の減少とともに土器の出土は激減する。そのなかで存在が目立つ土器は須恵系土師質の小皿である。底部が分厚いものや，若干突き出る木器模倣と考えたi'タイプに近い小皿が存在するが，他は何を模倣した小皿かわからないものとなる。それら小皿のなかでこの段階に底部の切り離し痕から，「銀杏切り」の小皿と名付けた特徴ある新たな小皿が出現する（図35）。それまでの小皿よりかなり分厚く，底部より口縁部に向かい短く反り返る器形が特徴である。この切り方は，小川氏の言う「静止かけ引き糸切り」で，左右の手を同じに引くのではなく，左右どちらかを静止して糸を底部にかけ，その反対の手を優先的に引いて切り，手元で糸を合わせるとその糸切り痕が，「銀

161

II. 土器編年

杏の葉」のようになる。この切り方は，おそらく古墳時代以来の土師器の埦・
坏類の伝統的な切り離し法で，8世紀後半〜9世紀後半頃の「南武蔵型」土師
坏にも使われている。

　以上，この段階の指標となる小皿は，底部に「銀杏切り」の糸切り痕を残す
小皿である。

　本遺跡では「銀杏切り」のそれを含む小皿以外の土器構成は不明な点が多い。

　同じ段階として多摩川の右岸，本遺跡より僅か上流で，同じく沖積地に立
地する日野市栄町遺跡F-50号土坑に，55個体の小皿，中型・小型の2個体の
坏，大型の足高高台埦1個体が出土している。それら小皿のなか「銀杏切り」
で切り離された小皿は，55個体中20個体である（図36）。これら須恵系土師
質土器の小皿と坏・埦は，祭器として使われものが一括埋納されたと考えられ
た[注42]。もちろんこの段階には，「銀杏切り」以外で切り離された小皿も存在
するが，栄町遺跡の例からすると「銀杏切り」の切り方の小皿がかなり占める
と考えられる。この「銀杏切り」と名付けた「静止かけ引き」で切り離された
この小皿は，この段階に限って出土すると考えられるので，この段階の指標と
なる。

　この段階は，土師器の甕は破片すら出土せず，前段階で述べたよう炊飯には，
鉄釜・鉄鍋が使われていたと考える。

　以上この段階以降，炊飯具は鋳直され伝世する鉄釜・鉄鍋などと，日常食器
は燃やして無くなる木器であるため，出土する土器は祭具である小皿だけと想
定できる。理由はそれだけでなく，竪穴建物は32段階（990〜1010年）以降
完全になくなり（表5参照），地面を掘り込む遺構は，カマド屋として小さく
浅く掘り込まれた小竪穴建物と，柱穴の掘り方小さい掘立柱建物だけとなるた
め，その他の遺物も含め覆土から土器の出土例が激減するのである。

7. 第37段階（1090〜1110年）の土器内容

　この段階の小皿の比較検討資料として，群馬県前橋市鳥羽遺跡B332号土坑
出土の小皿が上げられる。この土坑は墓壙と考えられ，その底面近くより5個
体の小皿が出土したものである。この墓壙上面に1108年降下と考えられる浅
間山の火山灰（浅間B軽石）が覆っていたので，これら5個体の小皿は，関東
地方における11世紀末〜12世紀初頭の指標とされてきたものである。これら
の小皿の口径は約8cm，器高は1cmぐらいと非常に低く，実用器でなく墓壙か
ら出土しているので明器と考えられている（図37-2〜6）。

162

8 須恵器生産終了後（窯式無き後）段階の土器内容

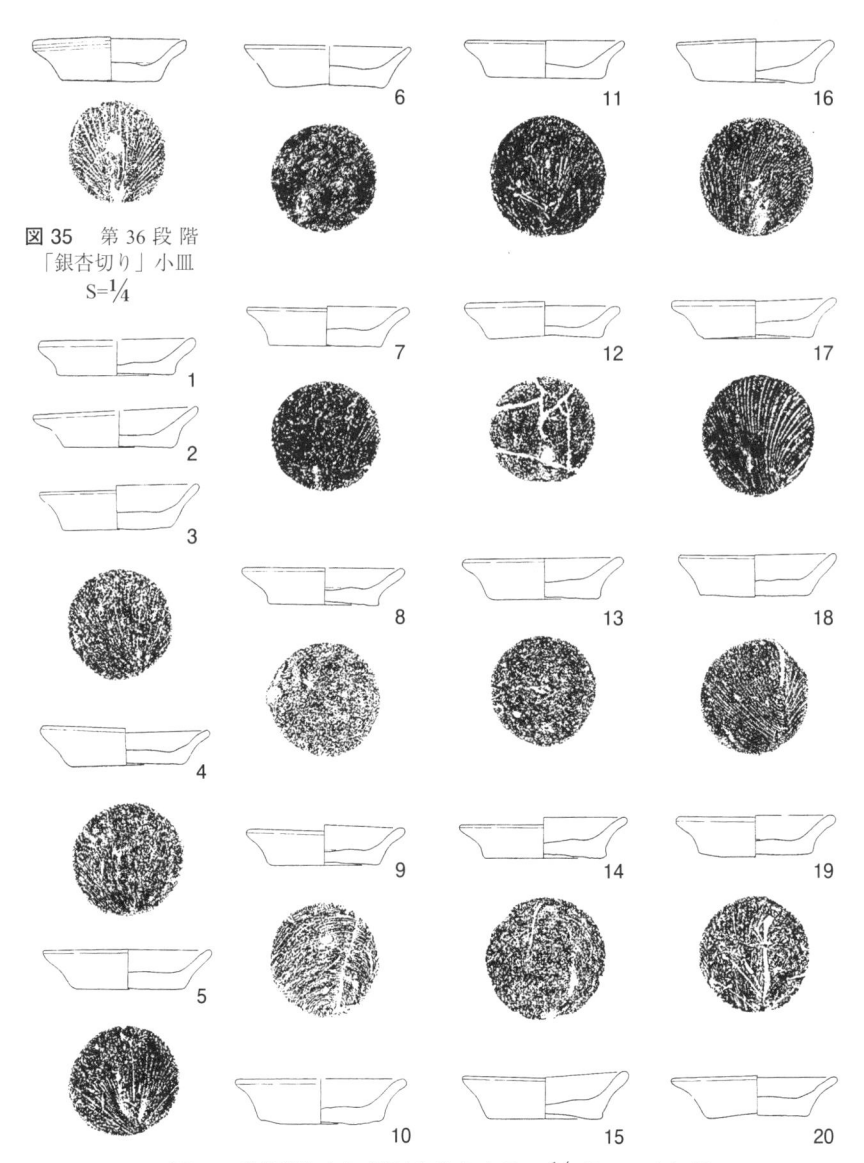

図 35　第 36 段 階
「銀杏切り」小皿
S=¼

図 36　栄町遺跡出土「銀杏切り」小皿 S=¼（註 41 より転載）

Ⅱ. 土器編年

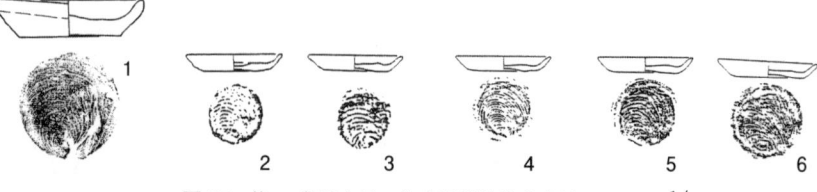

図37 第37段階小皿1と鳥羽遺跡出土小皿2～6 S=¼

　本遺跡のこの段階に小片をのぞき実測できる小皿は，1個体しか確認できなかった。口径は鳥羽遺跡の小皿同様約8cmぐらいであるが，器高は約2cm弱と高く器形も違う（図37-1）。

8. 第38段階（1110～1130年）の土器内容

　本遺跡では時代が新しくなるにつれて，当時の遺構面が地表面に近くなり，後の世の水田などの削平行為も大規模となり，遺構・遺物が消滅する割合も増えてくる。そのような状況下でこの段階の土器群は，深く掘られた井戸に廃棄されていたため，良好に残されていた一括土器群である（図38）。小皿が20個体，坏5個体，高台坿4個体，小坿2個体，渥美の大甕1個体である。この井戸は径約2m，底径約1m，深さ約1.6mを測る。覆土上部から多量の灰・約5～25cm大の礫・上述の土器が混ざり出土した。灰のなかから多数の炭化した米をはじめとし，コムギ・オオムギ・ヒエ・マメ類（アズキ？・ダイズ？・ササゲ・ナス）などの栽培植物の炭化種実や，礫のなかには被熱したものや，灰層下に一部被熱で赤褐色となった土が含まれていた。土器を含むこれら出土物は，井戸を廃棄するための祭祀に使われ，その一環として最後に燃す行為があり，その後覆土上部に廃棄された一括品と考えられる。

　これらの一括出土土器から，わずかな小皿だけであった第36・37段階を含めて，不明であったその間の様相が推察できる。第35段階以降，土器は須恵系土師質土器の小皿だけとなったかに見えたが，栄町遺跡の出土例から坿・坏類も若干存在することはわかっていた。この段階にも1～20の小皿以外に21・22の小坏，23～25の坏が出土している。また高台の付く28，非常に分厚い底部に「ハ」の字状の高台の付くものが存在することが判明した。それらの須恵系土師質土器に最古級の渥美の甕が伴い，この時期の一括土器群として

164

⑧ 須恵器生産終了後（窯式無き後）段階の土器内容

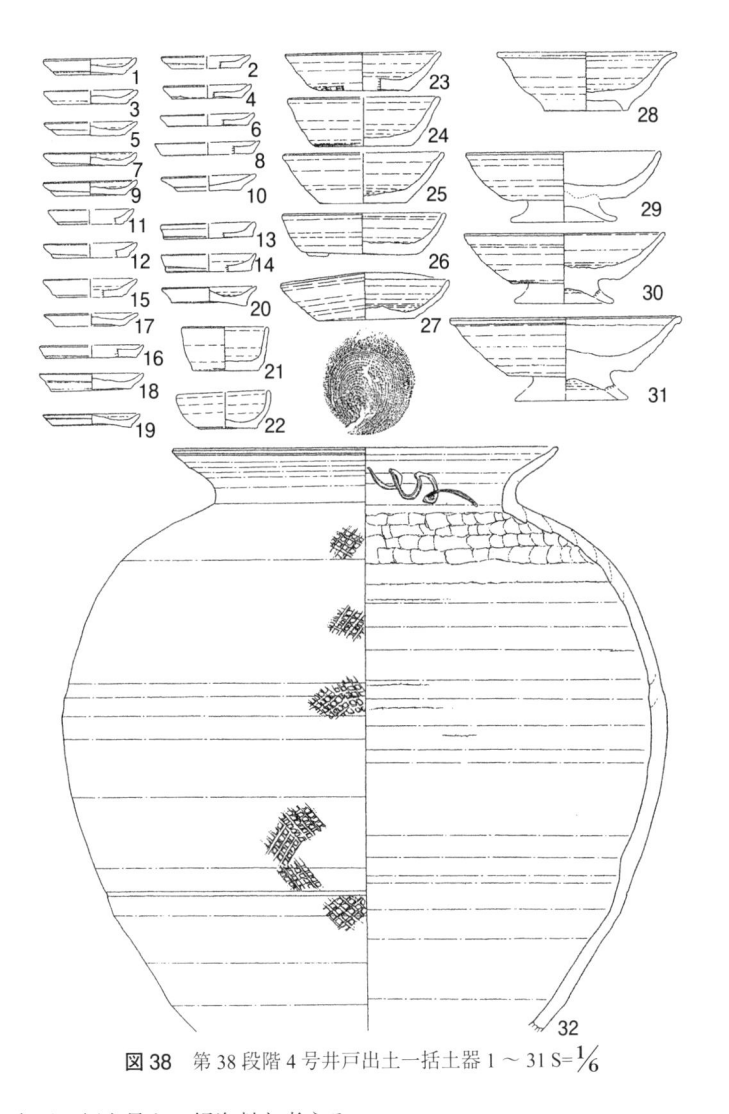

図38 第38段階4号井戸出土一括土器1～31 S=¹⁄₆

は，全国に類を見ない好資料と考える。

　その土器群の小皿は，内面底面見込みが平らな1～10，11～16は底が欠損，器内が斜めに立ち上がり，17～20のように内面底面見込みが盛り上がり，器高も0.8～1.4cmと非常に浅く，特に19・20は器としては用をなさないコースター状の小皿である。前段階に比較検討資料とした，鳥羽遺跡B332号土坑出

165

Ⅱ. 土器編年

土の小皿以上に，実用器としては程遠く，小皿とすら呼べないが。先述した穀物などを少量盛るための祭器と考えられる。

坏は口径と底径の差が，2:1〜2:1.5ぐらいの坏23〜25と，26・27のような口径と底径の差があまりなく，器高がやや浅い坏の2つに分かれる。一見すると前者は古代的な坏，後者は中世的である。高台坏坑も明確に分かれる。一つは断面三角の低い高台で，体部下半が僅かに膨らみ口縁で外反する28と，29〜31は底部が非常に分厚く，力強く「ハ」の字に開く足高な高台という共通性がある。器形は体部が直線的に外傾し立ち上がる30と，口唇部が僅かに外反する31，内湾気味立ち上がる29に分かれる。なお31は大型で，内面黒色処理が施されている。21・22は小坑と言うべきよりも，小坏と言うべきもので，内湾気味に立ち上がる22と，直立気味に立ち上がる21である。

32は渥美の甕で底部を欠損するが，おそらく平底でなく尖り気味の丸底であろう。胴部は倒卵形で最大径は中央やや上にあり，肩部は撫肩型で頸部は短く直立し，極ほんの僅か内湾気味に外反する口縁である。胴部外面に格子目のタタキが，ナデ整形により消されながら所々に残る。胴部内面は，「全面横ナデ」で整形されている。肩部内面の明瞭な四段の輪積み痕を，指頭により小刻みに押えた圧痕が顕著に残っている。口縁部〜頸部内面にかけて竹管により変形の螺旋状の線刻文が施されている。

この渥美産の甕の特徴は，口縁部は古い渥美・常滑の甕に見られる口縁で，中世的であるが，最大径も胴部中央近くで肩部も強く張らず，底部が欠損するが倒卵形で古代的である。この甕を一言で言うと，体（胴）は古代的であるが，首（口縁）は中世的な甕へと変換していく過程の甕で，渥美の甕のなかでも最古級のものと考えたい。最古級としたのは渥美窯の開窯が，この段階より1段階前の37段階（1090〜1110年）の11世紀末〜12世紀初頭と，通説と違う想定からである。

以上，この段階の小皿は，11世紀末〜12世紀初頭の指標とされた鳥羽遺跡B332号土坑出土の明器の小皿より新しく，坏も渥美産の甕も感覚的であるが古代的なものと，中世的なものの器形が混在していると考える。また断面三角の低い高台が付く坏の28は，おそらく藤澤良裕氏の言う山茶坑Ⅱ-3型式の高台坑をそっくり模倣したと考えられる器形である[註43]。また21・22の小坑も同時期の山茶坑の入子の模倣と考えられる。さらに，29〜30の分厚く大型の足高高台の坑は，当時存在したと考えられる木器椀を忠実に模倣したものであろう。

それら最古級の渥美の甕を含み，山茶坑・木器椀を忠実に模倣した坑，多く

の小皿，26・27 の坏としたものは，この段階より 1〜2 段階後に鎌倉などで多く出土する坏の祖型と考える。以上のことを踏まえて，この第 38 段階の実年代を 1110〜1130 年頃と想定した。

　今後，本遺跡のこの最古級の渥美の甕を含み，井戸に一括埋納された土器群は，全国各地の 12 世紀前後の土器編年を行う上での指標となり，大きな役割を果たすと考えられる。

9. 第 39 段階（1130〜1150 年）の土器内容

　おそらく前段階同様，山茶埦模倣・木器模倣の土器は存在したと考えられるが，この段階に出土し実測できた土器は，小皿 2 個体だけである（図 39）。この 2 個体の小皿は，至近では『吾妻鏡』記載の八王子市別所の平治の乱（1159 年）直後に創建された「蓮生寺」に関連する多摩ニュータウン№ 692 遺跡や[註44]，「藤原顕長」銘の渥美の短頸壺が出土した神奈川県綾瀬市宮久保遺跡の小皿と類似する[註45]。

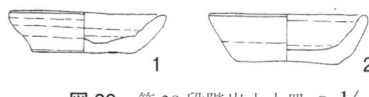

図 39　第 39 段階出土小皿　S=$\frac{1}{4}$

　藤原顕長は，院政期に朝廷の実務面で活躍し権勢誇った「勧修寺流」藤原氏の出自で，保延 2 年（1136 年）〜久安元年（1145 年）・久寿 2 年（1149 年）〜 8 年（1155 年）に三河国の国司を務めた。その顕長が任官時に，祖先の供養のため「藤原顕長」銘の壺・甕を，渥美の窯で焼かせたと考えられている。従って「顕長」銘の壺・甕はもちろんのこと，同型式の壺・甕は 12 世紀第 2 四半期前後の指標となっている。

⑨ 竪穴建物の変遷

　奈良時代第18段階〜平安時代末期第39段階までの土器編年の概略を述べ
てきた。その第18段階〜第39段階までの土器変遷の根拠は編年だけでなく，
次に述べる炊事施設の構築位置（図40），そのタイプ別竪穴建物数（表5），次
節の掘立柱建物の規模別分類など（表6），遺構変遷ともほぼ整合し補強された
ものである。
　以下，竪穴建物の存在した第1段階〜第39段階までのタイプ別竪穴建物の
変遷を述べる。表5は，本遺跡の出土土器・重複関係より時期が判明した竪穴

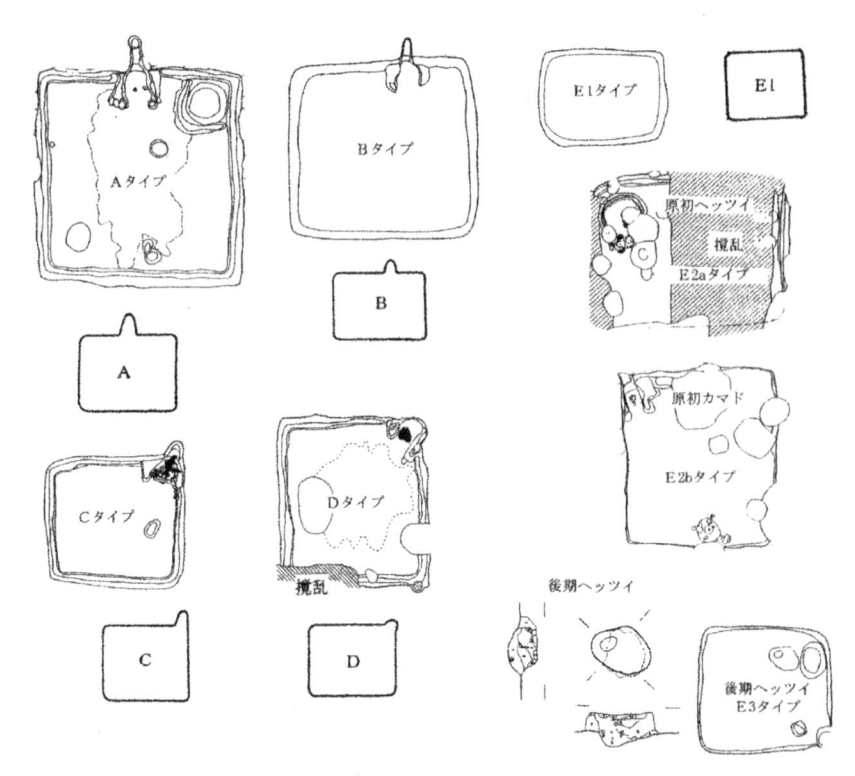

図40　竈・ヘッツイ構築位置タイプ別竪穴建物

9 竪穴建物の変遷

表5　各段階タイプ別竪穴建物数

段階	年代	A	B	C	D	E	竈構築位置不明	計
1 段階	370〜390 年					1		1
2 段階	390〜410 年							
3 段階	410〜430 年							
4 段階	430〜450 年						1	1
5 段階	450〜470 年					2		2
6 段階	470〜490 年	1	1			1		3
7 段階	490〜510 年	3	1					4
8 段階	510〜530 年		1			1		2
9 段階	530〜550 年	1	1					2
10 段階	550〜570 年		1	1		2		4
11 段階	570〜590 年	1					1	2
12 段階	590〜610 年						1	1
13 段階	610〜630 年		2			1	3	6
14 段階	650〜670 年	13	4	1		14	8	40
15 段階	630〜650 年	12	5		1	10	7	35
16 段階	670〜690 年	14	7	1		15	9	46
17 段階	690〜710 年	16	3	1		18	3	41
18 段階	710〜730 年	9	7	1		13	3	33
19 段階	730〜750 年	18	10	2		33	4	67
20 段階	750〜770 年	6	5			16	2	29
21 段階	770〜790 年	6	2			5	4	17
22 段階	790〜810 年	12	2			1	1	16
23 段階	810〜830 年	3	3		1	5	3	15
24 段階	830〜850 年	12	3			9	5	29
25 段階	850〜870 年	12	10	1		8	8	39
26 段階	870〜890 年	7	1	1		13	5	27
27 段階	890〜910 年	14	9			9	2	34
28 段階	910〜930 年	20	4		1	11		36
29 段階	930〜950 年	2	2	1		10		15
30 段階	950〜970 年	8	2			7	2	19
31 段階	970〜990 年		3		1	9	2	15
32 段階	990〜1010 年	1	5	2	1	21		30
33 段階	1010〜1030 年	1	1	1		17		20
34 段階	1030〜1050 年	1	2	1	1	13	1	19
35 段階	1050〜1070 年			2		8	1	11
36 段階	1070〜1090 年					5		5
37 段階	1090〜1110 年					5		5
38 段階	1110〜1130 年							
39 段階	1130〜1150 年					1		1
合計		193	97	16	6	284	76	672

II．土器編年

　建物 672 軒の炊事施設の構築位置と，構造別に A タイプ〜E タイプ（E1 タイプ・E2a タイプ・E2b タイプ・E3 タイプ）タイプに分類し，各段階存在した軒数と炊事施設である竈構築位置が不明の竪穴建物も含め，その変遷を表にしたものである。

　竈構築位置不明と分類したものは，竈を含む煮炊きの施設が構築されなかった竪穴建物でなく，後の遺構との重複や撹乱などで破壊されたものや，構築位置が調査範囲外となりその存在が不明な竪穴建物である。

　A としたものは図 40 に例として載せたように，竈が壁のほぼ中央に構築された竪穴建物タイプ。B としたものは竈が壁の中央でなく，左右のどちらかに偏在し構築された竪穴建物タイプ。C としたものは竈が四隅のいずれかに構築され，左右いずれかの袖の外側が，壁の延長上に接する竪穴建物タイプ。D としたものは，竈が竪穴のコーナーに構築される竪穴建物タイプ。E と分類したものは竪穴建物の壁に炊事施設である竈や，床面に何にも炊事施設が構築されていない E1 タイプと，何らかの炊事施設（原初ヘッツイ・原初ヘッド・後期ヘッツイ）が構築されている E2a タイプ・E2b タイプ・E3 タイプに細分したものを含んでいる。

　そのように E タイプを包括せず，表 5 に分類して載せなかったかというと，次のような理由である。E2a タイプとした竪穴建物は，以下で説明する煮炊きのための炊事施設，原初の「ヘッツイ」が構築されていたもの。E2b タイプとした竪穴建物は，以下で説明する炊事施設である原初の竈（以下原初カマド）が構築されていたもの。E3 タイプとした竪穴建物は，以下で説明する炊事施設である「後期ヘッツイ」が構築されていたものである。そのように呼んだ炊事施設は，いずれも竪穴建物内に構築されて存在し，屋外にはみ出すことはない（図 40 参照）。

　E2a タイプ・E2b タイプはもちろんのこと，E3 タイプと明確に分けた竪穴建物には，覆土中に焼土・粘土片の混入，床面直上に僅かな焼土の痕跡しか残っていない場合が多い。もちろん床面直上が焼けていれば，その範囲や厚みを平面図に入れるが，大半はその痕跡が明確でなく，図にすると図 40 の E1 タイプと同じ図となってしまう。図 40 に載せたそれら E2a タイプ・E2b タイプ・E3 タイプは，炊事施設が特に良好な状態で残されていた建物であるが，大半は焼土粒子や炭化物が覆土中に多く含まれていても，床面には焼けた痕跡がまったく残っていないものが多く，E1 タイプとして分類せざるを得なかったので，そのような意味を含め E タイプに包括して載せてあることをお許し願いたい。

170

9 竪穴建物の変遷

　上述の「ヘッツイ」は聞き慣れない言葉なので説明する。竈（ヘツイ）の促音化が「ヘッツイ」，また竈（クド）は竈の煙出しを意味するが，ともに煮炊きする施設の意味で使われる。本来は「へつい」は「竈（へ）つ霊（ひ）」で，竈を守る神，竈霊の意味である。「竈」と書き「クド」と呼び竈の煙を出す煙道を意味し，「竈突」・「竈処」と表記される。京都弁で「おクドさん」と呼ぶ場合，「煮炊きを行う空間」を意味することもある。以下，「ヘッツイ」としたものは一言で言えば，竪穴建物の壁に固定して構築された上述の竈でなく，竈に存在する両袖・煙道の無いものと考えていただきたい。

　E2a タイプの「原初ヘッツイ」としたものは，それまでの炉と変わらない火床のまわりを，リフレクターとして「U」字状に粘土で囲み，燃焼効率のいい竈へと発達する過程の煮炊き施設と考えた。この「原初ヘッツイ」には，「U」状に囲んだ粘土の一部を開けただけの簡単な焚口が存在する。そのような焚口を設けたのは火力を逃さないために，火床の周りすべてを粘土で囲んだ場合，甕の掛け口に甕を掛けた場合，薪を上から継ぎ足すことができないからである。この施設を「原初ヘッツイ」と呼び，E2a タイプの竪穴建物とした。煙は炉と同様，屋内に漂いながら屋根裏へと立ち上がり，屋根に設けられた孔から排煙される。

　E2b タイプは「原初カマド」と呼ぶべきものが存在した竪穴建物である。図では天井部・掛け口は崩れ不明な部分が多いが，確実に両袖・焚口と支脚が存在していた。煙道は未発達で壁をくり抜いておらずそのため煙は，炉・「原初ヘッツイ」同様に排出されたと考えたい。

　この E2a タイプ・E2b タイプは，ともに第5段階（450〜470年）に出現する。それらの構築位置は両者とも図40のように，それ以前の炉が竪穴建物内のほぼ中央に構築されていたのに対して，建物内隅に偏在することは興味深い。またこの両者は，同段階にほぼ同時に出現しているが，「原初ヘッツイ」が上述のように炉から発達したものと考えた場合，先後関係は僅かに先に「原初ヘッツイ」が出現するが，すぐさま熱効率のいい「原初カマド」へと移行して行ったと考えたい。このような「原初ヘッツイ」，「原初カマド」が存在するのは本遺跡ではこの段階だけである（表5参照）。

　次段階の第6段階（470〜490年）の竪穴建物に，確実に屋外に煙を出す煙道を有する竈が出現する。ただし煙道はまだ未発達で，屋外へ僅かに伸びるだけの竈である。竈の構築位置は壁中央のA タイプである。この竪穴建物からTK-23 の須恵坏を含む土器群が出土しているので，時期を決めることができた。

　竈の発生に関して外来説・自生説の発生プロセスも含め，諸説があることは

171

II. 土器編年

承知しているが，本遺跡の調査例からは，竈は韓半島から直接伝播したと言うよりも，炉から「原初ヘッツイ」が生まれ，直ぐさま「原初カマド」を経て，煙道が竪穴外に徐々に伸びながら，火力が強く熱効率のいい竈へと発達して行ったと考えたい。ただ，粘土で構築された須恵器焼成の「窖窯」の構造から，何らかの影響を受けた可能性はあると思う。

E3タイプとしたものは，図が小さくわかりにくいが，図40下段左図に載せた「後期ヘッツイ」が存在した竪穴建物である。この「後期ヘッツイ」を一言で言うと，粘土で四角く作り中は空洞で煙道・袖は無く，天井部に丸い釜穴が開けられ，横には逆「U」の字の焚口が開けられた「ヘッツイ」である。

戦後，灯油やガスを燃料とするコンロが普及するまで，炊事施設はどこの家庭でも，木を燃料とする苆（スサ）入り粘土で，構築された竈（かまど）が使用されていた。今でも農家の旧家や古い寺などで使っているのを，時々テレビの番組で見かける。また江戸期の農家を移築保存し，公開している民家園などで必ず見ることができる。因みに「後期ヘッツイ」と名付けたのは，「平安後期」に出現するからである。

これら「後期ヘッツイ」は，竪穴建物の壁に構築される両袖と，煙道を有する竈とは違い，小さく浅い竈屋である竪穴建物内の土間に，何の支えもなく独立して構築されているので，廃棄時に人為的に破壊されなくても，建物の廃絶過程で釜穴を含む天井部・焚口など，粘土構築の上部構造はすべて崩壊して，跡形も無くなってしまう。辛うじて床に僅かに火床面の痕跡を残していた場合，その焼土痕跡から平安時代後期頃に，再び炉が復活するような報文も見かける。

E3タイプの竪穴建物を調査した場合，土間に存在した「後期ヘッツイ」は，上部構造が消失すれば，焚口下の焼土面を原則としては残るはずである。また，焚口から炊事具の鍋・釜の底の下に，真っ直ぐに炎があたる構造なので，床面より粘土で構築された天井部を含む内側が，かなり炎を受け焼土化する。このタイプの覆土内に片面（内側）が焼土化した粘土塊・粘土片を，小片でも見逃さないことである。覆土を掘っている時，状況証拠であるそれらを見逃して掘り上げてしまい，床面に存在した焚口下の焼土を検出して，上述のように炉と勘違いするのである。

そのような状況のもと図40下段の左図は，本遺跡で良好に辛うじて残存し，第33段階（1010～1030年）に検出された「後期ヘッツイ」の図である。図が小さくわかりにくいと思うが，前述したように粘土で四角く作られ，煙道・袖は無く丸い釜穴と，「U」の字の焚口だけが開いた単純な構造で，煙は釜穴の

172

隙間から真っ直ぐ上がる構造である。

　以上，E2a タイプ・E2b タイプ・E3 タイプの説明をした。次に E1 タイプについて説明する。E1 タイプは図 40 のように，竈・ヘッツイはもちろん焼土の痕跡すら検出されない，比較的小さく浅い長方形か方形の竪穴建物である。このタイプが一番多く，竪穴建物には違いないが，関和彦氏の考えた竪穴住居が住居として使われなくなった竪穴建物ではなく，初めから種々の用途に使われた建物の一つと考えられる。

　しかし，本遺跡でこの煮炊き施設である竈や焼土の痕跡を残さない，小さく浅い竪穴建物 E1 タイプが，一番多く存在する段階は，国分寺創建準備段階と想定した第 19 段階（730〜750 年）と，創建中の第 20 段階（750〜770 年）で，合計 49 軒と多く存在する。その第 19 段階 20 年間に 6 軒，第 20 段階には 4 軒が同一場所に建て替えられ重複していた。そのように約 3〜5 年ごとの短期間に建て替えられた理由は，本遺跡で国分寺創建準備・創建段階に際し，種々の職人が集められ所謂飯場が形成され，寝起きするだけの簡単な小屋掛けをした竪穴建物 E1 タイプが，次々と建て替えられたためではないかと，想定し述べたことがある(註46)。

　その想定は，本遺跡と国分寺金堂など中枢域までの距離は，多摩川を挟んで現在の道路での最短距離は約 7.6km である。現在の道路と多摩川に架かる橋を渡り，実際に休まず歩くと約 1 時間 45 分で行ける。もちろん橋の架かっていなかった古代の道で，夏と冬など季節や天候にもよるが，本遺跡と武蔵国分寺間は，明るくなりかけた夜明けに出立し，7〜8 時間働き暗くなりかけた夕方までには，十分に戻れる距離だったからである。

　本遺跡の竪穴建物内の煮炊き施設の変遷を，表 5 からまとめて述べると，炉から第 5 段階（450〜470 年）「原初ヘッツイ」・「原初カマド」を経て，第 6 段階（470〜490 年）煙道が未発達で，屋外へ伸びない竈が構築される。その後，煙道が屋外にのびていく竈 A・B タイプ出現し，第 10 段階（550〜570 年）に C タイプ，第 15 段階（650〜670 年）D タイプが出現する。それ以降は，竈 A タイプ合計 193 軒，B タイプ合計 97 軒が主流で，C は合計 16 軒，D タイプは合計 6 軒と僅かであるが，それら竪穴建物の壁に備えられた煙道を有する竈 A〜D の 4 タイプが，第 34 段階（1030〜1050 年）まで存在している。しかし，次の第 35 段階（1050〜1070 年）D タイプを最後に，竪穴建物の壁をくり抜いた煙道を有する竈は消滅する。

　第 6 段階以降，第 39 段階までに，合計 281 軒も存在する E タイプの多く

173

Ⅱ. 土器編年

は，煮炊き施設が構築されなかった E1 タイプが大半である。しかし，そのなかには第 33 段階（1010～1030 年）以降，かなり焼けた焼土塊が覆土に含まれる E3 タイプが増えはじめ，第 34 段階（1030～1050 年）には，E1 が 5 軒に対して E3 は 8 軒と逆転する。最後の第 39 段階（1130～1150 年）の 1 軒は，E3 タイプである。

　以上，竪穴建物の竈構築位置から A～D タイプ，煮炊き施設が構築されなかったか，それら施設を検出できなかった竪穴建物を E1，煙道の無い煮炊き施設が，構築された竪穴建物を E2a・E2b・E3 のタイプに分類したのである。

　その状況下で，上述したように，第 31 段階（970～990 年）～第 33 段階（1010～1030 年）に「後期ヘッツイ」の痕跡を明確に残した，E3 タイプの竪穴建物 4 軒存在している。しかし，竈屋として存在したこの E3 タイプも，第 39 段階の 1 軒を最後に完全に消滅する。すでにカマドを有する A～C の各タイプの竪穴建物は，第 34 段階に消滅し，D タイプも次段階 35 段階で完全に姿を消している。

　つまり，煮炊き施設を有する竪穴建物は，第 34・35 段階に完全に消滅する。以後，第 35 段階～第 39 段階までは，火災を避けるため住まいである掘立柱建物の隅に，小さな竈屋として E3 タイプが存在する。第 40 段階（1150～1170 年）以降の煮炊き施設は，図 41 の『信貴山縁起絵巻』に画かれたような「後期ヘッツイ」を，4 本の柱で簡単に小屋掛けしたものである。この段階以降，遺構としては若干の焼土と僅かに固い床面を，囲んだ四つ柱穴が残存するだけで，検出されにくい平地式へと移行して行く。そのような「後期ヘッツイ」を「信貴山タイプ」と呼びたい。この「信貴山タイプヘッツイ」は，第 45 段階（1250～1270 年）までは存在するが，竈屋としての小竪穴建物 E3 タイプは第 40 段階以降完全に消滅する。

　第 40 段階以降の炊事施設は，「後期ヘッツイ」以外，絵巻物に描かれた高床の掘立柱建物の床の一部を箱形に切りあげて，炉端焼き屋に見かけるような囲炉裏が描かれている。そのように掘立柱建物内の囲炉裏は，建物の床上に存在するため建物が崩壊すれば，その痕跡を絶対検出することは不可能である。

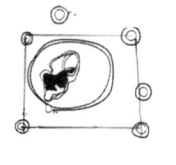

図 41　信貴山タイプヘッツイ S=$\frac{1}{85}$

10 掘立柱建物の変遷

1. 第40段階（1150〜1170年）〜第48段階（1320〜1330年）

　本遺跡で遺構に伴い土器が出土するのは，辛うじて前段階の第39段階まで
で，この第40段階以降まったく遺構から出土しなくなる。これにはいろいろ
なことが考えられる。須恵器生産も第30段階で終っても，祭器としての須恵
系土師質土器の小皿は「煙管窯」で焼かれ存在する。既述したように日常使う
食器は朽ちたり，燃やしたりすることができる木製の坏・椀・皿であり，第
33段階以降の炊飯には鋳直せる鉄製の鍋・釜で廃棄されることが無い「あっ
たのに無くなった」ものが，ますます主流になって行く段階である。しかし，
一番の理由は地面を掘り込んだ，竈屋としての小竪穴建物も完全に消滅し，建
物は平地に建てられた建物や，掘立柱建物だけとなり，それらの小さな柱穴か
らは，土器だけではなく，遺物が出土することが無くなるからである。

　土器を含めた遺物が出土しなくなるこの段階以降，どのようにして年代と段
階を決め，本遺跡の集落変遷を考えたか述べる。表6は，本遺跡に掘立柱建
物が出現した第14段階（630〜650年）から，終焉する第48段階（1310〜
1330年）まで各段階に存在した掘立柱建物の規模を分類し，その数の変遷表
である。竈屋としての竪穴建物が無くなった第39段階以降，掘立柱建物でも
土間を床とする側柱建物が激減し，代って柱径が小さいので掘り方も小さく
なった，床のある総柱建物が主流となる。そのように掘り方が小さくなった掘
立柱建物からは，小皿だけでなく金属製品・土製品などの遺物も出土しない。

　字が小さくて申しわけないが，表6を説明する。載せた掘立柱建物の総数は
331棟で，内訳は土間を床とする側柱建物と，高い低いは別として床を有する
総柱建物，馬を繋いだと想定した1間×1間や1間×2間の小建物14棟，竪
穴建物の竈屋がなくなり，先に述べた「信貴山タイプヘッツイ」を4本の柱で，
簡単な小屋掛けをした平地式の竈屋5棟などを含んでいる。

　本遺跡の掘立柱建物は，第14段階（630〜650年）の3間×7間の長大な
側柱建物，倉庫と考えた2間×2間の側柱建物2棟を初出とし，最後の第48
段階（1310〜1330年）の南側が後世の用水で攪乱されているが，おそらく2
間×3間の身舎に4面に縁側を有する総柱建物，3間×4間の重複した総柱建
物2棟，2間×3間の総柱建物まで連綿と建てられていた。

　第14段階の初見の長大な側柱建物以降，第15段階（650〜670年）〜第27段

175

表6　各段階掘立柱建物数

段階	馬小屋 1×1	1×2	2×2	側柱建物 2×3	2×4	3×3	3×4	3×5	3×7	2×2	2×3	2×4	2×5	2×6	2×7	3×3	3×4	総柱建物 3×5	3×11	4×4	4×5	5×5	5×9	6×6	7×10	間数不明建物	信貴山タイプのカマド屋	合計
14段階公共建物																												3
15段階			2		1																							3
16段階			1																									2
17段階				1																								3
18段階					1																							3
19段階		1		3																								5
20段階				7	1			2	5																			14
21段階				1																								1
22段階																												1
23段階				3																								3
24段階		4	6		1																							12
25段階公共建物		1	7	4(一棟2:三棟1)	12			1																				7
26段階				9			3		3																			16
27段階	1		1	6					4		1															1×2 1棟		14
28段階		1	1																									5
29段階			1						2		2(四棟2)																	9
30段階				1					1	2	1																	5
31段階											1																	9
32段階			1		1		1		2		2														1棟以上×1棟以上不明1棟・四棟1棟		4
33段階											3(四棟2)				1	四棟1											5
34段階武士団屋敷	2		1	1							5(四棟2)																	10
35段階武士団屋敷			1								7(四棟2)				2(四棟1)		四棟1											13
36段階武士団屋敷	2		1								4(四棟1)		四棟1															7
37段階			1								6(四棟1)				1							1				四棟1		14
38段階		3	4								3(四棟2)		2							1								23
39段階				1							4(四棟4)	2						四棟1										4
40段階											3		1															12
41段階		1									2(四棟2)																	8
42段階			1								3(四棟2)				四棟1													5
43段階											9(四棟8)	4	1		2(四棟1)						1							20
44段階			1											四棟3	2(四棟1)	四棟1												16
45段階			1	1							6(四棟3)		1		四棟1	四棟1				1								15
46段階		1									3(四棟3)									1								3
47段階	1			1									2		3(四棟2)													8
48段階			1								2(四棟1)																	4
霊廟																												2
重廟																												1
総合計	3	11	17	78	3	2	6	2	1	54	82	8	8	1	14	5	14	2	4	3	2	1	1	1				331

階（890〜910 年）までは，2 間×3 間の側柱建物が大半を占める。第 25 段階（850〜870 年）だけに，2 間×3 間の身舎に東・西・南側に廂が付く三面廂の側柱建物と，その南西前に 2 間×3 間の身舎に南側に一面廂が付くのか，間仕切りなのか決めかねる側柱建物が存在する。いずれにせよ後先も廂付きの建物の存在はこの段階限り存在している。

　また 2 間×2 間で中央に束柱を有し，倉庫と考えられる総柱建物は，第 14 段階から多く存在していたが，居住としての 2 間×4 間の総柱建物が第 28 段階（910〜930 年）に出現する。これら居住用と考えた総柱建物の柱は，細く掘り方も小さな建物である。第 31 段階（970〜990 年）には，3 間×5 間の身舎に 4 面に縁側がめぐる総柱建物が出現する。縁側と断定したのは，縁側と想定した 4 面をめぐる柱の大半が，身舎柱の柱通りと合わないことや稀に角の柱を省いたものもあるので廂でなく縁側とした。この段階以降，4 面に縁側がめぐる 2 間×3 間の総柱建物が増えて行き，その後の建物群の母屋的中心建物となって行く。

　驚くことに第 36 段階（1070〜1090 年）に超大型建物出現する。南北梁行 7 間（11.6 m）×東西桁行 10 間（12.6 m）の身舎に，4 面に 1 間約 0.8 m の縁側がめぐる総柱建物である。身舎床面積 146 ㎡で，縁側を含めた面積は約 187 ㎡（坪数約 57 坪）である。この建物の東側に，東西梁行 5 間（8.3 m）×南北桁行 7 間（8.8 m）の身舎に，4 面に 1 間約 0.8〜1 m の縁側がめぐる大型の総柱建物が並列して存在する。身舎床面積 73 ㎡で，縁側を含めた面積約 107 ㎡（坪数約 32 坪）である。さらに南約 180 m 離れた場所に縁側はめぐらないが，南北梁行 4 間（7.05 m）×東西桁行 5 間（10.7 m）で，身舎床面積約 75 ㎡の大型総柱建物も存在していた。このように超大型・大型の床敷きの総柱建物は，後先の段階にも無くこの段階だけに存在するものである。

　以上，本遺跡の特徴ある掘立柱建物は，何の背景なく各段階に出現するのでなく，それぞれに出現背景がある。それらの詳しい出現背景は第Ⅲ部で述べる。

　第 14 段階（630〜650 年）〜第 39 段階（1130〜1150 年）までの 254 棟は，土器が出土し明確に段階を決めることができた。そのなかで古い段階の側柱建物の「掘り方」は大きく，時代が下るほど小さくなって行くことが判明していた。土器が出土しなくなった第 40 段階（1150〜1170 年）〜第 48 段階（1310〜1330 年）までの 77 棟の掘立柱建物の段階を細分するには，複雑に重複したそれら掘立柱建物や，他の遺構土坑などとの平面的切り合い関係はもちろんのこと，重層する建物も細かな標高差などから詳細に解きほぐすしかない。その 77 棟

Ⅱ. 土器編年

表7 7〜13世紀の掘立柱建物の柱穴堀方規模の変遷（上表13世紀掘立柱建物）

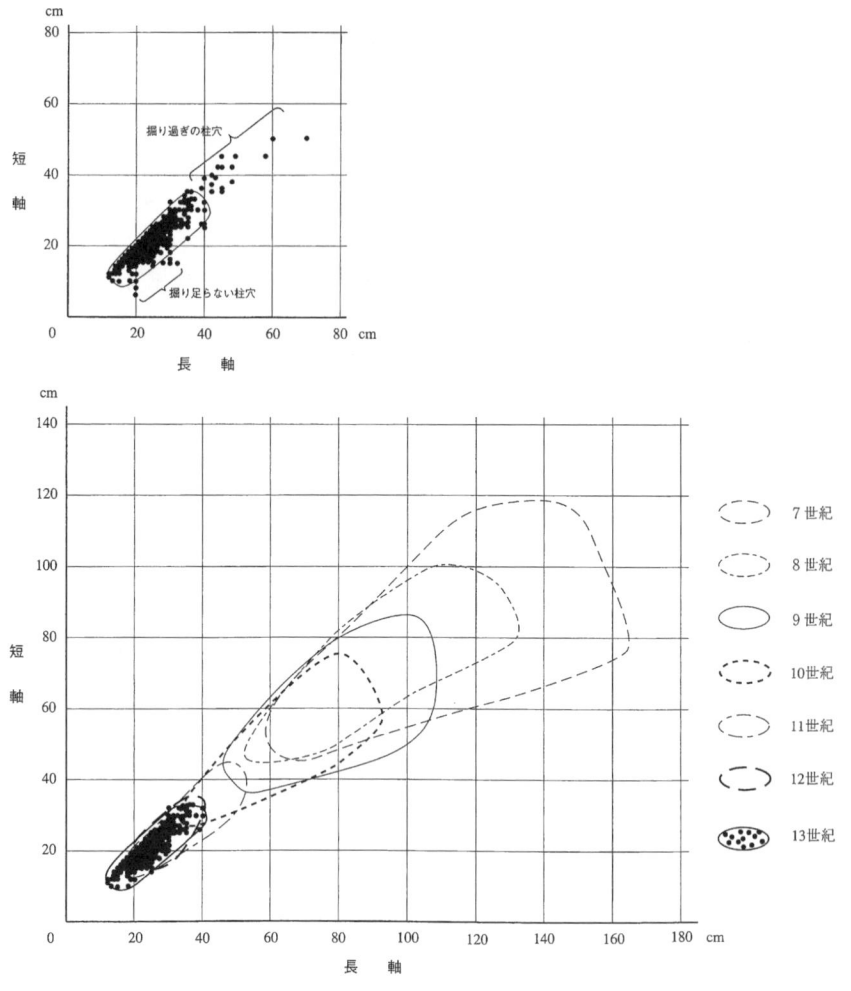

　の柱穴の長軸と短軸をグラフで表にしたものが表7である。12世紀〜13世紀は，ほぼ40cm四方の範囲に重なる大きさで，明確にできないが微視的にみると，12世紀は短軸約20cm×長軸約40cm，13世紀は短軸約10cm×長軸約30cmを中心とした掘り方である。12世紀後半代建物の掘り方は，わずかに13世紀代の建物の掘り方より大きい[註47]。

　以上のように，出土土器で明確に段階が決められない第40段階以降は，遺構の切り合い関係と，掘立柱建物の柱穴の掘り方の大きさで，辛うじて先後関

係を決めた。そのようにして本遺跡の同時存在遺構を1段階20年で，1段階（370〜390年）から48段階（1310〜1330年）までの集落変遷を，曲り形にも明かにした。

　そのように敢えて20年という実年代を，各段階に付加することにこだわったのは，本遺跡の変遷と別表の歴史年表とを突き合わせることにより，それらの変遷過程が東国中心に，日本の歴史上の出来事と，比較しながら究明できるからである。完全に掴むことができなくとも，状況証拠などより本遺跡で起きた歴史的背景と，その動因に少しでも迫れたらと考えたからである。

　そのため第Ⅲ部では，集落構造の基本的を知るため，竪穴建物には何人が住んだのか，家族構成などを考えてみたい。

〔註〕

1）坂詰秀一・福田健司・前川雅夫『落川・一の宮遺跡Ⅲ』総括編〔第二分冊〕　落川・一の宮遺跡（日野3・2・7号線）調査会　2002

2）松村恵司・石田広美・金子真土他『山田水呑遺跡』日本道路公団・山田遺跡調査会　1977

3）稲村坦元「附　武蔵国分寺瓦窯址」『武蔵国分寺址の調査』東京府史蹟勝地調査報告書第一冊　1923

4）原田良雄「東京都南多摩郡稲城大丸窯址」『考古学雑誌』第34巻第6号　1944

5）内藤政恒「八王子市谷野瓦窯址調査報告」『多摩考古』3号　多摩考古学研究会　1961

6）大谷　勁「南多摩郡由木村御殿山窯址調査概要」『多摩考古』4号　多摩考古学研究会　1962

7）服部敬史・福田健司「南多摩窯址群出土の須恵器とその編年」『神奈川考古』第6号　神奈川考古同人会　1979

8）大川　清「多摩丘陵窯跡群調査報告」『東京都埋蔵文化財調査報告』第6集　東京都教育委員会　1979

9）服部敬史『南多摩窯址群』御殿山地区62号　窯址発掘調査報告書　1981

10）服部敬史・福田健司「南多摩窯址群における須恵器編年再考」『神奈川考古』第12号　神奈川考古同人会　1981

11）坂詰秀一編「考古学調査報告」『武蔵新久窯跡』雄山閣出版　1971

12）坂詰秀一・遠藤政孝・服部久美他『南多摩窯跡群』東京造形大学宇津貫校地内における古代窯跡の発掘調査報告書　1982

13）坂詰秀一・遠藤政孝・服部久美他『南多摩窯跡群』みなみ野シティ内における古代窯跡の発掘調査報告書Ⅰ〜Ⅳ　1997・1999〜2001

14）坂詰秀一・松原典明『南多摩窯跡群』山野美容芸術短期大学校地内における古代窯跡の発掘調査報告書　1982

15）迫　和幸・中村哲也『宮の里遺跡』厚木市教育委員会　2005

16）服部敬史他『八王子市史研究』創刊号　八王子市　2011

17）註1と同じ。

Ⅱ．土器編年

18）坂詰秀一・福田健司他『落川・一の宮遺跡Ⅰ』近世編・中世編〔第一分冊〕落川・一の宮遺跡（日野3・2・7号線）調査会　1999
19）加藤晋平・服部敬史『下寺田・要石遺跡—東京都八王子市下寺田および要石遺跡の発掘調査』八王子市下寺田遺跡調査会　1975
20）楢崎彰一・荻野繁春・野村忠夫他『老洞古窯跡群発掘調査報告書』岐阜市教育委員会　1981
21）土屋了介「小田原市永塚北ノ畑遺跡」第36回神奈川県遺跡調査・研究発表会要旨　神奈川県考古学会　2012
22）註7と同じ。
23）早川　泉他『武蔵国分寺跡西方地区　武蔵台遺跡Ⅱ—資料編1—』1989
24）高橋一夫他『前内出窯址発掘調査報告書』埼玉県遺跡調査会　1974
25）清野利明・福田健司『日野SSビル建築工事に伴う埋蔵文化財発掘調査概報（南広間地遺跡第10次調査）』日野遺跡調査会　1993
26）滝澤　亮『中耕地遺跡』調布市埋蔵文化財調査報告　調布市遺跡調査会1982
27）早川　泉・河内公夫「武蔵国分寺創建期の遺跡—東京都武蔵台遺跡—」『季刊考古学』第22号　雄山閣　1988
28）註23と同じ。
29）坂詰秀一編『入間市八坂前窯跡』八坂前調査会・入間市教育委員会　1984
30）坂詰秀一『歴史時代を掘る』市民の考古学—10　同成社　2013
31）註16と同じ。
32）小川貴弘「回転糸切り技法の展開」『考古学研究』第26巻第1号　1979
33）註31と同じ
34）藤井祐介・高島信之・その他『兵庫県印南郡志方町　西ノ池古窯址群調査報告書』1979
35）後藤健一他『静岡県の窯業遺跡　静岡県内窯業遺跡分布調査報告書』本文編静岡県教育委員会　1989
36）池上　悟・福田健司他「羽根沢台遺跡・羽根沢台横穴墓群Ⅲ」『三鷹市埋蔵文化財調査報告第34集』三鷹市教育委員会　2014
37）福田健司「南武蔵における奈良時代の土器編年とその史的背景」『考古学雑誌』第64巻第3号　1978
38）註16と同じ。
39）註14と同じ。
40）福田健司他「シンポジウム　古代末期～中世における在地系土器の諸問題」『神奈川考古』第21号神奈川考古同人会　1986
41）福田健司「落川・一の宮遺跡出土金属器編年—武士団発生過程の馬具刀装具の変遷—」『坂詰秀一先生喜寿記念論文集　考古学の諸相Ⅲ』2013
42）小林和男・中村高志『日野市栄町遺跡』日野市栄町遺跡調査会　1995
43）藤澤良祐「瀬戸古窯址群Ⅰ」『瀬戸歴史民俗資料館研究紀要』Ⅰ　瀬戸歴史民俗資料館　1982
44）東京都埋蔵文化財センター『多摩ニュータウン』No.692遺跡　1988
45）國平健三「綾瀬市宮久保遺跡出土の中世遺物について」『東国土器研究』第1号　特集—東日本における中世土器研究の現状—　東国土器研究会　1988
46）福田健司「落川・一の宮遺跡の集落変遷—東国古代集落の形成と解体過程の一側面」『古代文化』第56巻第7号　2004
47）註18と同じ

III. 承接讲话

① 竪穴建物面積と居住人員算出法

1. 竪穴建物

　「考古学の究極の目的は？」と問われたら，発掘調査により得られた遺構・遺物から，当時の社会を復元する学問と答えたい。広範囲な集落遺跡を調査し，そこから出土した遺構・遺物を詳細に分類し研究を進めて行くと，集落構造に到達する。その構造を知るためには，生活を営む上で必要な「衣」・「食」・「住」の内，その基盤の「住まい」を含む「竪穴」の研究を進めなければならない。その基本は「住まい」であるならば，1軒の「竪穴」に何人が住み生活していたかを知りたい。周辺の同時期の「竪穴」数軒のまとまりに住む人達は，社会構成の基本単位である，血縁関係で結ばれた家族が，中心であったと考えられる。その血縁中心の同居単位を含む世帯構成人数などを，文献に残された戸籍や過去の発掘調査より，得られた集落研究の成果から考えてみたい。

　過去において炉・竈の存在する「竪穴」は，躊躇することなく住居と考えへ，すべて「竪穴住居」と呼び報告してきた。そのような名称を使う埋蔵文化財の発掘調査報告書に対して，関和彦氏は『記紀』を初めとして，『風土記』・『万葉集』・『日本霊異記』など古代の文献では，産屋・閨屋など住居の範疇に入る建物名も記載されているが，機屋・酒屋・碓屋・閉屋・真屋など住居以外に利用されたと考えられる，種々多様な建物の存在を指摘した。従って掘立柱の建物を「掘立柱住居」と呼ばず「掘立柱建物」と呼ぶように，「竪穴住居」も「竪穴建物」と呼ぶべきとの提言がなされた[註1]。

　住居とは「居」に「住む」で，住む所を定めて生活することである。住居とは寝起きが基本で，炊事して食事をとり，暗くなったら横になり睡眠をとるなど，日常生活の一連の営みの大半を行う場でなければ，言えないのであろうか。極端な例は炉・竈は炊事施設で，それらが存在する竪穴はすべて住居と考えていいのではという意見もある。

　関氏は人が住まなくなった竪穴住居が，納屋・桑室・蚕室などに転用された場合もあるし，竈が炉の発展形態とすれば，炉は炊事だけでなく明かりとりや，冬期の暖房施設を兼ねていたものであるから，竈は非住居の暖房施設などとして転用された可能性があると考えた。竈が存在する竪穴が養蚕のための小屋に転用され，竪穴内での作業過程で竈を使用するなど他用性を指摘している。

　確かに歴史時代の竪穴建物のなかには，土器をはじめ鉄製品などの遺物が多

182

く出土し，竈が炊事のために頻繁に使用されたためか，焚き口の火床面の焼土が何層も分厚く残り，希に長甕が竈に掛かった状態の生々しい生活痕を残した竪穴が，発掘される場合がある。一方，そのような竪穴建物に近接し，僅かに出土する同型式の土器などから，同時存在の竪穴と考えられるが，竈焚口の火床面に火を焚いたか焚かなかったのか，その痕跡すら確認するのが難しい竪穴が多く存在する。そのような竈焚口の火床面に焼土が少ない竪穴は，古くなり住まわなくなり，上述のような種々の作業用の小屋として転用され，時々明かりをとるためや，暖をとる時だけに竈を使用したからであろう。それら同時存在と定めた個々の竪穴建物が，住居なのか様々に転用された建物か，集落構造を考えるために，配置関係を含めた範囲のまとまりを，明確に見定める必要がある。

　しかし報告書では，以上のような見極めはされず，すべて竪穴住居として扱われている。仮に上述のような考察が報告された場合は，後追い的に整理・報告書作成段階で行われたものであろう。開発に先立つ事前発掘の場合，調査は終了すれば遺構は，跡形も無く破壊されてしまう。従って机上論でなく，出土土器や配置などから，できる限り発掘現場において，出土遺物・切り合い関係より，同時期存在の遺構を極力おさえ，規模・構造・内部施設・竈などを詳細に観察し，住居として使われた竪穴建物か，転用された竪穴建物かなどを，現場で認定しながら進めるべきである。さらにできれば発掘中に，出土遺物・内部施設などより，主要な竪穴建物（戸主の家）を見極め，その建物を中心に一戸と想定できる建物群の範囲・配置を，ある程度に把握しておきたい。その所見を参考に整理段階で詳細に検討でき，具体的な集落の構造を考える上で必ず役に立つ。同時存在と考えられる一戸の範囲と，その範囲の軒数が知り得たら，それら一戸の範囲内の各々の竪穴建物に，何人が居住していたかを考え，その一戸には一体何人の戸口が居たかが想定できる。

　そのように関氏の提言は，単に「竪穴」の名称にこだわっただけではない。古代史をともに研究して行く上で，発掘調査を行う考古学側が果たさなければならない責務であり，集落研究を押し進めるためには，絶対避けて通れない文献側から与えられた課題として，真摯に受け止めるべきである。確かにそれ以後，「竪穴住居」と書く報告書・論文は少なくなり，「竪穴建物」と書かれる報告書は増えたが，残念なことにただ単に「竪穴住居」と呼んでいたのを，「竪穴建物」と言い変えただけが現状である。

　以下，集落研究の1歩である律令期の郷里制集落において，戸主のもと一戸

Ⅲ．集落構造

には何人が住み，それら戸口がどのくらいの数の竪穴建物・掘立柱建物で生活
を営んでいたかを，次の戸籍を手掛かりとして考えてみたい。

2. 竪穴建物の居住人員算出法

　その戸籍とは，正倉院所蔵の太寶2年（702年）の御野国の加毛郡半布里（『和
名抄』加茂郡埴生郷，現在岐阜県加茂郡富加町羽生付近）の戸籍である[註2]。
半布里は58戸から成り立っていたが，首部の4戸を欠き54戸の戸籍しか残っ
ていない。54戸の人口は1,119人で，男女の内訳は男541人，女551人，奴
14人，婢13人である。その内一番戸口の多い戸は44人，一番少ない戸口は
8人で，一戸あたりの成員は平均20.72人である（表12参照）。それら一戸に，
平均居住人員20〜21人が住み活動するには，一体どれくらいの大きさの竪穴
建物が，何軒ぐらい必要であっただろうか。

　過去「竪穴住居に何人が住んでいたか？」という問いに，竪穴内において1
人が居住するため必要とする面積や，1人の成人が寝床としての横臥する面積
が仮定され算出されてきた。その1つが広く知れわたっている東京大学関野克
博士の算出法である。これは竪穴内で1人が居住するための必要面積を3㎡と
仮定して，その数値で竪穴の面積を割って得た人数から，炉・竈・柱（柱穴）
などが占める，様々な竪穴内施設の面積を，1人分として引くと言った算出法
である。この方法は，炉から竈へと変遷する縄文時代〜平安時代の，すべての
時代の竪穴建物に当てはめることができるが，得られた居住人員が多すぎると
いう批判があった。

　1926年東京帝国大学人類学教室により，千葉県市川市姥山貝塚が調査され
た。そこで，約12.2㎡と小さな縄文時代中期の竪穴内より，老人の男女（夫婦？）・
若い男女（夫婦？）・子供の5人の遺体が放置された状態で発掘された。これ
はこの竪穴内に住んでいた5人が，何らかの理由で同時に亡くなった事例と長
い間考えられてきた。老若男女が夫婦という前提で，1軒の竪穴内の居住人員
と家族構成がわかる好例として，現在に至るまで論文や教科書などに広く引用
され，授業などでも使われている。しかし，姥山貝塚の現場検証を担当した八
幡一郎氏の所見である「下総姥山ニ於ケル石器時代遺跡」[註3]を熟読し，詳細
に検討した土井義夫氏により，姥山貝塚の竪穴建物内に放置された遺体5人は，
この竪穴建物に住み同時に亡くなったこと，家族であったかは疑問があるとし
て，幾つかの文によりその事実を明かにしている[註4]。

　松村恵司氏は，姥山貝塚の約12.2㎡の竪穴面積を5人で割り得た2.44㎡と，

関野博士の仮定した1人が居住するための必要面積3㎡を足し，その平均値2.7㎡が竪穴内での1人の居住必要面積として，千葉県東金市山田水呑遺跡の居住人員の推定を行っている[註5]。

　以上のような竪穴面積からの算出法以外に，岡山大学法文学部和島誠一教授，埼玉県東松山高校金井塚良一教諭の両氏（1966年当時）が考えた方法がある。この算出法は，炉を有する縄文時代・弥生時代・古墳時代前期の竪穴建物でなく，古墳時代中期以降の竈を有する古墳時代後期の竪穴建物を前提としている。竈と4本柱〜6本の主柱を有する方形・長方形の竪穴建物の場合，主柱の外側と4辺の壁の間4ヶ所の内，竈の存在する壁の左右の2辺の2ヶ所を寝間の空間とした（以下寝間面積）。その2辺以外の竈が存在する1辺は，竈の脇には貯蔵穴などが掘り込まれた厨房の場，その向かい側の1辺は入口と想定し，その入り口の左右の空間は，様々な作業に必要な用具などの物置場と想定している。それら2ヶ所の寝間面積内で，1人が横臥して寝床として寝ることができる最低限の面積（以下寝床面積）を1.5㎡と仮定し，その2ヶ所の寝間面積を寝床面積1.5㎡で割って得た人数が居住人員と考えた。

3. 五領遺跡の竪穴建物と居住人員

　和島・金井塚両氏はその算出法を用いて，埼玉県東松山市の五領遺跡B区A地点の古墳時代後期鬼高期の竪穴建物B1・B9・B14・B18・B24・B25の6軒と，B地点の竪穴建物C4・C9の2軒の居住人員の算定を試みている[註6]。表8は，それら竪穴建物の面積・左右別寝間面積・居住人員A〜D（文中で説明）・左右寝間面積合計と，中段・下段（太字）にそれら竪穴建物合計面積・左右寝間面積別合計・左右寝間合計面積・居住人員A〜D別の合計を表したものである。両氏が算出した居住人員は，居住人員Aとして載せた。

　A地点竪穴建物B1の面積は14.7㎡，その内2ヶ所の寝間面積は，左側が1.5㎡，右側は1.45㎡である。寝床面積1.5㎡で割ると，左側1.5㎡÷1.5㎡=1人，右側1.45㎡÷1.5㎡=約1人となり，想定される合計居住人員は2人である。

　竪穴建物B9の面積は34.2㎡，寝間面積は左側4.3㎡，右側4.2㎡である。左側4.3㎡÷1.5㎡=2.86人で四捨五入すれば約3人，右側4.2㎡÷1.5㎡=2.8人で四捨五入すれば，約3人なので合計居住人員は6人となるが，何故か5人としている。竪穴建物B14の面積は32.4㎡，寝間面積は左側4.5㎡，右側3.6㎡である。左側4.5㎡÷1.5㎡=3人，右側3.6㎡÷1.5㎡=約2.4人で四捨五入すると2人なので，居住人員は合計5人である。竪穴建物B18の面積は

185

Ⅲ. 集落構造

表8　五領遺跡 B 地区 A・B 地点竪穴建物の面積と想定居住人員（※印の理由は本文中）

竪穴建物	竪穴面積	左右別寝間面積		居住人員 A	居住人員 B	左右寝間面積合計	居住人員 C	居住人員 D
A 地点B1	14.7 ㎡	左 1.5 ㎡	右 1.45 ㎡	2人	2人	2.95 ㎡	2人	2人
B9	34.2 ㎡	左 4.3 ㎡	右 4.2 ㎡	5人	6人	8.5 ㎡	6人	6人
B14	32.4 ㎡	左 4.5 ㎡	右 3.6 ㎡	5人	6人	8.1 ㎡	5人	5人
B18	36.1 ㎡	左 5.4 ㎡	右 5.4 ㎡	6人	8人	10.8 ㎡	7人	6人
B24	16.1 ㎡	左 2 ㎡	右 1.6 ㎡	2〜3人	2人	3.6 ㎡	2人	3人
B25	49.0 ㎡	左 6.1 ㎡	右 6 ㎡	8人	8人	12.1 ㎡	8人	8人
6 軒の合計	182.5 ㎡	左 23.8 ㎡	右 22.25 ㎡	28〜29 人	31人	46.05 ㎡	30〜31 人	29〜30 人
B 地点C4	34.8 ㎡	左 4.9 ㎡	右 4.3 ㎡	5〜6人	6人	9.2 ㎡	6人	6人
C9	42.9 ㎡	左 4.5 ㎡	右 4.9 ㎡	6〜7人	6人	9.4 ㎡	6人	※6〜7人
2 軒の合計	77.7 ㎡	左 9.4 ㎡	右 9.2 ㎡	11〜13 人	12人	18.6 ㎡	12人	12〜13 人

36.1㎡，寝間面積は左・右側ともに 5.4㎡なので，5.4㎡÷1.5㎡＝3.6 人で四捨五入して 4 人となり，合計居住人員は 8 人となるはずが，何故か 6 人としている。竪穴建物B24 の面積は 16.1㎡で，寝間面積は左側 2㎡，右側 1.6㎡である。左側 2㎡÷1.5㎡＝1.3 人を四捨五入して 1 人，右側 1.6㎡÷1.5㎡＝約 1 人となり，合計居住人員は 2 人となるが，何故か 2〜3 人としている。竪穴建物B25 の面積は 49㎡で，寝間面積は左側 6.1㎡，右側 6㎡である。左側 6.1㎡÷1.5㎡＝4 人，右側 6㎡÷1.5㎡＝4 人となり，合計居住人員は 8 人である。

　以上の B 地区A地点の 6 軒のなかで一番大きい竪穴建物B25 の竈は，凝灰岩を加工したものを芯にして，火度の強い焚口部の補強にも凝灰岩の切り石を組み合わせた堅牢でもので，多量の焼土とともにさかんな竈使用を物語っている。出土遺物もさまざまな土師器を中心に，須恵器・滑石製剣形品・鉄製品など多量で豊富な遺物が出土している。さらに居住人員が 6 人と多い竪穴建物B18 と，5 人の竪穴建物B9 はいずれも出土遺物は豊富で，特に竪穴建物B9 の竈は，B25 同様凝灰岩を使用しており，この 2 軒の竪穴建物は B25 に比肩する有力な竪穴建物と考えられている。一方面積の小さい竪穴建物B1・B24 の竈は粗末で，少量の焼土が検出されただけの貧弱なもので，出土遺物も少なく，若干の土師器が遺存していたに過ぎない。この 2 軒は他の竪穴建物とは階層を異にするものと考えている。

　B 地区B地点の竪穴建物C4 の面積は 34.8㎡，寝間面積は左側 4.9㎡，右側 4.3㎡である。左側 4.9㎡÷1.5㎡＝3.3 人で四捨五入して 3 人，右側 4.3㎡÷1.5㎡＝約 2.8 人は四捨五入して 3 人なので，合計居住人員は 6 人であるが，何故か 5〜6 人と

している。竪穴建物C9の面積は42.9㎡,寝間面積は左側4.5㎡,右側4.9㎡である。左側4.5㎡÷1.5㎡=3人,右側4.9㎡÷1.5㎡＝約3.2人で四捨五入して3人なので,合計居住人員は6人なのに,何故か6～7人としている。

　このB地区B地点の2軒の合計居住人員11～13人を一戸として考えた場合,竪穴建物の数と居住人員が少ないように思われるが,先述した半布里の戸籍には,戸口8人という最低居住人員の一戸が存在するので,この2軒11～13人の居住人員と想定された単位も,一戸として存在していたと考えられる。

　以上の両氏が算出した居住人員Aの数値のなかで,疑問のある数値の竪穴建物だけを再度述べてみる。竪穴建物B9の左右の寝間面積は,左側4.3㎡右側4.2㎡とほぼ変わらない面積で,1.5㎡で割り四捨五入すれば各々3人で合計居住人員は6人である。5人としたのは左右の居住人員のどちらかを四捨五入,どちらかを小数点以下を切り捨てなければ5人にならない。左右どちらも小数点以下切り捨てれば4人となってしまう。また竪穴建物B18の2ヶ所の寝間面積は左5.4㎡と右5.4㎡と同じで,1.5㎡で割ると各々3.6人となり,四捨五入すればどちらも4人で合計居住人員は8人となるはずである。しかし,居住人員を6人としたのは,どちらも小数点以下は切り捨てて,それぞれ3人としたとしか考えられない。竪穴建物B24の2ヶ所の寝間面積は,左2㎡と右1.6㎡で計算するまでも無く,居住人員は合計2人とすべきところ,2～3人と3人の可能性も示したのは何故であろうか。

　同様の計算は省くが,B地点の竪穴建物C4の居住人員は合計6人となるところ5～6人と幅をもたせている。竪穴建物C9の居住人員も合計6人となるところ6～7人としているのは何故であろうか。なお,両氏と同じく左右の寝間面積を1.5㎡で割り,厳密に四捨五入して得た両氏と食い違う居住人員となったB9・B18・B24・C4・C9の数値を居住人員Bとして載せておいた。

　そのように両氏が算出した表8の居住人員Aの数値は,先述したように割って得た人数の内,ある竪穴建物は四捨五入するが,ある竪穴建物は四捨五入せず,小数点以下を切り捨てた人数,さらに左右のどちらかの人員は,四捨五入した人数であるが,片方は小数点以下切り捨てた人数を合計するといった理解に苦しむ人員数となっている。さらにA地点B24の居住人員が2～3人,B地点C4は5～6人,C9は6～7人と幅を持たせた人員数が示されている。算出した数値は原則として,すべて四捨五入した方がいいと考えるが,両氏の算出した各竪穴建物のなかで居住する人員は,寝床面積1.5㎡を必要とする成人だけでなく,次に述べるように,それ以下の寝床面積と想定される乳児・幼児を

Ⅲ. 集落構造

含む子供のことを考慮していたのであろうか。

　後述の半布里の戸籍（表 12 参照）によると，緑児・緑女と呼ばれた 3 才以下の男女の子供が，1,119 人中 125 人も住んでいたことが記載されている。そのような 1～3 才の幼児なら成人の寝床面積 1.5㎡の 3 分の 1 の 0.5㎡前後で充分と考えられる。また同戸籍には小子・小女と区分された 4～16 才の男女 369 人も記載されている。その小子・小女達の内，4～12 才までの現代で言う幼稚園から小学生ぐらいの子が 234 人住んでおり，栄養状態のよい今と違い当時の平均身長を考えると，その子らの寝床面積は 1.5㎡の 3 分の 2 の 0.75㎡前後ぐらいと仮定していいのではないか。そのように竪穴建物内には成人男女だけでなく，子供・孫も多く同居しており，成人と成人の寝床の間で割り切れず，0.5㎡以上余った空間は，戸籍に記載された 12 才以下の緑児・緑女・小子・小女達の寝床であったとは考えられないであろうか。それとも後述するように，各竪穴建物内の施設構造上の問題かも知れない。

　そこで左右の寝間面積を個別に 1.5㎡で割って得た整数値の和でなく，左右の寝間の合計面積を 1.5㎡で割り計算してみた。得られた数値をすべて四捨五入するのは，上述したように 0.5㎡以上は乳幼児や子供の寝床面積で，0.4㎡以下は身長差などで相殺される面積と考え切り捨てた。

　以上，左右合計寝間面積を 1.5㎡で割って得た数値は，居住人員 C として載せておいた。結果は居住人員 B の数値と同じにならなければならないが，竪穴建物 B18 だけが居住人員 A で示められた 6 人でもなく，居住人員 B で示した 8 人でもなく，（左側 5.4㎡＋右側 5.4㎡）÷ 1.5㎡ = 7.2 人で，四捨五入し 7 人となった。この原因は寝間面積を別々に割った場合，左側 5.4㎡÷ 1.5㎡ =3.6 人，右側も同じく 5.4㎡÷ 1.5㎡ =3.6 人となり，四捨五入し合計すると 8 人となるが，左右寝間面積の合計 10.8㎡を割った場合 7.2 人となり，四捨五入すると 7 人になってしまうからである。そのように左右の寝間面積を別々に 1.5㎡で割り得た人員の合計と，左右の寝間面積合計を 1.5㎡で割り四捨五入し得た合計人員が一致しない場合がある。

　また別の戸と考えられる B 地点の竪穴建物 C4 は，（4.9㎡＋ 4.3㎡）÷ 1.5㎡ = 6.1 人で 6 人。竪穴建物 C9 は（4.5㎡＋ 4.9㎡）÷ 1.5㎡ = 6.2 人で 6 人である。そのように B 地点の竪穴建物 C4 の面積は 34.8㎡，竪穴建物 C9 の面積は 42.9㎡で，C9 の方が 8.1㎡も明かに大きさが違う。にもかかわらず，寝間面積の合計は，C4 は 9.2㎡，C9 は 9.4㎡と 0.2㎡しか違わず，居住人員も 6 人と同じなのは，竪穴建物内での竈・貯蔵穴の位置，柱穴・支柱穴の本数・周溝の有無な

188

ど構造上からもそのような差が生じるのであろう。つまり竪穴建物C9 は C4 より約 8㎡も面積が大きいが寝間面積は狭く，割合的に主柱に囲まれた内側の空間を広くした構造と考えられる。竪穴建物面積の大小は，寝間面積の広狭に反映すると考えたいが，そうでない場合があるという例であろう。

そのようにA地点の 6 軒の居住人員Cを合計すると，B18 が 1 人少なくなったので 30 人であるが，左右の寝間面積合計の 46.05㎡を 1.5㎡で割ると，30.7 人となり四捨五入すると 31 人となる。そのことを加味して居住人員C欄の合計居住人員は 30〜31 人と載せた。B地点の 2 軒の合計寝間面積は 18.6㎡で，1.5㎡で割った合計居住人員は 12.4 人で四捨五入して 12 人となる。

そのように両氏の算出法で得た居住人員の数値には，竪穴内の構造など若干の補正や，解釈が必要と考えられる。しかし，両氏が目指したように正確で，誰もが納得がいく寝間面積を得ることができれば，その面積を寝床仮定面積 1.5㎡で割り，原則として四捨五入すれば，竪穴建物内の居住人員を得られるという算出法は支持したい。

ただ残念なことは人によって，寝間が可能な場所範囲の捉え方や，測り方を少し変えただけで数値に差が生じ，万人が納得のいく正確な寝間面積を得ることは不可能である。それが数軒単位の一戸の居住人員の合計だけならば未だしも，集落全体の居住人員となると大きな数の誤差となってしまう。また，関東における平安時代の竪穴建物の主柱穴が検出されない場合が多く，寝間可能場所を決め難く寝間面積を算出することができない。そのように誰もが承諾できない不確実な寝間面積を使わず，建築当時の竪穴建物プランを正確に調査して得られた竪穴建物面積から，竪穴建物内で 1 人が居住できるための面積数値を定数として確定できれば，その数値で割ることにより，竪穴建物の居住人員数を算出できると考えたい。

その定数とは，正確な竪穴建物の面積を，和島・金井塚両氏の算出法で得られた五領遺跡B区A・B地点の補正した推定居住人員で割れば，寝間面積・寝床面積も含む竪穴建物内で，1 人が居住し生活するための居住必要面積（以下居住面積）と仮定できる面積が，平均化して得られるのではないかと考えた。無論，その定数を得るためには五領遺跡の一遺跡だけでなく，同様に寝間面積から居住人員を算出した他の遺跡の例からも検証しなければならない。

その場合，さらに決着しておかなければならない重要な問題がある。それは先に述べたように東国における，特に平安時代の竪穴建物の床面に，主柱穴どころか小さな柱穴と考えられる痕跡が，まったく検出されないことである。そ

Ⅲ. 集落構造

の理由を笹森健一氏は，竪穴建物は平地建物に掘り込まれた土間部分で，屋根を支える柱はその土間内（竪穴内）でなく，土間（竪穴）周辺の平地部分に，土間（竪穴）部分を囲むよう立てられているという指摘である[註7]。

以来，気をつけて何百軒の竪穴建物を発掘調査してきたが，知る限りごく稀に竪穴建物の周りを囲むようなピットが検出されたとしても，たまたま主軸が合うものや，時期差のあるもので，竪穴建物を囲む柱穴と明確に確認できたものは無いに等しかった。その間，群馬県子持村黒井峯遺跡で，竪穴建物や平地建物が幾つか発掘調査されその構造が明確になった[註8]。しかし，黒井峯遺跡で検出された平地建物の土間部分は僅かに凹んでいるだけで，深く竪穴状に掘り込まれていなかった。さらに竪穴建物にはすべて周堤帯がめぐり，その内側は掘り込まれた竪穴部分だけで，そこには明確な柱穴が存在するが，その周辺には平地部分も柱穴もまった存在していなかった。

また富士山の東北側～東南側を含み，特に東側の火山灰が厚く積もった神奈川県西部の調査で，背丈に近い深さの竪穴建物の調査に何例も携わった。もし，そのように深い竪穴が，土間部分として掘り込まれたものであるならば，あまりにも深すぎて土間と言うより地下室と呼ぶべき深さである。その場合オーバーに言えば竈の煙道は，西洋のマントルピースのある暖炉みたいに垂直に高く上がったものである。そのような例は火山灰が深く積もる地域の特有で，特殊な竪穴建物であろうと言われてきた。

表土を剥ぎ発掘する時点で各遺構は，その後の土地利用や撹乱により，上面の遺構であればあるほど，構築時の地面とともに削平を受けている。削平を受けたため竪穴外に建物を囲むように存在した柱穴が，すべて削られて検出されないと言うであろう。しかし，逆に削平されず柱穴が残っていれば，竪穴建物の深さは上述の例ほど深くはないとしても，削られた分を加味すると少なくとも1m以上は，掘込まれていたと考えられる。その場合飛び降りるほどではないが数段の梯子を必要とし，とても1段下がった土間などとは言い難い。

以上のような竈と煙道の問題は，「東国集落遺跡の検討」の討論において，小笠原好彦氏が指摘したように，1段下がった土間に設置された竈が「置竈」や煙道の無い竈ならば納得がいくと指摘している[註9]。確かに第Ⅱ部で述べたように平安時代でも半ば過ぎると，煙道の無い「ヘッツイ」を有する竈屋として，独立した小さくて非常に浅い竪穴建物が多くみられるようになる。これらの建物にも明確な柱穴は無い。屋根を支える柱が検出されない竪穴建物の構造が，どのようであったかという問いに，今明確に答えることはできないが，柱

の無い竪穴建物がすべて，深い竪穴の土間を有する平地建物であるとするならば，竈・土間を囲う柱穴が屋外に必ず検出されなければならない。

　笹森氏の指摘を受けて以来38年も経ちその間，東国各地に於いて何千軒も柱穴の無い竪穴建物が調査され報告されてきた。その多くの報告書を見る限り数件を除き，笹森氏の指摘した住居形態変遷模式図「試」案のような，明確に竪穴部外に並ぶ柱穴が検出された例は非常に少ない[註10]。柱穴が無く屋根をどのようにして支えたか不明の竪穴建物が，未だに各地で調査され増え続けているのも事実である。

　竪穴建物面積から居住人員を算出する場合，万が一柱穴が検出されない土間の竪穴部分以外の平地部分が，居住部分として広がる可能性があるならば，宮瀧交二氏が指摘したように，竪穴建物面積から居住人数を算出するには，今少し時間が必要であろう。しかし，その意見が出されてからも，さらに30年が経ってしまった[註11]。今後も柱穴の無い竪穴建物の構造を究明し，続けなければならないことも承知の上で，竪穴建物が平地建物で竪穴部分が，その土間でないという立場より，集落構造の研究を1歩でも半歩でも進めるために，以下のように竪穴建物面積から居住人員を算出してみた。

　表8に載せた五領遺跡B地区A地点の一戸と考えられる竪穴建物群6軒の合計面積182.5㎡と，B地点の一戸と考えられる竪穴建物2軒の合計面積77.7㎡を合計した260.2㎡を，42人と43人と齟齬がある2つのA・B地点の合計居住人員で割ってみた。42人で割ると四捨五入して6.2㎡，43人で割ると四捨五入して6.1㎡である。平均値は（6.2㎡＋6.1㎡）÷2＝6.15㎡で，四捨五入して6.2㎡となる。この6.2㎡という数値は，関野・松村氏が算出した数値の倍近い。

　しかしこの面積は，1人が寝起きする寝間可能面積だけでなく，竪穴建物内で老若男女の成人1人が動き回り，手短な室内作業などを営む空間，諸々の身の回り品などを収納する空間を含み，人がストレス無く居住するために必要な面積，すなわち居住面積と仮定したい。その仮定のもと，以下五領遺跡B地区A・B地点の各竪穴建物の個別面積を，1人の居住面積6.2㎡で割り各竪穴建物の居住人員を算出してみる。

　竪穴建物B1の面積14.7㎡÷6.2㎡＝2.37人（以下，四捨五入），竪穴建物B9の面積34.2㎡÷6.2㎡＝6人。竪穴建物B14面積32.4㎡÷6.2㎡＝5人。竪穴建物B18の面積36.1㎡÷6.2㎡＝6人。竪穴建物B24の面積16.1㎡÷6.2㎡＝3人。竪穴建物B25の面積49㎡÷6.2㎡＝8人となった。そのように得た人数を居住人員Dとして載せた。その結果，左右の合計寝間面積を1.5㎡で

Ⅲ. 集落構造

割った居住人員Cの数値とでは，2つの竪穴建物で違う数値が出た。1つは竪穴建物B18の寝間面積合計10.8㎡を1.5㎡で割ると人数は7人となるが，竪穴建物面積36.1㎡を6.2㎡で割ると6人となる。もう1は竪穴建物B24の寝間面積合計3.6㎡を1.5㎡で割ると人数は2人となるが，竪穴建物面積16.1㎡を6.2㎡で割り四捨五入すると，3人となり1人の誤差が出た。しかし，全体としては1増1減で合計人数は，寝間面積を1.5㎡で割り得た居住人員Cの合計人数30人と同じとなった。そのように得られた合計人数は30人であるが，A地点の竪穴建物合計面積182.5㎡を，6.2㎡で割ると29人（四捨五入）となるので，合計欄には29〜30人として載せた。

　またB地点の竪穴建物C9の寝間面積合計9.4㎡を，1.5㎡で割ると人数は6人となるが，竪穴建物面積42.9㎡を6.2㎡で割ると7人となる。竪穴建物C4の面積は34.8㎡で寝間面積合計は9.2㎡，竪穴建物C9の面積は42.9㎡で寝間面積合計は9.4㎡と，面積で8.1㎡もの差がありながら，寝間面積の差は0.2㎡しかない。このような差の生じる原因は先に述べたが，竪穴建物内の柱穴・支柱穴の本数・周溝の位置などにより，面積の広い竪穴建物は寝間面積も広いと限らないのである。そのような竪穴建物はおそらく室内の構造上の問題で，4本の主柱で囲まれた面積が若干広くとり，その分寝間面積が狭くなったと考えられる。ただ残念ながらこの五領遺跡B地点C9の竪穴建物も含み，それ以外の建物の詳細で正確な平面図は報告されてなく，得られないので内部施設の状況が不明である。従って竪穴建物C9の居住人員は，竪穴建物面積から6.2㎡で割り得た7人でなく，この竪穴建物に限り両氏の計測した左右の寝間面積，左側4.5㎡，右側4.9㎡を1.5㎡で割って足した数値6人を，表8に※印を「訳あり」として付し6人として載せた。従って合計欄には※6〜7人とした。

　以上，この算出法も竪穴建物内の竈・炉・貯蔵穴の位置，柱穴・支柱穴の本数・周溝の有無や，子供の面積として±1人くらいの誤差が生じる可能性は大いに有りうる。しかし，大雑把に言って古墳時代中期以降の四角形で，竈を有する竪穴建物内で，1人が占める居住に必要面積すなわち居住面積は，寝床として仮定した面積1.5㎡を含め，約6.2㎡と考えたい。従って竪穴建物平面積÷6.2㎡で得られた人数が，律令期の竪穴建物1軒のおおよその居住人員として話を進めて行く。

　既述したように一遺跡だけでは心許ないので，五領遺跡B地区A・B地点同様，寝間面積から居住人員を推算した他の遺跡の竪穴建物居住人員を，竪穴建物面積を居住面積定数6.2㎡で割り算出し，比較してその有効性を確かめてみる。

4. 東山浦遺跡の竪穴建物と居住人員

　先ほど来，度々述べてきた半布里の故地に想定される岐阜県の富加町で，1977年に役場庁舎建設に先立ち2,500㎡が調査された。この遺跡は，岐阜県加茂郡富加町大字滝田字東山浦1507〜1556番地に位置し，長良川の支流，津保川のさらに支流である川浦川左岸の段丘上に立地していた。翌年，調査された竪穴建物31軒，掘立柱建物2棟，溝3，土坑4，その他ピットと，出土した遺物の考古学的考察に加え，歴史的環境や，当時の文献史学，歴史地理学など各分野の研究の到達点を含んだ，―古代・半布里を物語る―「東山浦遺跡」と題する報告書が刊行された（註12）。

　調査された竪穴建物31軒の存続時期は，約7世紀中葉〜8世紀後葉で，各竪穴建物の推定年代は，第1期7世紀中葉2軒，第2期7世紀後葉9軒，第3期8世紀前葉10軒，第4期8世紀中葉3軒，第5期8世紀後葉1軒，不明6軒である。それら第1期〜第5期の竪穴建物を，報告書の挿図3として5つに色分けし載せた図が，口絵Cである。

　報告書ではこの図の右端東側に存在する竪穴建物H24と，左端西南側の重複した竪穴建物H26・H27を除く，7世紀中葉〜8世紀後葉にかけての中央の竪穴建物H1〜H23・H25・H28〜H31の重複した28軒を，一戸の家系の変遷と考えた。そのように捉えたのは，この竪穴建物群の下層に遺構は存在せず，東西に広がる段丘上に遺構は濃密に存在するが，南北の段丘幅は狭く限られており，それ以上の幅に遺構は広がらず，この28軒の纏まりを一戸の変遷と捉えたのである。

　上述どおり段丘上の東西には遺構が広がり，その東西の竪穴建物群の右縁の竪穴建物H15と，上述の右端東側竪穴建物H24との約14ｍの間には，遺構が何一つ検出されない空き地が存在する。同じく西縁の竪穴建物H22と，左端西南側の重複した竪穴建物H26・H27との間にも，幅約14ｍの空き地が存在する。そのことから竪穴建物H24は，おそらく東側の未発掘部分に広がると考えられる別の戸の西端の竪穴建物と捉えている。同じように西南側の重複した竪穴建物H26・H27は，おそらく西側の未発掘部分に広がる別家系の，戸の東端の竪穴建物と捉えたのである。

　以上のような時期別に色分けした推定年代や，竪穴建物の捉え方に，異論や疑問がある（註13）。その一つは，大型の竪穴建物H30・H17は，H11に切られているのでH11より古く，その下切られたH30・H17は，大型な竪穴建物同士で近接しており，同時存在ということは考えられない。にもかかわらず3軒と

Ⅲ. 集落構造

も第3期8世紀前葉の同時期としていることである。この大型の3軒は，太寶2年の戸籍年代を含む期間内に，3回建て替えられ重複したということになる。さらに，その重複している竪穴建物H30・H11の2軒から出土した須恵器を，分けずに2軒から出土したものとして報告している。その2軒から出土した土器には，7世紀中葉～8世紀前葉のものが混在しているが，発掘時に床面の高さが同じで，どちらの建物から出土したか発掘時に混在し，整理時にも峻別できなかったのであろう。

そのような問題はあるが，報告書では第2期7世紀後葉の同時存在竪穴建物群6軒と，第3期8世紀前葉の同時存在竪穴建物群7軒の居住人員を推定するために，和島・金井塚両氏の算出法より竪穴建物内居住人数を推定し，竪穴の面積とともに報告書付表4「B地区第2・第3期の竪穴住居居住人員推定表」として記載している。ただ報告書のどこにも仮定した左右の寝間面積の数値は，記載されていないので，居住人数の正否を検証することはできない。その報告書付表4に記載された竪穴面積と居住人員推定数を，表9の居住人員Aとして載せた。

その表で，第2期7世紀後葉の竪穴建物H1の面積は約20㎡，居住人員は3人としている。竪穴建物H3の面積は約29㎡，居住人員は5人としている。竪穴建物H9の面積は約13㎡，居住人員は2人としている。竪穴建物H13の面積は約22㎡，居住人員は3人としている。竪穴建物H18の面積は約40㎡，居住人員は6人としている。竪穴建物H23の面積は約18㎡，居住人員は3人と推算している。

以上，第2期7世紀後葉の同時存在竪穴建物群6軒の合計面積は，約142㎡で居住人員は22人と報告としている。

第3期8世紀前葉の竪穴建物H2の面積は約21㎡，居住人員は3人としている。竪穴建物H6は約37㎡，居住人員は6人としている。竪穴建物H7の面積は約21㎡，想定居住人員は2人としている。竪穴建物H8の面積は約14㎡，居住人員は2人としている。次のH11で問題となるのが先程も述べたが，この大型竪穴建物はH17・H30と同時存在で，重複していると報告されている。竪穴建物H17・H30の先後関係は不明であるが，短期間に2軒を経てH11へ移り住んだとの解釈である。一番新しく最後に存在した竪穴建物H11の面積は，約43㎡で居住人員は7人としている。竪穴建物H19の面積は，約31㎡で居住人員は5人としている。竪穴建物H21の面積は約23㎡，居住人員は3人と算出している。

以上，第3期8世紀前葉の同時存在竪穴建物群7軒の合計面積は，約190㎡で居住人員28人と報告している。

そのように東山浦遺跡の報告書では，第2期7世紀後葉の一戸の同時存在竪

1 竪穴建物面積と居住人員算出法

表9 東山浦遺跡竪穴建物の面積と想定居住人員（※印の理由は本文中）

第2期7世紀後葉同時存在竪穴建物面積と居住人員				
竪穴建物	竪穴建物面積	居住人員A	修正竪穴建物面積	居住人員B
H1	20 ㎡	3 人	20 ㎡	3 人
H3	29 ㎡	5 人	28 ㎡	5 人
H9	13 ㎡	2 人	14 ㎡	2 人
H13	22 ㎡	3 人	23 ㎡	4 人
H18	40 ㎡	6 人	39 ㎡	6 人
H23	18 ㎡	3 人	18 ㎡	3 人
合計6軒	142 ㎡	22 人	142 ㎡	23 人
第3期8世紀前葉同時存在竪穴建物面積と居住人員				
H2	21 ㎡	3 人	20 ㎡	3 人
H6	37 ㎡	6 人	37 ㎡	6 人
H7	21 ㎡	2 人	20 ㎡	※2～3 人
H8	14 ㎡	2 人	18 ㎡	3 人
H11	43 ㎡	7 人	41 ㎡	7 人
H19	31 ㎡	5 人	31 ㎡	5 人
H21	23 ㎡	3 人	25 ㎡	4 人
合計 7軒	190 ㎡	28 人	192 ㎡	※30～31 人

穴建物群6軒と，第3期8世紀前葉の一戸の同時存在竪穴建物群7軒の居住人員を，和島・金井塚両氏の算出法である寝間面積から求めているが，前に述べたように報告書には，建物内の寝間面積が記載されていないので，五領遺跡B区と比べると正確に検証をすることはできない。そこで先程，五領遺跡で有効性を確かめたように，竪穴建物面積を1人の居住必要面積6.2㎡で割り，この遺跡の竪穴建物の想定居住人員を検証しながら算出してみる。

その前に，報告書の付表4に記載された竪穴面積の数値欄には，小数点以下が示されてなく，約〇㎡となっていたのが気になり，明確な数値を記すため報告書の付表3「東山浦遺跡における住居址の内容について」に記載された「プラン及び規模」の数値を使い，第2期7世紀後葉及び第3期8世紀前葉の各竪穴建物の正確な面積を得るために計算し直してみた。

すると第2期7世紀後葉の竪穴建物H1の付表3の面積の数値は，4.5 m×4.5 mなので20.25㎡となり，四捨五入し約20㎡である。竪穴建物H3の面積は5.2 m×5.3 mで27.56㎡となり，四捨五入で約28㎡となるはずであるが，付表4に記載された面積は，何故か約29㎡である。竪穴建物H9の面積は，4.1 m×3.3 mで13.53㎡となり，四捨五入して14㎡なのに，何故か約13㎡としている。竪穴建

195

Ⅲ．集落構造

　物 H13 の面積は 4.7 m × 4.8 m で 22.56㎡となり，四捨五入して約 23㎡となるが，
何故か約 22㎡としている。竪穴建物 H18 の面積は 6.2 m × 6.3 m で 39.06㎡とな
り，四捨五入して約 39㎡であるが，故か約 40㎡としている。竪穴建物 H23 の面
積は付表 3 の数値は，西辺 4.3 m × 東辺？m で，東辺が他の竪穴建物に切られ長
さが不明であるが，付表 3 の面積の数値は約 18㎡である。その面積 18㎡を西辺
4.3 m で割ると四捨五入し 4.2㎡となる。その東辺の数値に西辺 4.3 m を掛けると
18.06㎡となり，四捨五入して約 18㎡と考えたのであろう。

　第 3 期 8 世紀前葉の竪穴建物 H2 の面積は，4.6 m × 4.5 m で 20.24㎡となり，
四捨五入して約 20㎡であるはずが，何故か約 21㎡となっている。竪穴建物 H6
の面積は 6 m × 6.2 m の 37.2㎡で，四捨五入して 37㎡である。竪穴建物 H7
の面積は 4.8 × 4.1 m で 19.68㎡となり，四捨五入して約 20㎡となるはずが，
何故か約 21㎡としている。竪穴建物 H8 の面積は 4.5 m × 4 m で四捨五入して，
18㎡となるはずが，何故か約 14㎡としている。竪穴建物 H11 は 6.55 m × 6.3
m で 41.265㎡となり，四捨五入して約 41㎡となるはずが，何故か約 43㎡と
している。竪穴建物 H19 の面積は，5.6 m × 5.6 m で 31.36㎡となり，四捨五
入すると約 31㎡となる。竪穴建物 H21 の面積は，5.6 m × 4.5 m で 25.2㎡と
なり，四捨五入すると約 25㎡であるが，何故か約 23㎡となっている。

　以上のように，計算し直して四捨五入した面積と，報告書の付表 4 に記載さ
れた「B 地区第 2・第 3 期の竪穴住居居住人員推定表」に記載された竪穴面積
を比べるとかなりの差がでた。再度述べると付表 4 に竪穴建物 H3 の面積は，
29㎡と記載されているが，報告書の付表 3 の「プラン及び規模」の数値から計
算し直すと，27.56㎡となり四捨五入しても 28㎡である。竪穴建物 H9 の面積
は 13㎡と記載されているが，計算し直すと 13.53㎡となり四捨五入すると 14
㎡となる。竪穴建物 H13 は 22㎡と記載されているが，計算し直すと 22.56㎡で，
四捨五入すると 23㎡となる。竪穴建物 H18 の面積は 40㎡と記載されているが，
計算し直すと 39.06㎡で，四捨五入すると 39㎡となる。

　そのようにこの第 2 期の記載された竪穴建物の面積は，単純な計算ミスなの
か計算し直した面積は，6 軒中 4 軒が多かったり少なかったり食い違う。しかし，
記載された合計面積は約 142㎡で，計算し直した数値をすべて四捨五入すると，
合計面積は約 142㎡となり相殺され，合計面積は食い違わず同じになる。

　第 3 期でも，竪穴建物 H2 の面積は，21㎡と記載されているが計算し直すと，
20.24㎡で，四捨五入すると 20㎡である。竪穴建物 H7 の面積は 21㎡と記載さ
れているが，計算し直すと 19.68㎡で，四捨五入すると 20㎡である。竪穴建

物H8 の面積は 14㎡ と記載されているが，計算し直すと 18㎡ となり 4㎡ も食い違っている。竪穴建物H11 の面積は 43㎡ と記載されているが，計算し直すと 41.265㎡ で 2㎡ 食い違っている。その反対に竪穴建物H21 の面積は 23㎡ と記載されているが，計算し直すと 25.2㎡ で 2㎡ も少なく記載されている。

そのようにこの第 3 期の記載された竪穴建物の面積もやはり計算ミスなのか，計算し直した面積は 7 軒中 5 軒食い違う。記載された合計面積は約 190㎡ で，計算し直した数値が，四捨五入すると合計面積は約 192㎡ となり，相殺されても 2㎡ の違い生じた。そのように計算し直した面積を，表 9 に修正竪穴建物面積として載せた。

以上，第 2 期 7 世紀後葉の同時存在竪穴建物群 6 軒と，第 3 期 8 世紀前葉の同時存在竪穴建物群 9 軒の竪穴建物の正確な面積が得られたので，各竪穴建物の面積を居住必要面積 6.2㎡ で割り居住人員数を出してみる。

第 2 期 7 世紀後葉の竪穴建物H1 の面積 20㎡ ÷ 6.2㎡ ＝ 3 人となる。（以下㎡数も人数も四捨五入の数値），竪穴建物H3 の面積 28㎡ ÷ 6.2㎡ ＝ 5 人。竪穴建物H9 の面積 14㎡ ÷ 6.2㎡ ＝ 2 人。竪穴建物H13 の面積 23㎡ ÷ 6.2㎡ ＝ 4 人。竪穴建物H18 の面積 39㎡ ÷ 6.2㎡ ＝ 6 人。竪穴建物H23 の面積 18㎡ ÷ 6.2㎡ ＝ 3 人となった。竪穴建物の合計面積は 142㎡ と変わらないが，人員の人数は竪穴建物H13 が 3 人から 4 人と 1 人増えたので，第 2 期同時存在 6 軒の竪穴建物合計居住人員数は 23 人となる。以上の人員数が居住人員B である。

第 3 期 8 世紀前葉の竪穴建物H2 の面積 20㎡ ÷ 6.2㎡ ＝ 3 人（以下㎡数も人数も四捨五入の数値），竪穴建物H6 の面積 37㎡ ÷ 6.2㎡ ＝ 6 人。竪穴建物H7 の面積 20㎡ ÷ 6.2㎡ ＝ 3 人となるが，報告書では居住人員を 2 人としている。そのように，H7 の面積と同じ面積 20㎡ の H2 の居住人員を 3 人としているのにもかかわらず 2 人としたのは何故であろうか。他の竪穴建物同様，寝間面積が示されていないのでその正否は問えない。2 人とした理由は，おそらく竪穴建物H7（口絵C 参照）には竪穴構造に問題があった。それは主柱穴が無く，左側寝間面積の壁沿いに 3 本，右側寝間面積場所に柱が不揃いに 3 本とピットが 1 個，竪穴の中心南寄りに後に詳しく述べるが，墨書土器が埋納されたピットが存在するため，1 人分引いていると思われる。従って表 9 には「訳けあり」として，米印を入れ 2～3 人とした。竪穴建物H8 の面積 18㎡ ÷ 6.2㎡ ＝ 3 人。竪穴建物H11 の面積 41㎡ ÷ 6.2㎡ ＝ 7 人。竪穴建物H19 の面積 31㎡ ÷ 6.2㎡ ＝ 5 人。竪穴建物H21 の面積 25㎡ ÷ 6.2㎡ ＝ 4 人となった。それらの竪穴建物の合計面積 192㎡ を 6.2㎡ で割ると，居住人員の合計人数は四捨五入して 31

Ⅲ. 集落構造

人となる。上述のように H7・H8・H25 の人員が，各々 1 人増えて合計で 3 人が増え，第 3 期同時存在竪穴建物群 7 軒の合計居住人員は，報告書より 2〜3人増え 30〜31 人となる。その人数が表 9 の居住人員 B の合計居住人員である。

　以上，これら二つの遺跡は，関東の埼玉県と中部の岐阜県で大きく離れているが，この二つの遺跡の竪穴建物面積から居住人員を考えてみる。五領遺跡B地区A地点の古墳時代後期の一戸と考えられる同時期竪穴建物 6 軒の合計面積は 182.5㎡で，定数 6.2㎡で割ると居住人員は 29 人となる。個別に各竪穴建物の面積を定数 6.2㎡で割って得た居住人員数の合計は 30 人である。

　合計面積 182.5㎡を B 地点の一戸と考えられる竪穴建物 2 軒の合計面積は77.7㎡で，居住人員は先程の理由から竪穴建物C9 の居住人員を 6 人とした場合，竪穴建物C4 の居住人員 6 人と合計で 12 人である。しかし，2 軒の合計面積 77.7㎡を定数 6.2㎡で割ると，居住人員は四捨五入して 13 人となる。

　一方，太寶 2 年（702 年）戸籍記載の御野国の加毛郡半布里の故地，東山浦遺跡 7 世紀後葉の一戸と考えられる同時期竪穴建物群 6 軒の合計面積が，約142㎡で推定居住人員は 23 人。8 世紀前葉の同時期竪穴建物数 7 軒の合計面積は，約 192㎡で推定居住人員は 31 人である。

　そのように得た東山浦遺跡 7 世紀後葉の一戸である同時期竪穴建物 6 軒の合計面積約 142㎡を，推定居住人員 23 人で割ると，1 人あたり四捨五入で 6.2㎡，8 世紀前葉の一戸である同時期竪穴建物 7 軒の合計面積約 192㎡を，推定居住人員 31 人で割れば四捨五入して 1 人あたり 6.2㎡となる。さらにその東山浦遺跡の竪穴建物の面積に，遺跡は違うが先程示した五領遺跡B地区A・B地点の竪穴建物の面積を加えた合計 594.2㎡を，2 遺跡の合計人数 95〜96 人で割ると，95 人では 6.25，96 人では 6.18 で四捨五入して 6.2㎡となる。

　以上，集落構造の研究を 1 歩でも進めるための基礎として，いろいろな規模の竪穴建物内に，一体何人の人員が住んでいたのかを知るために，正確な数値を得るため，長々と割り算・掛け算の数値を羅列して冗長な文章となってしまった。しかし，得られた約 6.2㎡という面積が，竪穴建物内での 1 人の居住必要面積定数となり得ると考えたい。また，面積が大きい竪穴建物と小さい竪穴建物では，寝間面積が比例すると考えがちであるが，稀に面積が大きくても寝間面積が狭く，小さい竪穴建物と同じ寝間面積という竪穴建物が存在する場合がある。面積が大きい竪穴建物で，寝間面積が狭い竪穴建物の構造は，主柱で囲まれた竪穴の中央空間が広いと考えられる。つまり，大きい竪穴建物であるから居住する人員が多いのではなく，そのような構造の竪穴建物は居住人員を少

なくして，人が多く集まれるため竪穴の中央空間を広くとった竪穴建物とも考えられる。また左右の寝間面積内に何らか遺構が存在する場合，計算通りとはならず居住人員が1人ぐらい減ることになる。

　集落の広い面積を発掘し多くの遺構を調査すればするほど，種々雑多な内部構造を持つ通有でない竪穴建物が検出されるので，そのような竪穴建物の場合は，正確な寝間面積を検討して算定し，寝間面積÷寝床面積1.5㎡による算出法も併用しながら，少しでも竪穴建物内の居住人員を正確に推定すべきと考えたい。さらに留意する点は，冒頭で関和彦氏の提言を述べたように，それら竪穴建物のなかには，人が寝起きしない住居以外の竪穴建物の存在を想定しなければならない。たとえばごく小さな5㎡大の竪穴建物で，竈が無く存在したとしても貧弱な竈で火床面に焼土すら無く，遺物も散見する程度の竪穴建物などは，後に述べるが納屋・作業小屋などだけに使われた可能性が高い。五領遺跡B地区A地点や，東山浦遺跡7世紀後葉・8世紀前葉の一戸の竪穴建物群のなかにも，10㎡大の竪穴建物が存在している。それらの竪穴建物内の居住人員を2〜3人と想定したが，寝起きする建物でなければその人数分，一戸の成員が減ることになる。

　以上，竪穴建物内の推定居住人員は，竪穴建物面積も小数点以下の面積や，内部施設などより6.2㎡で割った場合±1人ぐらい，乳幼児の存在，納屋・作業用小屋などにより±2人ぐらいの差が生じるであろうが，原則として竪穴建物面積÷居住必要面積定数6.2㎡により，竪穴建物内のおおよその居住人員数を知ることができると考えたい。

　ただ竪穴建物内の居住人員数を，より正確に導き出すには，既述したように報告書作成時点で，机上的に計算して出すだけでなく，発掘調査中各竪穴建物の配置はもちろんのこと，竈の使用頻度，床面の硬軟状況，内部施設などの状況証拠を留意しながら，調査を進めることが肝要である。集落構造の研究には，調査時における現場での所見が，いかに重要であるかを再度確認しておきたい。

5. 一戸の竪穴建物数の面積と居住人数

　次に，五領遺跡・東山浦遺跡の合計竪穴建物21軒の面積と，推定居住人員を基に，律令体制下の一戸を構成する居住人員が住む，竪穴建物サイズを導き出すと次のようになる。

　約2人が居住できる面積は，約14㎡（3.7m×3.8m）か，約15㎡（3.9m×3.9m）ぐらいの竪穴建物である。約3人が居住できる面積は，16㎡（4m×4m）

Ⅲ．集落構造

表10　竪穴建物サイズ・面積と想定居住人員

竪穴建物サイズ	縦 m × 横 m	竪穴建物面積	居住人員
小型竪穴建物	3.7×3.8m・3.9×3.9m	約14㎡・約15㎡	約2人
	4×4m〜4.6×4.6m	16〜約21㎡	約3人
中型竪穴建物	4.7×4.7m〜5.2×5.2m	約22〜約27㎡	約4人
	5.3×5.3m〜5.8×5.9m	約28〜約34㎡	約5人
	5.9×6m〜6.3×6.4m	約35〜約40㎡	約6人
大型竪穴建物	6.4×6.4m〜6.8×6.8m	約41〜約46㎡	約7人
	6.8×6.9m〜7.2×7.2m	約47〜約52㎡	約8人

〜約21㎡（4.6 m × 4.6 m）までの竪穴建物である。約4人が居住できる面積は，約22㎡（4.7 m × 4.7 m）〜約27㎡（5.2 m × 5.2 m）までの竪穴建物である。約5人が居住できる面積は，約28㎡（5.3 m × 5.3 m）〜約34㎡（5.8 m × 5.9 m）までの竪穴建物である。約6人が居住できる面積は，約35㎡（5.9 m × 6 m）〜約40㎡（6.3 m × 6.4 m）までの竪穴建物である。約7人が居住できる面積は，約41㎡（6.4 m × 6.4 m）〜約46㎡（6.8 m × 6.8 m）までの竪穴建物である。約8人が居住できる面積は，約47㎡（6.8 m × 6.9 m）〜約52㎡（7.2 m × 7.2 m）までの竪穴建物である。

　以上，各竪穴建物のサイズ別の竪穴建物面積と，居住人員を表10にしてみた。竪穴建物サイズを大型・中型・小型のサイズ別に分けると，3.7 m × 3.8 m〜4.6 m × 4.6 mの約14〜21㎡で，2〜3人が居住生活できる竪穴建物は小型竪穴建物，4.7 m × 4.7 m〜6.3 m × 6.4 mの約22〜40㎡で，4〜6人が居住生活できる竪穴建物は中型竪穴建物，6.4 m × 6.4 m〜7.2 m × 7.2 mの約41〜52㎡で7〜8人が居住生活できる竪穴建物は，大型竪穴建物と呼べるのではないか。

　この表から五領遺跡B地区A地点の一戸の各竪穴建物の面積と居住人員は，14.7㎡の小型竪穴建物B1に2人，16.1㎡の小型竪穴建物B24に3人，32.4㎡の中型竪穴建物B14に5人，34.2㎡の中型竪穴建物B9に6人，36.1㎡の中型竪穴建物B18に6人，49㎡の大型竪穴建物B25に8人が住んでいたことになる。つまりB地区A地点の一戸は，小型竪穴建物2軒に5人，中型竪穴建物3軒に17人，大型竪穴建物1軒に8人の竪穴建物計6軒，竪穴建物合計面積182.5㎡に30人が住んでいたことになる。

　B地点には，34.8㎡の中型竪穴建物C4に6人，42.9㎡の大型竪穴建物C9に※印6〜7人で，竪穴建物合計面積77.7㎡に約12〜13人が住んでいたと推定される。

　東山浦遺跡第2期7世紀後葉の一戸の竪穴建物群の面積と居住人員は，14㎡の小型竪穴建物H9に2人，18㎡の小型竪穴建物H23に3人，20㎡の小型

200

1 竪穴建物面積と居住人員算出法

表11 竪穴建物サイズ・㎡数と居住人員数（※印の理由は本文中）

五領遺跡B地区A地点				五領遺跡B地区B地点			
竪穴建物サイズと軒数	番号	㎡数	居住人員	竪穴建物サイズと軒数	番号	㎡数	居住人員
小型竪穴建物2軒	B1	14.7㎡	2人	中型竪穴建物1軒	C4	34.8㎡	6人
	B24	16.1㎡	3人				
中型竪穴建物3軒	B14	32.4㎡	5人	大型竪穴建物1軒	C9	42.9㎡	※6人〜7人
	B9	34.2㎡	6人				
	B18	36.1㎡	6人				
大型竪穴建物1軒	B25	49.0㎡	8人				
合計				合計			
大型1・中型3・小型2	6軒	182.5㎡	30人	中型1・大型1	2軒	77.7㎡	12人〜13人
東山浦遺跡第2期				東山浦遺跡第3期			
竪穴建物サイズと軒数	番号	㎡数	居住人員	竪穴建物サイズと軒数	番号	㎡数	居住人員
小型竪穴建物3軒	H9	14㎡	2人	小型竪穴建物3軒	H8	18㎡	3人
	H23	18㎡	3人		H2	20㎡	3人
	H1	20㎡	3人		H7	20㎡	※2〜3人
中型竪穴建物3軒	H13	23㎡	4人	中型竪穴建物3軒	H21	25㎡	4人
	H3	28㎡	5人		H19	31㎡	5人
	H18	39㎡	6人		H6	37㎡	6人
合計				大型竪穴建物1軒	H11	41㎡	7人
中型3・小型3	6軒	142㎡	23人	合計			
				大型1・中型3・小型3	7軒	192㎡	※30〜31人

竪穴建物H1に3人，23㎡の中型竪穴建物H13に4人，28㎡の中型竪穴建物H3に5人，39㎡の中型竪穴建物H18に6人である。つまり14〜39㎡までの小型竪穴建物3軒に8人，中型竪穴建物3軒に15人の合計面積142㎡に約23人が住んでいたと推定される。

第3期8世紀前葉の一戸の竪穴建物群の面積規模と居住人員は，18㎡の小型竪穴建物H8に3人，20㎡の小型竪穴建物H2に3人，20㎡の小型竪穴建物H7に3人，25㎡の中型竪穴建物H21に4人，31㎡の中型竪穴建物H19に5人，37㎡の中型竪穴建物H6に6人，41㎡の大型竪穴建物H11に7人が住んでいたことになる。つまり18〜41㎡までの小型竪穴建物3軒に6人，中型竪穴建物3軒に15人，大型竪穴建物1軒の合計面積192㎡に約31人が住んでいたと推定される。以上を判りやすく表11にしてみた。

長々と竪穴建物面積を居住面積定数6.2㎡で割り，一戸の居住人員を推定してきたが，逆に居住人員より一戸の竪穴建物数を考えてみたい。

② 太寶2年御野国戸籍記載の半布里の故地東山浦遺跡

1. 半布里の竪穴建物数と居住人員の考察

　54戸1,119人の人名と年齢のわかる加毛郡半布里の故地が，東山浦遺跡であることはほぼ間違いないと考えられるが，古代の戸籍には実体説と擬制説がある。擬制説をとれば考古学的考察ができなくなるので実体説をとる。以下，半布里の戸籍を戸番（戸数）・政戸・戸口推定竪穴建物面積・性別・年齢別に表12のように区分して示した。

　戸籍記載の1,119人の内訳は男541人，女551人，奴14人，婢13人である。その内一番戸口の多い戸は戸番9の44人，一番少ない戸口は戸番49の一戸で8人である。その間の戸口人数とそれらの戸数は，戸口11人・12人・22人・27人・28人・29人・36人が各1戸，戸口15人・20人・21人・26人・30人・31人・32人が各2戸，戸口16人が3戸，戸口17人・24人が各4戸，戸口13人・14人・18人・23人が各5戸で，1戸あたりの居住人員は平均20.72人である。

　表の見方であるが，政戸とは戸籍に記載された税を納める戸で，原則として上政戸はほぼ正丁（21～60才）の数が5人以上の戸，中政戸はほぼ正丁の数が3.4人の戸，下政戸はほぼ正丁の数が1.2人の3段階に分けられている。しかし，表を見ればわかるが，戸番33・52戸のように正丁が3人でも上政戸としているし，戸番7戸のように正丁が2人でも上政戸と区分されている。正丁が3人の中政戸は27戸が存在するが，2人の中政戸が11戸，4人の中政戸も1戸存在する。

　以上，54戸の政戸の区分は上政戸10戸，中政戸39戸，下政戸5戸である。

表12 半布里の戸籍の戸数・政戸・年齢区分想定竪穴建物合計面積

戸番	政戸	戸口	竪穴面積合計	緑児・	女	小子・女 4～12才		13～16才		少丁・	女	正丁・	女	次丁・	女	耆老・	女	兵士	疾病	奴婢
1	下政戸	17	105,4	3	1	2		1	3	1		2	4							
2	中政戸	30	186	3	2	4	4	5	1	2	1	3	3			1			1	
3	中政戸	13	80,6	1	1	2	1		1	1	1	3	2							

② 太寶 2 年御野国戸籍記載の半布里の故地東山浦遺跡

No	戸等	口	田																注
4	中政戸	18	111,6	2		1	3	1		1	1	3	4			1	1		
5	上政戸	21	130,2	1	2	1	3		1	1	1	4	6			1			
6	上政戸	31	192,2		4	1	3		3	1	3	4	5	2		2	1	2	
7	上政戸	17	105,4	1	2	3	3	1	1			2	3			1			
8	中政戸	23	142,6	2		5	2	1	2		1	3	6			1			
9	上政戸	44	272,8	2	1	3	2		3	1	2	5	11			1			奴7 婢6
10	中政戸	13	80,6			2		1	1		1	3	3			1			奴1
11	中政戸	21	130,2	1		1	3	1	2	1	2	3	4			1			奴2
12	中政戸	20	124	1	4		2		1	1	1	3	4		1		1	1	
13	下政戸	30	186	1	5		3				3	2	8		1	2	1		
14	上政戸	12	74,4		1	1					2	5	3						
15	上政戸	28	173,6	1	2	4	1	3	3		2	5	5			1	1		
16	中政戸	18	111,6	1	2	2		1		1	1	2	3	2	1		1		
17	中政戸	23	142,6	2		5	2	2	1		2	2	4			1	1	1	
18	中政戸	18	111,6	2				1	2	1	2	3	5			1	1		
19	上政戸	24	148,8	3	2	5	2	1			2	4	3		1		1		
20	中政戸	14	86,8		2	1	1			1		3	3		1	1	1		
21	下政戸	15	93		1	3	3	1		1		2	3			1			
22	中政戸	13	80,6	1		4	1					3	1		1		1	1	

Ⅲ．集落構造

23	中政戸	20	124	1		2	5		1		2	2	2		2		1	1	1
24	下政戸	23	142,6		2	2	2	3	2		1	1	5	2	1			1	1
25	中政戸	14	86,8			1	1	1			1	2	6					1	1
26	中政戸	16	99,2			1		1	2		1	3	4	1		1			1	婢1
27	中政戸	13	80,6	1		1	2	1	1	1		3	2					1	
28	中政戸	24	148,8	1	1	4	1		2	1	2	3	5		1	1			1	婢1
29	中政戸	15	93		1		3	1			3	3	2			1			1	
30	中政戸	31	192,2	2	3	2	6	2		1	1	3	3	1		1	1	1	1	奴1 婢3
31	中政戸	16	99,2	2		2	4	1		1	4	2								
32	中政戸	29	179,8		2	1	4		5	1	3	2	7	1	1	1		1	
33	上政戸	27	167,4	1	4	3	4	1	1	1	1	3	5			1	2		
34	中政戸	16	99,2	2		1	4		1	1	2	3	1			1			
35	中政戸	32	198,4	1	1	4	3	2	4	3	2	3	8				1		
36	中政戸	13	80,6		1	1	1	2	1	1	1	2	2				1		
37	上政戸	18	111,6	3		3	2	2			1	4	2			1			
38	中政戸	24	148,8	1	2	3	3	1	2		4	3	2			1	1		婢1
39	中政戸	14	86,8			2	2		1	2	1	2	3				1		
40	中政戸	22	136,4		2	3	2	3	2		2	2	3	1	1	1			
41	中政戸	14	86,8			3	1	2		1		3	3			1			

42	中政戸	17	105,4		1	2	2	1	1	1		2	4	1	1			1	
43	下政戸	11	68,2	2		1		3	2	1		1			1				
44	中政戸	23	142,6	1	2		3		2	2	3	3	4	1			1		奴1
45	中政戸	36	223,2	2	2	3	6	4	1	3	4	2	6	1	1			1	
46	中政戸	14	86,8	1	1			1		2	2	3	3					1	
47	中政戸	26	161,2	3		4	1	3	2	1		3	5		1	2	1		
48	中政戸	24	148,8	4		3	3	2		1	2	3	3		1		1	1	
49	中政戸	8	49,6	1		2				1	3		1						
50	中政戸	32	198,4	1		5	1	4	2	3	2	3	8						奴1 婢2
51	中政戸	18	111,6	1		2		4			2	2	4	1				1	
52	上政戸	23	142,6	1	3	5	2	2	1	1		3	3				2		
53	中政戸	26	161,2	2	1	5	2	2		2	2	3	5		1		1		
54	中政戸	17	105,4	1		2			2	2		3	6				1		
上政10 中政39 下政戸5		1,119人	6937,8㎡	63	62	125	109	70	65	45	74	155	211	16	13	11	18	47	8	奴13 婢14

　年齢・性別の区分と人数は，緑とは3才以下の子供をあらわし，男を緑児で63人，女は緑女で62人である。小は4〜16才の子供をあらわし男を小子，女を小女という。表では4〜12才と13〜16才に分け記載した。4〜12才の小子は125人，小女は109人，13〜16才の小子70人，小女65人である。少は17〜16才の子供をあらわし少丁45人，女は少女74人である。丁は21〜60才の働き盛りの男をあらわし正丁155人，女は正女211人である。老は

Ⅲ. 集落構造

61〜65才で男を次丁（老丁）16人，女は次女（老女）13人である。耆は66才以上で男を耆老11人，女は耆女18人である。

それらに加えて19〜48才の兵士が47人記載されている。10代は19才の1人で，20代は26人，30代は14人，40代6人で平均年齢は30才である。さらに身体に疾病を抱えている人は8人で，軽い順に残疾（課税は正丁の2分の1），廃疾・篤疾（課税免除）の3つに区分されている。また奴婢は27人で奴は13人，婢は14人で，54戸中8戸が奴婢を所有している。

その内半数の奴7人と婢を6人の奴婢13人を所有するのは，表12の戸番9に「上政戸　縣造吉事　戸口卌四　正丁五　兵士一　小丁一　小子三　緑兒二并十二　正女十一　少女二　小女五　緑女一并十九　正奴一　小奴一　小奴五　緑奴一并八　正婢四　緑婢一并五」と書かれた44人の半布里最多居住人員の一戸である。この戸主「吉事」を含めた戸口44人が，居住するのに必要な竪穴建物数を仮定すると，44人×6.2㎡で竪穴建物面積が約272.8㎡必要である。

もちろんこの44人が1軒の竪穴建物に居住する訳がないので，仮に大型建物52㎡で割ると272.8㎡÷52㎡＝5.2軒となる。5.2軒×8人＝41.6人つまり単純に52㎡の大型竪穴建物5軒と，15㎡÷6.2㎡＝2.4人が居住できる約15㎡の小型竪穴建物1軒が必要である。この有力戸には戸主と血縁のない小子の寄人1人や，奴婢13人が居住している。それらの人々が，8人が居住できる大型竪穴建物約5軒に，分け隔てなく同時に居住するということは考えられない。やはり，戸主の住む大型の竪穴建物1軒を中心に，中型・小型の竪穴建物群数軒で構成されていたと考えられる。

その場合，いろいろな規模の竪穴建物の組み合わせが考えられるが，想定の一例として，約47〜52㎡の大型の竪穴建物1軒には，戸主および嫡子・肉親など直系の血縁を含み7〜8人，約41〜46㎡の大型竪穴建物2軒ぐらいに肉親関係・続柄の近い親族の子供を含む12〜14人が住み，4〜6人居住できる22〜40㎡の中型竪穴建物2軒には，血縁の遠い親族や戸主と血縁のない寄人を含み約9人，2〜3人が居住できる14〜20㎡の小型竪穴建物約4〜6軒に，奴婢13人が住んでいたとも仮定できる。この戸主「吉事」の大人数の戸は，戸の貧富により9等戸に分けられた内，半布里戸籍の最高冨戸の「上政戸」である。先述したように，この9等戸の区分は，絶対的な貧富関係を表したものではないが，この「吉事」は，血縁関係の戸口に加え奴婢13人も所有し得たのである。またこの戸には，多くの生活用具・農耕具などを含む，家財道具を所有していたと考えられるが，それを納める倉庫を初め生業によっては，機屋・

206

酒屋・碓屋・閉屋・真屋などと呼ばれた建物や，竈が存在しても住居として使われなくなり桑室・蚕室などに転用された建物も混在していたと考えられる。従って「吉事」の戸口44人は，住居を含む竪穴建物10数軒に加え，種々雑多な建物を含み，さらに，10数棟の建物を使い生活していたと想定できる。

東国では，平安時代に掘立柱建物が増えて行き，10世紀末頃居住としての建物は竪穴建物と逆転し，11世紀前半に竪穴建物は竈屋を除き無くなる。従って竪穴建物の規模と面積だけでなく，今後掘立柱建物の規模・構造・面積からの算出法を考えて行かなければならない。また古墳時代の群馬県子持村黒井峯遺跡の調査で，痕跡の残らない平地式の建物の存在が明確となったので，一戸の同時期存在の建物群は，掘立柱建物・平地式建物を含み，さらに増えることを考慮しなければならない。

この東山浦遺跡には時期不明の建物址として，2間×5間の第一建物址と，1間×1間の第二建物址の2棟の掘立側柱建物が存在している（巻頭カラー―C図参照）。時期は第一建物址から土器がかろうじて1片出土し，2期・3期の7世紀後半8世紀前半の内に属するものと報告されている。この2の掘立側柱建物にも，戸口が居住していたかを検討しなければならないが，大きい建物第一建物址は，出土遺物も実測できないような土器の小片で，まったく生活痕がない建物である。1間×1間の小さな建物も人が住むような建物でなく，農耕具など道具類の物置・納屋の可能性がある。従って2つの期の戸の居住人員を考える上で考慮する必要がなく，以下半布里の戸籍に関する考察にも影響しないとして論を進める。

半布里54戸1,119人（子供を含む）が，8世紀前葉に仮に竪穴建物だけに住んでいたと想定するなら，竪穴建物の総面積6937.8㎡（子供を含むのでこの面積より少なくなる）に住んでいたことになる。この半布里の集落には一体同時期に何軒の竪穴建物群が存在し，展開していたのであろうか考えてみたい。半布里の最少居住人数は，戸番49の「中政戸　敢臣族岸臣目太　戸口八　正丁三　次丁一　小子二　緑兒一幷七　少女一」と書かれた8人で構成される一戸である。一戸としては五領遺跡B地区B地点竪穴建物C4・9の12人が，2軒の竪穴建物に居住していたが，その戸よりもさらに4人も居住人員が少ない。しかも12才以下の子供が3人である。この戸番49の竪穴建物数は，8人が住める大型竪穴建物なら1軒で全員住むことができるが，寄人なども居るので3人ぐらいの住める16～約21㎡の小型竪穴建物1軒と，5人が住める約28～34㎡の中型竪穴建物1軒の2軒であったと想定できる。この寄人は残疾であ

Ⅲ．集落構造

りながら，何故か次丁と記載されている。

　そのように半布里54戸の戸口の必要居住竪穴面積を，表10の竪穴建物サイズ・面積と想定居住人数を使い，様々なサイズの竪穴建物の組み合わせにより想定すれば，大よその数が推測できる。暴論であるが，均一仮に約5人が住める25㎡の中型竪穴建物サイズに住んでいたと想定すると，一郷は約278軒前後の竪穴住居となるが，そんなことはあり得ず，それ以外の小型の竪穴建物も半数以上，大型の竪穴建物も若干存在するので，非常に大雑把な想定となるが，平均面積30㎡中型竪穴建物約140軒，平均面積15㎡の小型竪穴建物150軒，平均面積49㎡の大型竪穴建物10軒とした場合，総数約300軒で総面積6,940㎡となり，この数は粗雑であるが目安となる。

　さらに居住する竪穴建物に加えて，生業に関る作業場としての竪穴建物・掘立柱建物，物置・納屋・倉庫などに，何を保管・貯蔵したかは不明であるが，2間×2間の掘立柱建物などが加わり，約400軒近い竪穴建物・掘立柱建物で構成されていたことになる。残念ながら，国内の律令体制下の集落遺跡で，今までそのような数の，同時存在の竪穴建物・掘立柱建物を発掘調査した例はなく，今後も調査することは不可能であろう。

　しかし，今後各地で集落の一部や，同時期存在と考えられる近接した数軒の竪穴建物を調査した場合，面積を居住必要面積定数6.2㎡で割ることにより，その竪穴建物には何人が住み，一戸の建物群とそこに住む居住人員のおよその数値が得られる。それら想定された一戸を表10に載せた各サイズの竪穴建物より，どのようなサイズの竪穴建物群で構成されていたかは追及できる。そのような考察は，半布里以外の国内に残存する戸籍や，その残簡を研究する上でも必ず役立ち，延いては集落構造の研究に，少しでも役立てることを期待したい。

2. 半布里の「里刀自」について

　東山浦遺跡が，太寶2年（702年）戸籍記載の御野国加毛郡半布里の故地であるならば，報告された第3期8世紀前葉の同時期存在の竪穴建物群，H2・H6・H7・H8・H11・H19・H21（口絵C参照）。の7軒に住む推定居住人員30～31人の一戸は，戸籍記載の54戸のいずれかの戸に，当てはまる可能性がある。以下，その手掛かりを戸籍と報告書から考えてみる。

　加毛郡半布里の54戸のなかで，戸口30～31人の戸を表12より検索すると，戸番2の中政戸30人，戸番6の上政戸31人，戸番13の下政戸30人，戸番

208

② 太寶2年御野国戸籍記載の半布里の故地東山浦遺跡

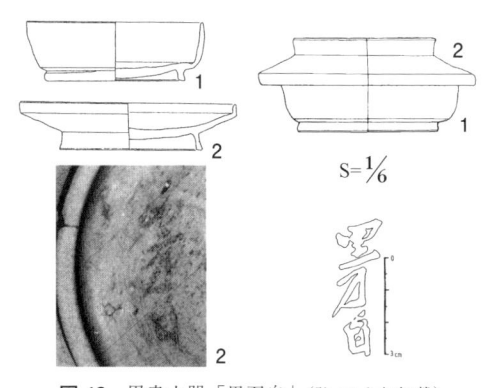

図42　墨書土器「里刀自」（註12より転載）

30の中政戸31人の4戸が存在する。さらにその4戸のいずれかに絞り込める手掛かりがある。それは既述したように竪穴建物H7の中央より南寄りの径30cm×26cm，深さ30cmの巾着状のピットに墨書土器が，埋納された状態で出土したことである。墨字は「里刀自」で，須恵器高台付盤2の底面裏に，向かって左側に縦書きで書かれていた。出土状況は，ピット底面に高台坏1を正常位に置き，そのまわりに径1〜2cm小指大の円礫を敷きつめて固定し，その上に墨書した高台坏盤を，逆位に蓋として被せ埋納したのである。高台坏の底部外面にも墨字痕が確認されたが，判読不明であった（図42）。H7は先述したように主柱穴が無く，左側寝間面積の壁沿いに3本，右側寝間面積場所に柱が不揃いに3本とピット1個が存在するため，報告書では居住人員を1人少なくして2人とした「訳あり」の竪穴建物である。上述の「里刀自」と書かれた高台坏盤が埋納された巾着状のピットが，竪穴建物のほぼ中央に存在していることからも，竪穴建物面積を定数6.2㎡で割り得た3人の居住人員より，上述の理由より報告通り2人とし，第3期8世紀前葉の同時期存在の竪穴建物群，H2・H6・H7・H8・H11・H19・H21の7軒に住む推定居住人員は30人と考えたい。

　報告書では，「里刀自」の意味を「里長の妻」か単なる人名なのか，今後議論の対象となるであろうとしながらも，これらの土器は祭祀的行為として埋納されたもので，この竪穴建物H7を祭祀担当者の住居であった可能性を指摘している。これを受けて野村忠夫岐阜大学教授（1980年当時）は，墨字「里刀自」の3文字が書かれた位置・土器の大きさから，その上に氏姓的な文字があったとは考えられないとした。もし人名としたら氏姓がなく名前だけであれば，婢

209

Ⅲ．集落構造

の名となるが，「里刀自」なる名は奴婢の名としては相応しく，ならば「里刀自」とは人名でなく，行政的村落「里」において，呪術的祭祀にかかわった長老的な女性をさし，8世紀の日常的な生活は，「村々の巫覡」とよばれる巫女の託宣によって，営まれていた可能性を指摘した[註14]。

藤田富士夫氏はこの野村教授の論考から，東山浦遺跡の「里刀自」に興味をもち，「刀自」に呪術性を帯びた性格があるか否かの検討を，考古学と文献から詳細な考察を行った。その結果，報告書・野村教授の考えに反し，東山浦遺跡の「里刀自」は人名であるが，呪術性・祭祀的性格を有しない人名と結論づけた[註15]。この「里刀自」と書き，逆さまにして蓋とした盤と高台付坏は，胎盤もしくは死産児の容器の可能性を示した。

半布里の戸籍に，「里刀自」なる個人名をもった女性は居ない。ただ「刀自賣」なる名前は14人（2〜29才），「古刀自賣」なる名前は10人（4〜35才）が存在する。それらの名には，すべて女子としての「賣」が付く。「里刀自」には「賣」が付かないゆえに，個人に付けられた名前でなく，藤田氏が検討し結論づけたように，半布里の祭祀に関係した女性でもないと考えられる。ただ半布里の故地，東山浦遺跡竪穴建物H7には，個人名ではなく「里刀自」と愛称として呼ばれていた女性が居たか，関係した竪穴建物と考えたい。なぜそのように呼ばれていたのであろうか。おそらく野村教授が考えたように半布里で最長老だったからではないか。愛称というより，むしろ尊称であったと想定した上で考を進めて行く。

「里刀自」とは最長老の老女という考えから，表12に示した半布里戸籍内の年令と名を調べると，戸籍中に66才以上の耆女が18人居たことが確認できる。そのなかで戸口30人の戸番13に，「下政戸　縣主族比都自　戸口卅　正丁二　兵士一　緑兒一　耆老一　并九　正女八　少女三　小女三　緑女五　耆女二　并廿一」と2人の耆女が記載されている。その耆女のうち1人は67才であるが，もう1人は半布里の全男女中，最長老の93才である。名を「若帶部母里賣」という。卒寿過ぎた93才ともなると現在でも長寿であるが，当時は驚異的な長命な女性であったであろう。この耆女は美濃国だけでなく，当時国内でも数少ない最長老の1人であったと考える。ならば当然半布里内は言うまでもなく，周辺の集落からも一目置かれていた人物と考えられる。

太寶2年（702年）の戸籍記載で93才なので，生まれたのはおそらく609年頃と推定できる。わかりやすく，歴史上の出来事を敢えて言うと，607年に第1回目の遣隋使として隋に渡った小野妹子が，翌年608年に隋の使者裴世

210

清らとともに帰国し，同年第2回遣隋使として裴世清を送って再び隋に渡る。その時留学生僧の僧旻，南淵請安，高向玄理らも連れて渡り，翌年609年に無事帰朝を果たした年である。以来，この「若帯部母里賣」なる女性は，30代中頃で「大化の改新」，50代中頃は唐・新羅の脅威に怯えて暮らし，60代に入ると三野国（当時の国名）を深く巻き込んだ「壬申の乱」を目の当たりにし，80代半ばには「藤原宮遷都」など，激動の7世紀の数々の歴史的出来事を経験したことであろう。

「若帯部母里賣」は，そのように目まぐるしく移り変わり行く時代を，逞しく生き抜いて来た。その生涯において，文字では残らなかった半布里の風俗・習慣，さらに周辺の集落や，美濃国で起きた様々な出来事を記憶していて，伝えたことであろう。時には過去に起きたあらゆる同様な天象の変化より，天変地異を逸早く察知し神託として伝えると言う，重要な役割を担う「半布里の巫覡」的な役割の老女であったかも知れない。そのように経験豊かで「生き字引」的なこの老女を，誰もが頼りにし「里刀自」（半布里の刀自）という尊称で呼び，褒め称え崇めたと考えたい。

以上より，東山浦遺跡で発掘された8世紀前葉の竪穴建物H7を含む，一戸7軒の同時存在の竪穴建物群に，半布里戸番13の下政戸，戸主「比都自」66才のもと，「里刀自」と尊称され周辺の村々からも尊敬され，頼りにされた93才の「若帯部母里賣」を含む，戸口30人が住んでいた可能性を指摘しておきたい。

次に居住人員と居住のための竪穴建物，納屋・倉庫など一戸の建物群が，どれほどの宅地・範囲に建てられていたか考えてみたい。

③ 律令集落の園宅地

　律令集落の戸籍記載の平均的居住人員20〜21人の一戸には，炊事や寝起きする大型竪穴建物や，中・小型竪穴建物が混在した4〜5軒の住居群以外に，平地式建物や簡単な小屋掛けの作業小屋も存在していたであろう。しかし，平地式建物は削平を受けやすく，調査でその痕跡を検出することは不可能に近い。それらを包括する面積には，様々な建物の建築面積に加えて，若干の活動空間も含まれていたと考えられる。さらに律令制において桑・漆を栽培させるため給与されたと言われる園地が，宅地内か隣地に付属していたならば（以下，園宅地），その面積はさらに広がる。

　そのように律令期の園宅地以前は便宜上，家屋敷地と呼び区別するが，いずれも同時期存在の遺構群を抽出していくと，その遺構群と他の遺構群の間に遺構が存在しない空白地が認められる。その空白地が隣地との境ならば，その内側の範囲が律令以前の家屋敷地であり，律令期の園宅地でその面積は，大よそ推測し示せるが，その範囲はあくまで想定でしかない。

　律令以前の家屋敷地で参考となるのは，1982年発見された遥か律令制施行以前の6世紀中頃，榛名山（二ッ岳）の噴火により，瞬時に宅地・田畑はもちろんのこと，家財道具も放棄せざるを得なかった，群馬県子持村の黒井峯遺跡である。この遺跡の調査法は，堆積した土を掘り下げながら進めて行き，遺構を検出したら移植コテ・竹ヘラなどで，慎重に土をどけて行く通常の発掘調査でない。堆積しているのは土では無く，噴火により熱く焼け焦げ降り注いだ軽石が約2m積もっており，それを払いのけ遺構面の黒土が見えて来たら，細かく白い軽石を箒で掃き去るのである。すると上面が後の開墾などでまったく削平を受けず，同時に廃絶した遺構が当時のまま出現し，新旧関係も明確にわかり調査できたのである。さらに竪穴建物・掘立柱建物・平地式建物・畠地・祭祀の場などが，不整形であるが柴垣・土盛や，道路で囲まれた家屋敷地と思われる範囲が明確に検出された。

　報告書ではこの範囲を群と呼び，Ⅰ〜Ⅴ群と西組遺跡のⅠ群の計6群が発掘調査された。服部敬史氏も古墳時代集落論—その現状と課題—で，この範囲を報告された名称の群域と呼び，その不整形な面積を苦労して計算した[註16]。氏もこの区画を，所有・占有を意図する家屋敷地と明示せず，一定の範囲としての区画群域とした。その理由は区画が不整な形状で，なかに幹線道路が通過す

212

るなど，不自然さがあることである。さらに，その道路（一部では区画施設ともなる）は，交差部分でショートカットされる点や，大型の共同祭祀が二つの群の境界にあることである。この大型共同祭祀が2群の共同祭祀ならば，理解できる位置であるが，その他の群も関ることになると，そこに私有地の概念は薄くなり，見方によっては家屋敷地でない根拠になり得るとの考えからである。

　その上でそれらの群域は，完全に囲まれているⅠ・Ⅵ群の群域は8,024㎡（2,432坪），Ⅱ群域は3,144.8㎡（953坪），Ⅲ群域1,609㎡（488坪），完全に囲まれていないⅣ群域は4,673㎡以上（1,416坪以上），同じくⅦ群域は2,542㎡以上（770坪以上），さらに図には示されていないが，西組の面積は5,900㎡（1,788坪）とした（図43）。

　おのおのの群域面積や平地建物の棟数には，かなりのばらつきがある。報告書や服部氏によれば，これらの各群に住居と考えられる竪穴建物は1軒しか存在せず，平地建物は竈の存在する住居や，倉庫・家畜棟・作業棟に分かれる。Ⅰ・Ⅵ群域8,024㎡に面積81㎡の竪穴建物1軒，平地建物は4棟で合計面積は156.12㎡，さらに倉庫が4棟，家畜棟が5棟，畠地が同時に存在する。Ⅱ群域3,144.8㎡に囲まれ24㎡の竪穴建物1軒，平地建物は1棟で35.84㎡，作業棟が1棟，畠地が同時に存在する。Ⅲ群域1,609㎡に面積17.6㎡の竪穴建物1軒，平地建物は2棟で合計面積は44.8㎡，倉庫が1棟，作業棟が1棟，畠地が同時に存在する。Ⅳ群域4,673㎡以上に面積43.4㎡の竪穴建物1軒，平地建物は2棟で合計面積48.72㎡，倉庫が2棟，作業棟が5棟，畠地が同時に存在する。Ⅶ群域2,542㎡以上に面積27.5㎡の竪穴建物1軒，平地建物は3棟で合計面積は41.3㎡，倉庫が1棟，作業棟が3棟，畠地が同時に存在する。西組群域5,900㎡に面積81㎡の竪穴建物1軒，平地建物は2棟で合計面積78.5㎡，倉庫が3棟，家畜棟が2棟，作業棟が4棟，畠地が同時に存在する。

　以上，日本のポンペイとも言うべき，黒井峯遺跡が発掘されたことにより，今までの集落調査で不明なこと，疑問であったことが鮮明に浮かび上がってきたと同時に，それらをいかに捉え解釈していいのか戸惑う。服部氏の言うように，それら群域内の建物群のあり方，その範囲をどのように解釈するかで幾通りもの事実になってしまう。ここでは後の律令期の園宅地の面積を問題としたいので，古墳時代後期6世紀中頃の黒井峯遺跡の各群域面積は，想像以上に広かっただけと受け止めておく。ただ，それらの群域と呼んだ広い面積は，家屋敷地の面積と言えるのか，言えるならばその面積が7世紀，さらには律令期の園宅地としてどのように受け継がれながら，変遷して行ったかは非常に興味

Ⅲ. 集落構造

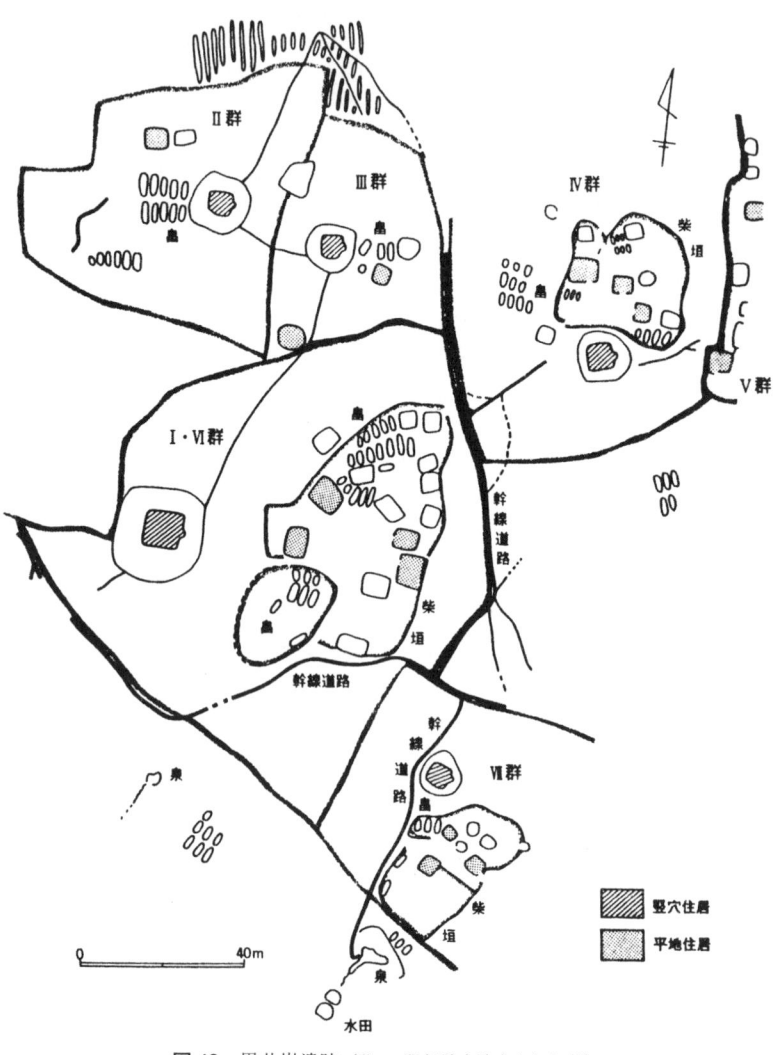

図43 黒井峯遺跡（註16服部敬史論文より転載）

深い。

　次に同時遺構群内の空白地などにより，隣地との境を推測できる例が，先程来述べてきた東山浦遺跡 8C 前葉の竪穴建物 H7 を含む，律令制施行直前 7 世紀中葉〜施行後 8 世紀後葉までの 31 軒の竪穴建物と，2 棟の掘立柱建物の一戸の家系と考えられる宅地範囲である。（巻頭カラー―C 図参照）。図を見てわかるように，31 軒の竪穴建物と 2 棟の掘立柱建物の建物群の東側，H24（7C 後葉）の間と，西南側，H26（7C 後葉）・H27（8C 前葉）の重複竪穴建物の間約 14 m の間に遺構がまったく検出されなかった空間が存在する。東西幅は未調査であるが，南北幅は狭い河岸段丘幅で限られている。従ってこの重複した 31 軒の竪穴建物と，2 棟の掘立柱建物の建物群の変遷範囲は，7 世紀中葉〜8 世紀後葉のほぼ一戸の園宅地であったと想定できる。

　この範囲を方形で大まかに囲むと，約 50 m×約 55 m で約 2,750㎡ となり，坪数にすると四捨五入して 833 坪になる。円で大まかに囲むと半径約 30 m×30 m×3.14 で 2,826㎡ となり坪数は約 856 坪である。

　以上，東山浦遺跡の一戸の想定は，7 世紀中葉〜8 世紀後葉までの約 150 年間，その宅地の範囲内で住み続けた家系が，他の地に移り変わることなく，遺構を建て替えながら住み続けたということが大前提である。この想定面積約 2,750 〜2,826㎡ は，約 100 年前の黒井峯遺跡の Ⅶ 群域（2,542㎡ 以上）の面積にほぼ等しい。また Ⅲ 群域の面積の約倍，Ⅰ・Ⅵ 群域の約 3 分の 1，西組の約 2 分の 1 である。黒井峯遺跡から律令以前の古墳時代後期の家屋敷地を想定すれば，大まかに 8,000㎡ クラスの特大面積，5,000㎡ クラスの大面積，3,000㎡ クラスの中面積，1,500㎡ クラスの小面積というランク別の敷地面積が存在していた。もちろんそれ以上や，それ以下の面積のランクも存在したであろう。

　その家屋敷地の面積差が，首長支配下の氏族共同体の階層差を表すかは明かでない。ただ黒井峯遺跡の中位ランクの面積が，約百数十年後，東山浦遺跡で調査された律令集落の一戸の園宅地面積である。さらに戸籍として残こされた加毛郡半布里の一戸の占める園宅地面積は，均一でないことを承知の上で大雑把な憶測を言えば，その一戸の想定園宅地面積約 2,750〜2,826㎡ で，58 戸分（欠けた 4 戸を含む）を掛けると約 159,500㎡（約 48,333 坪）〜163,908㎡（約 49,669 坪）前後となり，その面積が当時の一里内で，園宅地が占める大よその面積であったと想定される。加えて拡大解釈すれば，1,119 人に欠落した 4 戸分の平均戸口約 80 人をプラスした約 1,200 人が，約 5 人の住める 30㎡ の中型の竪穴住居に住んだと妄断した場合，竪穴住居約 240 軒が必要である。つまり律令期の一

Ⅲ．集落構造

里とは，最低約 159,500㎡（約 48,333 坪）～163,908㎡（約 49,669 坪）前後の園宅地が必要で，同時存在の竪穴住居約 240 軒前後と，住居でない竪穴建物 150 数軒を加えた，計約 400 軒近い建物が建っていた景観が浮かび上がってくる。

　文献上口分田は，律令制の根幹の一つである班田収受法に基づき，一応満 6 歳以上の良民の男子には 2 反，女子はその 3 分の 2 が班給されたことになっている。園地も各戸に桑・漆などを栽培させるため，給与した土地とされている。

　その一方宅地は，各戸に均等に班給された土地ではなかったと言われている。従って，口分田と違い戸主が亡くなれば嫡子が継ぎ世襲でき，子孫が代々受け継いでいける土地であった。そのように私有地・世襲財産として認められた土地で，しかも売買ができる土地であった。このことはおそらく律令制施行以前の先祖代々から受け継いだ家屋敷地は，私有地として施行後も面積が少しつつ小さくなりながらも，受け継がれて行ったのであろう。

　そのような状況下で，律令期になって宅地面積が均一化することもなく，戸口の数や竪穴建物などの棟数に関係なく，一戸の宅地は祖先伝来の私有地・家屋敷地として広狭の差があったのであろうか。では律令集落の一戸の占める園宅地は一体どれくらいの面積で，集落内で代々どのように展開していたか考えてみたい。その具体例として集落として約 960 年間存続し，変遷して行った落川・一の宮遺跡の調査成果から考えてみたい。

④ 落川・一の宮遺跡の集落形成から終焉までの変遷

1. 落川・一の宮遺跡の立地と調査経緯

　遺跡名に落川・一の宮と二つの地名が付いているのは、遺跡範囲が東京都の日野市の旧落川村と、多摩市の旧一の宮村にまたがっていたからである。立地は日野市の東端から、多摩市の西北縁にかけての多摩丘陵下、多摩川中流右岸の2つの自然堤防上と、最低位段丘である2つの沖積微高地上である（図44）。住宅や水田下に存在していたので、遺物などの散布状態がまったく掴めず、東京都遺跡地図に未登録の遺跡であった。発見の契機は、1977年日野市落川の都営住宅建設に先立つ、資材搬入道路の工事中であった。

　当初、遺跡の範囲は日野市落川中心に存在すると考えられ、日野市落川遺跡と命名されて都営住宅建設範囲内（約27,500㎡）の発掘調査が行われた。その後、日野市から多摩市にかけての都道建設（約20,100㎡）や、日野市落川の土地区画整理事業（本調査約5,780㎡、確認調査約5,270㎡）が計画され、それを契機に遺跡範囲が見直された。その結果、遺跡は日野市側だけでなく、多摩市側にかけ約750,000㎡と広大に広がっていることが判明した。残念ながらその時点では、多摩市側には新宿まで特急で30分という私鉄の駅もあり、早くから鉄道、駅、道路、商業施設、宅地などの開発で、遺跡範囲の大半はほぼ消滅していた。従って、上述のように広範囲に発掘調査できたのは、遺跡の西端の市境いで開発が遅れ、田畑として残っていた日野市側だけであった。その後の調査は、両市の小面積のマンション・アパート建設、建売り宅造などに先立つ小規模な調査が、その都度散発的に行われているに過ぎない。

　幸いにも事業範囲内の全面調査を行った日野市側の都営住宅（以下都営）・都道の発掘調査結果より、多くのことが判明した。まず古墳時代前期4世紀末頃、洪水・冠水の危険のあったこの土地に、高度な土木技術を駆使し、自然堤防・最低位段丘などを利用・連結して、大規模な堤防・堰堤を継続的に築きながら安全な生活基盤を確保し、同時に灌漑用水など治水工事も行い、多摩川右岸にのびる沖積地周辺の湿地帯を水田に変え、集落を形成し発展させて行ったことが判明した。忽然とそのような危険な沖積地に住みついた理由は、後に述べるこの集落の生業が大いに関っていた。

　都住・都道の調査は長年に渡っただけでなく、非常に困難を極めた。立地が大河川の沖積地なため、度々の洪水・冠水などを受け、その度整地され

Ⅲ．集落構造

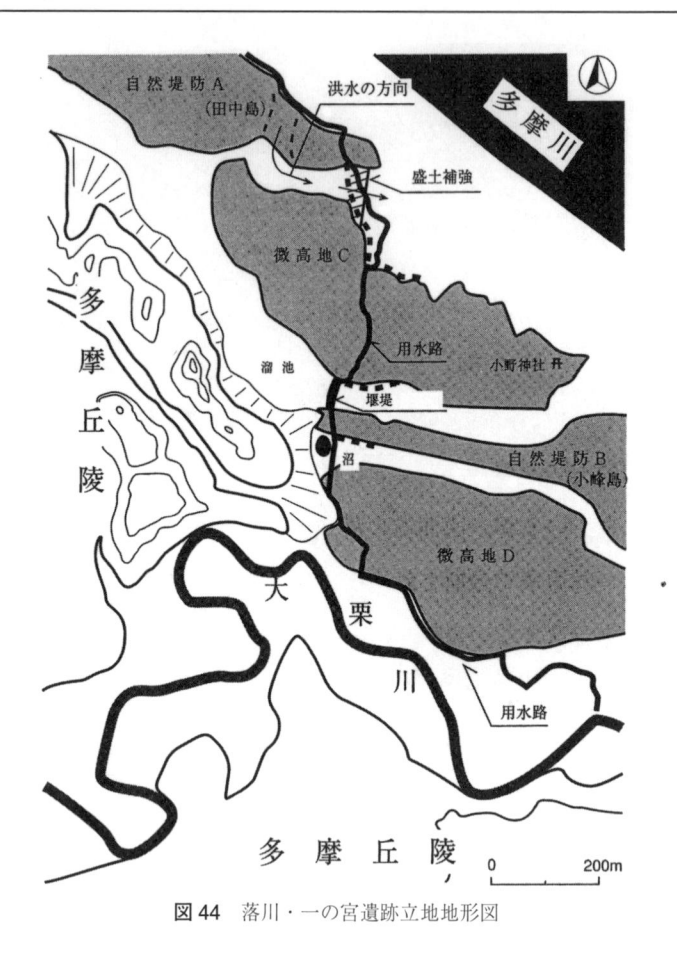

図44 落川・一の宮遺跡立地地形図

種々雑多な遺構が，水平・垂直に複雑に重なり合い，少なくて3面多くて5面
の遺構確認面が存在した。そのため1面1面皮を剥ぐように，同じ場所を調
査しなければならなかった。都住・都道の建設用地内の調査面積合計は，約
47,600㎡であった。図45は都住の調査区をA～D地区，都道の調査区をA～F
地区に分けた地区割り図に，調査した一部の遺構を入れた全測図である。小さ
くてわかりにくいが，種々な遺構が平面だけでなく上下に重複している状態を
あらわしている。この図に調査した遺構すべてを載せたら，図が真っ黒になる
だけなので，何面かの遺構面に存在した遺構だけを載せているに過ぎない。
　発掘調査が長年に渡った理由は，調査平面積の合計は約47,600㎡であった
が，上述のように遺構面が3面ある場合，調査面積は平面積の約3倍，5面の

218

④ 落川・一の宮遺跡の集落形成から終焉までの変遷

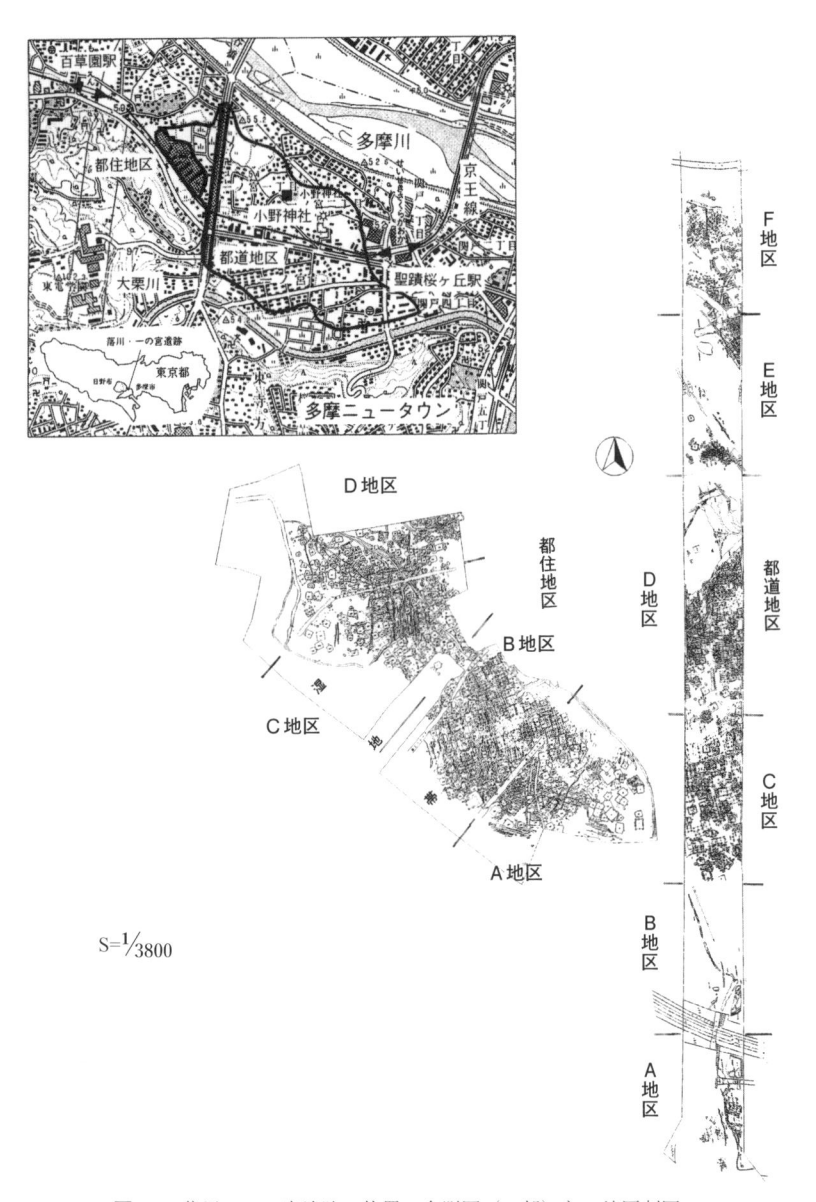

図45　落川・一の宮遺跡の位置・全測図（一部）と・地区割図

Ⅲ. 集落構造

　場合は，平面面積の約5倍といった面積を調査しなければならなかった。少なく言っても調査面積は，約47,600㎡×3倍以上調査したことになる。

　長年に渡った理由はそれだけでない。水田下の地盤に遺構が掘り込まれていた場合，非常に粘性のある土質なので，真夏は日照りでコンクリートのようにかたく固まり，大量の水を撒きながらの調査を強いられた。逆に梅雨や台風シーズンは，周辺の住宅地の側溝が溢れ，溢れた雨水が掘り込まれた遺構どころか，調査区全面に大量に流れ込み大池となり，何日もかけて何台ものポンプを使い，排水作業を行わなければならなかった。大雨の後，時にはカモの親子が気持ちよさそうに泳いでいたこともあった。水がひいたとしても粘土地盤には相当の水が含まれており，その水分をスポンジで丁寧に吸い取り乾かしながらの調査であった。何とか苦労して遺構面を乾かしてようやく，明日は調査にかかれるかと思いきや，その晩に大雨が降るといった痛い目に何度となくあった。

　そのような困難を極めた調査の末，集落形成期の古墳時代前期末頃の遺構を辛うじて検出したのは，地表面から深いところで約2ｍ，浅い所で約1.5ｍのⅤ層上面である。辛うじて検出した形成期の遺構は，後に長年集落が継続して営まれたので，後の時代の各種の遺構に削平され，ほとんどが消滅していた。ただ遺構は破壊を受け消滅したが，その時期の土器が破片となりながらまとまって出土したのは，形成期に築かれた大規模な堤防の最下層からであった（第Ⅱ部図18参照）。大雑把に言って最下層に古墳時代前期末（4世紀末），中層には中期頃（5世紀），上層には後期前半頃（6世紀）の土器，最上層には後半初頭頃（7世紀初頭）の土器片が層をなして出土した。そのような出土状況は，度々おこる洪水・冠水に対して古墳時代前期後半以降，後期初頭まで堤防補強のため盛土と版築を繰り返して行い，その都度盛土中に土器片が混入したからである。

　そのように本遺跡に集落が形成されたのは古墳時代前期であるが，本遺跡には縄文時代晩期末葉と弥生時代中期頃の土坑が検出されている。そのことにより沖積地内でも比較的安定した微高地の一部は，集落形成以前にいろいろな場として利用されていたことも判明した。周辺に点在する多摩川右左岸の沖積地においても，様々な土地利用の痕跡が見つかっている。対岸左岸の府中市の競馬場内で遠賀川系土器や水神平系土器片が出土し，弥生時代前期の再葬墓が見つかっている。少し下った調布市の染地遺跡では弥生時代中期の竪穴建物2軒が調査されている。

　本遺跡の場合，縄文時代〜弥生時代の自然に残った僅かな微高地では，せい

220

ぜい墓地・石器製作の場・狩り場のキャンプサイトなど限定された土地利用で，永続的な集落を形成するまでには至らなかった。なぜならば沖積地に定住できる集落を築くには，まず築堤・治水など高度な土木技術が必要であった。4世紀末頃本遺跡に住みついた集団は，当初からそれらの技術を有していたので，その技術力を駆使し，広大な沖積地の多摩川縁に堤防を築くとともに，安全な居住のための土地と田畑を拡充しながら発展し，その後約960年の長きに渡り集落を営んだのである。

以下，どのような集落であったか詳しく述べて行く。

2. 周辺遺跡

古墳時代における，落川・一の宮遺跡（以下本遺跡と言う場合がある）の至近の遺跡は，南側約1〜2kmの多摩丘陵緩斜面に広がる，多摩市和田・百草遺跡群の集落である。この遺跡群のなかには，古墳前期の方形周溝墓や，6世紀代〜7世紀にかけての群集墳，塚原古墳群が存在する。そのなかで注目されるのが，終末期の古墳で，凝灰岩切石の胴張副室構造の石室を有し，墳丘形が八角形（周溝外側間最大幅約38m）と報告された都指定の稲荷塚古墳と，図示してないが隣接して，同じく凝灰岩切石の胴張副室構造の小型の石室を有する臼井塚も含まれている（図46）。その和田・百草遺跡群と多摩川の支流大栗川をはさんだ対岸，本遺跡南西約1〜1.5kmに，6世紀末葉〜7世紀前半の日野市萬蔵院台古墳群，7世紀後半〜一部8世紀前半にかけての多摩市厚生荘病院内横穴墓・中和田横穴墓群が存在する。

また多摩川対岸真北2.7km〜北東3.5kmの国立市や，北東3kmの府中市の段丘縁辺には，6〜7世紀にかけての群集墳が存在する。国立市の群集墳は，西から青柳古墳・青柳無名墳・四軒在家古墳群（10基）・南養寺古墳・神明塚古墳・谷保古墳・下谷保古墳群（4基）で，府中市は，高倉古墳群（30数基残存）が存在する。近年，国立市の下谷保古墳群と府中市の高倉古墳群の間，府中市西府の土地区画整理事業に先立つ発掘調査で，12基のマウンドが削平された円墳群が検出された。同時に中・近世の塚と考えられていた御岳塚が，古代の円墳であったことも確認された。

さらにその北方約400mに，上円下方墳で国指定の7世紀後半の熊野神社古墳が存在している。墳丘は3段構成で下段辺32m，中段辺24m，上段円径16mを計り，石室は稲荷塚同様の凝灰岩切石の胴張副室構造である。現在は復元保存され，その都度周辺の調査が行われている（図47）。石室は玄室・

Ⅲ．集落構造

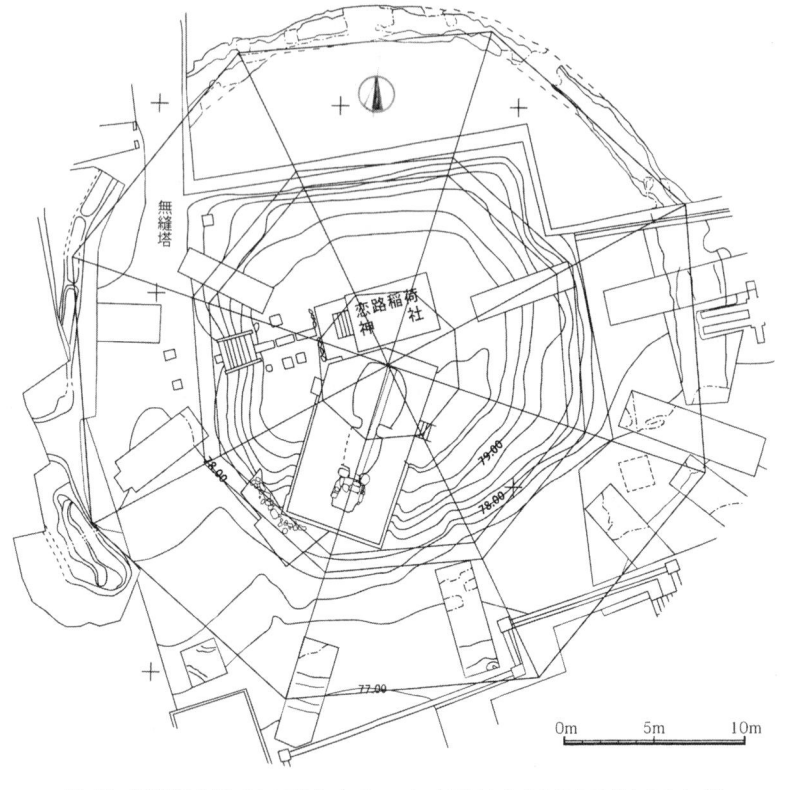

図46 稲荷塚古墳（八角形墳？）（2014年確認調査多摩市教育委員会より転載）

後室・前室の副室構造で，全長は8.7mと報告されている。その石室下，東西約8m×南北約13.5m，深さ約1.5mにおよぶ，掘り込み地業が確認された。

　石室内から出土した遺物は，鉄地銀象嵌鞘尻金具・環金具・刀子・釘・ガラス玉・歯が出土している。鞘尻金具は，玄室の左奥から釘とともに出土し，富本銭同様の「七曜文」が7ヶ所に付いていた。釘とその破片が，玄室奥と後室に木片が付くものを含み306点，ガラス玉が6点出土している。

　以上，本遺跡を含み多摩川を挟んだ右左岸には，後期から終末期にかけての古墳群が多く存在する。

　それに呼応するかのように，本遺跡では先に述べたよう集落形成期の4世紀末以来，長年にわたり補強を繰り返し行ってきた大規模な堤防が，7世紀前半頃までには完成し，同時に集落内に竪穴建物を中心に遺構の数が激増し発展して行く。さらに周辺や対岸で終末期の古墳が造営されている7世紀後半に，本

222

④ 落川・一の宮遺跡の集落形成から終焉までの変遷

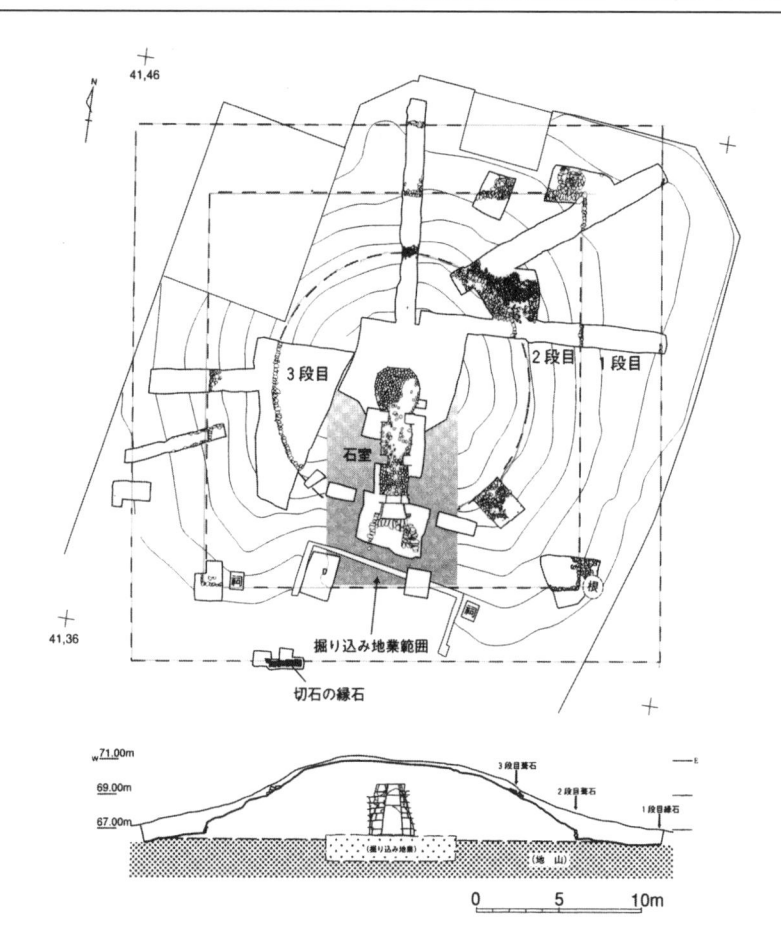

図47　熊野神社古墳（上円下方墳）（『古代武蔵の国府・国分寺を掘る』府中市・国分寺市教
育委員会編　学生社　2006 より転載）

遺跡で最も安定した地盤である自然堤防（通称田中島）先端上に，変形の多角
形墳が 1 基造られている（図48・写真 6）。

　7 世紀末〜8 世紀にかけては，多摩川対岸北東約 4km に武蔵国府，同じく北
東約 5km に武蔵国分僧寺・尼寺が存在する。その対岸に国府へ須恵器・塼など
を供給した代表的な窯が，多摩川右岸真東約 3.5km，多摩丘陵北縁の稲城市大
丸の多摩ニュータウン№ 513 遺跡である。須恵器専用窯は南西約 2km の多摩
ニュータウン№ 446 遺跡，八王子市和田・百草 1 号窯（M-1）である。さらに
奈良時代後半，国分寺創建瓦を供給した窯は，上述の多摩ニュータウン№ 513

223

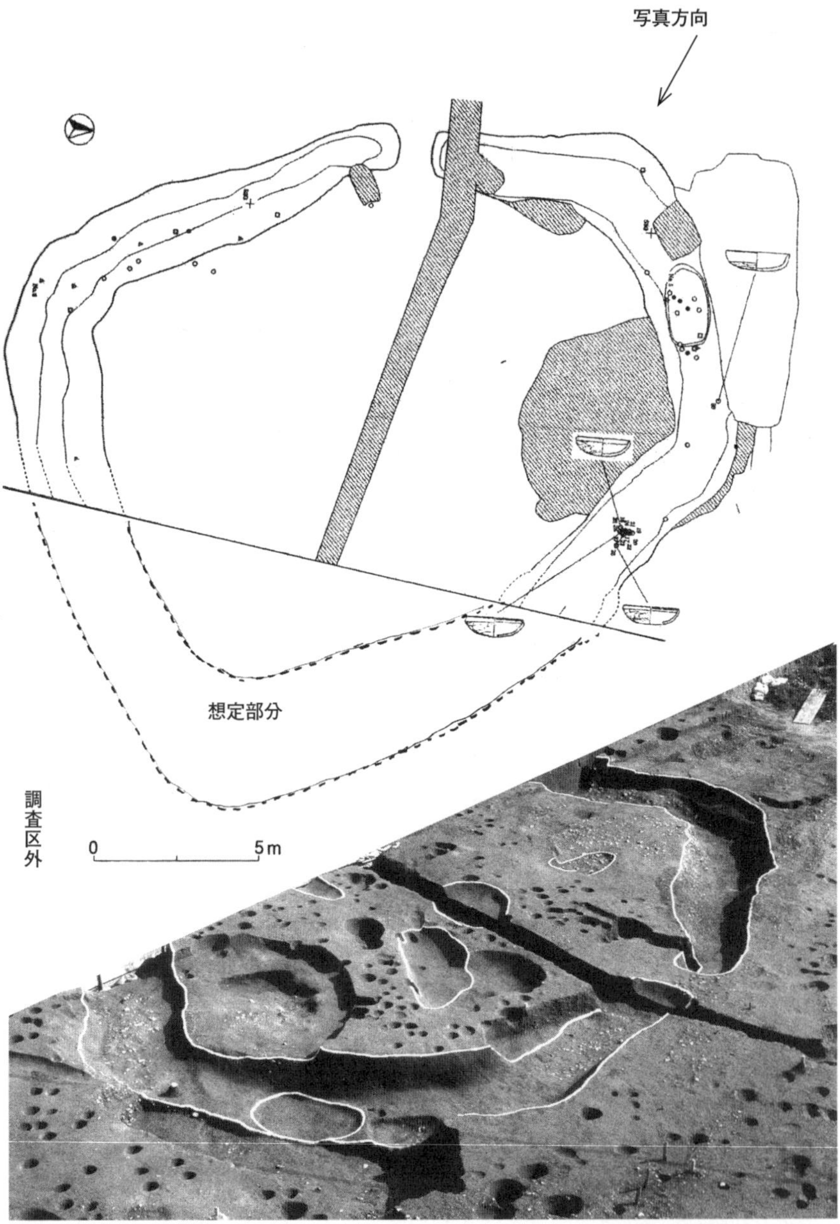

図48　落川・一の宮遺跡の古墳・写真6　多角形墳

遺跡，同じく稲城市大丸の瓦谷戸窯，南約3kmの多摩市下落合窯で，さらに南西約9kmに相模国分寺に瓦を供給した瓦専用窯が，町田市の瓦尾根窯である。

そのように国分寺創建を契機として，本遺跡南側の広大に広がる多摩丘陵には瓦・須恵器窯やその工房以外に，鍛冶・木器など官営の工房群が営まれるようになる。平安時代に入ると，南西約11kmの八王子市の南多摩窯跡群御殿山地区を中心に，多くの須恵器窯が営まれそのピークは10世紀前半頃である。これら南多摩窯の製品は，多摩郡内の10郷は言うに及ばず，広く武蔵国内や相模国の各集落にも供給している。

3. 血縁同居単位集団の宅地とその変遷

第Ⅱ部で本遺跡の第18段階～第30段階（710～970年）の年代は，既述したように須恵坏・埦の明確な変遷による窯式編年を根幹とし，須恵器無き第31段階～第39段階（970～1150年）の年代は，「再興土師埦・坏」と命名した再び出現した土師埦・坏，須恵系土師質埦・坏・小皿と，共伴する灰釉陶器・緑釉陶器の窯式編年から決めた。土器がほとんど出土しなくなった，第40段階～第48段階（1150～1330年）の年代は，平面的遺構の切り合関係・重複位置関係，検出面の標高差，掘立柱建物の柱穴規模などから，同時存在の竪穴建物・掘立柱建物・土坑の年代を想定し，それらの変遷から決めたのである。そのような1段階20年間単位の同時存在遺構の変遷を，本遺跡の報告書の総括編で，ある期間存続する堰堤・道路・用水などや，その都度造られた溝なども加え，空間的遺構の広がりを1段階1図で，第48段階までを48図にして報告した(註17)。以下，報告書と言った場合註17の総括編を言う。

しかし，再三述べてきたように遺跡立地が，多摩川右岸の限られた沖積地であるために，約960年間の長期にわたり集落が変遷するなか，古い遺構は次々と削平され，新しい遺構が累々と構築され重複して行った。都住地区は面的にある程度の広がりの調査ができたが，都道地区は道路ゆえ南北には長いが，道路幅である東西幅が33mと狭く，東西に広がる遺構群は調査範囲外となり，それ以上調査できない遺構が多かった（図45参照）。そのため都道地区で，一戸のまとまりと考えられる同時期存在の竪穴建物，掘立柱建物，土坑などの遺構群を検出できたものは，都住地区に比べ少なかった。

そのなかで，同時存在の竪穴建物・掘立柱建物が数軒まとまって良好に残存していた単位を探し出して，コンパスで囲んでみると，直径約44～46mの円内に収まる幾つかの単位が確認できた。つまり半径約22～23mで，面積にす

Ⅲ．集落構造

ると約 22 m × 22 m × 3.14 ＝ 1,520㎡（四捨五入）から，約 23 m × 23 m × 3.14 ＝ 1,661㎡（四捨五入）で，坪数にすると約 461〜503 坪（小数点以下切り捨て）となる。この面積が一戸の宅地面積と考えたい。この一戸の宅地と考えられる直径約 44〜46 m 円を使えば，先程述べた調査範囲外に広がる都道地区や，都住地区の一戸の宅地範囲が想定できる。この面積内の同時存在遺構群は，戸主と血縁同居単位集団が居住・活動した遺構である。この面積は先に述べた，律令以前の黒井峯遺跡のⅢ群域小ランクの面積 1,609㎡（488 坪）に匹敵する。この宅地面積は広すぎると思われるであろうが，既述したようこの面積は，園地も含む園宅地と考えられる。

　その直径約 44〜46 m 円内に囲まれた，都住A地区第 17 段階（690〜710 年）の同時存在の竪穴建物 4 軒と土坑，第 18 段階（710〜730 年）都住A地区の同時存在の掘立柱建物 1 棟と竪穴建物 4 軒，都住B地区の同時存在の竪穴建物 3 軒を各々一戸（血縁同居単位集団）と捉えて載せた（図 49・50）。なぜ第 17 段階・第 18 段階（690〜710 年・710〜730 年）かと言うと，先述考察した東山浦遺跡の第 2 期・第 3 期と，同時期の本遺跡の一戸の建物群の数と建物サイズ・居住人数が，何人であったかを比較し考えたいからである。それらを表にしたのが表 13 である。

　この表を説明すると，第 17 段階（690〜710 年）の都住A地区の園宅地面積直径 44〜46 m の円内に収まる一戸の内の一軒で，面積 34.81 ㎡の中型竪穴建物 25 を 6.2㎡で割ると居住人員は 5.6 人である。四捨五入すれば 6 人である。以下数式を省くが，面積 30.25 ㎡の中型竪穴建物 27 は，四捨五入して 5 人である。面積 9.61㎡と小さい小型竪穴建物 20 は，四捨五入して 2 人とした。竪穴建物 22 は竈も無く床面も軟弱で 4.25㎡と小さく，定数 6.2㎡でも割れ切れないので，人の住まない倉庫・作業用の小屋と考えた。その他，園宅地円内の南側に大型の土坑 45 と，小土坑 6 基が同時に存在している（図 49 参照）。つまり，1,520〜1,661 ㎡（坪数約 461〜503 坪）の園宅地面積内に，中型竪穴建物 2 軒と，小型でも最も小さい小型竪穴建物 1 軒（表 10 参照）に 12〜13 人が住み，約 4㎡の小さな倉庫・作業小屋と，数基の土坑が同時に存在していたことになる。約 12〜13 人としたのは，倉庫・作業小屋の竪穴建物 22 を除く，3 軒の竪穴建物合計面積 74.67㎡を 6.2㎡で割ると 12 人になる。しかし，上述のように個別の竪穴面積を 6.2㎡で割り，四捨五入した人数を合計すると，13 人になるからである。

　次の段階第 18 段階（710〜730 年），都住A地区の一戸の園宅地円内の 1 棟，

④落川・一の宮遺跡の集落形成から終焉までの変遷

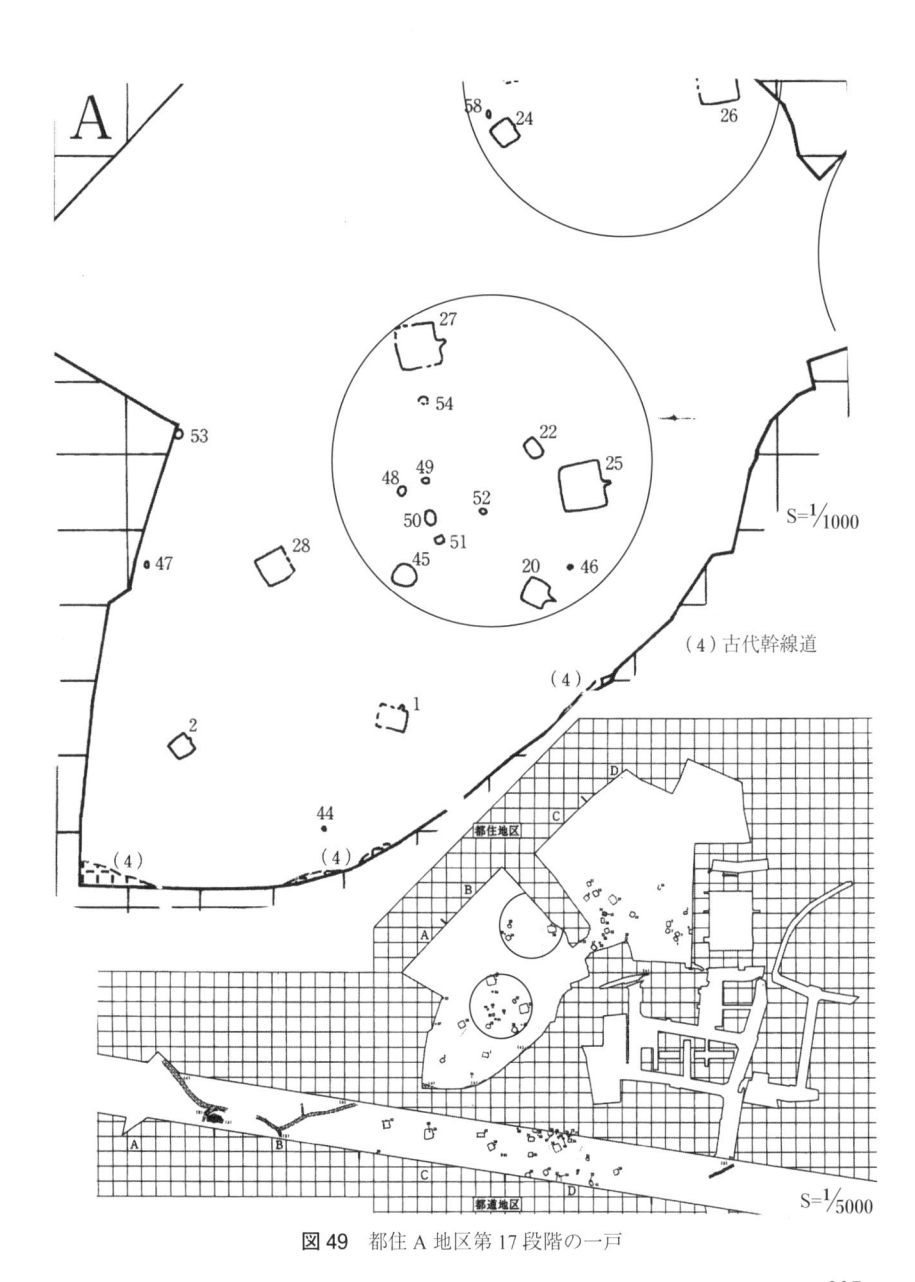

図49　都住A地区第17段階の一戸

227

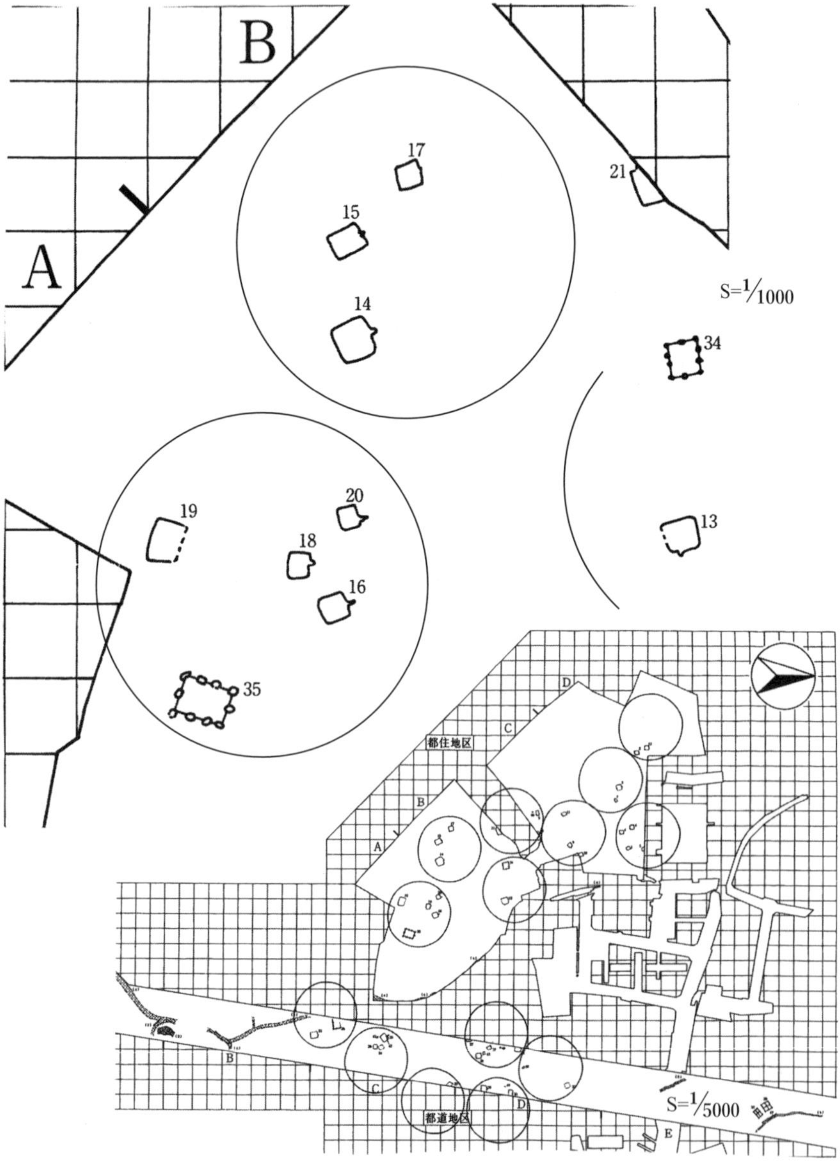

Ⅲ. 集落構造

図50 都住 A・B 地区第 18 段階の二戸

④ 落川・一の宮遺跡の集落形成から終焉までの変遷

表13 第17・18段階一戸の竪穴建物群の面積と想定居住人員（居住人員は四捨五入）

都住A地区第17段階の一戸（血縁同居単位）

都	竪穴建物番号（報告書番号）	規模・面積	竪穴サイズ	居住人員
営	竪穴建物25（第509号住居）	5.9×5.9m＝34.81㎡	中型竪穴建物	6人
A	竪穴建物27（第559号住居）	5.5×5.5m＝30.25㎡	中型竪穴建物	5人
地	竪穴建物20（第427号住居）	3.1×3.1m＝9.61㎡	小型竪穴建物	2人
区	竪穴建物22（第468号住居）	（2.5×1.7m＝4.25㎡）	作業小屋？	0人
計	4軒	作業小屋のぞく面積74.67㎡	中型2・小型1	約12〜13人

都住A地区第18段階の一戸（血縁同居単位）

都	建物番号（報告書番号）	規模・面積	建物サイズ	居住人員
営	掘立柱建物35（第208号掘立）	4.8×6.6m＝31.68㎡	中型掘立建物	5人
A	竪穴建物19（第530号住居）	6×（4.4）m＝（26.4㎡）	中型竪穴建物	4人
地	竪穴建物16（第521号住居）	3.7×3.7m＝13.69㎡	小型竪穴建物	2人
区	竪穴建物18（第526号住居）	3.2×3.5m＝11.2㎡	小型竪穴建物	2人
	竪穴建物20（第555号住居）	3×2.5m＝7.5㎡	小型竪穴建物	1人
計	5軒	90.47㎡	中型2・小型3	約14〜15人

都住B地区第18段階の一戸（血縁同居単位）

都	竪穴建物番号（報告書番号）	規模・面積	竪穴サイズ	居住人員
営	竪穴建物14（第487号住居）	5×5m＝25㎡	中型竪穴建物	4人
B	竪穴建物15（第512号住居）	4.5×3.7m＝16.65㎡	小型竪穴建物	3人
地	竪穴建物17（第523号住居）	3.5×3.5m＝12.25㎡	小型竪穴建物	2人
区				
計	3軒	53.9㎡	中型1・小型2	9人

面積31.68㎡の中型掘立柱建物35を，6.2㎡で割り四捨五入すれば5人である。

竪穴建物19は，切り合いにより北辺の竈が破壊され，正確な面積が確定できないが，想定面積約26.4㎡の中型竪穴建物で想定居住人員約4人である。13.69㎡の小型竪穴建物16は2人，11.2㎡の小型竪穴建物18は2人，7.5㎡の小型竪穴建物20は1人，それらの合計人数は14人である。一方，建物面積合計90.47㎡を6.2㎡で割ると14.59人，四捨五入して約15人である。従って，これら中型掘立1棟・中型竪穴建物1軒・小型竪穴建物3軒の一戸には，前段階同様子供を含み約14〜15人が住んでいたと想定した。

同段階の都住B地区一戸の園宅地円内の25㎡の中型竪穴建物14は，6.2㎡で割り四捨五入すれば4人である。16.65㎡の小型竪穴建物15は3人，12.25㎡の小型竪穴建物17は2人で合計人数は9人である。建物面積合計53.9㎡を6.2㎡で割ると8.69人，四捨五入して約9人である。この戸には9人の居住人

Ⅲ. 集落構造

員が中型竪穴建物1軒と，小型竪穴建物2軒に住んでいたと想定できる。

上述したように，戸のまとまりである同時期存在遺構が掴めた単位もあるが，問題が無い訳ではない。しつこく述べているよう本遺跡は，限られた狭い沖積地内に平面的な切り合だけでなく，複雑に重っていた遺構が多いため削平され，跡形もなく消失した遺構も存在するので，戸の同時存在遺構をもれなく検出した確証は無い。また都道地区は調査幅の関係で，一戸の存在は想定できても，居住人員を算出することができず，大半は散見する遺構の隣地との境界を吟味し熟察して，一戸の宅地を決めた場合が多い。極端な例，直径約44～46ｍ円内に収まる遺構が竪穴建物1軒，土坑1基でも，他の遺構が削平され消失したと考え，一戸と考えざるを得ない単位も存在する。表14は，そのような不備を承知の上で，第1段階（370～390年）～第48段階までの各段階に，都住A～D地区・都道A～F地区に，何戸が存在したかを表したものであることをお許し願いたい。

以下，表14を詳しく説明する。この表の最上段横列は，発掘調査を行う上で都営住宅建設範囲内を都住A・B・C・D地区，都道建設範囲内を都道A・C・D・E・F地区と便宜的に地区割りした地区名である（図45参照）。表14に都道のB地区の欄がないのは，この地区は大半が湿地帯で人が住んでいなかったのと，私鉄京王線の線路で調査不可能な地区であったからである。左縦列は段階と実年代である。各段階・各地区の横列の数字は，血縁同居単位で血縁を中心とした同居の単位すなわち一戸が1つの場合は1，2つの場合は2として載せた。

また各地区各段階の表中に？とした単位が幾つか存在する。これは？の段階を挟み前後の段階には，確実一戸の各々の遺構群が，ほぼ同一円内にぶれること無く存在するので，その間の段階は後の遺構により完全に削平されて，遺構痕跡すら残ってなかったと考え，前段階に存在した血縁単位から受け継いだ家系の存在を仮定して，？として載せたことをお許し願いたい。

そのように曲り形にも，48段階まで各段階の同時存在遺構を慎重に吟味し並べ，パラパラ漫画のごとく通観すると，同時期存在の一戸と考えられる竪穴建物・掘立柱建物・土坑などが，同一園宅地円内からその範囲を大きくはみ出すこと無く，重複しながらもほぼ同位置の同範囲に，各段階に遺構群が変遷して行くことが判明した。

数字1・2の単位は，竪穴建物だけで構成される単位であるが，①・②など〇で囲んだ単位は，竪穴建物と掘立柱建物が混在する単位である。❶・❷など黒丸で塗りつぶされた単位は，掘立柱建物だけで構成される単位である。つま

表 14　各地区・各段階の血縁同居単位とその消長

段階	年代	都住A	B	C	D	都道A	C	D	E	F	公的建物群と血縁同居単位・想定単位を含む合計
1	370〜390				1		1	?			2(3)
2	390〜410						1	1			2
3	410〜430						?	?			?(2)
4	430〜450						1	?			1(2)
5	450〜470						1	?			1(2)
6	470〜490		1				2	1			4
7	490〜510	1					1	?			2(3)
8	510〜530						1	1			2
9	530〜550						1	1	1		3
10	550〜570						?	2	1		3(4)
11	570〜590						2	1			3
12	590〜610			1			?	1			3(4)
13	610〜630	1	?	1	?		1	1			4(6)
14	630〜650	1	公的建物	1	1		3	4			公的建物・10
15	650〜670	1・②	1	3	?	1	3	3		古墳	古墳・14(15)
16	670〜690	3	1・①	1・①	1		2・①	3			14
17	690〜710	3	2	3	?		1・②	3			14(15)
18	710〜730	①	1・①	3	2		2・①	3	?	公的並倉	公的並倉・14(15)
19	730〜750	1・①	1・①	4	1	①	③	2	1	公的並倉	公的並倉・16
20	750〜770	1	1・①	2	1		2	1	1	?	10(11)
21	770〜790	3	1	2	1		1・①	1	1	1	11(12)
22	790〜810	2・①	1	2	1		2	1	1	1	13
23	810〜830	1・①	①	2	?		1・①	1	?	1	9(11)
24	830〜850	1・①	②	2	1		公的施設・①	2	?	1	公的施設・11(12)
25	850〜870	1・②	②	2	①		公的施設・①	2	1	1	公的施設・13
26	870〜890	1・①	②	2	1	1	1・①	2	?	1	13(14)
27	890〜910	2・①	②	2	1		1・①	1	1	?	12(13)
28	910〜930	3	1	2	1		②	1	1	?	11(12)
29	930〜950	①	2	2	1		①	①	①	?(並倉)	9(10・並倉)
30	950〜970	①	1	2	1		?	①	①	①	8(9)
31	970〜990	①	?	2	1		?	?	①	①	6(9)
32	990〜1010	①	1	3	1		?	1	①	?	8(10)
33	1010〜1030	武士団屋敷		❶?・❶	❶		❶	❶	❷	❶	屋敷・8
34	1030〜1050	武士団屋敷		❷?	❶?		❶	❶?	❷	❶	屋敷・8
35	1050〜1070	武士団屋敷		❶?・❶	❶	❶	❶	❶	❶?・❶	❶	屋敷・9
36	1070〜1090	武士団屋敷		❶?	?	❶	❶	❶	❷	?・営所	屋敷・営所・6(8)
37	1090〜1110		❶	❶?		?	?	?・大倉庫群	❷	❶?	大倉庫群・5(8)
38	1110〜1130	❶				❶	❶	❶	?		6(7)
39	1130〜1150	❶				❶	❶	❶	❷	?	6(7)
40	1150〜1170					❶	❶	❶	❶	❶	5
41	1170〜1190					❶	?	?	?	❶	2(5)
42	1190〜1210					?	?	?	❶	?	1(5)
43	1210〜1230			❶	❶	❶	❶	❶	❶	❶	7
44	1230〜1250		❶					❶	❶	❶	4
45	1250〜1270							❶	霊廟・❶	❶	霊廟・3
46	1270〜1290							?	霊廟・❶	❶	霊廟・2(3)
47	1290〜1310							❶	❶	❶	3
48	1310〜1330			❶?				❶	?		2(4)

231

Ⅲ. 集落構造

り本遺跡において，第33段階（1010〜1030年）以降すべての単位が掘立柱建物だけで構成される集落となる。ただし後に述べるが，都住A・B地区の集団に隷属していた都住C・D地区は，規模の小さな竪穴建物が残存する。加えて所謂竈屋として独立した，非常に小さな炊飯施設を有する竪穴建物は，掘立柱建物群の各単位に伴っている。

表の最右側はそれら血縁同居単位の各段階の総数である。(3) などと括弧で括ったのは，想定単位？を入れた数値である。その他各段階に血縁同居単位総数に加え，公的建物・公的並倉・公的施設・屋敷・営所・大倉庫群・霊廟などと記載したものは，それぞれの段階だけに出現し存在した建物で，血縁同居単位の宅地を大きく外れた範囲に，展開する特別な建物群である。

本遺跡は発掘調査中から大集落・拠点的集落などと言われていたが，遺跡全体の約750,000㎡以上の広大な面積の内，都営住宅・都道建設に先立ち発掘した面積は，約47,600㎡で全体の約15.8%を調査したに過ぎない。また，表14から読み取れることは，大化前代730〜750年第14段階以前までは，下層に存在した古い遺構のため，削平・撹乱され完全に消滅した単位も存在したと考えられる。従って，血縁同居単位の1単位（1戸）から，4単位（4戸）を検出したに過ぎない。第14段階には10単位（10戸）となり，730〜750年の19段階が16単位（16戸）とピークとなる。以後1070〜1090年の36段階まで10単位前後で推移するが，第36段階以後5〜6単位と半減し，1230〜1250年の第44段階以降3〜4単位となり，1310〜1330年第48段階に全単位が消滅する。以上，本遺跡は大集落を調査したのではなく，都住・都道の調査で，最大16戸の単位を調査したに過ぎない。

従って，以上述べてきた表14の考察については，もちろん疑問・異論があると思う。特に本遺跡で想定した都道D地区の最長の家系は，解釈の仕方によっては第1段階から第48段階まで続くことになる。その理由は先程述べたように，定められた宅地の範囲を大きく外れることなく，律令期以前は勿論のこと，以後の各段階も家系が滅びず，祖先から受け継いだ私有地である宅地範囲を守り続け，ほぼ同位置の宅地内に住み続けた単位が確認できたからである。その理由は，出自・生業に関わるので第Ⅳ部で述べる。

一方，都道C・D地区第1段階〜第12段階まで存在が不明な？段階が多いのも確かである。これは述べたように，古い遺構は後の時代の各種の遺構に次々と切られ，削平を受け跡形もなく消滅してしまうからである。言い訳ではないが，既述したように前段階の宅地の範囲内住んだ痕跡があり，次の？段階を挟

④ 落川・一の宮遺跡の集落形成から終焉までの変遷

んだ前・後段階のほぼ同範囲に住んだ痕跡があれば，家系は存続したと見做したからである。百歩譲って都道C・D地区の第1段階〜第12段階は，不明な点が多くその段階から長期にわたり存続した家系でないとしても，都住A・B・C・D地区に住みついた，血縁同居単位集団が後に述べるよう第33段階に，武士団屋敷を構えるが36段階に，都道A・Cの血縁同居単位集団が第43段階に，都道D・E・Fの血縁同居単位集団は，最後の第48段階に次々と減びて行ったと言う，三つの単位集団の消滅段階は揺るがない。

　上述のように第33段階に武士団屋敷が出現するとした理由は，それまでの血縁同居単位集団の宅地である約461〜503坪以上の範囲に，掘立柱建物群だけで構成された屋敷の存在と，数多く出土する金属器から推察した。

　本遺跡出土金属製品は，破片実測可能なものを含め1,461点が出土し，大半は鉄器であるが銅製品32点を含む。時期の判明したものは849点であった。種別は大きく農具・馬具・武具・日常用具・特殊品などに分けられる。鎌をはじめ穂積具・鋤など農具に加えて，轡・鐙・鞍金具・手綱金具などの馬具，多くの鉄鏃に加えて鍔・鉗・足金物など刀飾具を含む武具が出土する[註18]。

　そのように出土した鉄製品の種別より，律令体制が弛緩して行く過程で，平時には農作業に専念しているが，紛争が生じた時は武装し戦う，半農半士的な血縁同居単位集団の姿が浮かび上がって来る。平安時代中頃になると地域紛争が増えて行く。11世紀前半頃の第33段階に，半農半士の血縁同居単位集団の一部は，血縁・同族を越えた地縁的主従関係を結ぶことにより，強固な紐帯集団へと変貌しより武装化を進めた結果，それまでの宅地面積の約倍の面積に屋敷を構えた専業的武士団の出現を促した。それが都住A・B地区と従属したC・D地区の集団が残した遺構である。また，武士団の発生過程は出土鉄器以外，竪穴建物・掘立柱建物の変遷からも追える。

　以下，本遺跡の都住・都道の各地区の血縁同居単位の形成過程と，出土鉄器・建物構造・配置から，武士団への展開過程を祥しく追ってみる。

4. 都住A〜D地区の血縁同居単位集団の形成から武士団屋敷への発展背景

　第13段階（610〜630年）の都住B・D地区は，想定単位であるが都住A〜D地区に，各血縁同居単位の集団が定住しはじめたと考えた（表14参照）。次段階の第14段階（630〜650年）都住B地区に，本遺跡初出の梁行3間（5.55m）×桁行7間（13.8m）の長大な側柱建物41（面積約77㎡）の1棟が出現する。その南東A地区側に長辺7.7m×7mの11（面積約53.9㎡）と，長辺約7.07m

233

Ⅲ．集落構造

×7.6 mの2（面積約54㎡）の表10のサイズに収まりきらない超大型竪穴建物，約5 m×（5.3 m）の14（面積約27㎡），約5 m×6 mの1（面積約30㎡）の中型竪穴建物の計3軒は同時存在で出現する。さらに報告書では，A地区の他の一戸の血縁同居単位の内の一軒としていた，後の遺構で切られ僅か「L」字状に残存し，面積計算ができない竪穴建物9も加え，北西隅にほぼ同位置での建て替えの2間（4.05 m）×2間（4.05 m）の側柱建物42（面積約16㎡），一方南東隅に2間（4.05 m）×2間（4.65 m）の側柱建物43（面積約19㎡）の倉庫と考えられる建物2棟で構成される建物群と，甕の頸部片が出土した北西端の土坑46が，都住A～B地区の南北約120 mにかけて僅か弧を画きながら，縦長に展開する同時存在遺構群が出現する（図51）。

　このように南北に弧を画き縦長に展開するのは，北西～南東側に約15～20 m離れ，多摩川右岸上流～下流を往還する古代の幹線道（4）が東側に並行して弧状に走行しているので（図49の縁に僅かに見える），それに沿って建てられた可能性がある。東西幅を竪穴建物14・2と，倉庫と想定した掘立柱建物43の幅から，最大に概算して約35 mである。以上からそれらの建物群が建つ敷地は，約35 m×約120 mの範囲で，約4,200㎡（約1,273坪）という広大なものであったと考えたい。これらの建物群の領有面積は，通有の血縁同居単位の園宅地面積，約1,520㎡（約461坪）～約1,661㎡（約503坪）を，大幅に超えていることは言うまでもない。

　近年，文献学上で「大化の改新」は無かったと言うが，この長大な本遺跡初出の側柱建物が出現したのは，630～650年である。通説通りこの段階に，改新的な改革があったとするならば，後先にも無くこの段階だけに存在するこの建物は，公的な機関から与えられた役割を果たすためで，建物が長大なのは執務窓口として，小房に区切られた建物と想定できる。

　また，出土遺物で特筆する物に4軒の竪穴建物内，約54㎡の超大型の竪穴建物11から，所謂「編物石」93個が竪穴内壁（特に南側）を囲むように，散らばり出土したことである（図52の(1)・(2)には完形品75個だけ図示）。この「編物石」は渡辺誠氏によれば，米俵を編むための「もじり編み」用の石と考えられ，重さは110～470gのものが多く，なかでも200～500g大の例が米俵と考えている。また奈良～平安時代の米俵を，編むための目盛板の出土より，4対8個の錘（編物名）が使われていたことが確認されている[註19]。その75個のなかには，200g以下500gをこすものも数個存在するが，平均360gで石材の9割は砂岩であった。超大型と言え1軒の通有の竪穴建物から，これほど多く出土する

4 落川・一の宮遺跡の集落形成から終焉までの変遷

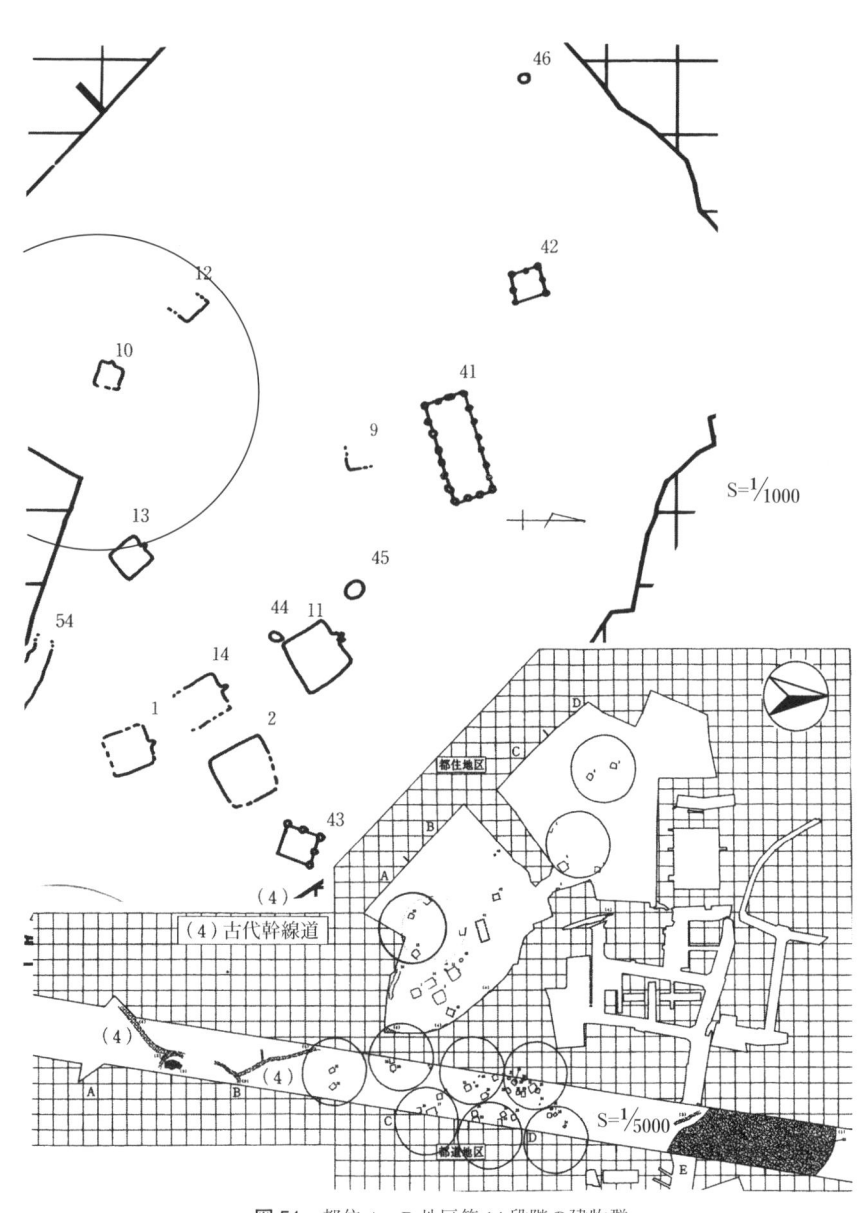

図51　都住 A・B 地区第 14 段階の建物群

Ⅲ. 集落構造

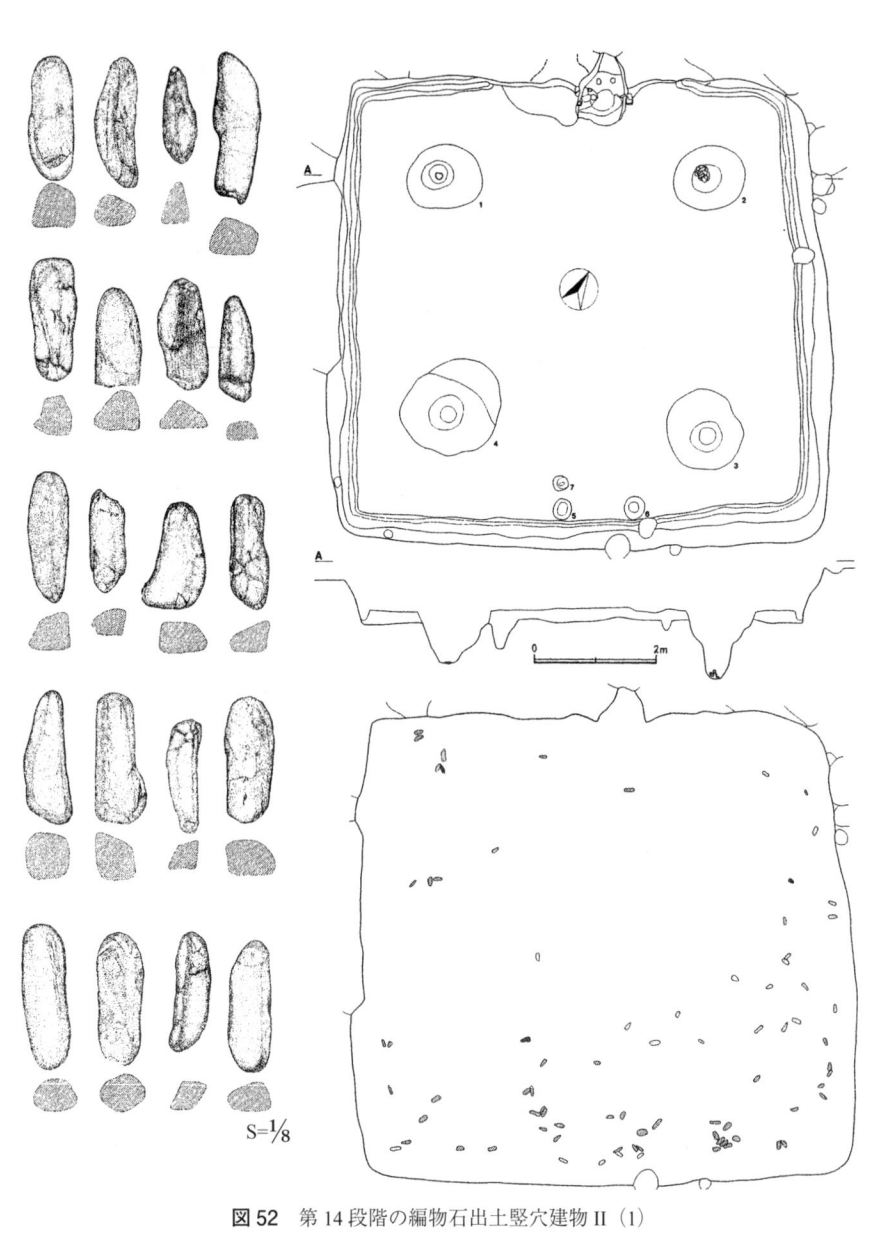

S=1/8

図 52　第 14 段階の編物石出土竪穴建物 II（1）

④ 落川・一の宮遺跡の集落形成から終焉までの変遷

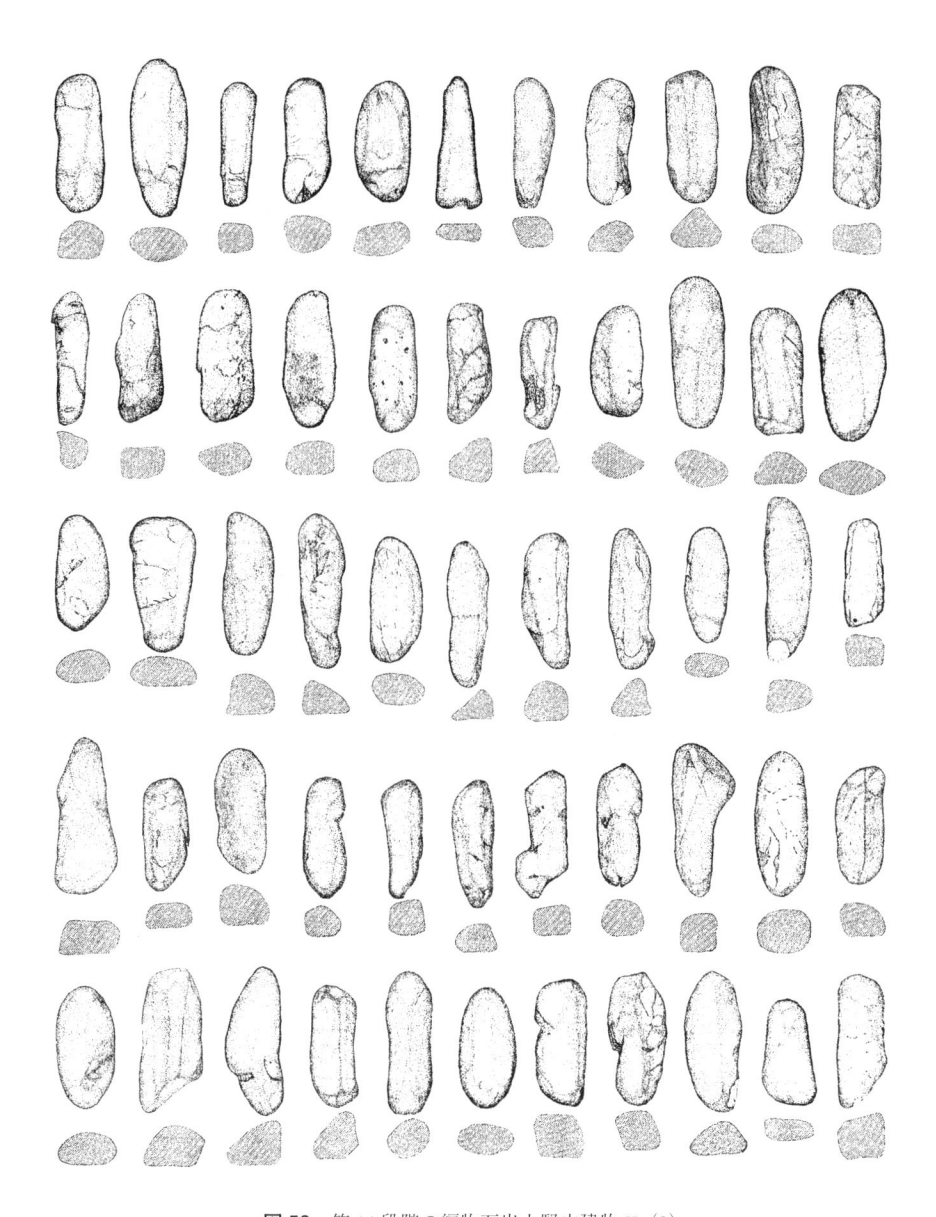

図 52 第 14 段階の編物石出土竪穴建物 II（2）

Ⅲ．集落構造

例は聞いたことがない。ならば，93 個もの「編物石」が出土したこの超大型竪穴建物は，大量の米俵を製作する公的な工房であった可能性を考えなければならない。なぜならば「改新の詔」によれば「租・庸・調」の内，「庸」とは正丁・次丁に賦課された歳役であるが，実際この労働を課したことはなく，その「庸」の代納物力代として布・米で徴収された。米の場合「庸米」と称され，一戸あたり 5 斗が徴収されている。その場合，納める側が勝手に作った米俵で納めさせるのではなく，寸分違わず 5 斗分の米が入る，何らか公的な印を付けた米俵を役所が配布し，ごまかしがないように厳密に徴収したのではないか。「改新」に伴う徹底した「度量衡」統一の表れと考えたい。

　なお，この超大型竪穴建物 11 は 4 本柱穴で，北側 2 本の柱の大きな掘り方の底面に根石が存在した。また東南に隣接する超大型竪穴建物 2 は，11 と同面積で大きな 4 本柱を持つ瓜二つの竪穴建物である。倉庫 42 の南東隅の柱にも根石が存在していた。これら倉庫と考えられる掘立柱建物 2 棟，長大で公的な掘立柱建物 1 棟，面積計算ができない 9 を除く竪穴建物 4 軒の面積約 241.9 ㎡を，6.2㎡で割ると 39 人という数値となる。勿論これらの建物は通有の住まいでないと考えられるので，その数値は居住人員を表すものではない。これら忽然と，この段階に現れた初出の掘立柱建物をはじめ，大型竪穴建物工房を含む竪穴建物群とその空間面積には，公的な管理の元に種々の職種や，役割を持つ約 39 人以上の人々が，働いていたとの想定が成り立つ。

　また 7 世紀中頃前後から，古代の幹線道（4）沿いの都住 A・B 地区と，北側の C・D 地区は，後に述べるが有機的な関係を持ち展開した地域であった。本遺跡で文字が確認され，実測した墨書土器が約 343 点出土している。大半は 1 文字で，一番多く書かれていた文字は，「土」で確認された実測総数約 160 片，次いで実測総数は 26 片と少ないが「穴」である。この「土」の字が多く出土した遺構は都営 B 地区に集中し，「穴」は都営 A 地区に集中している。「土」の字が書かれた期間は，8 世紀末頃～10 世紀末頃で 9 世紀後半が最も多い。「穴」は 9 世紀後半頃～10 世紀末頃であるが，「土」に比べたら数は少ない。また第 28 段階（910～930 年）B 地区の土坑から，牛馬に押したと考えられる「土」の鉄製の焼印が出土している（図 53）。その前段階，第 27 段階（890～910 年）C 地区の土坑より，首を除く牛の骨が出土しているが，それら胴体の骨もすべて揃ったものでなく，幾つかの骨が欠落している（図 54）。これら牛の骨については第Ⅳ部で詳しく述べる。

　また「平将門の乱」が起きた第 29 段階（930～950 年）頃，B 地区に東辺約 8

④落川・一の宮遺跡の集落形成から終焉までの変遷

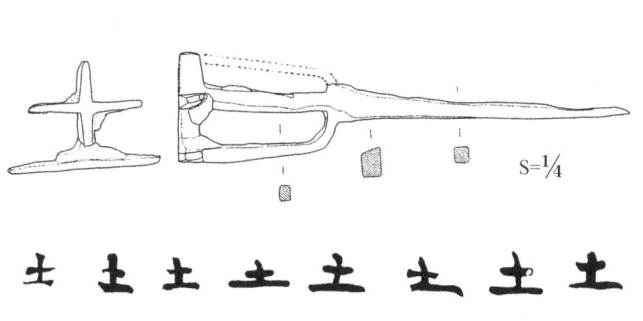

図53　焼印「土」と墨書「土」・「穴」

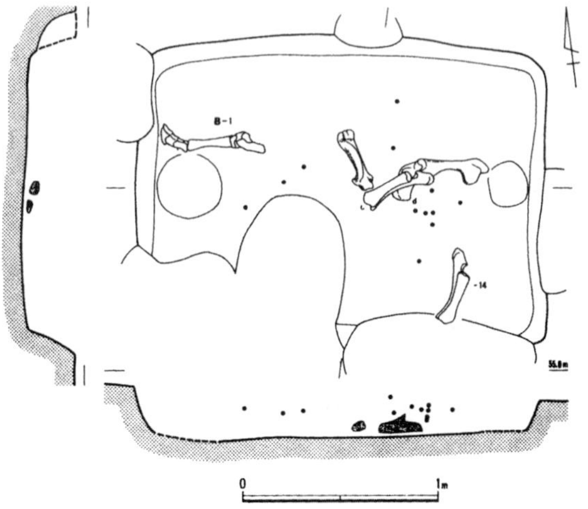

Ⅲ．集落構造

図54　牛骨出土土坑

m×北辺約6mの長方形で，竈が東辺に2基存在する大型竪穴建物（面積48㎡）の鍛冶工房が存在する。鍛冶炉は住居中央長軸線上やや北辺よりに，約2mの等間隔で3基存在し，2基の鍛冶炉にはそれぞれ，鉄床石が交互に原位置を保ちながら存在する（図55）。残り1基の鍛冶炉に伴っていた鉄床石は，僅かに離れて出土した。それぞれの鍛冶炉の脇に鉄床石が交互置かれていることから，おそらく同時に3人の職人が，対面して鉄を打つことが可能な鍛冶工房である。それぞれの炉周辺の床面直上から，多くの鉄滓が散乱していたことからも，この段階多発する戦さに備え，活発に鉄製品が生産されていることが窺える。

　以後，都住A・B地区とC・D地区は，第32段階（990〜1010年）まで，血縁同居単位と考えられる1〜3単位が，世代交代を重ねながら連綿と存続して行く。この地区に大きな変化が表れるのは，第33段階（1010〜1030年），都住A・B地区にかけて，忽然とそれまでの血縁単位の宅地をはるかに越えた，屋敷群が出現する（図56（1））。

　それは身舎2間×3間の総柱建物に4面に縁側がめぐる23は，縁側を入れた面積約88㎡である（以下，縁側を有する掘立柱建物の面積は，縁を含む面積を言う）。四面廂でなく縁側としたのは，4面にめぐる柱穴が身屋の柱通りと並ばず，また角の柱が無いものがあり，廂で無く縁側が4面にめぐる建物とした。その23を中心とし，身舎2間×3間の総柱建物に4面に縁側がめぐる26（面積約77㎡），2間×7間の総柱建物の南側だけに縁が付く25（面積約63㎡），縁側の付かない2間×3間の総柱建物27（面積約40㎡）・2間×3間の総柱建物24（面積約30㎡）・2間×3間の総柱建物29（面積約20㎡），2間×3間の側柱建物28（面積約25㎡）の7棟の掘立柱建物群で構成される屋敷が，東西

④落川・一の宮遺跡の集落形成から終焉までの変遷

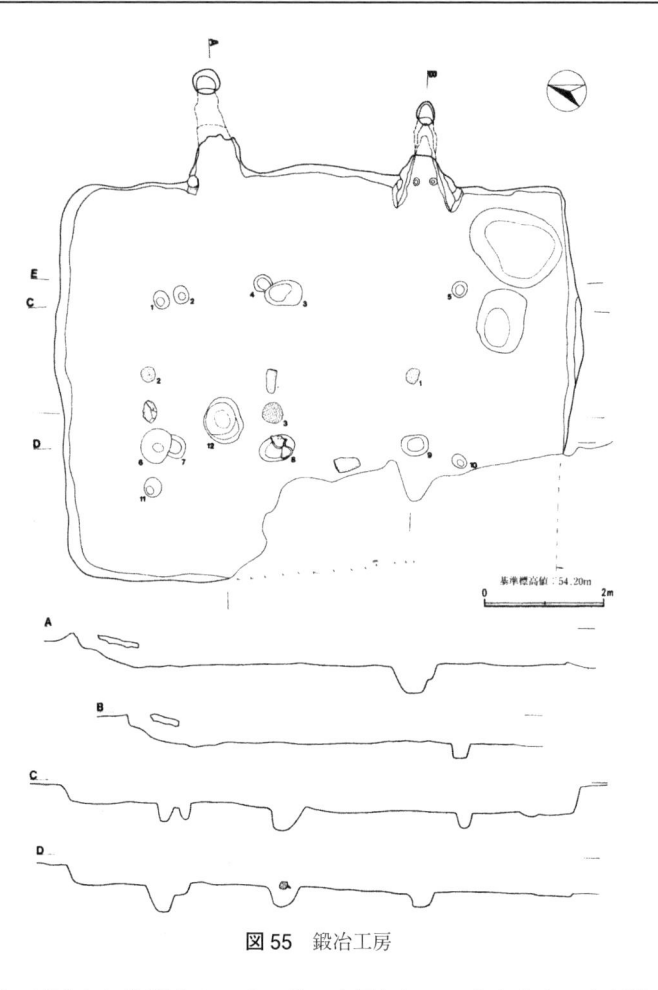

図55　鍛冶工房

方向弧状に形成され出現する。その他に竈屋として，竈を有する小型竪穴建物
15（面積10㎡），「ヘッツイ」を有する小型竪穴建物16（面積6㎡），同じく「ヘッ
ツイ」を有する小型竪穴建物17（面積6㎡）が付属している。

　上述のように，4面に縁側がめぐる建物23を中心的建物とした理由は，北辺
の縁側の柱穴に柄の取れた（取られた？）青銅製の「火熨斗」が埋納されていた（図
57）。この「火熨斗」についても第Ⅳ部で詳しく述べるが，おそらく作られた年代は，
この段階よりも遥か前の段階と考えられる。都住A・B地区の血縁同居単位集団
の出自・家系をあらわし，先祖伝来で長い間大事に伝世されて来たこの「火熨斗」
を，屋敷の中心的建物23に埋納したとの考えからである。この段階このように，

241

Ⅲ．集落構造

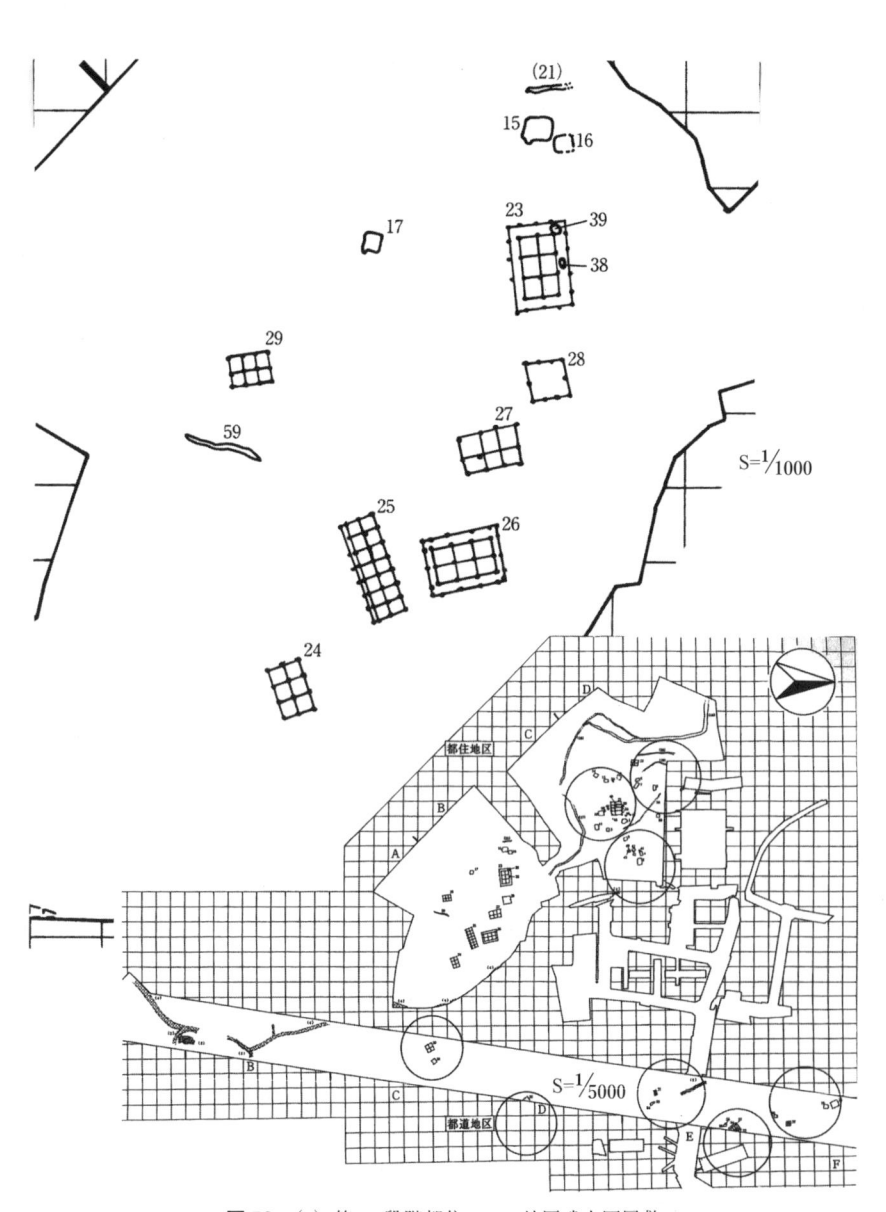

図56　（1）第33段階都住 A・B 地区武士団屋敷

④ 落川・一の宮遺跡の集落形成から終焉までの変遷

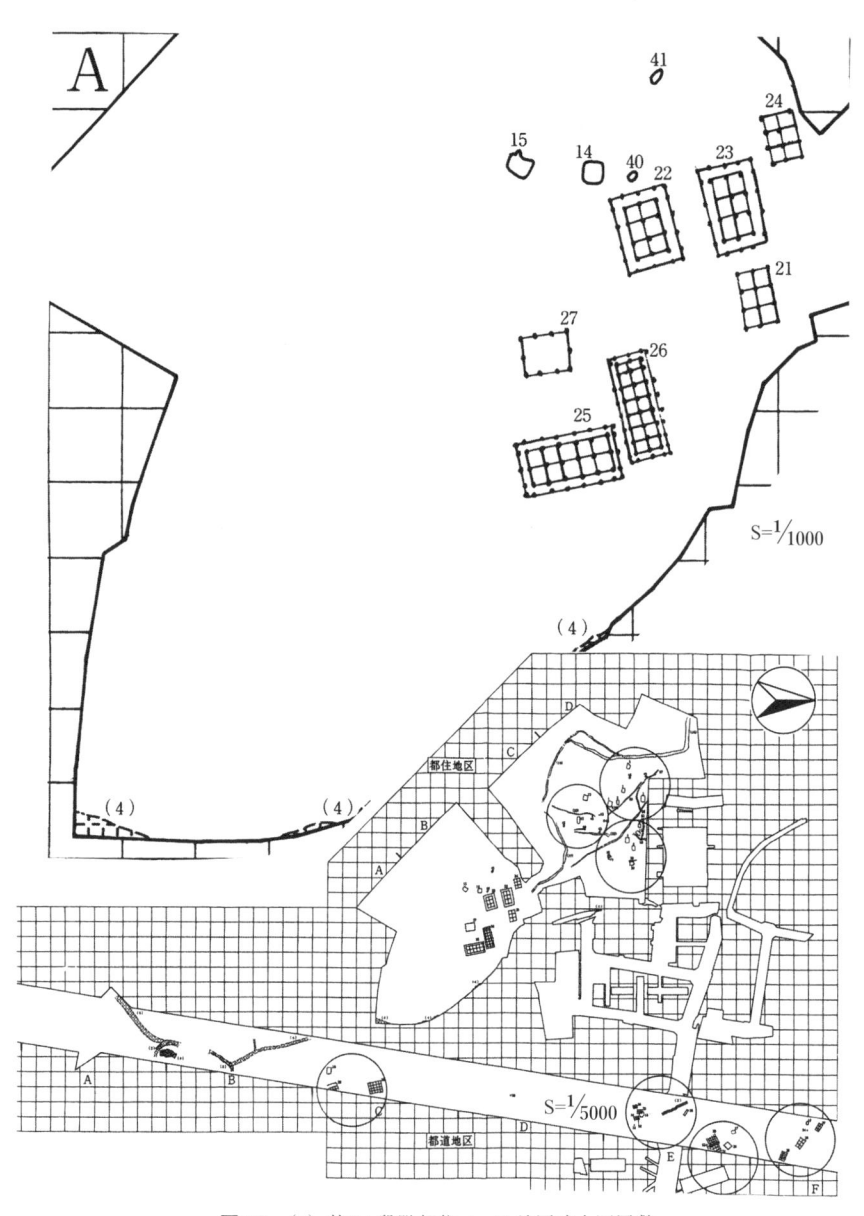

図56 （2）第34段階都住A・B地区武士団屋敷

243

Ⅲ．集落構造

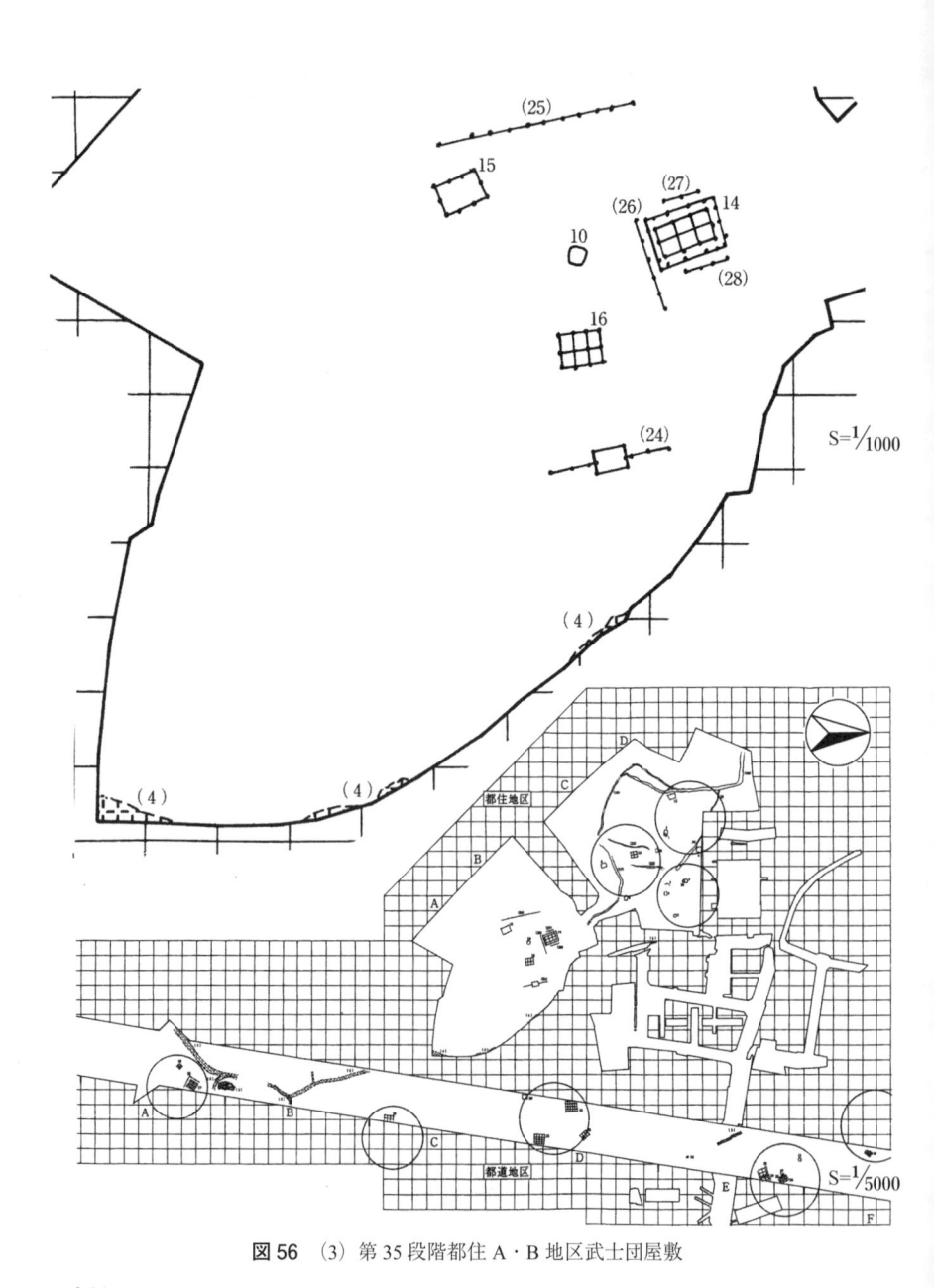

図 56 （3）第 35 段階都住 A・B 地区武士団屋敷

④ 落川・一の宮遺跡の集落形成から終焉までの変遷

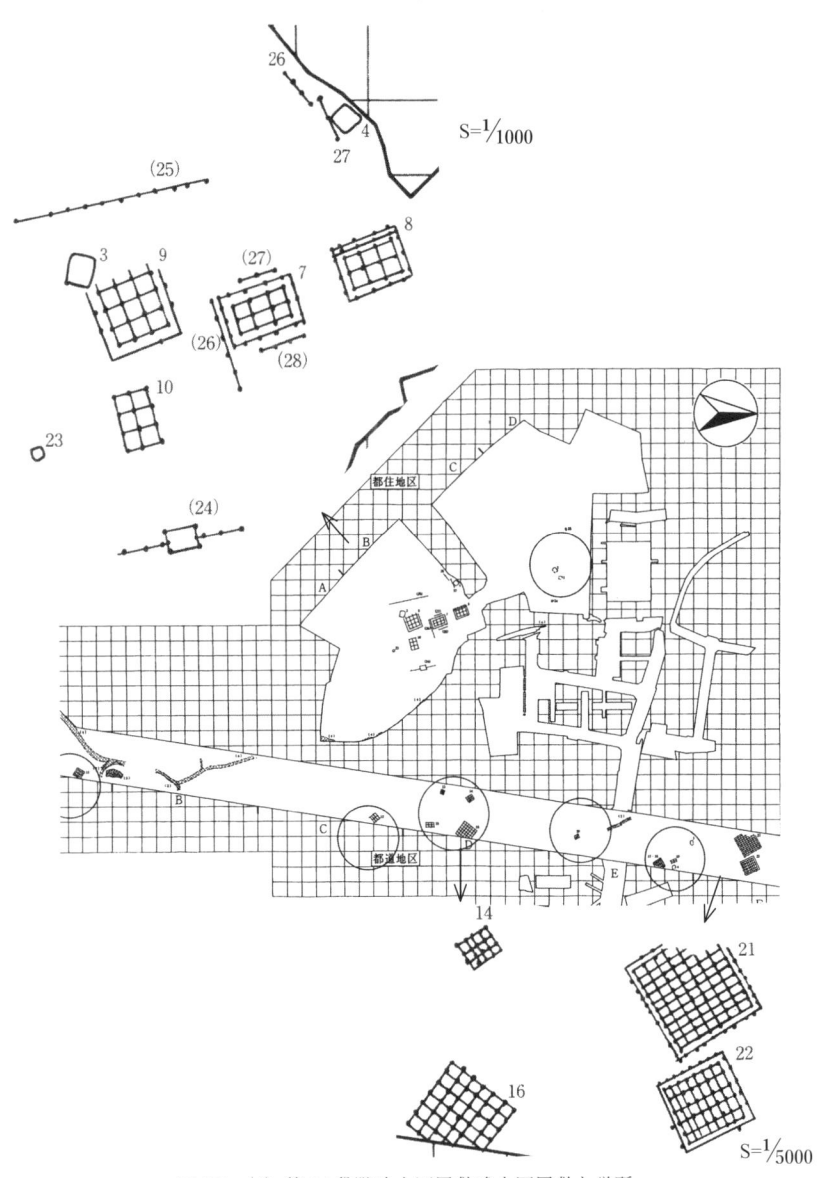

図56 （4）第36段階武士団屋敷武士団屋敷と営所

245

Ⅲ. 集落構造

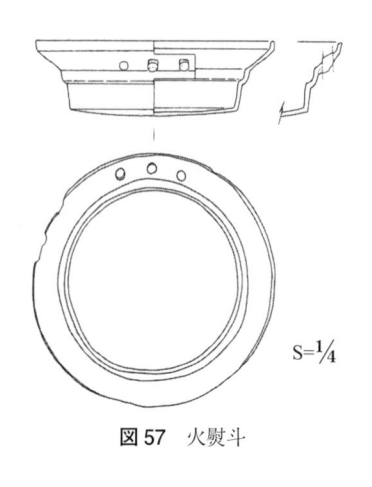

図57 火熨斗

S=¼

それまでの都住A・B地区の血縁同居単位集団を越え，地縁的に新たな結合集団としてまとまり，大規模な屋敷を形成しなければならなかった要因は何であったであろうか。

考えられるのはこの段階に，関東における将門以来の大規模な反乱で，後に清和源氏が東国進出の契機となった，下総権介の「平忠常の乱」（1028年）が起きている。その結果，南関東でも多くの武士団が各地に台頭してくる。「将門の乱」以後，本遺跡で農業の傍らそれぞれの職能を有していた半士半農集団も対応に迫まられた。その結果，この段階A・B地区の集団が，北側至近のC・D地区の集団を吸収し，23を主家とした屋敷群を形成し，専業武士集団化したと想定される。

以後，第34段階（1030〜1050年）は，身舎2間×3間の総柱建物に4面に縁側がめぐる23（面積約84㎡），身舎2間×3間の総柱建物に4面に縁側がめぐる22（面積約77㎡），身舎2間×7間の総柱建物に4面に縁側がめぐる26（面積約74㎡），身舎2間×5間の総柱建物に4面に縁側がめぐる25（面積約97㎡），2間×3間の総柱建物24（面積約28㎡）・2間×3間の総柱建物21（面積約31㎡），2間×3間の側柱建物27（面積約33㎡）の7棟の掘立柱建物群と，「ヘッツイ」を有する小竪穴建物14（面積約7㎡），竈を有する小竪穴建物15（面積約7㎡）の竈屋で，構成される屋敷へと建物配置が変遷する（図56（2））。

第35段階（1050〜1070年）は，身舎2間×3間の総柱建物に4面に縁側がめぐる14（面積約68㎡），2間×3間の総柱建物16（面積約27㎡），2間×3間の側柱建物15（面積約26㎡）の3棟の掘立柱建物群と，「ヘッツイ」を有する小竪穴建物10（面積約5㎡）の竈屋で構成される屋敷へと建物配置が変遷する。そのなかで身舎2間×3間の総柱建物に4面に縁側がめぐる14には，北側をのぞく東・西・南側の3方向に目隠し塀の柱列と考えられる柵列（28）・（27）・（26）で囲まれており，その存在から主家と考えた。その3方向の目隠し塀の帰属段階であるが，次段階の第35段階に身舎2間×3間の総柱建物に4面に縁側がめぐる7（面積約61㎡）が，この主家と考えた14が建てられている同位置に，ほんの僅か小さくなりながら重複して建て替えられ存在する。したがって上述の3方向の目隠し塀は，どちらの段階の建物に伴うかが判断で

きず，次段階の7にも囲むように載せたことをお断りしておく。

さらに東側に入口である所謂一門一戸の間口1間（4.5 m）×側面2間（2.9 m）の4脚門と，両脇に柵か塀の柱列（24），これに西側45 mに平行して柵か塀のための柱列（25）が約11間以上（1間約2.5 m）確認できた。この（24）・（25）は，この段階か次の第36段階のものかが確認できなかったので，これもやむなく2段階にわたり載せたことをお断りしておく。以上，この段階屋敷内の建物が3棟と少ないのは，後の遺構や水田耕作により，削平された結果である（図56（3））。

第36段階（1070～1090年）は，先程述べたように3方向目隠し塀（28）・（27）・（26）で囲まれ主家と考えられる身舎2間×3間の総柱建物に4面に縁側がめぐる7（面積約61㎡），2間×3間の総柱建物に4面に縁側がめぐり，西側だけに近接した目隠し塀を有する8（面積約58㎡），3間×3間以上の総柱建物でおそらく4面に縁側がめぐる9（面積約91㎡以上），2間×3間の総柱建物10（面積約34㎡），の4棟の掘立柱建物群と，「ヘッツイ」を有する小竪穴建物4（面積約9㎡），竈と「ヘッツイ」の2つを有する小竪穴建物3（面積約14㎡）のカマド屋で構成される屋敷へと建物配置が変遷する。

先程述べたように，前段階かこの段階か確認できなかったので，東辺としての四脚門と柵か塀（24）と，西辺としての柵か塀（25）が，東西45 m幅（25間）で南北に平行して走向しているとして載せた。しかし，この柵・塀は本来このように東西だけに存在し，南北は開放されていたとは考えられない。削平を受けて確認できなかったが，南辺・北辺にも柵・塀がめぐり囲まれていたと想定される（図56（4））。その想定が許されるのであれば，一番北に検出された建物8と一番南の土坑23の間は，約60 mで若干余裕をもたせ63 mとし，1間を1.8 mすると約35間となる。そのように第35・36段階は最低でも，東西45 m（25間）×南北63 m（35間）の柵・塀に囲まれた約2,835㎡（約859坪）の，敷地面積の武士団屋敷との推定が成り立つ。

5. 都住A～D地区の武士団屋敷の内容

以上，第33段階（1010～1030年）に，都住A～D地区の血縁同居単位集団は，血縁を越え地縁的な新たな結合集団である武士団を形成する。以後，第36段階（1070～1090年）までの4段階80年間，都住A地区とB地区にまたがり，建物種類と配置をかえながら屋敷を維持し，隷属させた都住C・D地区の以下に述べる種々の職能集団の工房群とともに展開する。

各段階の屋敷群の主家と考えられる，4面に縁側がめぐる2間×3間の総柱

247

Ⅲ. 集落構造

建物には，その集団を率いる棟梁や家の子が住み，片縁が付く2間×7間の横長の総柱建物や，4面に縁側がめぐる2間×7間・2間×5間の横長な総柱建物，縁側が付かない総柱建物などには，その郎等が住んだと想定する。そのように武士団の棟梁が住むと想定した，4面に縁側がめぐる特有の総柱建物の身舎に入るためには，どの方向からも一旦縁側に上がるという，僅かながら「間」を置かなければ入ることができない。ささやかであるが屋敷内で容易ならぬこと態が起きた時，縁側がめぐらない建物よりは，僅かでも時間がかせげる防御的な建物と考えられる。また絵巻物にその縁側に武器・武具を横に置き，宿直（殿居）する家来が描かれている。また，月見の宴など酒宴を催す場でもあり，縁側はそのような重要な「間」であり「場」であったと考える。

　本遺跡の各段階に，どのような規模の掘立柱建物が何棟存在し，移り変わって行ったかを表したのが第Ⅱ部に載せた表6である。第31段階（970～990年）初出の4面に縁側がめぐる総柱建物の出現は，武士団の発生と密接に関係していると考える。以後，盛行するこの4面に縁側がめぐる2間×3間の総柱建物は，各段階武士団の棟梁と家の子が居住する主家であると考えた。

　北側都住C・D地区の竪穴建物中心の遺構群には，職能集団である下人所従などが住み，都住A・B地区と共に4段階にわたり変遷する。屋敷が形成された都住A・B地区と都住C・D地区の集団は，ともに第36段階に滅びることから，密接な関係を有していたことが窺える。

　さらに出土鉄器からも興味深いことがわかる。都住A・B地区の4段階にわたり変遷する屋敷の建物はすべて掘立柱建物で，竪穴は小さな1～3軒の竈屋である。掘立柱建物ゆえ出土遺物は少なく，出土金属器は「火熨斗」くらいである。一方，都住C・D地区の建物は，大きく図示していないが，第33段階に3間×4間の総柱建物（面積約60㎡）と2間×2間の倉庫，第34段階に2間×2間の小さな倉庫1棟，第35段階に2間×2間の2棟の倉庫が存在するが，その他の建物は4段階にわたり小さな竪穴建物・土坑で構成された単位である。しかし，その唯一の総柱建物や竪穴建物群から，第33段階には馬具の鉸具や鉄釜か鉄鍋片，第34段階の竪穴建物から三足鍋の脚・和挟み，土坑から完形の鐇・刀装具の鐗が2個・鉄鍋の弦，第35段階の竪穴建物から狩股の鏃・短刀，土坑から刀飾具の足金物が2個，溝から短刀，第36段階は竪穴建物から鉄釜か鉄鍋片が出土している。また第31段階～第35段階に都住C・D地区の西～南をめぐる溝で時期が限定できないが，馬具である鞍と鐙を繋ぐ兵庫鎖や銀装の足金物や，非常に珍しいが鍔がグリッドから出土している。以上の鉄器は次

の第IV部で祥しく説明する。

　そのように両地区の出土金属器の差異から，都住A・B地区は武士団の棟梁とその家子・郎等が住む屋敷地で，都住C・D地区は職能集団でもある下人・所従達が，武具・馬具などの製作・修理などを行う，工房兼居住のための小型の竪穴建物群で構成される地区であったと想定できる。そのように想定した理由は，本遺跡の33段階以降，都道地区にも炊飯施設としての小竪穴状の竈屋を除き，住まいとしての竪穴建物は無くなり，すべて掘立柱建物だけで構成される建物群となるが，何故か都住C・D地区だけに，竪穴とも言えないような小型の建物群が残存する。それらの小型の竪穴建物群は，武士団の下人所従など隷属した職能集団の工房群と考えれば納得できる。

6. 武士団の滅亡過程とその動因

　それら都住A・B地区の屋敷と共に，C・D地区の従属集団は，突然第36段階（1070～1090年）（表14参照）を最後に一斉に滅びる。この集団が武士団であるならば，突然滅びる動因は戦であったと考える。この段階，東国を大きく巻き込んだ大戦は「前九年の役」（1050～1062年）に続く，「後三年の役」（1083～1087年）と考えられる。この地区の武士団は，陸奥守兼鎮守府将軍源義家に付き従い「後三年の役」に参戦したと想定する。なおこの武士団は「前九年の役」の時にも参戦したと考えられる。それは，源頼家・義家親子が奥州へ向かう途中，本遺跡の南に広大に広がり本遺跡を見下ろす多摩丘陵北縁に，今も鎮座する百草八幡神社に先勝祈願した後，奥州へ向かいその甲斐あってか，安倍頼時とその子貞任・宗任を攻め滅ぼすことができた。祈願かなったその年1062年に，頼家が社殿の再建や伽藍坊門を建てたとの所伝がある。また義家が竹内宿禰の像を寄進している。以来，百草八幡は源氏所縁の神社となり，後に頼朝も建久3年（1192年）武運長久を祈願し，太刀一振を奉納している。

　この神社周辺には，鎌倉へ向かう幾つかの鎌倉街道や，相模国府から武蔵国府へと通じる国府道などが，南北に走っている。「後三年の役」の時，義家軍の主力が相模国鎌倉を出立し，武蔵国府へ向かう場合，参戦するため次々と各街道を縦長に展開し進軍してきた軍勢を，対岸の武蔵国府の入府前に一旦整えるため，多摩川の右岸である本遺跡を含む広大な沖積地に集結させ，幅広く展開して野営させたと想定できる。その時，義家やその精兵達は，どこに陣営したのであろうか。勿論他の兵士とともに，野営した場合もあろう。しかし，「前九年の役」の時はともかく，陸奥守兼鎮守府将軍となった「後三年の役」では，

Ⅲ. 集落構造

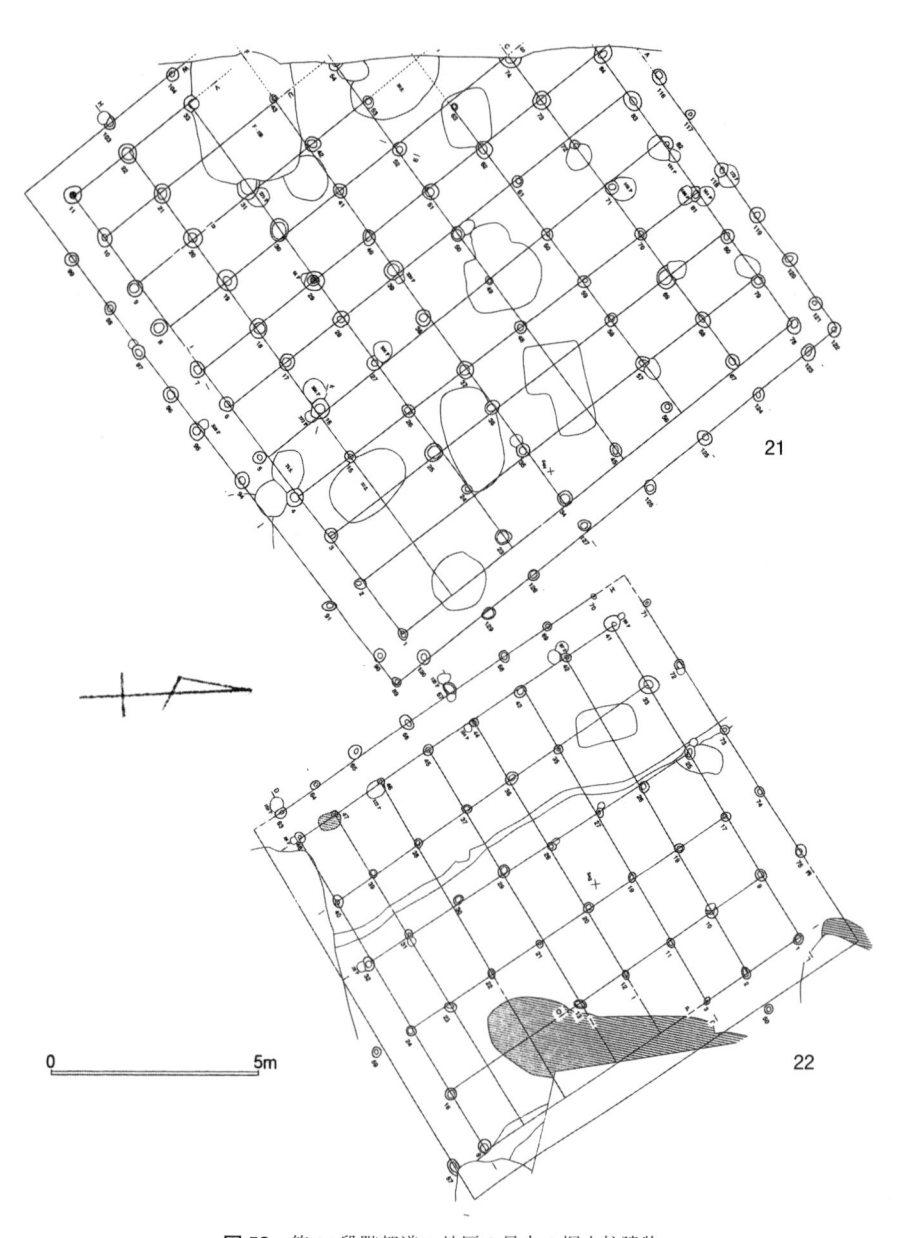

図 58　第 36 段階都道 F 地区の最大の掘立柱建物

本遺跡を陣屋・兵舎としたと考えたい。

　その理由は，この戦の第 36 段階（1070～1090 年）本遺跡のなかで，一番安全で安定した地盤の都道 F 地区の自然堤防上に，非常に興味深い建物が建てられている。それは本遺跡最大というより，東国においても最も大きな総柱建物である（図 58（4）参照）。第Ⅱ部で既述したよう 7 間×10 間の総柱建物 21 で，身舎の総長は梁行 11.6 m×桁行 12.6 m，床面積は約 146 ㎡である。この建物には 1 間約 0.8 m の縁側が 4 面にめぐっている。縁側を含む面積は約 187 ㎡，坪数にすると約 57 坪である。東側に併設され建てられた 5 間×7 間の総柱建物 22 は，身舎の総長は梁行 8.3 m×桁行 8.8 m，床面積は 73 ㎡である。この建物にも 1 間 0.8～1 m の縁側が 4 面にめぐっている。縁側を含む面積は約 107 ㎡，坪数は約 32 坪である。さらに約 180 m 南にも縁側は無いが 6 間×6 間，南西辺長 10.5 m×北西辺長 10.9 m で面積約 115 ㎡・約 35 坪のほぼ正方形の総柱建物 16 も存在している（図 56（4）参照）。これらの床敷きの大型建物が，義家と側近の家来達が営所とした建物と想定した。それら大型掘立柱建物 3 棟の縁側を除く合計床面積は 334 ㎡で，寝るだけの建物なので寝床面積 1.5 ㎡で割ると最大約 223 人，縁側も絵巻物に見られるよう宿直の場であるならば，縁側を含む総面積は 409 ㎡なので 1.5 ㎡で割ると最大約 273 人が，それらの建物に宿泊したのであろう。一番大きい 21 に義家と家の子，併設の建物 22・16 などには郎等が宿泊した可能性が高い。その他多くの下人達は河原に段幕でも張り，野営したのであろう。

　以上，第 33 段階（1010～1030 年）武士団屋敷を構えた都住 A・B 地区の集団は，C・D 地区の集団を従え第 35 段階（1050～1070 年），「前九年の役」に源頼家・義家親子に与力参戦し，その戦いでは無事生還を果たした。続く第 36 段階（1070～1090 年）再び「後三年の役」にも義家に付き従い参戦する。義家軍は苦戦の末勝利するが，都住 A・B・C・D 地区に展開した武士団は苦戦の末，一族郎党ともに「武門の習い」という憂き目に会い，滅び途絶えたと考えた（表 14 参照）。

7. 都道 A・C 地区の血縁同居単位集団の形成と展開

　都道 A・C 地区の血縁同居単位集団が，共に滅びたのは第 43 段階（1210～1230 年）である。この 2 地区の単位集団が滅びたのは同じ段階であるが，形成段階には大幅な隔たりがある。C 地区の形成段階は土坑の存在から，第 1 段階（370～390 年）と古くしたが，竪穴建物が検出されるのは第 4 段階（430～450 年）からである。以降，血縁同居単位が 1～2 単位で移行するが，第 14

Ⅲ. 集落構造

段階（630〜650 年）から 3 単位となり，第 16 段階（670〜690 年）からは，
竪穴建物と側柱建物が混在する単位となる（表 14 参照）。

　以上のような変遷を経て，第 24 段階（830〜850 年）C 地区に血縁が同居
したと考える竪穴建物 16・17・18・22 と重複する掘立柱建物 46・47・48
が混在する単位が存在する。この単位は既述してきたよう血縁同居単位の園宅
地，径約 46 m の円に囲まれるものである。その北側に近接してその単位を含め，
それまでの血縁同居単位の宅地面積を越える範囲に，整然と配置された建物群
が忽然と姿をあらわす（図 59）。以下，小さな図面に数字が多く，わかり辛い
ことをお許し下さい。それらの建物群は，43（調査区外で梁行 2 間しか確認
できなかった側柱建物），2 間 × 3 間の重複した側柱建物 39・40（面積約 44
㎡），42（面積約 24㎡），41（面積約 23㎡）の 4 棟が東西に連ねられ建てら
れ，39・40 と 42 の間の南側に，3 間のおそらく目隠し塀の柱列と考えられる
75（総長 6.15 m）と，北側にも同様の 3 間の 76（総長 4.5 m）が立てられて
いる。その 4 棟の内 43・41 をのぞく重複建物 39・40 と，42 の 2 棟を中心
とした左側東脇に，重複した側柱建物 44・45（半分調査区外・面積約 31㎡以上），
右側西脇に 6 間の目隠し塀の柱列 74（総長 14.8 m）が配され，その間すなわ
ち 2 棟の建物の南前面に，小型竪穴建物 20（約 21㎡）・極小の竪穴建物 21（約
10㎡）・中型竪穴建物 19（約 26㎡）・小型竪穴建物 24（約 19㎡）・小型竪穴
建物 23（約 20㎡）5 軒が建てられている。それら竪穴建物の内，竈が存在す
るのは 20・19 で，23・24，20 は撹乱で不明であった。

　以上のように配列された建物群の南側は開放され，先述したその南側の円で
囲んだ血縁同居単位の敷地と接する間は非常に狭く，境を示すようなものは無
かった。

　また，それら建物群の北側上面は，現在の家屋の土台・廃棄物坑・上下水道
管などで撹乱・削平を受けていた。そこで検出された溝（9）は東西に走るが，
重複して掘り返されたりして，不明な点が多かったが，断面の形状は逆台形で
あった。残存する上端の最大幅は 2.2 m，最小幅は 1.1 m，深さは東から西へ
傾斜し 40〜70㎝を測り，溝底面幅は 30〜50㎝であった。この溝の南側約 80
〜1 m に並行して 6 間（総長 10.6 m）の塀か柵の柱列（12）と，約 2.5 m に
並行して 17 間（総長 27.85 m）の柱列（11）が存在する。つまり，溝（9）
と柱列（12）・（11）は同時期に存在し，それらの溝・柱列が建物群の北側を
区画していたと考えられる。興味深いことに（12）の柱列が途絶えた西端の柱
をはじまりとして，柱列（12）と（11）の間に 1 間（1.6 m）× 2 間（3.6 m）で，

252

④ 落川・一の宮遺跡の集落形成から終焉までの変遷

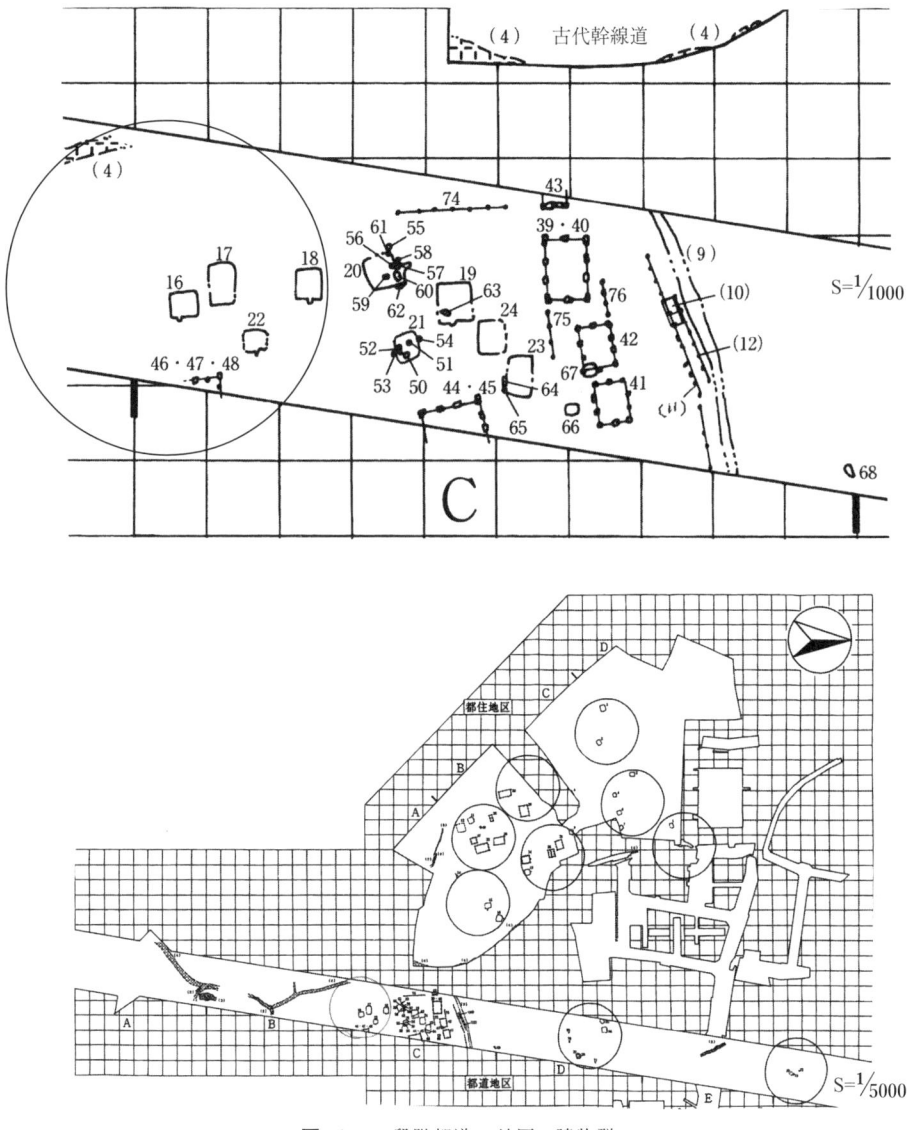

図 59　24 段階都道 C 地区の建物群

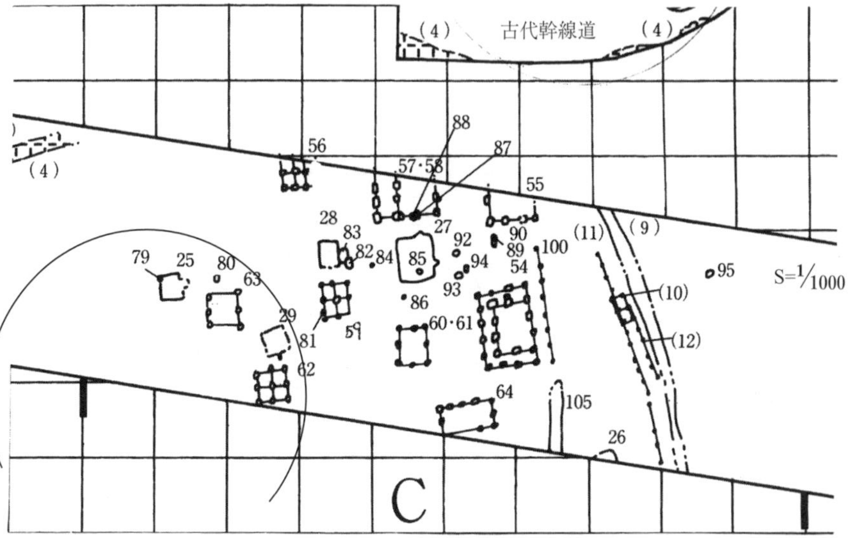

Ⅲ．集落構造

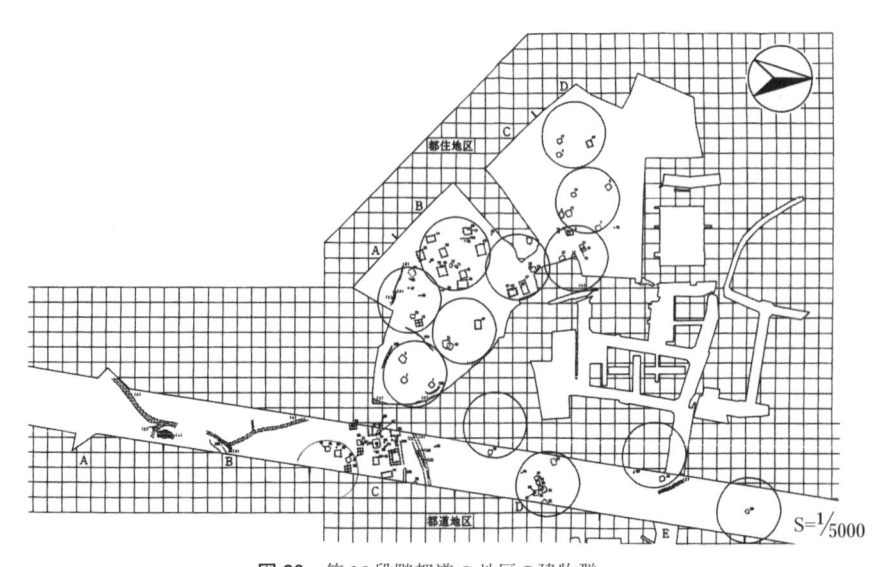

図 60　第 25 段階都道 C 地区の建物群

254

明確な柱底痕を残す 6 本の柱穴 (10) がはめ込まれたように検出された。これらを三重の厳重な防御的施設の一部と見做せば，物見櫓的な建物を想定することもできる。しかしこの 6 本の柱は，2 列の柱列とは若干時期差がある。先に述べたよう南側は開放されており，西側は古くから存在する多摩川右岸上流から下流を往還する古代の幹線道 (4) により (図 59 上段参照)，西側境として区画されている可能性がある。従って防御的なものと考えるより，北の入口的な施設と考えた方が妥当であろう。

また溝 (9)・柱列 (12)・(11)・入口 (10) の構築には微妙な先後関係があり，この第 24 段階に併設されたものか，次の 25 段階のものか確定できないので，2 段階にわたり載せることをお断りしておく。

第 25 段階 (850〜870 年) になると，C 地区南側の血縁同居単位は，竪穴建物 25・29 と掘立柱建物 63・62 で構成される建物群に変わる (図 60 参照)。同じくその北側には前段階同様近接して，さらに 1 段と整然と配置された建物群に変わる。2 間× 3 間の側柱建物の身舎の東・西・南側 3 面に廂が付いた 54(身舎面積約 30 ㎡・廂含む面積約 64 ㎡) を中心建物として，西側 3 間× 1 間以上の側柱建物 55，その前面南側に廂か間仕切りの付く重複した側柱建物 57・58 が存在する。廂の場合，幅が約 3 mもあるので間仕切りの可能性が高い。その場合の 3 間× 2 間以上，面積約 33 ㎡以上である。さらにその前面南側に報告書で 3 間× 1 間以上の総柱建物と報告されていた 56 は，2 間× 2 間で束柱のある倉庫と分類し数え直して訂正した[註20]。

三面廂の中心建物 54 の西側及び右脇には 3 棟の掘立柱建物が並び，裏手北側は約 2 m間をおいて，目隠し塀か柵列 100 の柱列 7 間 (総長 15.2 m) 分が並行して存在する。その柱列 100 の東端の柱は，54 の梁行の廂北東コーナー柱の延長上約 2 mの間をおいて揃うとともに，同じく東側に約 2 m間をおいて調査区範囲内に長さ 7.5 m以上，幅 1.8 m深さ 50 ㎝の溝 105 が存在する。またその柱列 100 の西端の柱から約 3.5 m間をおき，延長上は側柱建物 55 の北梁行北東コーナーの柱と揃う。

そのように三面廂の中心建物 54 の北側は，掘立柱建物 55 と目隠し塀か柵列 100，溝 105 で画されるとともに，さらに約 12 m北側に前段階述べた溝 (9)・柱列 (12)・(11) などで，区画されていた可能性がある。その柱列と溝 105 の間の広い空間中程に，竪穴建物 26 が検出されたが，大半は調査区外で不明である。出土遺物は土器片以外，敲打痕を有する磨石が出土している。

中心建物 54 の左側東脇には，2 間× 4 間の側柱建物南北棟 64 (面積約 28 ㎡)

Ⅲ. 集落構造

が建ち，南側前面には重複した2間×2間（おそらく束柱未検出）の60・61（面積約19㎡）の倉庫，竈をもつ中型竪穴建物27（面積約29㎡），竈をもたない極小の竪穴建物28（面積約10㎡）と，倉庫と考えられる2間×2間の59（約15㎡）が存在した。

8. 都道Ｃ地区第24・25段階の建物群と出土遺物

　以上，この都道Ｃ地区の第24・25段階（830～870年）の2段階40年間にわたり，周辺の血縁同居単位集団に近接して整然と配置され営まれた建物群は，いかなる性格の建物群であったか考えてみたい。この2段階にわたる建物群の敷地面積はほぼ同じで，概算すると北側は（9）の溝，南側は近接するがＣ地区の円で囲んだ血縁同居単位集団の宅地までで，南北幅は約40ｍである。西側は調査範囲外であるが，都住調査区東縁に見え隠れする幅約1.8～3.6ｍの古代の幹線道（4）で区画されていた可能性がある。東側は調査範囲外でまったく根拠がないが，第25段階の三面廂建物54を中心建物とするならば，その中央を中心として，古代道までの距離約35ｍ×2の約70ｍが建物群の東西幅と考えたい。つまりこの2段階にわたり展開した建物群は，南北幅約40ｍ×東西幅約70ｍの長方形で，約2,800㎡（約848坪）の敷地面積に，種々の建物が配置され建てられていたと考えたい。この建物群も都住Ａ・Ｂ地区の第14段階に，出現した公的な建物群の面積4,200㎡（1,273坪）と同様，この段階だけに機能した，何らかの公的な施設の建物群と想定した。

　この2段階にわたる施設を建物配列だけでなく，出土遺物から考えてみたい。第24段階の中心建物は，44㎡と大型の重複建物39・40との想定が順当と思われるが，この1棟だけでなく東隣の建物42とは，南北の前後を目隠し塀で囲まれ，あたかも連結した1棟の建物として機能していた可能性や，その42と東端の建物41の主軸は同一で，これら3棟の掘立柱建物は並びからして，密接な関連ある建物である。その掘立柱建物41の柱穴と，南前面に近接した土坑66から円面硯が出土している。さらに第25段階の竪穴建物27からは，円面硯3個とともに刀子が15個も出土している。両段階に整然と配列された建物群と，文書作成に関る円面硯などの出土をどのように考えたか，以下詳しく述べる。

　両段階の遺構から出土した主な遺物は，次のようなものである。上述したように，第24段階の竪穴建物41から須恵器の図61-1円面硯と鉄鏃が出土している。また21㎡の小型竪穴建物20から多量の土器が出土している。実測でき

256

④落川・一の宮遺跡の集落形成から終焉までの変遷

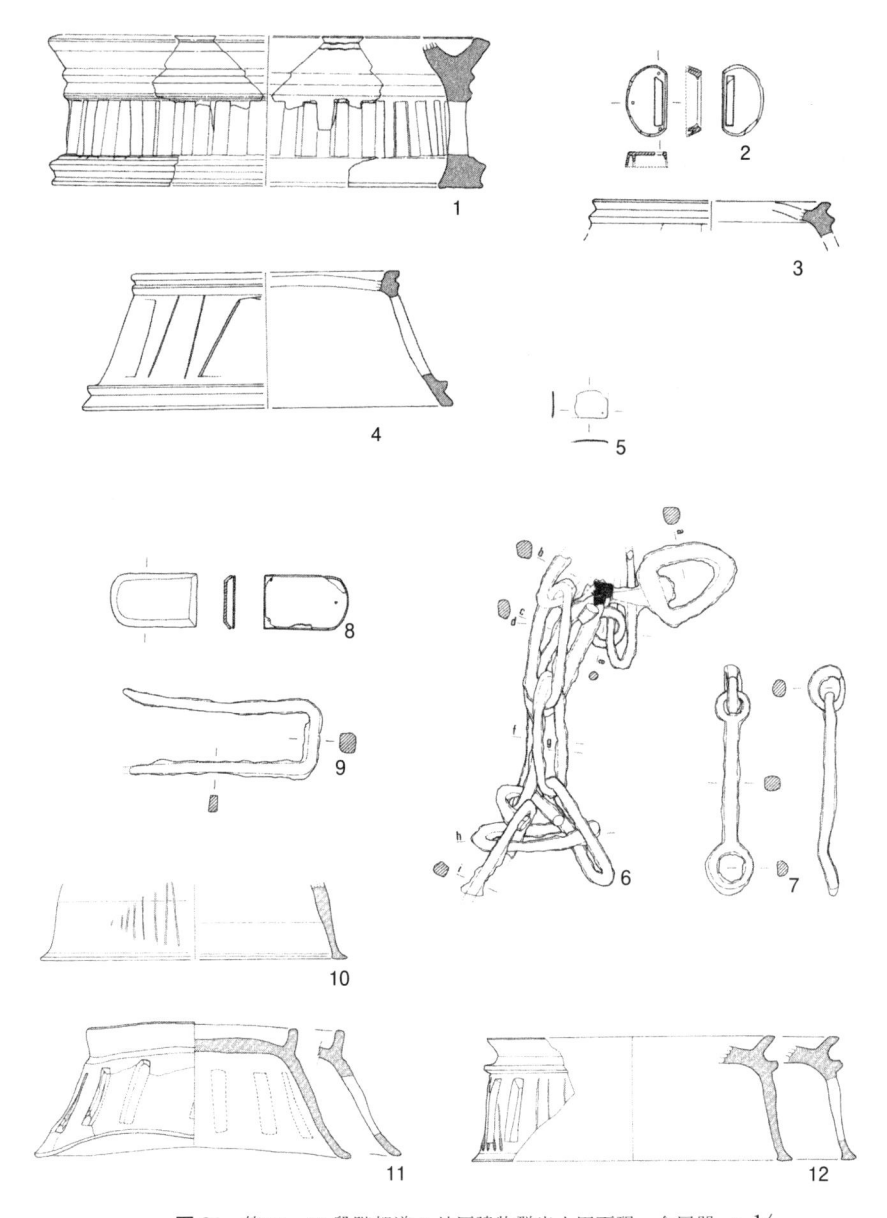

図61　第24・25段階都道 C 地区建物群出土円面硯・金属器　S=¼

Ⅲ. 集落構造

たものは，須恵器の蓋 13 個体・須恵坏 64 個体・須恵埦・鉢 6 個体・土師坏 3 個体と，大型の須恵甕・壺，土師甕など 13 個体の計 99 個体である。そのなか須恵坏に「土」と書かれた墨書土器が出土している。土器以外の遺物で金属器は，解錠部へ向かい曲がろうとするクルル鍵の軸部分（21.1cm）ではないかと考えられる鉄棒，磨痕石 3 個（この石の用途は第Ⅳ部で詳しく説明する）・砥石が出土している。26㎡の中型竪穴建物 19 から磨痕石 7 個・敲石，20㎡の小型竪穴建物 23 から図 61-2 青銅製丸鞆，19㎡小型竪穴建物 24 から磨痕石 4 個・敲石 2 個が出土した。また，土坑 53 から敲石，土坑 55 から紡錘車，土坑 56 から鉄鏃，土坑 59 から「土」墨書土器と磨痕石 3 個，土坑 60 から鉄族，土坑 66 から図 61-3 円面硯が出土している。

次の第 25 段階の中心建物は，身舎の面積約 30㎡・3 面の廂面積約 34㎡で計約 64㎡の 54 であることには異論は無いと思う。そこから図 61-4 円面硯や 5 青銅製銙帯巡方裏金片が出土している。55 から釘，57 から釘と刀子が出土している。54 の正面右前方の 29㎡の中型竪穴建物 27 から前段階同様，多量の遺物が出土している。土器は実測可能なものが，須恵器の蓋 32 個体・須恵坏 74 個体・高台付小型坏 6 個体・須恵埦 5 個体・須恵系土師質坏 1 個体・埦 1 個体・高台付皿 1 個体・土師坏 4 個体と大型須恵甕など 6 個体・小型壺 1 個体，土師甕 5 個体・台付甕 3 個体の計 139 個体が出土した。そのなかに「土」と「太」と書かれた墨書土器が存在した。金属製品で注目すべき物は，馬具の一部と考えられる 6 のような鉄製品，7 引手，8 青銅製蛇尾，9 閂鎹と名付けた門戸を閉ざすための横木である閂を，差し通すため左右の門扉に打ち付けてある金具，刀子は多く 15 点（金具含む），鉄鏃 7 点，鎌 3 点，釘 2 点，紡錘車 1 点，不明 3 点の計 35 点である。石製品で多いのは磨痕石で 14 個，球形の玉状の石 3 個，丸玉 2 個，砥石，大石，擦石の計 22 個である。さらに注目する遺物として 3 点もの円面硯図 61-10〜12 が出土したことである。

以上のように判明した，都道C地区第 24・25 段階（830〜870 年）にわたる建物群の配列と，出土遺物の観点をまとめると次のようになる。

9. 建物群の観点

1. この両段階の建物群には中心となる建物が存在し，それらの建物はいずれも掘立の側柱建物であり，第 25 段階の側柱建物 54 には三面廂が付く。
2. 24 段階は明確でないが，明かに第 25 段階の上述の三面廂の中心建物 54 の左・右（東・西）の脇には，付属の側柱建物が並びあたかも「コ」の字形の建物

（右上）④ 落川・一の宮遺跡の集落形成から終焉までの変遷

配置の様相を呈している。

3. それら中心建物の前庭部や掘立柱建物で「コ」の字形に囲まれた空間域は，特別な域の空間として存在するのではなく，第24段階は竪穴建物群，第25段階は竪穴建物や倉庫と考えられる2間×2間の掘立柱建物が混在して建てられている。

4. さらにその両段階の空間域に，通例では考えられない数の土器を保有する竪穴建物が存在する。第24段階の小型竪穴建物には99個体，第25段階の中型竪穴建物には139個体が出土している。

5. 両段階のそれら建物群は，溝や塀・柵列など2重に明確に区画された北側と大きく違い，南側は開放状態のままである。その開放された南側には両段階ともに，C地区の血縁同居単位の建物群と園宅地（一部円で囲んだ）が接近して存在する。報告書の段階では，それらの単位の遺構も建物群に含まれていたと考え報告したが，後に独立した血縁同居単位として，両段階の前後から継続して存続した単位の宅地として分離した。しかし，両段階とも建物群と南側の血縁同居単位の宅地は，分離できないくらい近接して建てられており，両者は非常に密接な関係にあったと考えられる。

10. 出土遺物の観点

1. 第24段階の先述99個体出土した竪穴建物20と，土坑59より墨書土器「土」が出土している。第25段階も実測可能土器139個体と多くの土器を出土した竪穴建物27より墨書土器「土」と「太」が出土しており，これら両段階にわたる建物群は，密接な共通関係を保ち変遷している。

2. 第25段階の三面廂の中心建物の掘立柱建物54より，図61-5青銅製銙帯の巡方の裏金片，竪穴建物27より8青銅製蛇尾（幅2.9cm）が出土している。

3. 注目されるのは磨痕石で，第24段階竪穴建物20から3個，竪穴建物19から7個と敲石1個，24から4個と敲石2個，土坑59から3個，25段階竪穴建物27から14個と台石1個と，両段階あわせて28個と敲石4個・台石1個が出土している。この時代に石器の存在と思われるであろうが，この磨痕石については第Ⅳ部で詳しく述べるが，用途は馬具や武具を作るための前段階に必要なものである。馬具そのものは第25段階の竪穴建物27から，図61-6のような馬具としか考えられないものや，引手7が出土している。

4. 何よりも両段階の建物群の性格を，端的に表すものは円面硯の出土である。本遺跡では各時代含め円面硯・風字硯・二面硯など37点と，転用硯6点が

Ⅲ．集落構造

　出土している。その内 25 点が円面硯で，この建物群から 5 点が出土している。

　以上，遺構・遺物の観点から 9 世紀中頃前後の第 24・25 段階の両段階，都道C地区に青銅製銙帯・馬具・円面硯をはじめ，1 軒の小型の竪穴建物から多くの土器が出土し，通例の血縁同居単位の園宅地を超え，整然とした配列で建てられていた建物群は，どのような性格を持っていたのであろうか。一つ言えることは中心的建物の周辺で 5 点もの円面硯が出土したことにより，この建物で文書作成・処理などの執務を行い，その他の建物も各々の役割があったと言えるのではないか。従って報告書ではある目的のための公的施設として報告し，表 14 にもそのような名称で載せてある。

　この公的施設は両段階だけに存在し，その後この都道C地区の場所は通例の園宅地に戻り，南側に存在した血縁同居単位の家系と考えられる集団が住み続け，その後の都道A地区の単位とともに，滅びるのが第 43 段階（1210～1230 年）である。

　上述の公的施設と想定した建物群の性格は，第 43 段階に滅亡したことにより浮かび上がって来た。

11. 都道A・C地区血縁同居単位集団の滅びた動因

　都道A・C地区血縁同居単位集団が，共に滅びた段階は第 43 段階である。この滅亡年代に鎌倉で起きたある戦いが想定される。それは源頼朝挙兵以来，常に頼朝に従い数々の武功を立て，鎌倉幕府初代侍所別当となった和田義盛が鎌倉で起こした「建保の乱」，所謂「和田合戦」（1213 年）である。なぜ相模国の鎌倉で起こった戦に，武蔵国の本遺跡在住の都道A・C地区血縁同居単位集団が関り滅びるのであろうか。

　鎌倉幕府は源頼朝亡き後，有力御家人の合議制となり，和田義盛もその 1 人であった。しかし，二代目執権北条義時の他氏排斥の度重なる挑発にのり，やむを得ず遂に挙兵した。起請文を書いてまで同心を約束した同族の三浦義村が，あろうことか謀反を義時側に通報するなどの裏切りにあい滅びる。その時，武蔵国より義盛に叔母が嫁ぎ，妹も義盛の嫡子常盛に嫁ぐといった，重縁の姻戚関係にあった武蔵七党の最大勢力であった横山党本宗家の横山時兼は，義理を立て精兵約 3,000 余騎を率いて，遅れ馳せながらも加勢したが時遅く共に滅びる。

　この横山党は，平安時代後期～鎌倉時代初期にかけて，武蔵国横山荘を中心

④ 落川・一の宮遺跡の集落形成から終焉までの変遷

に，武蔵国・相模国北部・甲斐国の一部に割拠した武士団である。武蔵国府（府中市）の崖線上から多摩川越しに，万葉集に「多摩の横山」と詠まれた低く横に連なる多摩丘陵が一望でき，この広大な丘陵に住み生産基盤とした武士団であったから，「横山」と名乗った一族と言われている。

　一方，本遺跡は発掘当初から，多摩郡内に存在した10郷の一つ小野郷の一部であり，遺跡名からもわかるが式内社である武蔵一ノ宮小野神社が鎮座し，陽成上皇の私牧「小野牧」に密接に関係する遺跡と考えられてきた。この「小野牧」が承平元年（931年）に勅使牧となり，その別当に散位小野諸興なる人物が任ぜられている。この小野諸興は平将門の乱に際し，天慶2年（939年）武蔵権介となり押領使に任じられ，武蔵国内の盗賊の追補を命じられている。

　この横山氏（横山党）と小野氏の関係を横山氏の始祖伝承によれば，始祖はかの有名な遣隋使小野妹子にはじまり，平安前期の貴族・官人で著名な文人かつ歌人であった小野篁としている。篁の孫には小野小町，和様書道三蹟の1人小野道風，道風の兄は，武勇誉の高い小野好古で「天慶の乱」（939年）の時，山陽道追補使として藤原純友を追討している。それらの内，篁はともかく小野小町などの信憑性は定かでない。小野氏の出自が中央貴族かは確定できないが，小野氏の数種ある系図の一つ，『続群書類従』巻166の系図は以下である。

小野 篁 —	保衡 —	忠範 —	義村 —	忠時 —	時仲 —	時季 —	隆（孝）泰
野宰相	陸奥守	出羽守	上総守	上野守	上総守	相模守	武蔵守
阿波守・伊予守				常陸守	下野守		

—義隆（孝）—	資隆 —	経兼 —	隆兼 —	時重 —	時広 —	時兼
横山大夫	野別当	横山	横山	横山権守	横山権守	横山右馬允
武蔵大夫		次郎大夫	野大夫			
野大夫		野次大夫				

　以上の系図から小野篁が，在地氏族武士団の横山氏との婚姻を通じて，土着化の過程が追える。この系図は，東国武士団の多くが，由緒ある家系と結び付くことを願望し，また下向した下級軍事貴族が，東国の豊かさを目の当たりにして，土着し結びついて行く過程を，如述に物語っている。しかし，この小野氏の系図には，前掲の勅使牧「小野牧」の別当小野諸興の名はみられない。

　小野が横山を名乗るのは，7代隆泰が武蔵守，その子義隆が武蔵権介となり，その義隆が八王子市から多摩市にかけての多摩丘陵，横山の地を本拠にして土着し，横山の祖となってからと伝えられている。その後相模・甲斐・北武蔵へ

Ⅲ．集落構造

　その勢力を伸張して行くのである。その義隆の通称は野大夫，その子資隆は野別当，その子経兼は野次大夫，その子隆兼は横山野大夫と，横山氏の本姓小野氏の「野」が読み込まれている。そのことなどから横山氏はおそらく小野氏の後胤で，小野諸興は横山隆泰の別称との考えもある[註21]。

　そのように横山氏の本姓はおそらく小野氏で，小野神社・小野郷・小野牧に密接に関係した武士団であったと考えられている。まさに本遺跡は小野神社を含む小野郷の一部であり，馬具・牛馬の骨・刀装具などの出土より「小野牧」に関係する武士団の存在が浮かび上がってくる。都道A・C地区に展開した単位集団が，「和田合戦」（1213年）の段階で滅びていることにより，横山党に関係した武士団の単位ではないかと想定できる。なお第24・25段階に展開する建物群は，結論から言うと「小野牧」が私牧から勅使牧になる931年以前，陽成上皇の父の清和天皇の代からの御牧の維持運営などの業務と，執務を行う半公的な施設と推察される。

　以上，都道C地区の血縁同居単位集団は，本遺跡の南側に広く横たわる多摩丘陵で，清和天皇の私牧「小野牧」で良馬の生産・管理・経営に携わり，勅使牧となった「小野牧」を引き継ぐ，横山党の一翼を担う武士団単位であったと考えた。

　第35段階（1050～1070年）に都道A地区の単位集団も加わるが，これら都道A・C地区の武士団が横山党に関係するならば，横山党の一部も先述した前九年・後三年の役に奥州に参戦しており，前述の都住A～D地区の武士団とともに行動を一にしていた可能性もある。しかし，都住A～D地区の武士団とは違い，この都道A・C地区の武士団は，滅びず無事に戻ったことになる。だがその120数年後，第43段階（1210～1230年）の早い段階に滅びるのである。その動因は先述した1213年，鎌倉幕府初代侍所別当和田義盛が，北条義時の挑発にのり，止むなく挙兵した「和田合戦」にこのA地区の単位集団も，和田一族と姻戚関係で深く結ばれていた横山党の一員として，義理を貫き唯一武蔵国から与力し，奮戦したが力尽き滅びたと考えたい。

12. 都道D～F地区の血縁同居単位集団

　都道D地区の血縁同居単位集団の形成は，C地区とほぼ同様の第1段階と想定するが，竪穴建物が検出され明確となるのは，第10段階（550～570年）でそれ以降，本遺跡の終焉第48段階（1310～1330年）まで1～4単位で，連綿と存続していった単位である（表14参照）。一方都道E・F地区の血縁同

262

④落川・一の宮遺跡の集落形成から終焉までの変遷

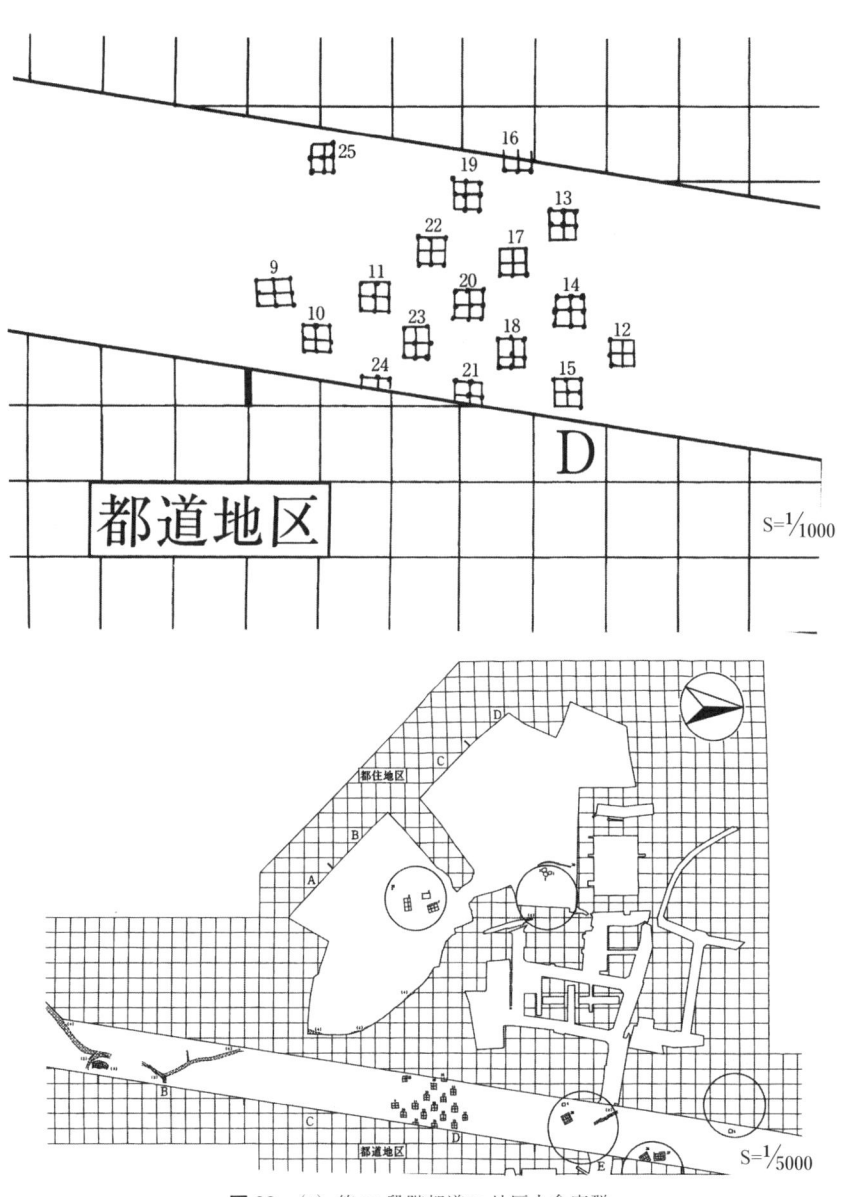

図62 （1）第37段階都道D地区大倉庫群

Ⅲ．集落構造

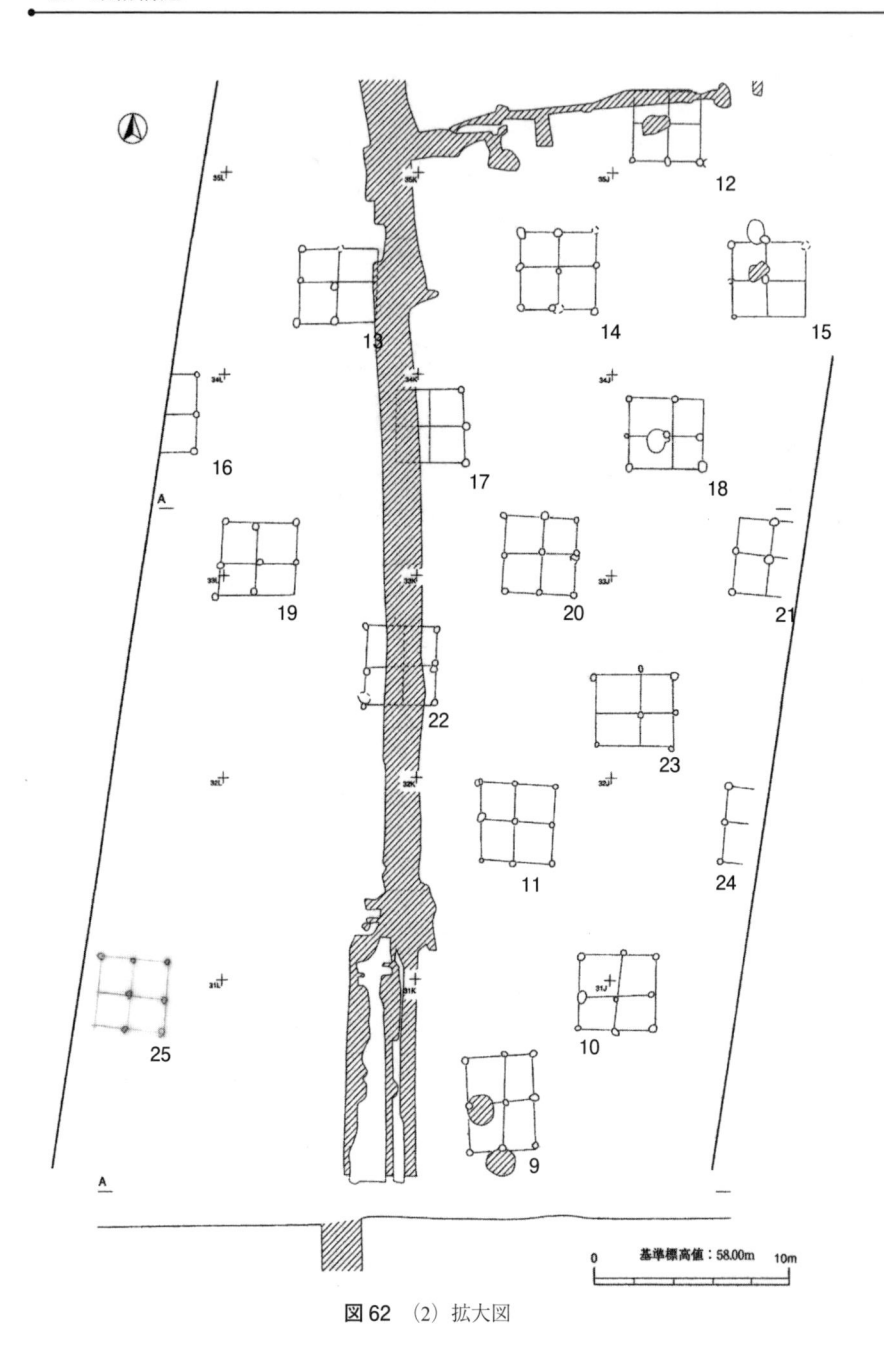

図62 （2）拡大図

④ 落川・一の宮遺跡の集落形成から終焉までの変遷

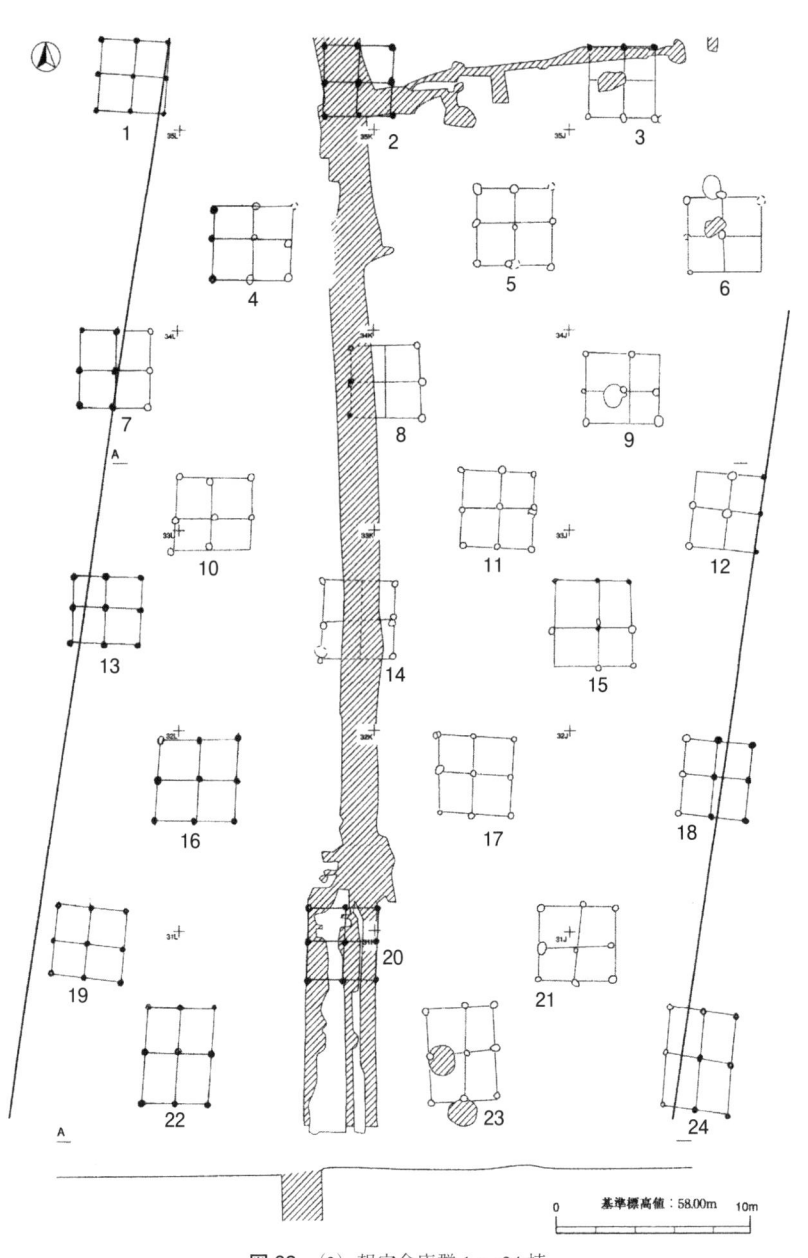

図62 （3）想定倉庫群 1 ～ 24 棟

Ⅲ. 集落構造

居単位集団は，滅びるのは都道D地区の単位と同様であるが，E地区の血縁同居単位集団が形成されるのは第18段階（710〜730年），F地区には第18・19段階（710〜750年）に並倉が存在するが，血縁同居単位集団が住みつくのは第20段階からである。

　前掲のような背景を明かにした，都住A〜D地区の単位・都道A・C地区の単位に比べ，この都道D〜F地区の単位の展開過程を，明確に物語る目ぼしい遺構は無い。第18・19段階（710〜750年）奈良時代前半期にF地区に存在する並倉は，多摩川右岸の自然堤防上（通称田中島）の地盤として，第15段階に古墳を築造したと同様に，一番安全な場所に建てられている。おそらくこの自然堤防の側面には，東京湾から多摩川を遡り多くの物資を搬出・搬入するための舟を，碇泊させる船留めが存在したと推察する。そのため利用された並倉であろう。

　その一番安全で，いち早く舟に乗り込むことができる自然堤防上に，第36段階（1070〜1090年）都住A〜D地区の武士団滅亡でも述べたように，「後三年の役」に際し，源義家とその側近の近習達が営所として使ったと想定した，東国においても最も大きな縁側が4面にめぐる7間×10間の総柱建物（約187㎡）と，東側に併設され縁側が4面にめぐる5間×7間の総柱建物（約107㎡）が建てられたのである（図58参照）。

　第37段階（1090〜1110年）都道D地区の大倉庫群としたものは，大きな倉庫という意味でなく，多くの倉庫である。調査時に何百ものピットを検出したが，整理中に2間×2間の約14〜20㎡の倉庫と考えられる高床の建物が，市松模様状に17棟が，図62（1）・（2）のように確認でき報告したが，さらに残ったピットや配列から想定しなおすと，おそらく南北約40m×東西約60mの範囲に，南北に最低8列で一列3棟，東西に最低6列で一列に4棟が建てられていた可能性があり，図62（3）のように少なくとも，24棟の同時存在の大倉庫群が想定される。

　この大倉庫群には，何が保管されていたのであろうか。風通しをよくするために，市松模様状に配置された倉庫群である。勿論，稲倉としてもいいが，本遺跡ではこの段階以前から以後も，2間×2間の稲倉と考えられる倉庫は，各段階各所に散開して1〜2棟が存在している。そのように稲倉であれば，火災の危険を避けるため離れて建てられている。ではこのように1ヶ所に整然と並び存在する大倉庫群には，一体何が保管されていたかを考える必要がある。第Ⅳ部に大きく関係することで後に具体的に祥しく述べる。

266

④ 落川・一の宮遺跡の集落形成から終焉までの変遷

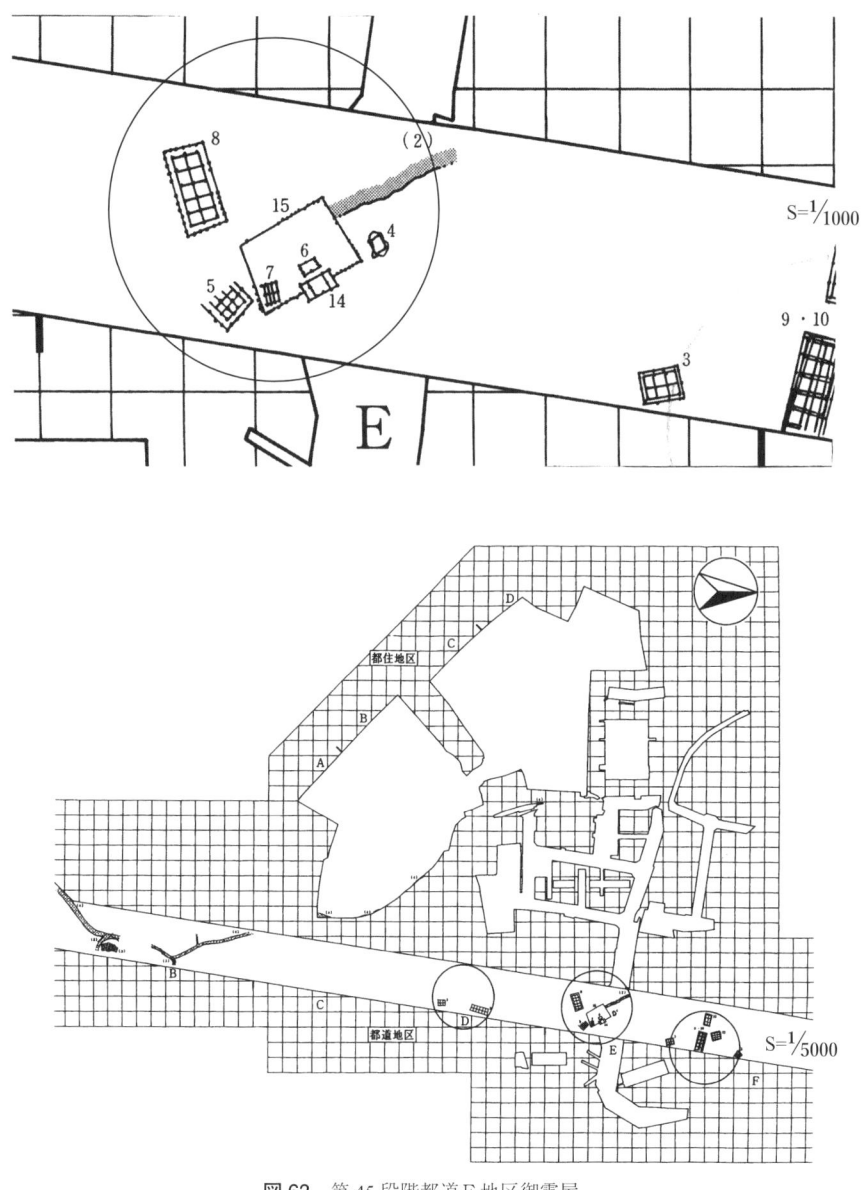

図63　第45段階都道E地区御霊屋

Ⅲ．集落構造

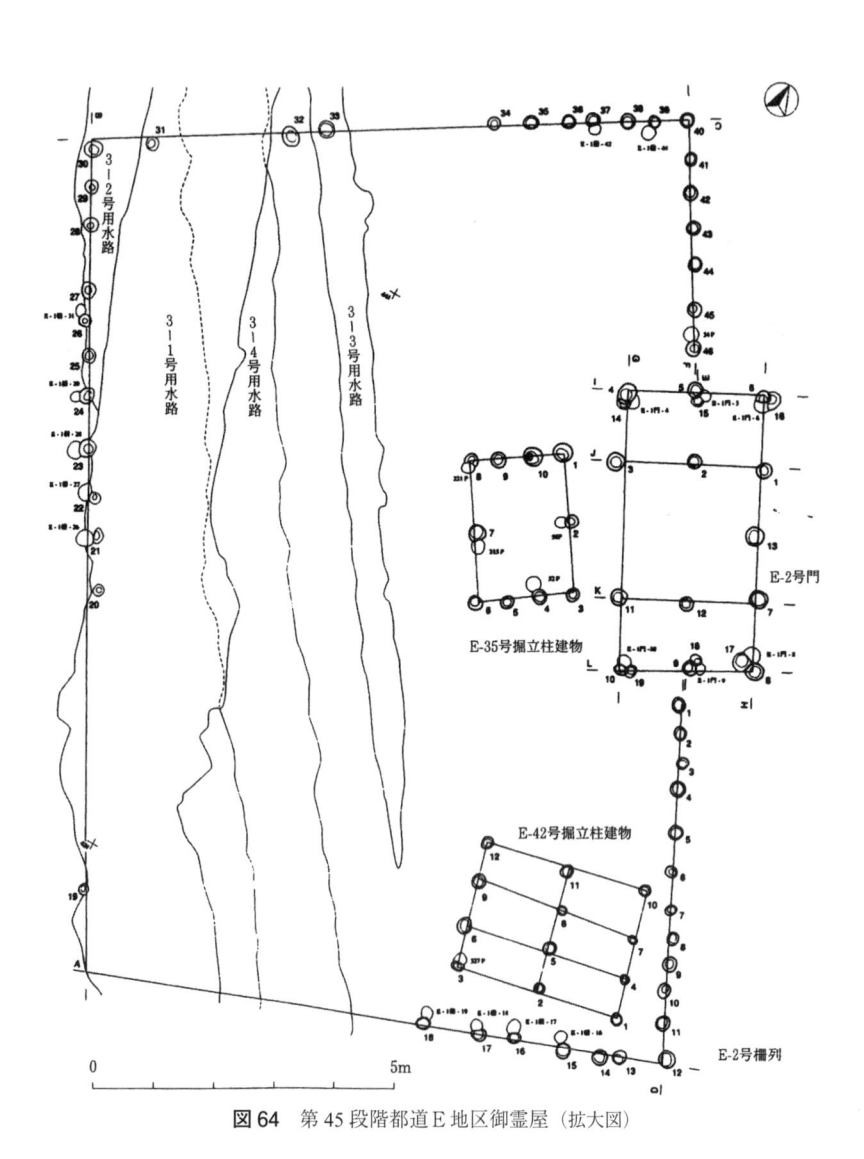

図64　第45段階都道E地区御霊屋（拡大図）

4 落川・一の宮遺跡の集落形成から終焉までの変遷

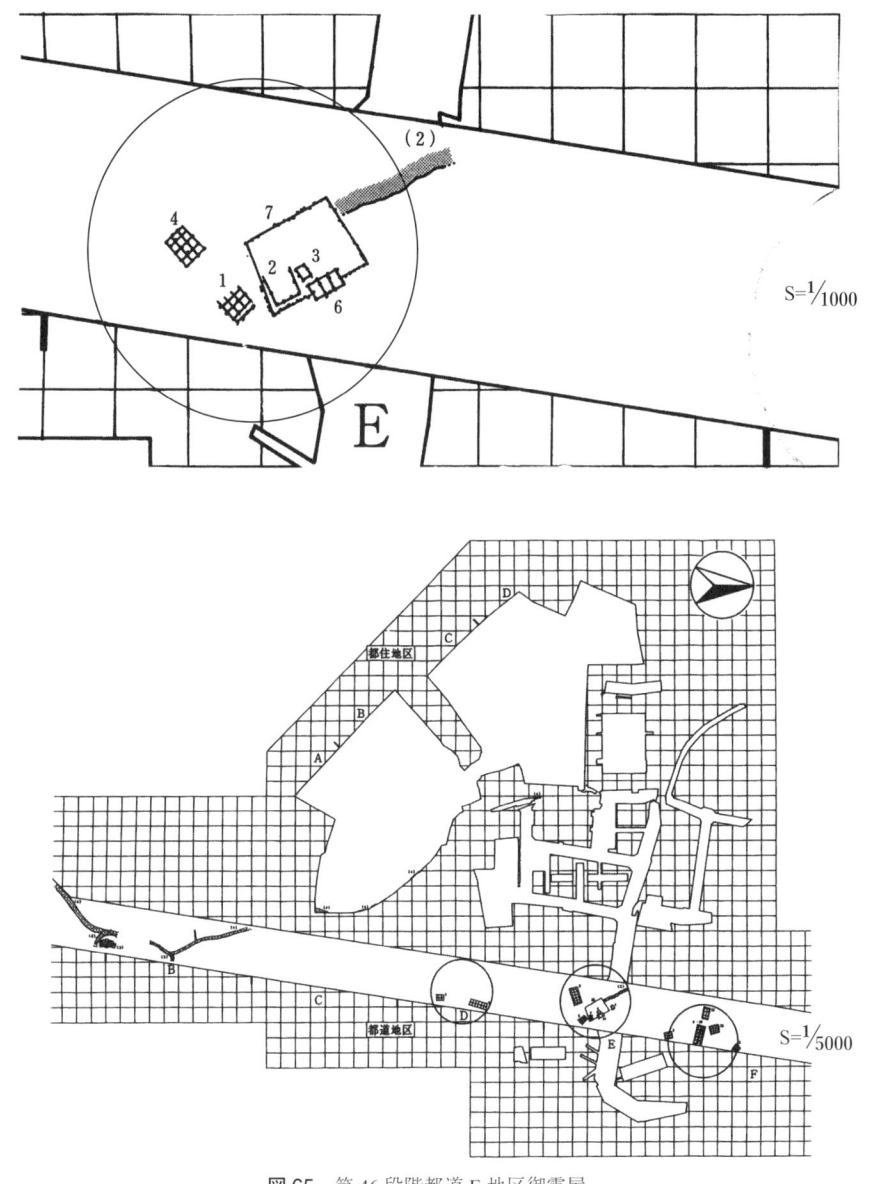

図65　第46段階都道 E 地区御霊屋

Ⅲ. 集落構造

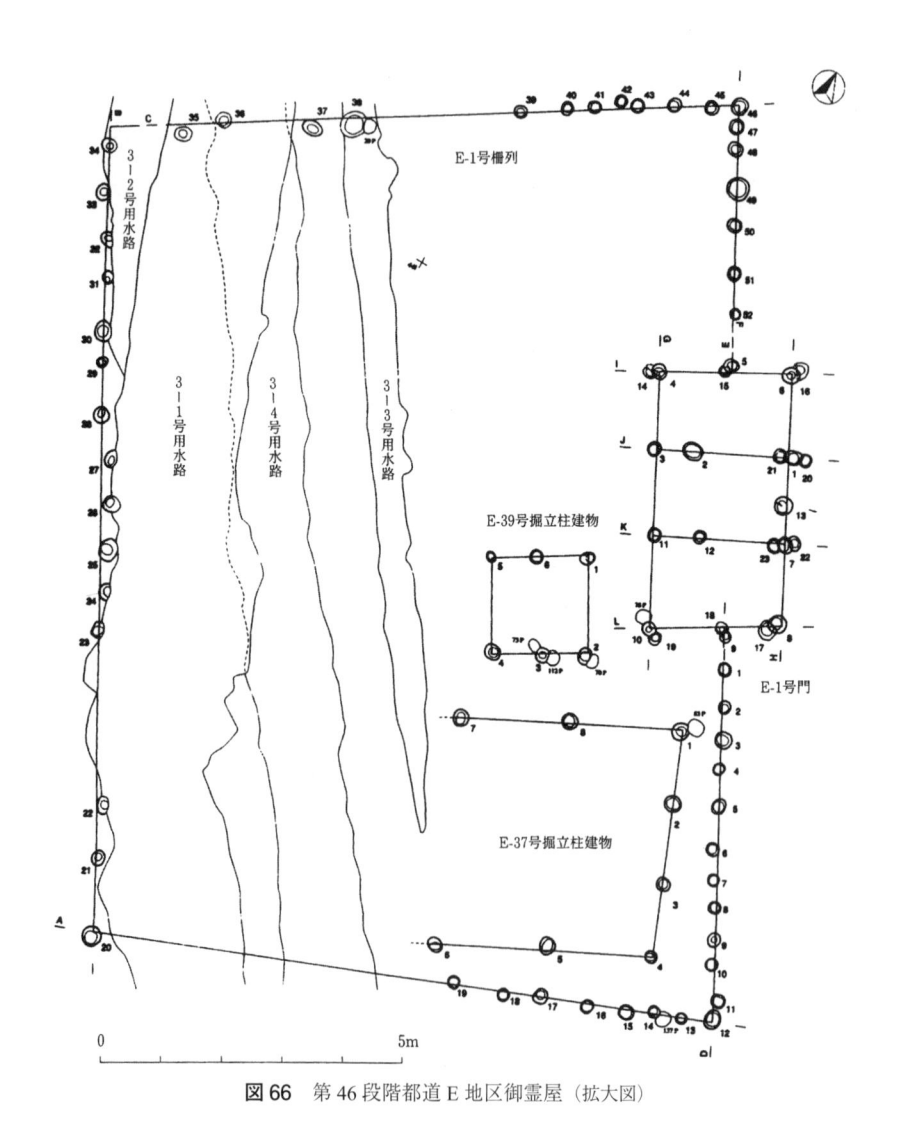

図66　第46段階都道 E 地区御霊屋（拡大図）

13. 都道E地区第 45・46 段階（1250〜1290 年）の施設

　第 45・46 段階（1250〜1290 年）の両段階，都道E地区に注目される特異な遺構が検出された。それは第 45 段階図 64（拡大図）のE-2 号柵列（図 63 柵列 15），第 46 段階図 66（拡大図）のE-1 号柵列（図 65 柵列 7）に囲まれた遺構である。この両段階の柵列東辺中央やや北寄りには，棟持の親柱 4 本と控柱 8 本，中央間は戸口で外側は，入口の所謂三間一戸の八脚門が設けられている。

　第 45 段階図 64 の八脚門E-2 号門（図 63 の 14）は，梁行 2 間（総長 2.2 m）×桁行 3 間（総長 4.45 m）であるが，桁行間口の真中の柱間寸法が約倍と広く通路と想定でき，門の入口側である東辺の間口には 4 間と柱が 1 本多い。このことは門入口の中央に，おそらく観音開きの扉が，設けられていたことが窺える。

　第 46 段階図 66 の八脚門E-1 号門（図 65 の 6）は，梁行 2 間（総長 2.15 m）×桁行 3 間（総長 4 m）であるが，桁行の柱間寸法はほぼ均一で，中央間の柱間は第 45 段階のように通路としては広くない。門の入口側である東辺には，第 45 段階同様 4 間と柱が 1 本多く，観音開きの扉が設けられていたであろうが，ならば入口としては狭いことになる。さらにこのE-1 号門は，棟持の主柱が一直線でなく，何故か 2 本が西側に約 45〜60cmずれている。さらに東辺入口左右に 3 本の柱穴が存在し，時間差で存在したのではなく同時に存在したもので，その上に何らかの構造物が存在したのか，興味深いが不明である。両段階建物を囲む柵列の柱間は，両段階とも狭い柱間は約 45cm，広い柱間は約 90cmもあり，柵列であればその間から人が簡単に出入りできてしまうので，おそらく横木のあった板塀の可能性が考えられる。

　この第 45 段階のE-2 号柵列は，東辺は門を含め総長 14.95 m，南辺 9.9 m，西辺 13.07 m，北辺 9.75 mの台形で，囲まれた空間面積は約 139 ㎡である。また第 46 段階のE-1 号柵列は，東辺は門を含め総長 14.25 m，南辺 10.2 m，西辺 12.65 m，北辺 10.25 mの台形で，囲まれた空間面積は，約 138 ㎡で第 45 段階の面積とほぼ同じである。

　以上，両段階にわたり東辺に門と考えられる入口が設けられ，四方が目隠しの板塀で囲まれた内側は，当時の居住空間としては，やや狭いと考えられる。第 45 段階E-2 号門の西側，つまり門を入ると直ぐに，約 80〜1 m離れ梁行 2 間（総長 2.2 m）×桁行 3 間（総長 1.5 m）の図 64 のE-35 側柱建物（図 63

Ⅲ. 集落構造

の6）と，その南側約4m離れ梁行2間（総長2.7m）×桁行3間（総長2.1m）のE-42総柱建物（図63の7）が存在する。しかし，残念なことにこれら2棟の建物の西側には，古くは南北朝以降に掘られ，近世までに何度も改修され続けた用水路3本が検出された。その内の1本は調査直前まで現代のコンクリート製の用水に変えられ流れていた，従ってE-2号柵列の南・北辺の一部と西辺大半の柱穴を含み，おそらく存在したであろう主要な建物は，完全に削平されてしまっており検出されなかった。

第46段階のE-1号門を入ると直ぐ左南側1m離れ，梁行1間（総長1.6m）×桁行2間（総長1.6m）の図66のE-39側柱建物（図65の3）とその南側1m離れ，おそらく梁行2間（総長3.6m）×桁行3間（総長3.65m）の図66のE-37側柱建物（図65の7）が存在する。しかし，第45段階同様これら2棟の建物の西側は，用水路3本により削平され存在したであろう建物は検出されなかった。

以下，この第45・46段階の両段階にわたり板塀により囲まれ，三間一戸の八脚門を有する施設は如何なるものであったか，発掘時の所見を加え想定してみる。まず外郭を囲む同規模の両段階の板塀柱穴は，共有する柱穴は一つもなく，古い第45段階の柱穴はすべて埋め戻され，第46段階には新たに東・西辺は若干外側に，南・北辺は若干内側にずれて掘り直されており，重複し共有される柱穴は1個も無く，両者とも新造の板塀で囲まれており，面積もほぼ同じである。

もちろん八脚門，板塀内の建物もすべて，新造のものに建て替えられている。この三間一戸の八脚門の間口は入口，中央間は通路となり，第45段階E-2号門から入った正面直ぐに，梁行2間×桁行3間のE-35側柱建物が存在し，梁行の総長は2.2mで，門の通路である桁行中央間2.2mと同一幅である。また桁行は3間であるが総長1.5mで柱間は50cmと非常に狭いので，建物というより左右の桁間は横板で目隠しされており，梁間の両面は開放され門から通路の延長上に入れた建物と想定する。結論から言うと，先程述べたよう板塀に囲まれたこの空間は，居住空間でなくE-35はおそらく拝殿で，その後は西側用水路で削平され消滅しているが，主殿である霊殿が存在したと推定したい。さらにこの三間一戸の八脚門は神社で言う随身門で，板塀である斎垣で囲まれたこの空間は，祖先の御霊を祀った御霊屋（霊廟）と考えたい。

第46段階もE-1号門を入ると，左南側にE-39側柱建物が存在するが，これは南側にずれており拝殿とは言いがたい。さらにその南側におそらく梁行2

272

間×桁行 3 間の E-37 側柱建物が存在する。この段階も残念ながら西側に存在
したであろう主殿である霊殿は，用水で破壊されている。この斎垣と考えた板
塀で囲まれた第 46 段階の空間も，もちろん御霊屋と考える。

以上の大胆な想定は，既述した都住A～D地区の単位が第 36 段階に滅びた動
因，都道A・C地区の単位が第 43 段階に滅びた動因同様，歴史をフィードバッ
クし考えて見ると，その背景が浮かび上がって来る。この都道E地区の第 45・
46 段階（1250～1290 年）の両段階にわたり，先祖の御霊屋を建て，さらに
建て替えなければならなかった歴史上の出来事は，一体何であったか。その歴
史上の出来事とは，東国どころか我国を巻き込んだ「文永の役」（1274 年）・「弘
安の役」（1281 年）の 2 度にわたる所謂蒙古襲来が考えられる。

「文永の役」は第 45 段階（1250～1270 年）より少し後であるが，文永 5
年（1268 年）には蒙古より脅しの国書が来ている。それに対処するための幕
府から種々の通達に対して，各地の武士団がいろいろな備えをした段階と考え
られる。「弘安の役」は第 46 段階（1270～1290 年）と合致する。

さらにこの蒙古襲来を機に，幕府は弘安 2 年（1279 年）・弘安 6 年（1283 年）
に，武蔵国などの寺社に対して異国降伏の祈祷を行わせている。続いて正応 5
年（1292 年）に武蔵・上野・伊豆・駿河・若狭・美作・肥後国の一宮・国分寺・
重立った寺社に，異国降伏の祈祷を行わせるよう，得宗北条貞時に命じている。

また都道E地区第 45・46 段階の両段階に存在し，御霊屋と想定した施設は，
独立して存在するのではない。第 45 段階の御霊屋南西側に 2 間（総長 3.9 m）
× 5 間（総長 9.9 m）の総柱建物の身舎の 4 面に縁側がめぐる 8，南側用水で
破壊された 3 間（総長 3.6 m）× 2 間以上（総長 2.4 m 以上）の総柱建物の身
舎に，おそらく 4 面に縁側がめぐる 5 が併設され存在する（図 63 参照）。ま
た図が小さくて申し訳ないが，御霊屋北西約 2 m 離れ，焼土・炭化物が散らば
る硬化面を，4 本柱で囲み簡単な屋根を掛けた 1 間（約 1.6 m）× 1 間（約 2
～2.1 m）の建物 4 が検出された。おそらくこの硬化面に「ヘツツイ」が存在し，
既述した『信貴山縁起絵巻』に記載されているような，竈屋だったと想定でき
る（第Ⅱ部図 41 参照）。

第 46 段階の御霊屋南西側にも 3 間（総長 3.2 m）× 4 間（総長 4.3 m）の
縁側が付かない総柱建物 4，南側用水で破壊された梁行 3 間（総長 3.6 m）×
桁行 2 間以上（総長 2.25 m 以上）の総柱建物 1 は，東側梁行側に 3 間分の縁
側が残存した建物として，報告した建物が存在する。縁側としたのは桁の 1 間
分かとも考えられたが柱間が 90cm と桁間 1.2 m と 30cm も短いので縁側の残存

Ⅲ. 集落構造

と考えた。しかし，上述の総柱建物4の桁行西側列も30〜40cmと短い。1も縁側の無い総柱建物と考え，3間×3間以上の総柱建物と考え直したい（図65参照）。

　以上述べたように2度にわたる蒙古襲来に対して，同じく2度わたり新造の御霊屋が建てられた南側には，おのおの居住のための建物が併設されている。それらの建物は，これら御霊屋を所有していたのか，もしくは管理していた血縁同居単位の武士団が居住していたと考えた。

　度重なる戦で戦なれし，権謀術策にたけ勇猛果敢な東国武士も，はじめて異民族の野蛮な蒙古（1271年以降は元）との戦いを前にして，大きな不安・恐怖を感じたことであろう。神仏に戦勝祈願を願い，祈るのはもちろんのこと，一族郎党ともに無事に帰還できるよう，先祖に縋ったのであろう。そのように第45・46段階の都道E地区血縁同居単位の武士団は，家内の神棚・仏壇以外に，板塀で囲んだより大規模な御霊屋を建て，祖先の加護に寄り縋ったのであろう。

　その甲斐あってか，このE地区の武士団の家系は，その後第47・48段階と続くので，間違い無く2度にわたる襲来の時代を生き延びたのである。ただこの都道E地区血縁同居単位が，2度にわたる蒙古との戦いに北九州まで直接赴き，勝利し無事帰参した武士団かは定かでない。確かに文永・弘安の2度にわたる蒙古襲来に備えて，東国武士団も北九州防衛のため動員されている。そのことは文永7年（1271年），時の執権北条時宗が鎮西（九州）に所領を持つ東国御家人には，鎮西に赴いて守護の指揮のもと，襲来に備えて異国警固体制を敷くため，下向を命じていることからもわかる。しかし実際は，1度目の蒙古・高麗連合軍，2度目の蒙古・高麗・江南連合軍と果敢に戦ったのは，九州各地から参戦した多くの武士団であった。

　いずれにせよ，この両段階にわたり都道E地区に建てられた建物は，この地区に住む武士団が異国降伏を願い，建てた先祖の御霊屋と考えた。

14. 都道D〜F地区の滅びた動因

　それら都道D・E・F地区の血縁同居単位の武士団は，第43段階都道A・C地区の血縁同居単位の武士団が「和田合戦」で滅んだ後，東国を巻き込んだ1247年「三浦泰村の追討」，上述の「文永の役」・「弘安の役」を無事に乗り切り，以後の1285年「霜月騒動」，1293年「平禅門（平頼綱）の乱」，京都も含む1324年「正中の変」，1331年「元弘の変」など幾度の戦を生き抜いたのであろうが，1333年新田義貞の鎌倉攻めに際し，おそらく幕府方に加勢し抵

274

抗して滅んだと想定した。

　以後，本遺跡の集落は滅亡して，一面水田となり，発掘調査で検出される遺構は，「用水路」と「道」で，間をおいて次に検出された遺構は，近世初頭から続く農家・墓などであった^(註22)。

15. 落川・一の宮遺跡の形成・展開・終焉

　以上，本遺跡から出土した膨大な遺構・遺物から，明確になったことは古墳時代前期末頃に集落が形成され，後期は地方豪族支配下，周辺に古墳群を営み，中央集権の律令時代には，多摩丘陵の開発に深く関与しながら発展を遂げた。平安時代中頃，律令制が崩壊して行く過程で，それまでの血縁同居単位集団を超え，地縁的結合のもと主従関係を中核とする武士団が台頭する。その東国武士団の一翼を担った人々は，中世封建社会へと変換して行く過程で，歴史上の戦に参戦して興亡を繰り返して行く。本遺跡の調査結果，発掘された遺構・遺物から，個別豪族支配の古墳時代・律令時代を経て，中世前半で滅亡すると言った，具体的な日本歴史の流れが読み取れるのである。

　上述のような解釈により展開・終焉は解明できたが，集落を形成するにあたり，何故安全な台地・丘陵上を選ばず，洪水・冠水の危険があった多摩川の沖積地をわざわざ選んで住み着いたのか，それとも住み着かざるを得なかったのであろうか。その理由はこの集団の出自と，生業に大いに関係があると思われる。次の最終Ⅳ部でさらに考古学的手法を駆使し，この答えを見出してみたい。

〔註〕

1）関　和彦『日本古代社会生活史の研究』歴史科学叢書　校倉書房　1994
2）『富加町史　上巻』史料編　岐阜県加茂郡富加町　1975
3）八幡一郎「下総姥山ニ於ケル石器時代遺跡」『東京帝国大学理学部人類学教室研究報告　第五編』1932 年
4）土井義夫「同人言」『物質文化』44　物質文化研究会　1985/『東京の遺跡』№ 12　1986/「私の一言」『貝塚』38　1987/「研究メモ」『貝塚』45　1991 など
5）松村恵司・石田広美・金子真士他『山田水呑遺跡』日本道路公団・山田遺跡調査会　1977
6）和島誠一・金井塚良一『Ⅵ 生活の変化　2 集落と共同体』『日本の考古学　Ⅴ　古墳時代　下』河出書房　1966
7）笹森健一他『埼玉県上福岡市川崎遺跡（第 3 次）・長宮遺跡調査報告書』上福岡市教育委員会　1978
8）石井克己他『黒井峯遺跡発掘調査報告書』群馬県北群馬郡子持村教育委員会　1990

Ⅲ．集落構造

9）高橋一夫・小笠原好彦他『東国集落遺跡の検討』古代を考える 20　古代を考える會　1979

10）註 7 と同じ

11）宮瀧交二「書評　鬼頭清明著『古代の村』」『史苑』第 45 巻第 2 号　立教大学史学会　1986

12）吉田英敏他『東山浦遺跡―古代・半布里を物語る―』庁舎建設地内埋蔵文化財発掘調査報告書　富加町文化財調査報告書第 2 号　岐阜県富加町教育委員会　1978

13）渡辺博人「美濃各務原地域における古代の集落遺跡について」『岐阜史学』第 92 号　岐阜史学会　1997

14）野村忠夫『古代の美濃』教育社歴史新書＜日本史＞27　1980

15）藤田富士夫「半布里「里刀自」に関する一考察」『信濃』第 32 巻第 10 号　信濃史学会　1980

16）服部敬史「古墳時代集落論―その現状と課題―」『大塚初重先生頌寿記念考古学論集』2000

17）坂詰秀一・福田健司・前川雅夫『落川・一の宮遺跡Ⅲ』総括編〔第二分冊〕　落川・一の宮遺跡（日野 3・2・7 号線）調査会　2002

18）福田健司「落川・一の宮遺跡出土金属器編年―武団発生過程の馬具・刀装具の変遷―」『坂詰秀一先生喜寿記念論文集　考古学の諸相Ⅲ』2013

19）渡辺　誠「編み物用錐具としての自然石の研究」名古屋大学文学部研究論集 LXXX　1981/「藁細工からみた稲作の起源」『近畿民具学会年報』第 33・34 輯　近畿民具学会　2013

20）福田健司「落川・一の宮遺跡の集落変遷―土器から何がわかるか―」『国士舘考古学』創刊号　国士舘大学考古学会　2005

21）高島緑雄『日野市史』通史編 1　自然・原始・古代　日野市史編さん委員会　1988

22）福田健司「落川・一の宮遺跡発掘の道路」『多摩のあゆみ』Vol.92　1988

〔参考文献〕

伊藤博幸「胆沢城と古代村落―自然村落と計画村落―」『日本史研究』215　1980

伊藤博幸「律令期村落の基礎構造―胆沢城周辺の平安期集落―」『岩手史学研究』第 80 号　1997

阪田正一「南関東における後期古墳時代集落の一考察―とくに住居分布とその構成について―」『立正大学文学部論叢』第 41 号　1972

木元元治「福島県における古代集落の変化」『福島の研究』第 1 巻　1976

松村恵司「[5] 古代集落と鉄器所有」『政治Ⅰ　原始・古代・中世』日本村落史講座 4　日本村落史講座編集委員会　雄山閣 1991

大塚昌彦他「第 1 章　原始・古代」『渋川市誌』第 2 巻　通史編・上　1993

石野博信『古代住居のはなし』吉川弘文館　1997

萩原三雄「八ヶ岳南麓における平安集落の展開」山梨考古学論集Ⅰ

森田　悌「8・9 世紀の村落―土師器集落遺跡とのかかわりにおいて―」『信濃』第 28 巻第 6 号　1977

鬼頭清明『古代の村』岩波書店　1985

新版武蔵国府のまち「府中市の歴史」府中市教育委員会　2006

Ⅳ．落川・一の宮遺跡居住集団の出自と生業

① 火熨斗

　最後になぜ忽然と古墳時代前期末頃（4世紀末頃），洪水・冠水や河川流域の湿地帯特有の風土病など，台地や丘陵上の遺跡に比べ，はるかに危険のあった多摩川の沖積地をわざわざ選んで，集落を形成した集団の出自を考えてみたい。

　その手掛かりの一つが，「日野市から『火熨斗』が出土」と揶揄された，銅製の「火熨斗」である。当時（1986年），国内で明確に確認されたものは三例で，集落からの出土は初出であった。出土したのは，三つの鋲で留められていた柄は取れて，身の部分だけであった（図57参照）。この「火熨斗」は平安時代に作られたという意見もあるが，出土状況や形態からして，奈良・平安時代以前の所産と考えたい。

　出土した遺構の時期は，都営A地区の血縁同居単位集団と，B地区の血縁同居単位集団が統合して，両地区に広がる武士団屋敷を構えた第33段階（1010～1030年）である。出土場所は，その屋敷内の主家と考えた，4面に縁側が巡る総柱建物23の縁側の柱穴に，埋納されたかのような状態で出土した。第Ⅲ部で述べたように，この建物は梁行2間×梁行3間の総柱建物で，身舎の4面に縁側が巡り，縁側を入れたこの建物の面積は88㎡である（図56（1）参照）。

　この「火熨斗」の製作年代と，埋納された時期までには，時間幅があることは間違いない。その訳は都道A・B地区の血縁単位集団を統合し，C・D地区の単位集団をも従えさせ，地縁的集団の棟梁となった家系の者が，長い間家宝として伝世してきた祭器「火熨斗」を，何んらかの祭祀的行為の後に柄を取り外し，主家の柱穴に埋納したと解釈したからである。

　そもそも「火熨斗」は，韓半島で多く作られ出土している。韓国で作られ持ち込まれたものか，我国で作られたものか調べるため，東京国立文化財研究所保存科学部平尾良光，榎本淳子の両氏に分析をお願いした。化学組成の測定は，非破壊で分析できる蛍光X線法と，産地推定（中国北部，中国南部，朝鮮半島，日本）のために鉛同位体比法を用いた。

　結論から言うと鉛同位体比の測定から，本遺跡出土の「火熨斗」の生産地は，日本で作られたとのことであった。以下，分析の報告文をそのまま載せると「…そして化学組成から奈良時代の日本の"中央"で利用していた金属材料とは微量，少量元素含有量が異なっており，奈良時代の"中央"における製作とは材料の精錬過程，あるいは鋳造過程が異なっていると推定される。」と微妙な結

論であった。これは鉛同位体比の測定結果，本資料は日本産の鉛領域に含まれるが，蛍光X線分析で化学組成は，「本製品は純銅というよりは銅にヒ素（数%）など小量元素（アンチモン，スズ，銀，鉛，鉄）を意識的に少量加えた合金である可能性が強い。」(括弧内は筆者が補足し入れた。以下同様)。そのように「・・・これだけ高いヒ素含有量は奈良時代の鋳造物に関しては見られなかったように思われる。またこのような不純物が多い銅の組成が，小倉コレクション（小倉武之助，朝鮮の古美術品収集家。）の朝鮮仏で見られなかった化学組成である。」とした。

　そのような蛍光X線分析の結果と，鉛同位体比の測定結果，本遺跡の「火熨斗」は，朝鮮半島で作られたものではないが，日本の銅にこれだけ高いヒ素が加えられた例は無いということである。そこで平尾・榎本氏は，「火熨斗」は韓半島で多く作られ，使用されていた器物であったことから，「・・・朝鮮半島へ日本から材料金属を移動させ製品化して日本へ持ち込んだと考えるより，朝鮮半島の人々が日本へ移住して，製作したと考えた方が自然であろう。」と考察している[註1]。

　その後，長野県北佐久郡御代田町川原田遺跡の竪穴建物から，本遺跡のものと器形・身の底径8cmと寸法もほぼ同じの「火熨斗」が出土し，1997年にその科学調査報告書が出された[註2]。その「火熨斗」の分析者は，本遺跡と同じ平尾良光氏で，同様の蛍光X線分析と鉛同位体比の測定がなされた。

　その結果，平尾氏は川原田遺跡出土の「火熨斗」と，本遺跡出土の「火熨斗」の蛍光X線分析結果には多少の違いが見られたが，川原田の資料は「・・・錆の上からの測定なので（落川の火熨斗は金属部分の多いヶ所を分析），化学組成に差があるとはそれほど強く言えない。むしろよく似た化学組成と判断する方が良いであろう。」。また，鉛同位体比の測定結果より，両遺跡の「火熨斗」はともに鉛とヒ素の合金で，不純物として銀・鉄を含む特徴ある日本産の銅を利用しており，「・・・これらの事実から，両資料は材料的にかなり似た素材で造られていると判断出来る。」と結論づけた。

　そのように，長野県（信濃国）・東京都（武蔵国南部）の両国で出土した「火熨斗」の金属組成の類似性が判明した。「火熨斗」は，現在まで埼玉県（武蔵国北部）・神奈川県（相模国）・栃木県（下野国）・茨城県（常陸国）などの平安時代集落で，11例の出土が知られている。それらは茨城県の1例を除き，すべて柄が取れた（取られた）状態で廃棄されたものである。それら各地で出土した「火熨斗」の蛍光X線分析と，鉛同位体比の測定を統一して行うことにより，今後製作場

Ⅳ. 落川・一の宮遺跡居住集団の出自と生業

所を特定できる可能性がある。さらに「火熨斗」が出土した集落の詳細な考察を行うなか，韓半島とその地域の関係や，史的背景が具体的に浮かび上がることを期待したい。

　以上を踏まえ，本遺跡に古墳時代前期末頃，多摩川の沖積地に高度な土木技術を駆使し，大規模な築堤や治水工事を行い，住み着つく必要があった人々の出自は，韓半島との関係が非常に深かったと考えたい。勿論，「火熨斗」という遺物からだけで出自は決められないが，本遺跡には渡来系の人々の存在の可能性が非常に濃厚である。

　以下，物的証拠である出土遺物，状況証拠である立地を含む遺構，本遺跡に関する奈良時代から平安時代の数少ない文献，密接な関係があったと思われる周辺の遺跡などより，この遺跡に住み着いた集団の生業基盤を探り，この集団が東国の歴史のなかで，どのように関り成長し役割を果しながら，変遷して行ったかを考えてみたい。

② 墨書土器「塒坑」

　この集団の生業を表わしたと考えられる，墨書土器が出土している。出土した墨書土器には「土」の字が多く，次いで「穴」が多いことは第Ⅲ部で述べた。それらの墨書は1文字しか書かれていないが，2文字書かれ判読でき意味が判明したものが2例ある。

　1例は図67-1の「火酒」で言うまでもなく，強い酒を表しているのであろう。もう1例の2は非常に読みづらかった。赤外線写真の結果，両文字とも「土」編と考えられたが，報告時は不明文字と報告した。その後，関和彦氏が前文字を「塒」（ねぐら），後文字は「土」偏の「堀」か「塀」と解読された[註3]。その根拠として「塒」とは鳥の「ねぐら」鳥屋である。この「塒」に「土」偏が付くのは，中国では土塀に穴を掘り鳥の「ねぐら」にしていたからとする。ならば後ろの文字は「堀」より「塀」と読むべきで，墨書土器の2文字は「塒塀」の可能性があるとした。

　それを受けて筆者は，後文字を「鳥坑」や「油坏」など用途を記した器物銘と考え，「坑」と読み「塒坑」（ねぐらわん）と読んだ。その後，本遺跡の墨書の文字で一番多いのが，上述したように「土」と「穴」であることより，上述の土塀の「穴」が鳥の「塒」の「坑」であるから，「塒坑」（ねぐらあな）とした[註4]。

　墨書土器「土」は，「塒」（ねぐら）の右側の「旁」（つくり）である「時」を取った左部分の字形である。墨書土器「穴」は，「坑」（あな）の左側の「偏」（へん）の「土」を取った右部分の字形である。つまり都住B地区に多く出土する墨書土器「土」は旁の「時」を，都住A地区に出土する墨書土器「穴」は偏の「土」を取り，屋号的に集団の称号としていたのではないかと考えられる。

　この墨書「塒坑」が書かれていたのは，須恵器の高台坏の底部外面で，この坏の時期は南多摩窯G-5新窯式（930〜950年）である。出土した場所は，都営B地区の通有の竪穴建物からでなく，第Ⅲ部で述べた東辺約8m×北辺約6mの長方形の大型の鍛冶工房からであった。建物内の南北長軸中央に等間隔に鍛冶炉3基と，それぞれに金床

図67　墨書土器1「火酒」・2「塒坑」

IV. 落川・一の宮遺跡居住集団の出自と生業

石を配し，東壁に二つの竈を有していた（図55参照）。この工房跡から実測可能な土器が約200個体と，磨痕石と命名された石が18個出土した。この磨痕石とした石器は後に詳しく説明する。

注目すべきは，この「塒坑」と書かれた墨書土器の年代は，先に述べた都営A地区とB地区の血縁単位集団が統合して「火熨斗」を埋納し，武士団屋敷を形成する第33段階（1010～1030年）の約100年前である。そのような前に，すでにA地区の「穴」という血縁単位集団と，B地区の「土」という血縁単位集団には密接な関係が成立していたことが窺える。

さらに「塒」は『新字源』によれば，とどまり住む・ねぐら・とや・鳥のすみかの意味で，関氏の言うように鳥の寝るところ＝鳥屋（とや）鳥を飼っておく小屋となる。鷲・鷹（猛禽類）などを飼っておく小屋をもさす。なぜ鷲・鷹を飼っていたのであろうか。飼いならした隼，大鷹などの鷹を放って野禽，小獣を捕えさせる狩猟である鷹狩は，鷹や鷹匠の人物埴輪などの出土により，すでに古墳時代に韓半島から伝来していたことが知られている。本遺跡でも鷹狩用として鷹を飼っていたのであろうか。鷲・鷹を飼う目的はそれだけでない。それは弓矢の矢を真っ直ぐ，または旋回し鋭く射当てるために羽を付けるが，その矢羽は猛禽類の鷲・鷹の羽が一番優れていて，他の鳥の羽根は雑羽である。竹に羽をつけて優れた矢を作る矢矧には，猛禽類の羽が多量に必要であった。そのために鷲・鷹など数多く飼わなければならず，その餌として新鮮な小鳥などの生餌が必要であった。

猛禽類を飼うことに関係しさらに興味深い資料が，都営住宅建設地に隣接する土地区画整理事業にともなう事前調査で出土した[註5]。それは奈良時代の竪穴建物から「和銅七年十一月二日鳥取部直六手縄」と刻字された石製紡錘車が出土したのである（図68）。鳥取部（ととりべ）は『広辞苑』によれば，「大和朝廷で鳥を捕獲し飼育する技術を世襲していた品部」とあり，鳥飼部（とりかいべ）と同じである。品部は「広開土王碑文」に書かれているように，倭軍が韓半島に4世紀末頃に侵入した時，人民を居住地や職業によって新たな集団に編成し支配する方式を学んだ。同時に戦に明け暮れていた韓半島の最新技術で，武器・武具・馬具を作り出す有能な職能集団を，敗走しながら多く拉致してきたと考えられる。結論から言うと，本遺跡にはそれら韓半島の職能集団の一つである，鳥取部が深く関係した集落との推察が成り立つ。矢矧も矢矧部という品部が存在した。

しかし，ことはそう単純では無い。鳥取部＝鳥飼部であり餌取＝鳥取（えとり）

②墨書土器「塙坑」

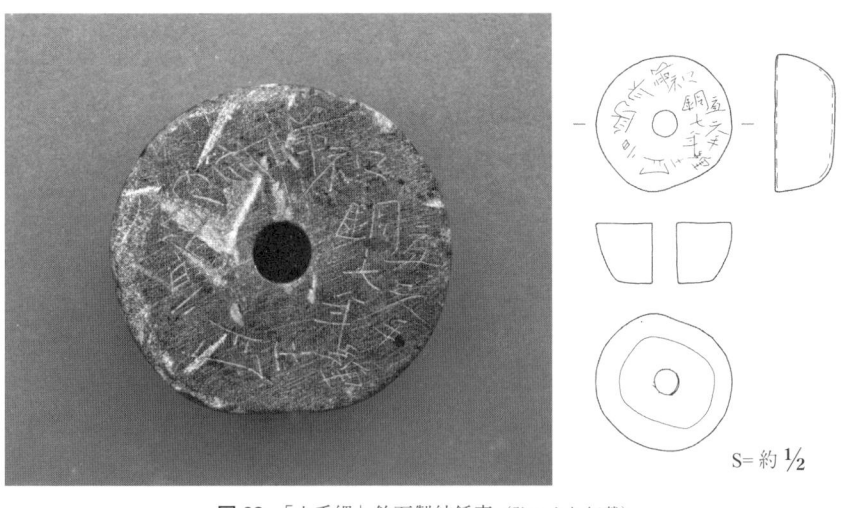

図68 「六手縄」銘石製紡錘車（註5より転載）

とも関係がある。餌取は古代・中世において鷹狩の鷹の餌とするため，牛馬を屠（ほふ）ってその肉を取る者，獣肉の供給を生業とした人々であった。それは『和名類聚抄』（935年）では「屠児」の訓を「恵止利（えとり）」とした上で「牛馬を屠り肉を取り鷹雞の餌とするの義なり」としている。上述の出土した紡錘車に刻まれた「和銅七年十一月二日鳥取部直六手縄」の「鳥」の部分も含め，図68の写真のように発掘時の時の傷が多く入っており，よく観察しなければならないが「鳥帽子」の「鳥」ならば鳥取部（えとりべ）で，その部には関氏が主張する「土」と「穴」という『家号』に象徴される，二つの血縁単位集団が存在していた可能性がある。その場合，それらの内どちらかと言えば，優位であった都営B地区の血縁単位「土」集団が，A地区の血縁単位「穴」集団を吸収合併し，血縁を越えた「塙坑」の集団となった可能性が高い。そのように必要に迫られ，合体しなければならなかった背景の契機は，東国各地で私的土地所有の拡大が進むなか，年代からして関東一円を揺るがした「平将門の乱」（935年）が考えられる。

　その約100年後，第Ⅱ部で述べたように都営A・B地区の血縁同居単位集団が，C・D地区の血縁同居単位集団を「従」として統合し，地縁的結合集団である武士団として，大規模な屋敷を形成する背景は，関東における「将門の乱」以来の大規模な反乱である「平忠常の乱」（1028年）を想定した。

③ 磨痕石

　本遺跡にはさらに今まで述べて来たことを，具体的に裏付ける遺物が出土している。先程述べた墨書土器「坿坑」が出土した，大型の鍛冶工房跡から18個まとまって出土した磨痕石である。縄紋時代の磨石のように，両面がよく擦られた石とよく似ているが，時代も違うので区別する意味で坂詰先生により，磨痕石と名付けられた石器である(註6)。周辺の奈良・平安時代の遺跡は言うまでもなく，全国的にも報告例を聞かない。仮りに1〜2個出土しても，縄紋時代と複合の遺跡であれば，縄紋時代の石器片が混入したとして，報告されるか，報告されない可能性がある。まず歴史時代の石器とは，認定されないであろう。

　この石器の形状の大半は，図69（1）の1〜5のような円形か，6〜9のような楕円形である。いずれも大型・中型・小型が存在する。その他10〜12のようなおむすび形，僅かに四角形に近い13・14や変形のものも存在する。円形の小さいものは径約5〜10㎝，中ぐらいのものは径約11〜15㎝，大きいものは径約16〜20㎝である。楕円形は，中ぐらいのものは長軸約10〜20㎝，大きいものは長軸約21〜26㎝に大別される。厚みは両者とも約1.6〜5㎝で平均約3㎝と薄い。触れば両面（斜線のトーン）が擦れていて，非常に滑らかなことがよくわかる。石質は約70%が閃緑岩製，約26%が砂岩製である。報告書記載の実測総数は394個である。

　出土した遺構で，一番多いのは竪穴建物で215個，以下掘立柱建物30個，土坑50個，ピット36個，溝20個，ピット列1個，祭祀跡1個，井戸6個，粘土採掘坑2個，グリッド31個と中・近世の土坑1個・ピット1個であった。未実測や小さく割れ実測不可能であったものも含めれば，約1,000個近くが出土している。

　この石器で注目すべきことは，廃棄するにあたり図69（2）1〜20のように，意識的に正確に2分の1の真っ二つか，図69（3）1〜13のようにほぼ4分の1に割られたものがかなり存在する。これらは偶然に割れたものではなく，角張淳一氏の教示によれば図69（2）の6に代表されるように，鉄製の鑿状の工具を使い正確に割られたものが存在した。その証拠は，図69（2）-（3）の割断面中央に，明確な鑿跡である鉄錆痕を，残すものが幾つか存在する。ただし割る時，綺麗に割れたもの以外図69（4）1〜5のように，苦労して割った様子が窺えるものや，7・8のように割った後，付近に廃棄され接合できるもの

③ 磨痕石

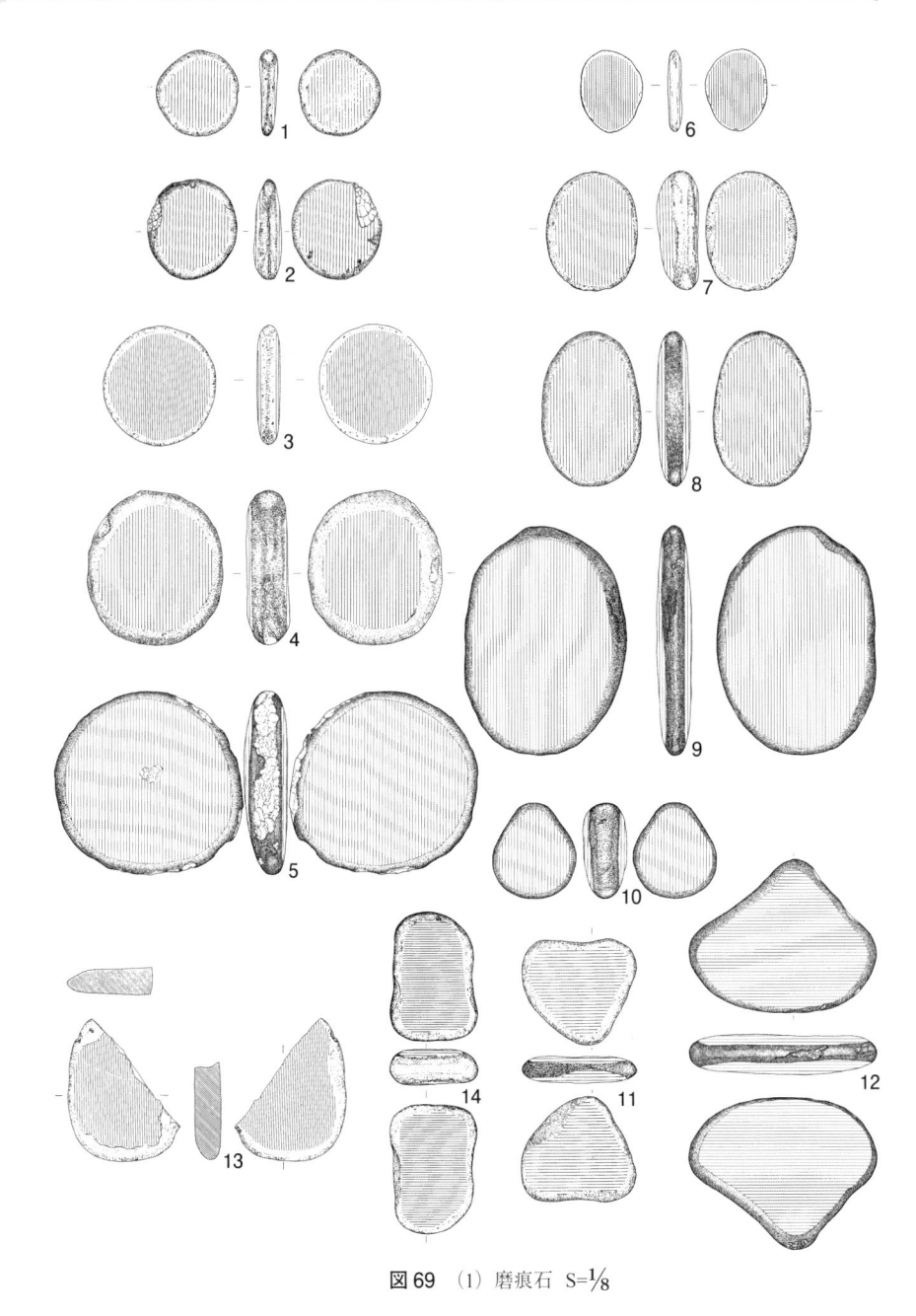

図 69　(1)　磨痕石　S=1/8

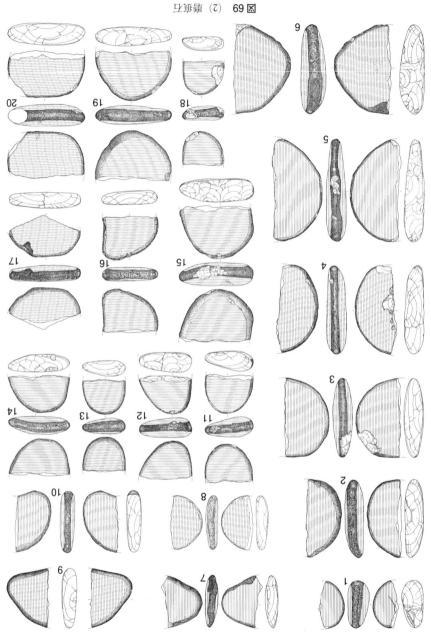

図 69 (2) 磨石 7

3 磨痕石

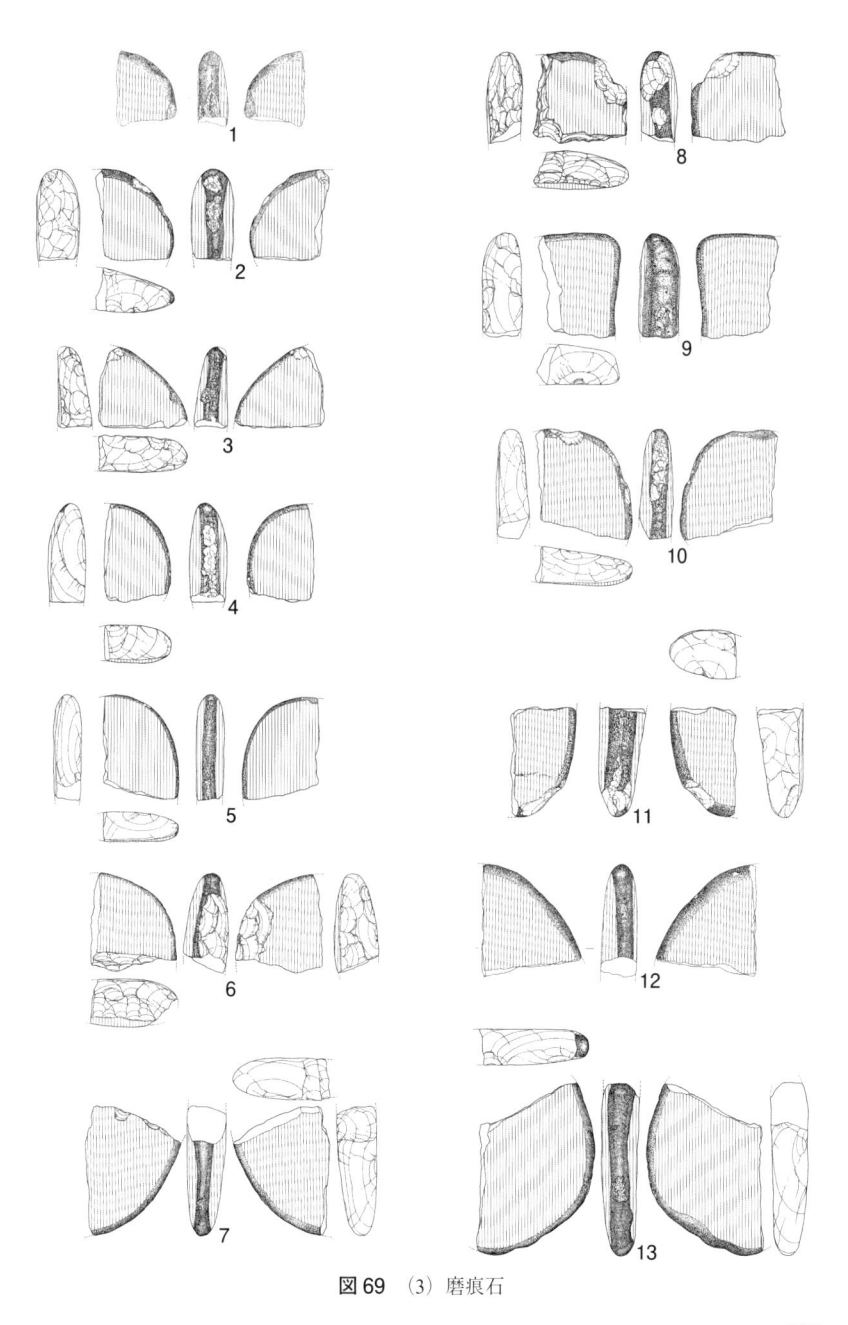

図69 （3）磨痕石

Ⅳ. 落川・一の宮遺跡居住集団の出自と生業

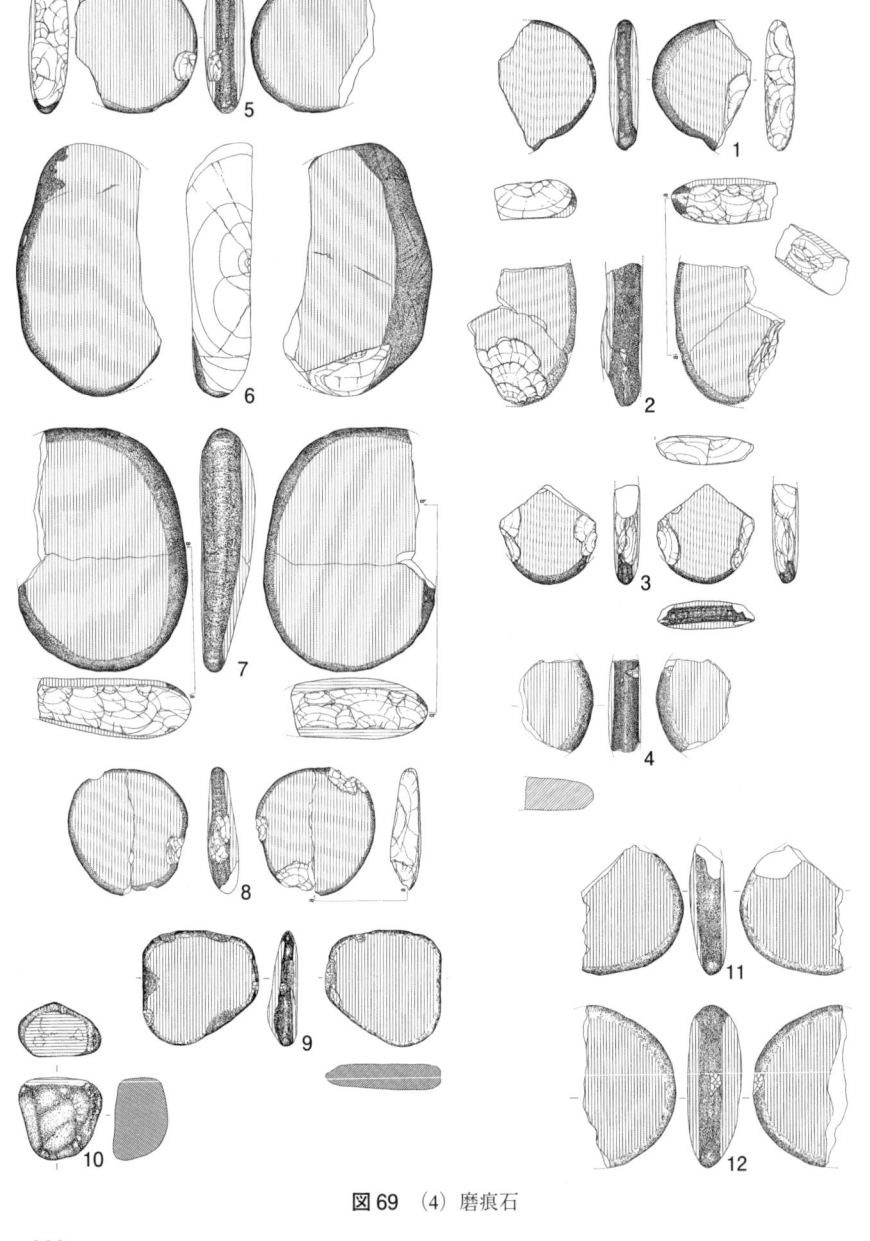

図69 （4）磨痕石

③ 磨痕石

も存在している。

この石器の，確認された時期で最も古いものは，5世紀後半の竪穴建物から出土した図69（4）の9・10で，10は丁度掌で握り易く，下面の1面だけがよく擦れている。最も新しい時期のものは11・12で，12世紀前半の掘立柱建物や井戸（第Ⅱ部4号井戸参照）に廃棄するために割られていたものである。おそらくこれら磨痕石は，集落が形成された古墳時代当初から使われていた石器で，奈良・平安時代を経て少なくとも鎌倉時代頃までこの石器を使い，何かが製作されていたと推測される。また竪穴建物から18個と，一番多くまとまって出土した例は，先述した墨書土器「坩坑」出土の鍛冶工房跡（図55）からである。一番多い出土例は，1〜2個であるが，10数個出土する例も数例あり，実際使う時は平均5〜6個が必要であった石器と考えられる。

289

④ 小野牧と牛馬の解体

　ではこの磨痕石は，一体何に使われたのであろうか。文献からの手掛かりとして，宝亀3年（772年）の太政官符に，天平勝宝3年（755年）官幣社に列せられた，多摩郡十座の式内社の一つである小野神社（武蔵一ノ宮）が，現在も本遺跡範囲の中央北辺多摩川縁に鎮座している。また，『日本紀略』に延喜17年（917年）9月7日「陽成院領武蔵国小野牧の駒が内裏に牽進される。」，『政事要略』承平元年（931年）11月7日に「小野牧が勅旨牧とされる。」，「その別当に散位小野諸興が任命される。」などの記事が見られる。陽成上皇の私牧であった小野牧が皇室の料馬を生産する勅旨牧となり，その別当（長官）に後の武蔵国現権介小野諸興が任命された記事である。また，小野諸興は天慶2年（939年）『貞信公記抄』に押領使に任じられ，『本朝世紀』に国内の盗賊の追捕を命じる官符が下されている。

　以上の数少ない文献などから，本遺跡は奈良時代には，小野神社を中心に集落が広がり，南側の広大な多摩丘陵と，水の豊富な多摩川の沖積地で，牛馬を飼う小野牧が営まれ，それを管理していた多摩郡10郷の小野郷の一部と推定されてきた。

　牛馬を飼育していた証拠は，前述したように豊富な馬具などの遺物以外，遺構として牛の四肢骨だけが，埋納された土坑が検出されている（第Ⅲ部図54参照）。この牛は早稲田大学教育学部（1995年在籍）金子浩昌先生の鑑定によれば，首は撥ねられていたが，残存した左上腕骨や左右橈骨（みぎとうこつ）・左右尺骨，左寛骨（ひだりかんこつ），足根骨，中足骨などより，全長は約2m70cm前後で日本の在来牛といわれる見島牛，あるいは口ノ島牛に近い大きさの牛であったことが推測された[註7]。この牛の骨は，都住地区D地区L-19グリッド第12号土坑より出土した。報告書では出土時期をその重要性から，出土した土器小片より，第27段階（890～910年）の土坑と報告した[註8]。

　この牛骨出土土坑に関連してその後，興味深い遺跡が至近の多摩丘陵で発掘調査された。それは本遺跡から南西直線約1.8km多摩川支流大栗川を望む，左岸北多摩丘陵緩斜面の多摩市の「上つ原遺跡」である（図15参照）。その2号竪穴建物内覆土から，多くの土器を初めとする遺物，炭化材，焼土粒，炭化物粒とともに，牛の骨が散乱した状態で出土した。その出土状況を調査者の平野修氏は，「土層堆積状況と遺物出土レベル分布状況からみて，建物廃絶期に建物解体後竪穴内を浅く埋め戻し，片付けた土器やその他の遺物や建築部材の一部，そし

４ 小野牧と牛馬の解体

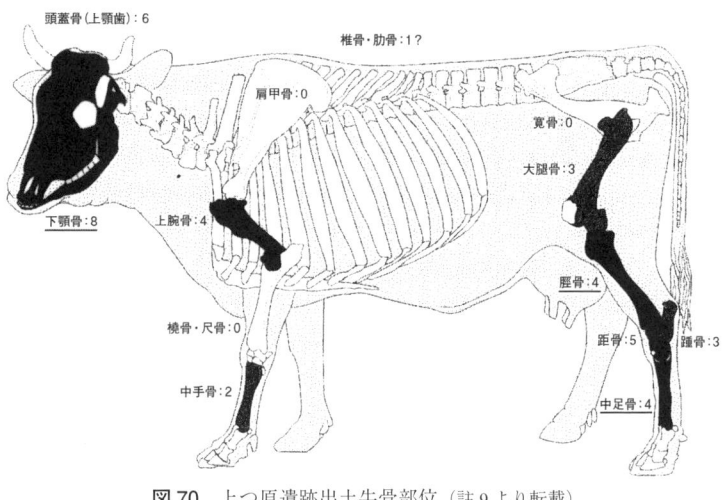

図70　上つ原遺跡出土牛骨部位 （註9より転載）

てウシを投棄し，火をかけたのち，再び埋め戻したものと考えられる。おそらく
こうした故意に埋め戻し，火をかけるという行為は，『イエ送り』などの儀礼行
為に伴う祭祀がおこなわれた可能性がうかがわれ，ウシ歯骨の出土も密接に関り
をもっているのではないかと推測される。」と報告書で述べている[註9]。

　さらにこの牛の遺体鑑定を依頼された，山梨県立博物館の植月学氏は，興味
深い結果を報告している。それは出土した牛の骨のうち，頭骨から判明したの
は，臼歯の咬耗が進んだ老齢の個体の上・下顎歯が2個体分，咬耗の弱い若い
個体の上・下顎歯，下顎歯各1個体分の最小4個体分，その他の部位は中足骨，
距骨で3個体分，上腕骨，大腿骨，脛骨，中心・第4足根骨で2個体分の存在
を明かにしたが，頭数は3〜4個体分であるとした（図70）。

　それら出土部位には偏りがあり，肩甲骨，橈骨，尺骨，寛骨など一般的に出
土する部位がまったく出土しないのは自然消滅とは考えにくく，全身でなく特
定部位のみがある程度解体された状態で廃棄されたと鑑定された。さらに発掘
時の所見（上述の平野氏の所見）では，火入れをおこなったと考えられている
が，出土した骨のすべてが焼けているわけでなく，焼けているのは大腿骨，脛
骨，中足骨，下顎骨に限られ，脛骨と中足骨の間に位置する距骨や踵骨は，まっ
たく被熱してないという。

　そして被熱している骨の位置は，骨端部よりも骨幹部の割れ口付近に多いこ
とを指摘している。このことは何を意味するかであるが，被熱が確認できた部
位は骨髄の豊富な部位であり，骨幹部を炙って劣化させ，打割を容易にした上
で骨髄を抽出したかったからである。さらに脛骨や中足骨には骨幹部を割るだ

291

IV. 落川・一の宮遺跡居住集団の出自と生業

けでなく，骨端部に穴を穿っている例があり，棒状の道具を使って骨髄を押し出す工夫をしていることも確認している。さらに最大4個体分が確認された顎骨は，頭骨（頭蓋骨・下顎骨）の存在を示唆し，頭蓋骨には脳漿，下顎骨には骨髄を多く含まれる。1点のみ残存していた下顎骨は，左右とも骨髄を含む下顎体側が焼かれ割られていた。

　そのことがいかなる行為の結果であったかを，次のように述べている。殺牛が，雨乞いなどの農耕儀礼に関るもの，漢神信仰に関る祟りを祓うためもの，古代における牛肉を含む肉食の普遍性と，それを用いた祭りの存在を承知の上，次のように推測している。

1. 上つ原で出土した牛の骨は一体丸ごとではなく，少なくとも前肢や後肢といったブロックに分割された状態で廃棄されている。

2. すべての部位が持ち込まれている訳でなく，別地点で解体された後に持ち込まれている。（傍点筆者）

3. 肉食した場合を考えると，少なめに見積もった約100kgを古代の成牛1頭の精肉量と仮定した場合，4頭分頭骨より4頭丸ごと解体されたとすれば約400kgで，大雑把に1人1kgか500gの場合，4頭分で400〜800人分で季節にもよるが，冷蔵手段のない時代に一度に食するには無理がある。

　一体，牛の特定部位の骨を炙って割り，骨髄・脳漿を抽出することが何を意味するのであろうか。それは牛馬の皮をなめすために脳漿・骨髄液が使われるからである。それ以外，鳥の糞なども使われる。そのためこの遺跡に，別地点で解体され脳漿・骨髄の豊富な部位だけが運ばれ抽出された後，割られた骨だけが竪穴建物に廃棄されたのである。植月氏は，解体した場所で祭祀が行われ肉は食され消費した後，残滓であるが脳漿・骨髄の豊富な部位だけを持ち込んだという一連の流れの可能性もあろうが，この上つ原遺跡に搬入された特定部位の骨の最大の目的は，「皮なめし」の作業に必要な骨髄の抽出することであったと結論した。

　以上，植月氏の考察を読み驚いた箇所は，「上つ原遺跡で出土した牛の骨は，別地点で解体され，肩甲骨，橈骨，尺骨，寛骨など一般的に出土する部位運ばれず，脳漿・骨髄の豊富な部位だけが運ばれた。」という件である。一方，前述したように落川・一の宮遺跡の土坑出土の牛の骨は，上つ原遺跡で出土した骨以外の左上腕骨や左右橈骨・左右尺骨，左寛骨，足根骨，中足骨など四肢骨だけが埋納されていたからである。この牛の全長は約2m70cm前後で，金子先生により日本の在来牛の見島牛か，口ノ島牛に近い大きさの牛であったことが推測されている。上つ原遺跡の牛も植月氏により辛うじて計測可能な部位から，口之島牛の雄・雌に近い数値が示されている。

４ 小野牧と牛馬の解体

　以上の植月氏の詳細な報告と，本遺跡の金子先生の牛骨の鑑定内容から，以下のような大胆な考察を行いたい。上述の牛を解体した遺跡は落川・一の宮遺跡で，おそらく祭祀的な行為が行われた後食され，剥いだ皮は次項で述べる磨磨石で脂肪を削ぎ取り，次の「皮なめし」の作業に必要な骨髄の豊富な大腿骨，脛骨，中足骨，下顎骨など，約 1.8km 離れた多摩丘陵上の上つ原遺跡にすべて運び，その他運ばれなかった部位の一部が，落川・一の宮遺跡の土坑に，埋納された可能性が高い。

　但し，本遺跡牛骨出土土坑の時期は，先述したように報告の段階で，その重要性から出土した小破片より時期・段階を辛うじて決めたが，上つ原遺跡 2 号竪穴建物に廃棄された多くの出土土器より，少し前の第 25・26 段階の 9 世紀第 3～4 四半期と訂正するべきと考える。

　ただ，複雑な行為を経て多く出土した土器・石器などと共に，上つ原遺跡 2 号竪穴建物の牛骨と本遺跡出土の牛骨は，今後さらに詳細に再考する必要があると考えている。いずれにせよ多摩川右岸沖積地の本遺跡と，大栗川左岸多摩丘陵の上つ原遺跡は，同じ小野郷の範囲に存在し，牛馬の解体とその後の処理に関して，非常に密接な関係にあった遺跡であることは間違いない。

　また，第 34 段階（1030～1050 年）と時代は下るが，長軸 2 m 短軸 1.2 m の土坑に，馬の上下左右の切歯と臼歯列，左右の上顎骨・下顎骨だけが偏在して埋納してあった（図 71 左図）。上下左右の歯と顎だけしか残っていないということは，この土坑には想定した右図ように，1 頭分の馬が埋葬できるのに埋葬されていなかった。金子先生の鑑定によれば，日本の在来馬と比較すると，中小型の御崎馬とほぼ一致するという(註10)。そのような中小型馬なら全身を埋納できる大きさの土坑に，頭骨だけを埋めたことになる。頭骨と言っても頭蓋部分は残っていなかった。一度全身を埋納して，ある程度白骨化した時に，頭骨以外をすべて掘り出した可能性もある。本遺跡では先述の牛以外，多く出土するシカ，イノシシ，馬の小骨片も焼かれた痕跡があり，それらの骨からも骨髄が抽出されていたことが推察される。

　さらに牧の存在は，所有・所属する牛馬を，識別するため押したと考えられる，横 8.5cm（最大幅・底辺），縦 5.65cm（高さ），柄の長さ 22.25cm の「土」という字の焼印が，土坑から出土している（第Ⅲ部図 53 参照）。大宝元年の厩牧令馬牛条に，2 歳になった馬牛に対して，馬は左股の外側，牛は右股の外側に，「官」の字の焼印を押すことを命じている。焼印の大きさは，『類従三代格』延暦 15 年（796 年）に，私印は長さ 2 寸，広さ 1 寸 5 分以下と規定されている。本遺跡出土の焼印はそれ以上の大きさで官印に匹敵するが廃棄されていた。焼

Ⅳ. 落川・一の宮遺跡居住集団の出自と生業

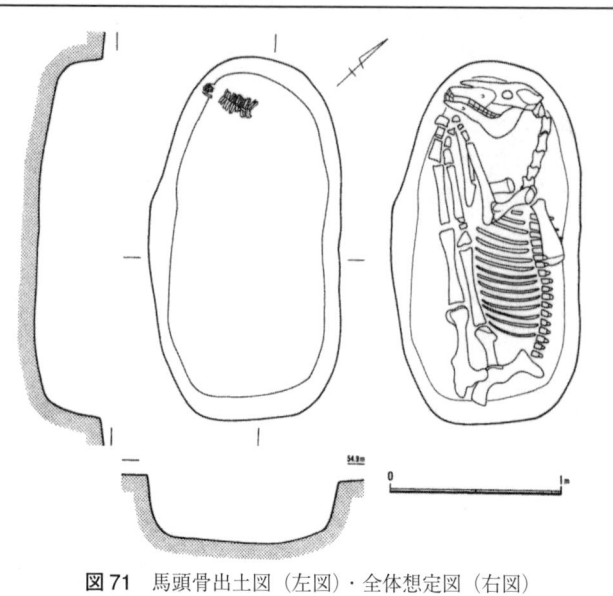

図71 馬頭骨出土図（左図）・全体想定図（右図）

印廃棄土坑の時期は第28段階（910～930年）で，既述した陽成上皇の私牧が勅旨牧にかわった時期で，私印である「土」印が不必要となったのであろうか。

　その他本遺跡では，後に述べるように7世紀前半から11世紀中頃までの様々な遺構から，轡・馬銜，引手，鞍と鐙を繋ぐ兵庫鎖などの馬具が，多く出土している。そのように馬を操る用具は轡・馬銜であるが，室伏徹氏によると牛を操るものには，民俗資料で「鼻グリ」「鼻輪」と呼ばれる木製品がある（註11）。「鼻グリ」は図72の1のように留木（台木）である角材の両端に穴をあけ，この両穴に鼻木（鼻子）という小枝を半弧状に曲げ固定したもので，室伏氏は2つの材を組み合わせ作られているので「組木式鼻輪」と呼んだ。この鼻木を装着するには，鼻に穴をあける必要がある。「鼻グリ通し」・「鼻抜き棒」という名称で伝えられている20cm前後の片側を尖らせた棒で，軟骨を避けて穴があけられたらしい。

　図72の2・3は長屋王邸A期遺構（710～720年頃）の東側にあたる，東二坊々間路の西側溝SD4699から出土した木製品である。2が組木式の留木，3が「鼻グリ通し」・「鼻抜き棒」に類似しているとした。しかし，室伏氏はこの「組木式鼻輪は，近世絵画に画かれることが多く，組木式が奈良時代まで遡るものなのか，さらに使用痕の観察などからも，慎重に扱う必要がある資料である。」と述べている。

　本遺跡では4のように樫の木製で中央が括れ，両端には径約1.5cmの穴があけられていて，長さも14.9cmと一見すると，長屋王邸出土の2と似通った木製

4 小野牧と牛馬の解体

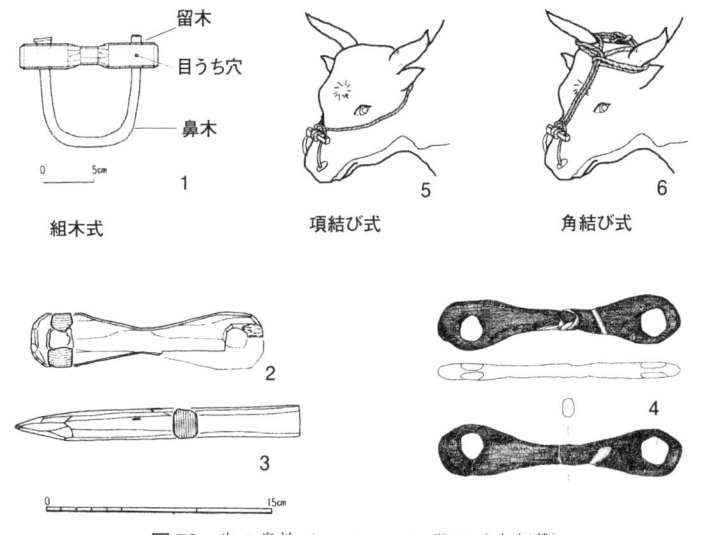

図72　牛の鼻輪（1〜3・5・6　註11より転載）

品が出土している。しかし，使用痕や形状・厚みを詳しく観察すると，実測図
だけではわかりにくいと思うが，両孔の片側だけが薄くなり，擦り切れそうな
がらも，辛うじて形状を保っている（図72-4）。このように両端の片側だけが，
擦り切れそうになっているは,室伏氏が述べているように図72の1のような「組
木式鼻輪」は，近世絵画に画かれることが多く，その頃のものである，初源的
なものは，1のように留木の両端に穴に小枝を半弧状に曲げたものを，牛の鼻
に差しこむのではなく，5・6図のように1本の縄を牛の鼻にあけた穴に直接通し，
その両方の縄を鼻の上で留木に通したものだとしている。本遺跡出土の木製品
4の両孔の片側が擦れているのは，留木である4を直接鼻の穴に通して，さら
に両端の穴に縄を通し牛を操った結果であろう。36年前に出土した不明木製品
と報告したものは，かなり使い込まれて丸く薄くなっており，室伏氏の言う牛
を操るための留木であった可能性がある。なお，長屋王邸出土の2の留木と思
われる木製品は，削り痕が明確に確認できるので未製品と考えるが，完成品な
らば未使用であろう。

　以上，牛馬に関係する状況証拠としての遺構，物的証拠である遺物が多く出
土している本遺跡は，文献に記載されている小野牧を管理していた集落と考え
られる。牧で牛馬を生産するのは，良馬を生産し駒牽きにみられるよう天皇へ
の貢馬や，農耕や牛乳から蘇を作る以外，既述したように皮を剥ぎ，鞣して武
具・馬具を作るのが主目的であったと考えたい。それを生業とした人々が鳥取
部・鳥飼部であり餌取部である。

295

⑤ 磨痕石の用途

　本遺跡は述べてきたように，牧で良馬を生産・管理するだけでなく，牛も飼育していた。その皮を剥いで何を作っていたかというと，考えられるのは牛の1枚皮を重ねた革鎧をはじめとし，鞣して練革の小札を綴り作られた鎧・兜など武具・馬具を生産し，加えて武器である弓矢も多量に生産していた集落と考えたい。革鎧とは，平安中期（11世紀）から後期（12世紀）にかけて書かれた『太神宮諸事雑記』・『伊勢公卿勅使雑例』・『水左記』・『王安遺文』・『中右記』・『永昌記』・『高野山文書』・『肥後国解』などや，平安末期の治承年間（1177〜1181年）成立の橘忠兼編の辞書，増補『色葉字類抄』に記載された「手摺皮」（てごひ）であろうと，古代〜中世の武具・馬具に詳しい齊藤愼一先生から御教授頂いた。無論，武具・馬具は牛の皮だけ作られていたのでは無く，馬・鹿その他の皮も使われていた。

　「毛皮」は書いて字のごとく，動物の外表を覆う毛と皮で，剥ぎ外側の毛と内側の脂肪を除去し，柔らかにすることを「鞣す」と言い，「鞣した」ものを「革」と言い書く。先述したように，報告時に磨痕石と名付け本遺跡特有と考えた，主に閃緑岩の石器の用途は，牛馬の皮を剥ぎ製革をつくる過程で，内側の脂肪を削ぎ取るために使われた石器ではとの教示を，堤隆氏より受けた[註12]。堤氏によると毛の付いた生皮の脂肪は，多孔質の石でゴシゴシと洗うように擦っていくと，難なく脂肪がこそげ落とせる（写真7『八ヶ岳たより』）。こそげた脂肪は多孔のなかに詰まっていくが，その目詰まりした脂肪は，洗い落としたぐらいでは容易に落とせず，そのために幾つかの石が必要となる。

　以上，本遺跡で牛馬を解体し皮を剥ぎ，皮に付いた脂肪を磨痕石でこそげ落とした後，同じ小野郷内の上つ原遺跡で脳漿・骨髄液に浸し，多摩川支流大栗川の瀬で，皮を晒し臭みを取り除き乾かし，鞣し柔らかく加工しやすい材料革に，仕上げたと考えられる。

　既述したよう使われた時期が明確にわかる磨痕石は，5世紀後半（TK-23型式）の竪穴建物から出土し，12世紀前半の遺構まで長期間にわたり出土しているのを確認している。そのように本遺跡は，形成当初から高度な技術を有する渡来系職能集落で，牛馬を飼育し，それに関連した生業で展開した集落であった。

　また最近，上つ原遺跡とともに本遺跡と関係の深いと考えられる，南西直線約1kmの和田・百草遺跡群（小野郷）のなかで，5世紀前半にさかのぼる都内

5 磨痕石の用途

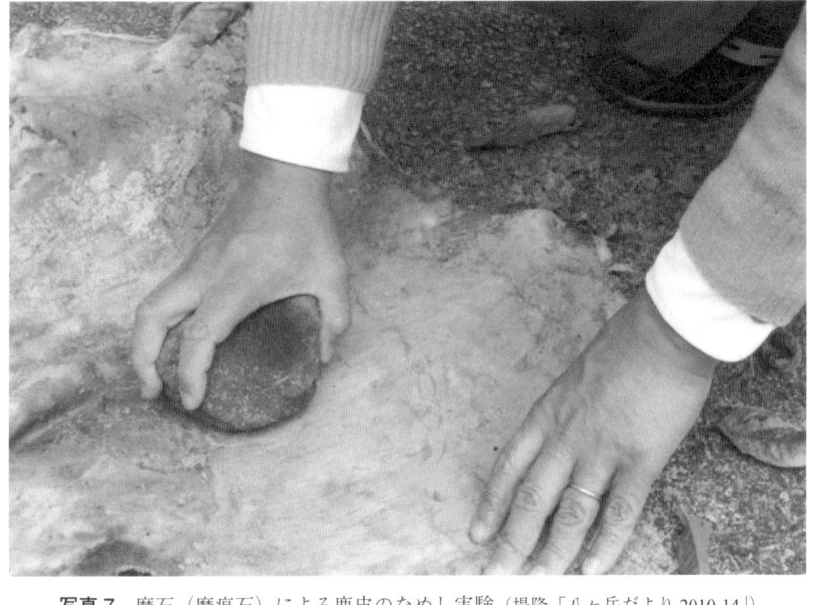

写真7　磨石（磨痕石）による鹿皮のなめし実験（堤隆「八ヶ岳だより 2010-14」）

でも最古級の鍛冶工房祉が調査された[註13]。おそらく小鍛冶で馬具の革部分以外で必要な鉄製部分はもちろんのこと，武具・農耕具などもこの同じ郷内の遺跡で古くから作られていたのである。なお，この和田・百草遺跡群は大栗川右岸，上つ原遺跡はその左岸の対岸同士で，数100ｍの至近距離にあり，本遺跡とこれらの2遺跡は，大栗川を挟みちょうど三角形状の位置関係にある（図15参照）。

6 落川・一の宮遺跡と渡来系職能集団

　以上，4世紀末〜5世紀初頭頃，本遺跡の集落形成当初より，高度な治水技術を有し，牛馬の飼育や鍛冶を生業として，武具・馬具を生産する，韓半島から渡来した職能集団が深く関っていたと考えられる。しかし，その集団が海を渡り長旅をして，多摩川右岸にたどり着き，勝手に住みついたとは考えられない。当時，辺境であった関東の集落の形成に，渡来系の職能集団が関与したならば，その背景は，「広開土王碑文」にみられるように，391年倭軍が朝鮮半島に侵入したことにはじまる。その時，敗走しながらも抜け目なく，種々の有能な職能集団だけを拉致し連行してきたであろう。

　後の戦国時代に秀吉軍も同じことを行っている。その結果，倭王権はそれまで見たことも聞いたこともない，大陸からの多くの最先端技術を得ることができた。大和王権はそれら半島の職能集団を『部』として編成し，まずは直属管轄下である河内・大和を中心とし，次に畿内周辺各地へと配属して行った。さらに一部は，記紀伝説に見られる九州の熊襲，東国の蝦夷へ進出して行く過程で，それら支配下に治めた辺境の地，すなわち最前線の防備・開墾のため，屯田兵として配属したのであろう。つまり，防備・開墾のため屯田集落を，列島内の各拠点（後の屯倉）に配置し，平和時には農業と農耕具作り，軍事には武器を作り戦に赴むかせたるため移住させたと考えられる。

　そのような背景のもと，度々の洪水・冠水の危険により，居住地として不向きで誰も住んでいなかった，多摩川中流域の沖積地に立地する本遺跡は，王権の対東国経営の目的で形成された集落であった。本遺跡では渡来系職能集団の良馬の生産を基盤とし，武具・馬具を作り出すため他に類例のない多くの磨痕石を使い皮鞣，鍛冶により多量の鉄鏃などを作り，鷺・鷹など猛禽類の鳥を飼い，矢羽を得て多くの矢の製作にも関り，兵站基地としての役割を担った集落と想定できる。

　本遺跡出土の鉄鏃・武具・馬具を概観すると，矢尻は時代とともに変遷して行き，最後は狩俣鏃が多くなる（図73（1）・（2））。図73の（3）の1〜7は刀飾具で，1・2は太刀を帯取の革緒を通し腰に吊るための足金物で，2は鉄製であるが1は銅地に塗銀が施されている。両者は双脚一対で鞘に固定するものであろう。図が小さくて見にくいと思うが，1の右図の片面の2ヶ所に小さな釘孔を有している。3は銅製の太刀鍔の未製品である。4〜7は鉄製の鉇，8は

両刃で鎧通しと考えたい。13〜30は馬具で9〜12は馬具関係であろう。13〜16は兵庫鎖で鞍と鐙を繋ぐものであろう。17〜22は鉸具，23〜25は革帯付けた毛彫りの座と裏金26〜28は引き手，29・30は轡である。

　最後に，第Ⅲ部で結論を留保した都道D地区に「後三年の役」後，第37段階（1090〜1110年），忽然と市松模様状に整然と配置され並んだ，2間×2間の高床の想定24棟の倉庫群には，何が保管されていたのであろうか（第Ⅲ部図62参照）。当初，風通しのいいように市松模様状に配置されていたので，稲倉かとも考えたが，稲倉ならば火災で延焼する危険を避けるため，密集して建てない可能性がある。ならばカビを嫌う革製の鎧「手掫皮」や，革を多用する武器・馬具などを，この風通しのいい高床の倉庫に保管したのかと考えた。しかし，齊藤先生から，皮鎧の「手掫皮」にはカビ予防として漆が塗布されており，革製品の大敵はむしろネズミで，柱・入口の梯子に「ネズミ返し」を設けることができる高床倉庫に，保管したのであろうとの教示を頂いた。

　そのように本遺跡は自然村落でなく，諸々の危険のあった人の住まない氾濫原の微高地に，必然的に配置された集落である。そう言った意味では計画的集落と言えるのかも知れない。従って第Ⅲ部で述べたように他の遺跡と違い，宅地面積に差が無い理由は，前代から階層差により大・中・小の先祖々々宅地が系統的に受け継がれた日本人の家系と違い，集落形成時に約1,520㎡（約460坪）〜約1,661㎡（約500坪）が，均一に機械的に渡来系職能集団の宅地として班給された結果とも考えられる（黒井峯遺跡の最小宅地面積約1,500㎡に匹敵）。その均一な宅地は，職能集団の宅地として古墳時代は増えることなく，奈良時代以降もほぼその面積で絶え間なく受け継がれて行く。本遺跡は奈良時代多摩郡に10郷存在した内の小野郷であることは，前に述べたが，郷全体が職能集団の宅地ではなく，都住・都道調査区の幾つかの戸が，末裔の戸であったと考えたい。

　古墳時代前期末，本遺跡に移住させられた都住A・B・C・D，都道A・C，D・E・Fの三つの渡来系のその末裔の血縁同居単位集団は，国分寺造営をはじめとする律令体制下，幾多の東国の歴史を経験し，律令体制が形骸化し弛緩して行く過程で，集団のなかでも徐々に勢力を付けてきた単位は，周辺住民と徐々に和合同化し縁故関係を結んで行ったであろう。つまり血縁を越えた地縁的で武装化した半農半士の集団として成長し，東国武士団の発生の一端に関って行く。古代末から中世にかけて専業武士団に急成長した集団は，東国の三つの大軍に巻き込まれ戦いを繰り返すが，最後は鎌倉幕府共々滅びたと考えた。

Ⅳ. 落川・一の宮遺跡居住集団の出自と生業

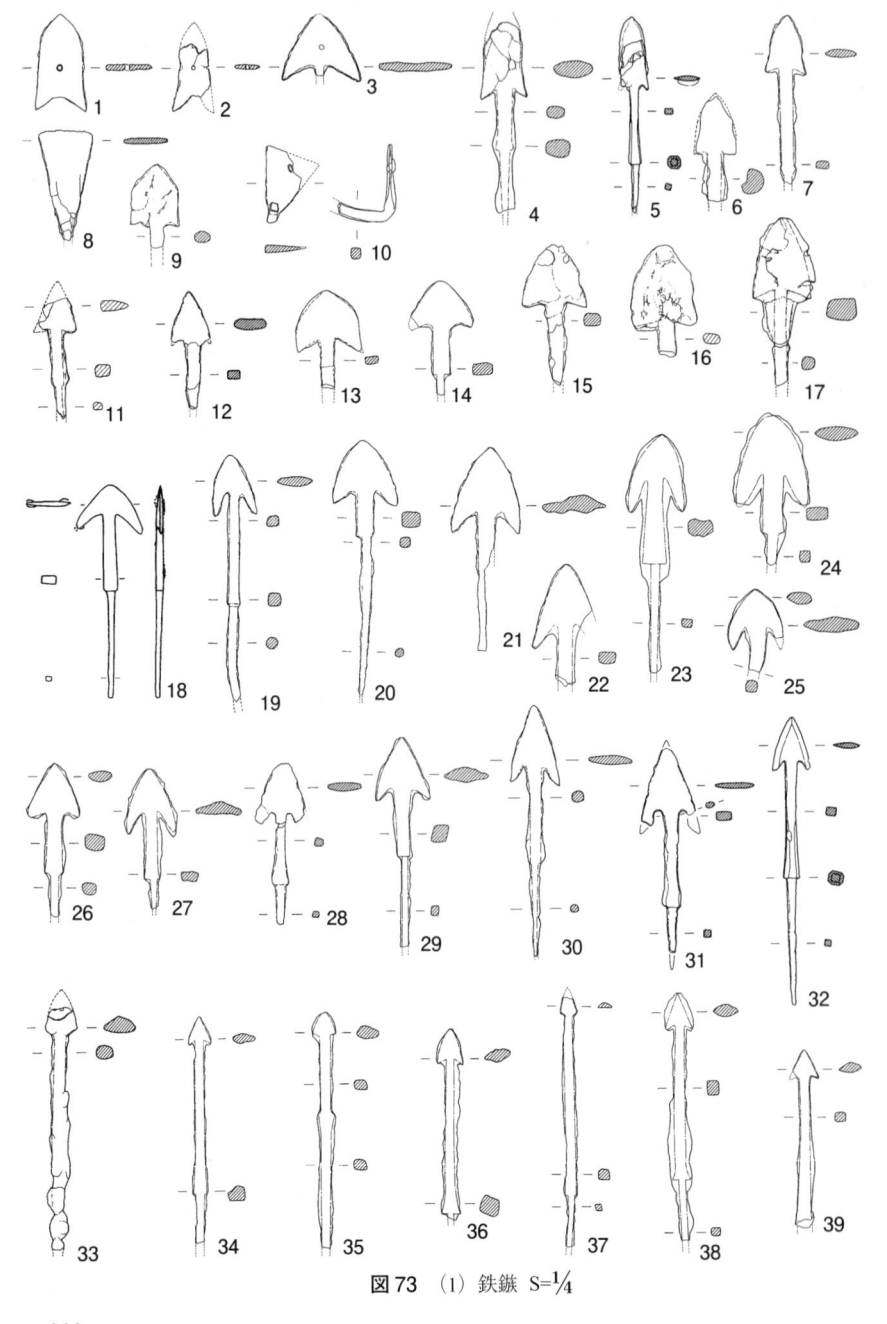

図73 （1）鉄鏃　S=1/4

6 落川・一の宮遺跡と渡来系職能集団

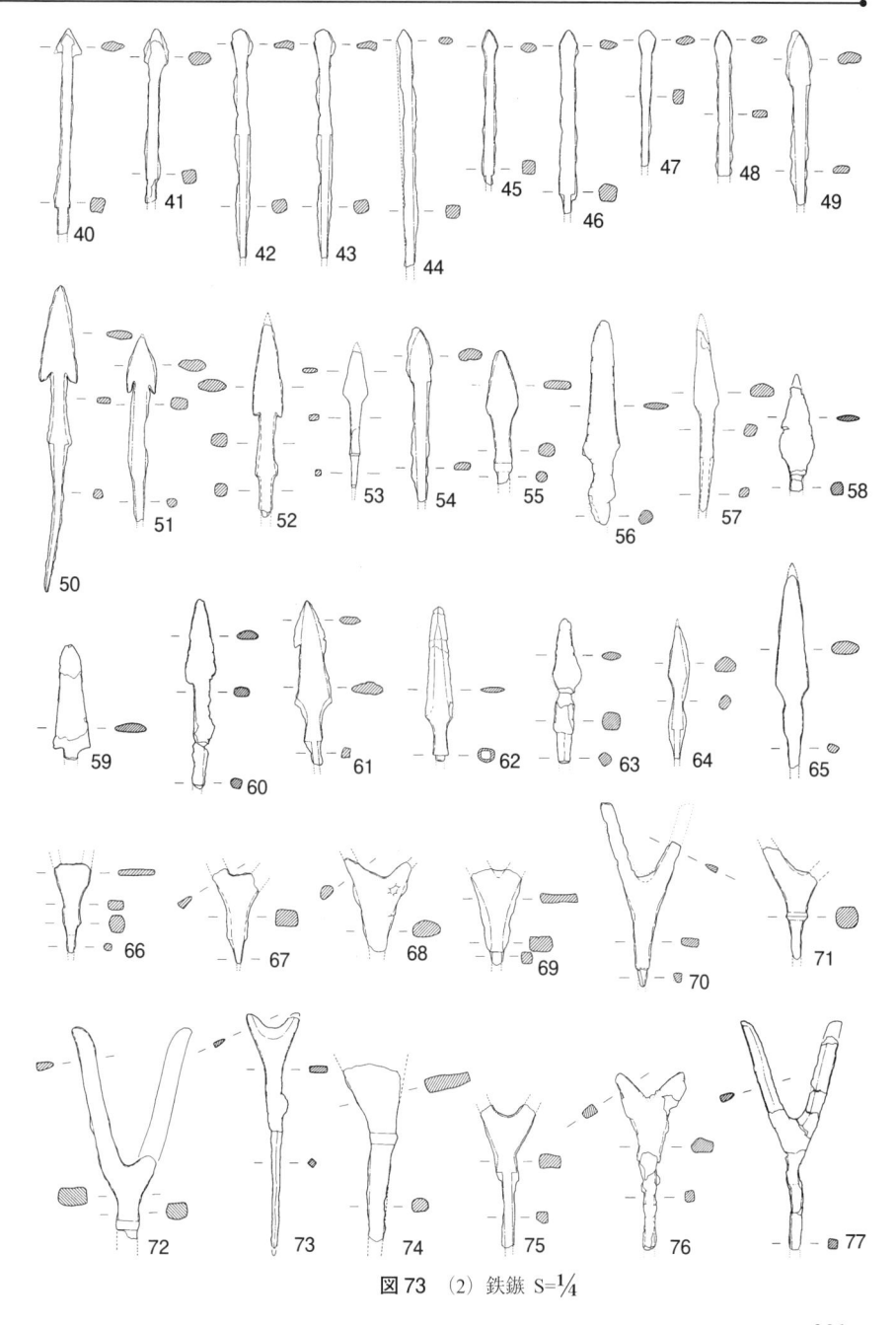

図73 （2）鉄鏃 S=$\frac{1}{4}$

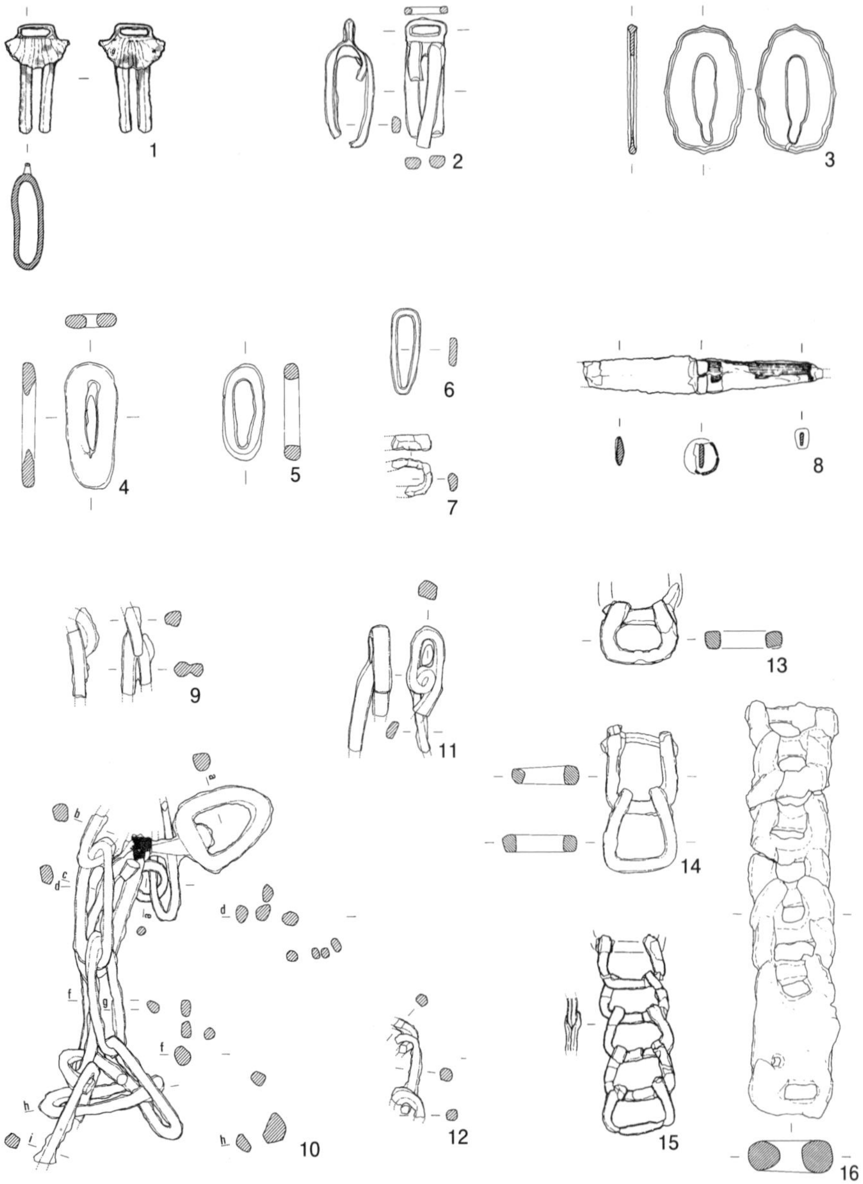

Ⅳ．落川・一の宮遺跡居住集団の出自と生業

図73 （3）刀装具・馬具　S=¼

6 落川・一の宮遺跡と渡来系職能集団

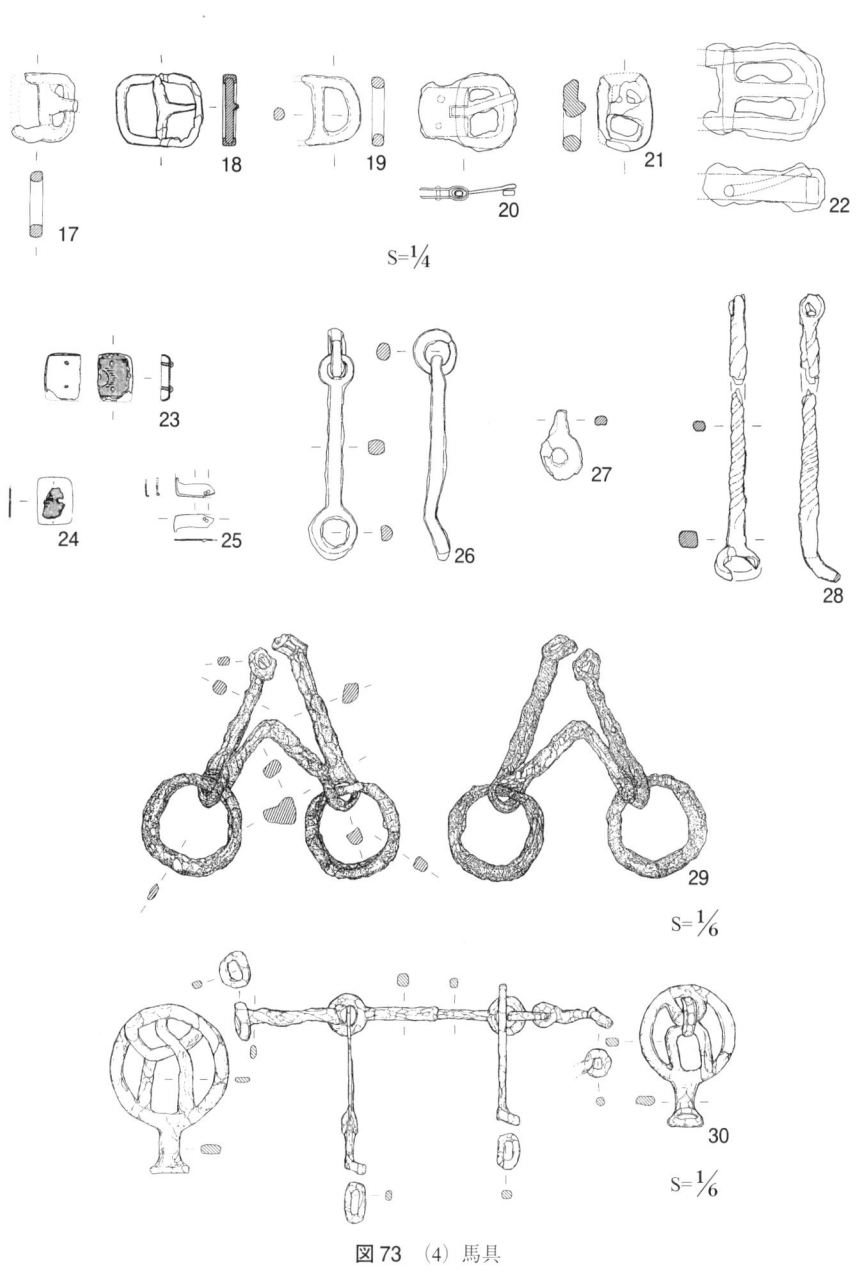

S=1/4

S=1/6

S=1/6

図73 （4）馬具

303

Ⅳ. 落川・一の宮遺跡居住集団の出自と生業

　その三つの大軍とは，第Ⅲ部で詳しく述べたが再度確認しておく。都住A・B・C・Dの集団は，永保3年（1083年）〜寛治元年（1087年）の「後三年の役」で，源義家に付き従い奥州へ向かい，糧食が尽く壮絶な戦いのなか，善戦むなしくこの集団は滅びたと想定した。

　都道A・Cの集団は，鎌倉幕府初代侍所別当和田義盛と，深い姻戚関係のあった武蔵七党の横山党に関係する武士団で，建保元年（1213年）の所謂「和田合戦」で，和田義盛方へ与力するため鎌倉へ出陣し滅びたと想定した。

　元弘3年（1333年）の新田義貞の鎌倉攻めの時，分倍河原（府中市）の戦で勝利し勢い付く新田軍は，防備線である多摩川を越へ鎌倉街道を遡り霞ノ関一帯（多摩市関戸）の激戦で，北条泰家率いる幕府軍を打ち破った。泰家は弓の名手横溝八郎や，安保入道父子の命を捨てての奮闘により，一命を取り止め鎌倉に敗走した。その壮絶な戦いで，都道D・E・Fの集団は，鎌倉幕府方に加勢し滅びたと想定した。その結果，本遺跡も壊滅的な破壊を受け，約960年存続した集落は終焉する。以上，本遺跡は文献では窺い知れない，東国に於ける武士団の発生・展開・終焉を，垣間見ることができる貴重な遺跡と考えたい。

　その過程を，別表として載せた落川・一の宮遺跡年表もあわせて，参照していただきたい。

　最後に考古学は，言うまでもなく「歴史学の補助学」ではない。発掘調査は開発の事前調査として，酷使されて掘るだけでなく，報告書も事実記載だけにとどまるものであってはならない。いかなる状況にあっても発掘調査は綿密に行い，型式学的研究法を駆使し，精緻な土器編年を確立して考察することにより，文献からだけでは解明できないその地域の歴史を，より積極的に語れる学問へと，一歩でも向かうべきと主張して筆を置く。

　〔註〕

1）平尾良光・榎本純子「Ⅷ　火熨斗の科学的調査」『落川遺跡Ⅲ―都営落川アパート建設に伴う発掘調査報告―』自然科学編　日野市落川遺跡調査会　1995

2）平尾良光・瀬川富美子・堤　隆「川原田遺跡出土火熨斗の科学的調査」『御代田町埋蔵文化財発掘調査報告書』第24集　御代田町教育委員会　1997

3）関　和彦「落川・一の宮遺跡と小野神社」『古代文化』特輯東国平安時代　集落遺跡論―落川・一の宮遺跡を中心として―　2004

4）福田健司「落川・一の宮遺跡出土金属器編年―武士団発生過程の馬具・刀装具の変遷―」『坂詰秀一先生喜寿記念論文集　考古学の諸相Ⅲ』2013

5）渋江芳浩・黒尾和久他『おちかわ』日野市落川土地区画整理組合　1998

6）坂詰秀一他『落川遺跡調査概報Ⅶ』日野市落川遺跡調査会　1992

7）金子浩昌他『落川遺跡Ⅲ』自然科学編　日野市落川遺跡調査会　1995

8）坂詰秀一・福田健司・前川雅夫『落川・一の宮遺跡Ⅲ』総括編〔第二分冊〕　落川・一の宮遺跡（日野3・2・7号線）調査会　2002
9）平野　修・植月　学『上つ原遺跡』東京都多摩市：多摩市埋蔵文化財調査報告第61集　学校法人帝京大学　2010
10）註7と同じ。
11）室伏　徹「研究ノート　牛をあやつる」『帝京大学山梨文化財研究所報』第53号　2011
12）堤　隆「掻器の機能と寒冷適応としての皮革利用システム」『考古学研究』第47巻第2号（通巻186号）　2000
13）山内淳司他『和田・百草遺跡』東京都多摩市：多摩市埋蔵文化財調査報告73　大成エンジニアリング株式会社　2014

付録

付録：落川・一の宮遺跡各段階の「窯式・型式・検出遺構・遺物」と「歴史年表・文献」対照表

段階	年代	窯式・型式	検出遺構・遺物	歴史年表・文献
第1段階	370～390年		集落形成期 都道C・D単位集団出現	371年百済高句麗平壌城占領
第2段階	390～410年	(TG231 ・232)？		391年～412年広開土王在位
第3段階	410～430年	(TK-73)		414年広開土王碑建立 421年倭の五王「讃」
第4段階	430～450年	(TK-216)		438年五王「珍」/「済」
第5段階	450～470年	(TK-208)		462年五王「興」
第6段階	470～490年	TK-23		471年稲荷山古墳出土鉄剣 478年五王「武」鎮東大将軍
第7段階	490～510年	(TK-47)		502年「武」征東将軍
第8段階	510～530年	(MT-15)		527年磐井の乱
第9段階	530～550年	(TK-10)		531年武蔵国造の争乱 538年仏教公伝
第10段階	550～570年	(MT-85)		552年蘇我稲目と物部尾興崇仏論争 562年伽耶・任那滅亡
第11段階	570～590年	(TK-43)		581年隋中国統一 587年物部氏滅亡
第12段階	590～610年	(TK-209)		593年聖徳太子摂政 603年冠位12階 604年17条憲法 607年小野妹子遣隋使
第13段階	610～630年	(TK-217古)	都住A・B・C・D単位 集団出現	618年隋滅亡/唐建国 622年聖徳太子没
第14段階	**630～350年**	(TK-217新)	**掘立柱建物初出 編物石93個出土**	**645年大化改新**
第15段階	650～670年	(TK-46)	多角形古墳築造	660年百済滅亡 663年白村江の戦 667年大津宮遷都 668年高句麗滅亡
第16段階	670～690年	(TK-48)		672年壬申の乱/三野国名
第17段階	690～710年	(MT-21)		694年藤原京遷都 701年大宝律令制定 御野国名 708年美濃国名
第18段階	710～730年	老洞1号	都道C・D単位集団出現 紡錘車刻字和銅七年十一 月二日鳥取部直六手縄	710年平城京遷都 三世一身法 713年木蘇山道開通 722年百万町歩開墾計画
第19段階	730～750年	M-1 平底盤状坏		740年藤原広嗣の乱 741年国分寺建立の詔 743年大仏建立の詔/墾田永年私財法
第20段階	750～770年	Ma-2前		752年大仏開眼供養 766年道鏡が法王 764年恵美押勝の乱
第21段階	770～790年	Ma-2 O-10・IG78		784年長岡京遷都
第22段階	790～810年	Ma-1 K-14		794年平安京遷都
第23段階	810～830年	G-37前 K-14		810年薬子の変
第24段階	830～850年	G-37 K-14		**835年国分寺の塔神火で消失 845年塔再建ともに「続日本後紀」記事**
第25段階	850～870年	G-59 K-90		866年応天門の変

付録

※落川・一の宮遺跡の検出遺構・遺物と関連する歴史的事項
がある場合，関連付を明示するためそれぞれを太字とした。

段階	年代	窯式・型式	検出遺構・遺物	歴史年表・文献
第26段階	870～890年	G-25 K-90	牧関係公的施設 牛骨出土土坑	878年元慶の地震相模・武蔵震度7 884年小野神社名ともに「日本三代實録」記事
第27段階	890～910年	G-5古 K-90	牧関係公的施設	894年遣唐使停止 901年菅原道真左遷 907年唐滅亡
第28段階	910～930年	G-5中 O-53	「土」焼印出土	917年「小野の牧」初見「日本紀略」
第29段階	930～950年	G-5新O-53	鍛冶工房より墨書土器 「墻坑」出土	931年「小野の牧」勅旨牧となる「政事要略」935年承平・天慶の乱/ 新羅滅亡 939年武蔵権介小野諸興押領使に任じられる「貞信公記抄」・「本朝世紀」
第30段階	950～970年	G-14 O-53		969年安和の変
第31段階	970～990年	再興土師埦坏 虎渓山1号		988年尾張国郡司百姓等解文
第32段階	990～1010年	再興土師埦坏 虎渓山1号		
第33段階	1010～1030年	再興土師埦坏 虎渓山1号	武士団屋敷（1） 火熨斗出土	1019年刀伊九州入寇 1028年～31年平忠常の乱
第34段階	1030～1050年	丸石2	武士団屋敷（2） 馬頭骨出土土坑	1040年頃「信貴山絵巻」作られる
第35段階	1050～1070年	丸石2	武士団屋敷（3）	1051～1062年前九年の役
第36段階	1070～1090年	「銀杏切り」 小皿	武士団屋敷（4） 都住A・B・C・D集団滅亡	1083～1087年後三年の役
第37段階	1090～1110年		大倉庫群（24棟）出現	1086年白河上皇院政 1098年源義家昇殿許される 1107年源義親の乱
第38段階	1110～1130年			1129年鳥羽上皇院政
第39段階	1130～1150年		4号井戸一括土器出土	
第40段階	1150～1170年			後白河天皇即位
第41段階	1170～1190年			1171年鹿ヶ谷の陰謀 1189年源頼朝奥州平定 1192年頼朝征夷大将軍 1185年壇ノ浦の戦
第42段階	1190～1210年			1200年梶原景時追討/1203年比企能員の乱 1205年畠山重忠の追討
第43段階	1210～1230年		都道A・C集団滅亡	1213年和田義盛敗死 1219年実朝暗殺・源氏将軍断絶 1221年承久の乱
第44段階	1230～1250年			1247年三浦泰村追討
第45段階	1250～1270年		御霊屋建てる	1268年・1271年 蒙古使来航
第46段階	1270～1290年		御霊屋建てる	1274年文永の役・1281弘安の役
第47段階	1290～1310年			1285年霜月騒動安達泰盛滅びる 1293年平禅門の乱
第48段階	1310～1333年		都道D・E・F集団滅亡 同時に本遺跡滅亡	1324年正中の変 1331年元弘の変 1333年鎌倉幕府滅亡

307

あとがき

　本書を書きながら日頃おぼろげになり，忘れかけて行くことを思い出していた。私が生まれ育ったのは，刃物の町として知られた岐阜県関市である。家から少し西に行った所に2段築成の小瀬方墳があり，現在は廃線となってしまった名鉄美濃町線の「赤土坂」という駅の近くで，幼い頃古い石器を拾った。

　それを初めとし，チャート製の茶色や緑色の綺麗な石鏃を拾いたくて，走り回った桑畑の下には，半布里の遺跡が広がっていたのである。娯楽が少なかった時代，「中池」という溜池へボートを乗りに行った。その斜面には多くの灰釉陶器の窯があった。夏休みになると自転車に乗り，15分ぐらいで行ける清流長良川へ，毎日のように泳ぎに行った。その右岸の段丘上に，荒削りの木造仏像「円空仏」を多数残した廻国僧，円空の入定塚と白鳳期の国指定史跡「弥勒寺」が存在し，その東側に後の発掘調査で判明した美濃国武儀郡衙（弥勒寺官衙遺跡群）が広がっていた。

　高校に入り，先述の美濃町線で岐阜市へ通学していた時，毎日南側の車窓から何気なく眺めていた山々が美濃須衛窯跡群で，その急峻な斜面に「老洞窯」が存在していた。もちろんその頃，後に上京して埋蔵文化財に従事し，「老洞窯」の調査に参加することや，まして長年発掘調査に携わった落川・一の宮遺跡で，「老洞窯」の特徴ある須恵坏を掘り出すとは，思いも寄らないことであった。

　今，そのように振り返り考えてみると，人生で起った出来事，起こる出来事は偶然の連続でなく，必然として点在しているのだと思う。人との出会いも然り，東山浦遺跡の調査・報告を行った同郷の吉田英敏主任調査員には，岐阜県内の各時代の遺跡のこと，老洞窯や会津大戸窯の調査に誘って頂いた楢崎彰一先生には，灰釉陶器・中世陶磁器のこと，大川清先生には，瓦・須恵器窯の焼成法と焼成技術をつぶさに教えて頂いた。

　本書を書き終えることができたのも，そのような時を越えた必然と，長年にわたる落川・一の宮遺跡の調査において，学術的なことはもちろん行政的なことまで細やかに御指導を頂き，その上この本書を書くようお薦め頂いた坂詰秀一先生，八王子市下寺田遺跡調査の見学で知り合って以来，「老洞窯」の調査をはじめとし「東国土器研究」を主宰して，韓国も含め日本各地の土器を一緒に見て回わるなか，いつも有益な教示を頂いている服部敬史さん，土師器・須

恵器の製作技術, 土師器・須恵系土師質土器の焼成を「覆焼き」と「煙管窯」で, 何度も丁寧に見せていただいた畏友久保田正寿さん, 日頃温かい励ましを頂いている岡田淳子先生, 村田文夫さん, 安孫子昭二さん, 高橋一夫さん, 池上悟さんのお陰です。厚く御礼申し上げます。

　斎藤慎一先生からは, 落川・一の宮遺跡の調査中から, 武具・馬具に関して有益な知識と, 皮鎧である「綴牛皮」（てごひ）に関する記載文献など, 渡辺誠先生には「編物石」に関する卓越した論考を頂き, 多くのことを教授して頂いた。また, 堤隆氏からは実験による理にかなった「磨痕石」の用途について教示を得た。図版作成では島崎直行氏の手を煩わせました。心から感謝申し上げます。

　資料見学・提供でお世話になった機関と諸氏は, 小田原市教育委員会, 東京都埋蔵文化財センター, 玉川文化財研究所, 府中市郷土の森博物館, 横須賀市教育委員会, 今井惠昭氏, 石田広美氏, 岡崎完樹氏, 角張淳一氏, 河合英夫氏, 小林和男氏, 佐々木健策氏, 鈴木敏弘氏, 諏訪間順氏, 土屋了介氏, 土屋健作氏, 戸田哲也氏, 中三川昇氏, 橋本久和氏, 深沢靖幸氏, 前川雅夫氏で, 特に畏友橋本久和さんからは, 洛北・木野愛宕神社内の復元「煙管窯」の写真を頂いた。記して感謝申し上げます。

　最後にニューサイエンス社編集部の皆さん, 国際文化財株式会社小山規見社長には, 多大な御配慮頂き深く御礼申し上げます。

2017 年 4 月

福 田 健 司

〔著者略歴〕

1948 年，岐阜県関市生まれ。

1971 年，専修大学文学部人文学科史学コース古代史卒業。

1974 年，東京都教育庁に学芸員として勤務。多摩ニュータウンや都下の発掘調査を経て，1980 年〜2003 年まで都営・都道建設に先立ち，落川・一の宮遺跡の調査・報告に従事。2008 年，定年退職。同年，国際文化財株式会社入社。顧問として都下・神奈川県の発掘調査・報告の業務に携わる。2013 年，同社退職。

　この間，1996 年，専修大学非常勤講師，1998 年，立正大学非常勤講師，2008 年に立正大学非常勤講師を兼職。

主要な著書・論文に『南武蔵の考古学』(2008)・同増補版 (2010，いずれも六一書房)，『南武蔵における奈良時代土器編年と史的背景』(1978)，『土器編年と灰釉陶器』(1987)，『在地産土器の編年と問題点』(1995)，『国分寺造営前後の多摩丘陵』(2008) などがある。

　　※「落川・一の宮遺跡」の関係論文は文中に記載したため割愛した。

考古調査ハンドブック 16

土器編年と集落構造
——落川・一の宮遺跡の出自と生業を探る——

平成 29 年 5 月 25 日　初版発行
〈図版の転載を禁ず〉

当社は，その理由の如何に係わらず，本書掲載の記事(図版・写真等を含む)について，当社の許諾なしにコピー機による複写，他の印刷物への転載等，複写・転載に係わる一切の行為，並びに翻訳，デジタルデータ化等を行うことを禁じます。無断でこれらの行為を行いますと損害賠償の対象となります。

　また，本書のコピー，スキャン，デジタル化等の無断複製は著作権法上での例外を除き禁じられています。本書を代行業者等の第三者に依頼してスキャンやデジタル化することは，たとえ個人や家庭内での利用であっても一切認められておりません。

連絡先：ニューサイエンス社 著作・出版権管理室
Tel. 03(5720)1164

JCOPY 〈(社)出版者著作権管理機構 委託出版物〉

　本書の無断複写は著作権法上での例外を除き禁じられています。複写される場合は，そのつど事前に，(社)出版者著作権管理機構（電話：03-3513-6969，FAX：03-3513-6979，e-mail：info@jcopy.or.jp）の許諾を得てください。

著　者　福　田　健　司

発行者　福　田　久　子

発行所　株式会社 ニューサイエンス社

〒153-0051　東京都目黒区上目黒3-17-8
電話03(5720)1163　振替00160-9-21977
http://www.hokuryukan-ns.co.jp/
e-mail：hk-ns2@hokuryukan-ns.co.jp

印刷・製本　倉敷印刷株式会社

© 2017 New Science Co.
ISBN978-4-8216-0528-6 C3021